U0555437

崇明文库 崇明中青年刑事法文库
吴宏耀 主编

我国司法管理改革研究

彭冬松 著

中国政法大学出版社

2022·北京

声　明　　1. 版权所有，侵权必究。
　　　　　2. 如有缺页、倒装问题，由出版社负责退换。

图书在版编目（CIP）数据

我国司法管理改革研究/彭冬松著.—北京：中国政法大学出版社，2022.12
ISBN 978-7-5764-0807-2

Ⅰ.①我… Ⅱ.①彭… Ⅲ.①司法制度－体制改革－研究－中国 Ⅳ.①D926.04

中国国家版本馆CIP数据核字(2023)第013523号

书　名	我国司法管理改革研究 WOGUO SIFA GUANLI GAIGE YANJIU
出版者	中国政法大学出版社
地　址	北京市海淀区西土城路 25 号
邮　箱	fadapress@163.com
网　址	http://www.cuplpress.com (网络实名：中国政法大学出版社)
电　话	010-58908466(第七编辑部) 010-58908334(邮购部)
承　印	固安华明印业有限公司
开　本	720mm×960mm　1/16
印　张	23.25
字　数	380 千字
版　次	2022 年 12 月第 1 版
印　次	2022 年 12 月第 1 次印刷
定　价	92.00 元

序　言

司法管理是国家治理的方式之一，司法管理能力属于国家治理能力的重要组成部分。合适的司法管理模式、优秀的司法管理人才、良好的司法管理行为有利于提升司法权威和司法效能。如何构建一套行之有效的司法管理制度，既要考虑政府管理结构和方法，又应当关注司法权运行的特点和规律等。因政权组织形式和司法结构的特点不同，各国的司法管理制度具有同质性，也表现出一定的差异性。法域外国家的司法管理制度通常聚焦司法权与行政权等国家权力的制衡，司法管理权或司法权运行中对司法官员的选任、考评、奖惩、晋升等（即"人、财、物"）的管理制度一般不属于司法机关的主要工作范畴。

作为适用人民代表大会制度的国家，我国政权结构形式实行"议行合一"模式。在其二级权力形式中，人民法院、人民检察院分别履行审判职能和法律监督职能，具体行使审判权和检察权；国务院等各级人民政府负责我国的司法机关"人、财、物"的管理工作。中国共产党十八届四中全会提出推进全面依法治国的治国方略。在中央政法委员会指导下，人民法院、人民检察院积极推进"省一级人财物分类管理""司法责任制""员额制"等制度创新。应该说，新时期我国司法管理制度出现了重大变化。如何认识、理解、创新、推进新时期我国司法管理工作，不仅事关国家司法改革的成败，也关涉国家治理体系和治理能力现代化的发展进程。

可以说，司法管理是我国司法活动中的普遍现象，也是一种特殊的国家管理形式。目前我国法学界对于司法管理的系统性研究不多。其中，关于司法管理的内涵、外延、主体、形式、原则等问题似乎也没有形成共识，理论上依然是众说纷纭、莫衷一是。由中央全面深化改革委员会主导的新一轮司法改革，其聚焦司法管理一般制度各项运行机制，目前正处于全面攻坚及配套完善阶段。因此，提供系统的理论支撑有助于相关制度的完善和推动司法实践。作为一名长期在司法工作一线的检察官，彭冬松同志长期参与办案、管理等司法实践工作，其对检察制度改革工作，如"冬日饮冰"有着清醒而深刻的体会！该同志以检察管理改革为入口，继而关注我国司法管理及制度改革，并把"司法管理改革研究"作为博士阶段研究的对象和博士论文选题，具有较强的理论价值和现实意义。

作为我国第一篇系统研究司法管理改革的博士论文，作者研究立意高远、视域宽广、内容丰富。本书在对司法权、司法机关、司法管理等基础性问题进行阐述的基础上，首次界定了司法管理的内涵，即"司法管理是指司法机关为了保证司法活动价值实现，在从事司法活动中与司法活动紧密相关，且具有管理性特征的事项和活动"；同时，把司法管理的内容限定在"司法机关的设置及组织管理、司法权力运行与决策管理、司法官的选任与管理和司法案件管理与质量控制"四个方面。本书梳理了我国司法管理的历史源流，认为我国古代司法管理具有若干亮点：如司法机构设置中的"三法司"、司法官管理中的"五过之疵"、司法权力运行中的"鞫谳分司"以及司法案件管理中的"三限之制"等制度。作者提出"去其糟粕、取其精华"，应当从中汲取当下司法管理改革的积极因素。这些体现了作者高度的制度自信与文化自信意识。同时，本书对法域外国家的司法管理进行了比较法考察，在考察借鉴域外国家司法管理时，作者既看到其先进的一面，也看到了其落后或不合时宜的一面，反映出作者较好的辩证思维与鉴别能力。在对我国司法管理现状进行系统分析的基础上，作者指出了法院、检察院司法管理工作中存在的问题，提出了深化我国司法管理改革的具体方案，涉及司法机关省以下统一管理、跨区司法机关设立、司法官的职业化、司法官绩效考核、审判委员会（检察委员会）制度、合议庭（办案组织）制度、人民陪审员（人民监督员）制度、案件流程管理和案件质量控制等各个层面。作者对我国司法管理有着理性的定位，对深化司法管理改革面临的重点、难点和痛点问题亦有着清醒的认识，所提出的优化改革路径也有其合理性和可行性。作者的这些见解，对于我国司法管理改革和制度运行，具有重要的参考价值。

序 言

推进全面依法治国既需要国家的顶层设计，也需要公民的一体躬行。思想凝聚成共识，共识形成理论，理论发展制度，制度推进法治。每一个些微的梦想可能成就伟大的思想，每一个重大的社会变革都应有系统的理论支撑！我国正步入改革的"深水区"，司法改革包括司法管理改革是政治体制改革的重要组成部分，也可能是政治体制改革的破局点。作为事关司法体制改革宏旨的命题，本书选题属于大题大作，涉及了近年来除诉讼制度改革之外其他所有司法改革内容。虽然作者对该选题的把握比较到位，但本书仍存在面面俱到、博而不深等问题，对于资料的梳理内容略多了一些，在问题讨论的理论深度方面尚有提升空间。另外，本书中的一些建议有待推敲，如在"基层实施跨区域设立司法机关"的建议，是在现行宪法框架下实施，还是要在修订宪法以后才能考虑；本书中的有些表述有待商榷，如"司法官员素质参差不齐"，究竟是"司法官管理的特点"还是"司法官管理制度的不良后果"等。

当然，本书的写作难度显而易见。不仅论述的内容较广泛，同时涉及法院和检察院的司法管理，不少应该还是作者本身未曾深入了解的领域。在论文开题的时候，就有老师认为题目过于宽泛难以写作，建议择其一或缩小范围。不过，基于作者的学术功底、工作经历及文字写作能力，我一直鼓励他坚持进行下去。在这个过程中，我与他之间有过多次的交流，为他加油鼓劲，面对面指导、督促。历时三年时间，当作者把30多万字的初稿送给我审阅时，我着实有些意外，觉得难能可贵。这也充分显现了作者的认真态度和习作能力！纵观全文，还可以深切感受到作者对我国司法改革持续的理论关注和强烈的职业使命感。我以为，对于推动我国的法治建设进程来讲，这样的理论关怀和职业使命感是值得赞扬和鼓励的。

作为我指导的第一个在职博士研究生，彭冬松同志能顺利毕业实属不易。在繁忙的工作中，他不忘自己的学术理想与法治追求：结合办案的实践，他积极开展理论研究，以提升自身的能力和工作的质量。不难看出，对司法实践的总结与思考，对法学理论的探讨与研究，有助于提高作者的理论水平和实践能力，对推进司法工作也有一定的作用。作者勤于思考、敏于实践、善于总结，从而更好地提升自己、推动工作，在检察机关的各个岗位上均取得了较好的成绩。我希望他今后能够戒骄戒躁、再接再厉：在法学理论研究方面出新成果，在检察实务工作中立新功业！

总之，作者这部力作对司法管理进行了系统的研究，对我国司法管理改革提出了新的思路，其理论意义和现实意义是显而易见的。论文经过一年多的修改，能够顺利出版成书，也是一件值得祝贺的事情。

洪　浩

武汉大学法学院教授、博士生导师

武汉大学诉讼制度与司法改革研究中心主任

2022 年 2 月

摘 要

当前我国司法改革正在如火如荼地开展，并且已经设定了明确的任务时间表。但是司法改革在推进过程中碰到一些困难，甚至有些改革措施出现反复，主要的原因是前期理论准备不足，中期理论指导不及时，后期经验总结不够。司法管理是司法改革重要的组成甚至是核心部分，对司法改革的理论支持离不开对司法管理的理论研究。本书将我国司法管理改革作为研究对象，首次对司法管理从理论和实践层面作全面系统地梳理，首次对国家主导的司法改革进行全方位地回顾总结，系第一本把法院和检察院的司法管理并列论述的专著。本书主要结构及内容如下。

第一章 司法管理基本理论。本章从历史的视角介绍了我国司法权的理论与发展，论述我国司法权与西方司法权存在本质的不同，指出根据我国的司法传统与司法实践，我国的司法机关应定位为法院和检察院。然后，从管理的概念入手，论述了司法管理的内涵和外延，明确把司法管理定义为"司法机关在从事司法活动中为了保证司法活动价值实现与司法活动紧密相关且具有管理性特征的事项和活动"，进一步厘清司法管理与司法行政事务管理、司法行政管理、法院管理、检察管理和公安管理等相关概念的界限，把司法管理的范畴限定为"司法机关的设置及组织管理、司法权力运行与决策管理、司法官的选任与管理和司法案件管理与质量控制"四个层面。由于司法管理是一门交叉学科，本身具有法学学科的本质特征，又兼具管理学、社会学等学科的知识特点。本章最后从哲学、法学、管理学、经济学等角度论述了司法管理的理论基础，并提出司法管理的原则为法治原则、公信原则、便民原则、整分原则和权变原则等。

第二章　我国司法管理历史考察。本章按照司法机构、司法官、司法权力和司法案件四个维度对我国古代的司法管理制度进行了较为全面的梳理，考察的对象主要集中在我国封建社会及之前的法律制度。从中央与地方司法机关、派出司法机关、专门司法机关和基层司法机关的设置等方面介绍司法机关管理，从司法官的选拔、考核、责任等方面介绍司法官管理，从集体决策机制、权力制约机制等方面介绍司法权力管理，从民刑案件分立、办案期限管理、办案监督等方面介绍司法案件管理。进而分析我国古代司法管理的主要特点为司法与行政高度合一、较完善的司法组织机构、司法官员素质参差不齐、司法权力分散化分布、强调司法权力的集体决策、严格的司法监督等。本书认为我国古代某些司法管理制度既符合当时的国情与实践，在司法制度史上也是相当先进的，体现了当时中国在世界上的领先地位。如司法机构设置中的"三法司"、司法官管理中的"五过之疵"、司法权力运行中"鞠谳分司"以及司法案件管理中的"三限之制"。同时主张对我国的法律传统要保持尊重的态度，在尽可能的情况下继承与发扬合乎时宜的司法理念、司法原则与司法制度，把其中符合国情民情的积极因素吸收到现行司法管理体系中，为新的制度构建提供社会土壤和文化支持。

第三章　域外司法管理比较借鉴。本章介绍英美法系代表国家美国、英国和大陆法系代表国家法国、德国的司法管理，从法院体系与法官管理、检察体系与检察官管理、审判权力与检察权力运行管理、司法案件管理四条主线分别进行阐述，重点介绍一些代表性的司法管理制度，如多元法院组织体系、司法官职业保障、陪审团制度、民事案件管理等，提炼总结英美法系国家司法管理的特点为法院体系复杂多轨、基层司法职能发达、司法官地位崇高、检察职能单一、司法权力有效制约、民事案件管理完善等；而大陆法系国家的司法管理则呈现出法院体系多元、存在非职业司法官、实行审检合院模式、检察机关定位清晰、司法权力运行民主化等特点。进而提出要客观辩证地看待域外国家的司法管理制度，既要看到其先进的一面，也要看到其落后或不合时宜的一面，但只要是符合我国实际、能促进司法公正且不违背社会主义总体原则的先进司法理念、制度或机制，可以采取开放和自信的心态去研究与借鉴。

第四章　我国司法管理现状。本章按照司法管理的全新定义和四个层次的内容，对我国司法管理现状进行全面梳理与详细阐述。司法机关设置与组织管理包括审判机关的性质、职权和组织体系以及检察机关的性质、职权和组织体系；司法官管理内容包括司法官的选任、培训、考核、惩戒和职业保障；司法权力运行与决策管理内容包括法院方面的审判委员会与院长、审判庭与庭长、合议庭与审判长、独任庭与独任法官等的权力运行，检察院方面包括检察委员会与检察长、业务部门与负责人、办案组织与主办检察官等的权力运行；司法案件管理与质量控制内容包括法院的审判管理职能及实践、检察院的案件管理职能及实践。而后结合对我国古代司法管理的考察和对域外国家司法管理的借鉴，立足我国的司法实践及实际状况，对每一个方面的内容进行评述，分析其特点并指出存在的问题：司法机关设置方面存在法院组织体系不完善、检察院职能定位不稳定、法律地位与实践有差异的问题；司法官管理方面存在司法官职业尊荣感不强、司法官的精英化程度不高、司法责任制落实不到位的问题；司法权力运行管理存在审判权力过大与法官现状不适应、检察权的复合性质与单一行使方式存在矛盾、司法权运行民主化程度不够的问题；司法案件管理方面存在审判管理权与审判权长期存在冲突、检察机关案件管理业务属性不明确、司法案件管理职能分配不合理与职能履行不充分的问题。

第五章　我国司法管理改革构想。本章以国家主导的司法改革为起点，详细介绍了我国司法管理改革的发展历程、总体情况与改革成效，在前面各种理论的基础上，本章充分借鉴古今中外有益的司法管理经验，结合本人从事一线司法工作的感性体会，提出深化司法管理改革的总体思路、目标、原则、方法和具体路径。内容涉及当前司法改革的热点、难点与痛点，包括省以下司法机关人财物统一管理、跨区司法机关设立、基层司法机关变革；审委会（检委会）改革、合议庭（办案组织）改革、人民陪审员（人民监督员）制度完善；司法官分类管理、司法官绩效考核、司法官职业保障；司法案件流程管理、司法事务管理和案件质量控制。本章论述的问题不在于全面，而在于有针对性，立足于现实的司法实践及司法改革中存在的突出问题，力求开出能够解决问题的良方，助力我国的法治建设与全面依法治国。

目 录

导 论　　001

第一章
司法管理基本理论　　016

第一节　司法权与司法机关　　016
第二节　司法管理概述　　044

第二章
我国司法管理历史考察　　071

第一节　我国古代的司法管理　　071
第二节　我国古代司法管理评价　　109

第三章
域外司法管理比较借鉴　　119

第一节　英美法系国家司法管理　　119
第二节　大陆法系国家司法管理　　141
第三节　域外司法管理评价　　165

第四章
我国司法管理现状   177

第一节   司法机关设置与组织管理   177
第二节   司法官选任与人员管理   203
第三节   司法权力运行与决策管理   218
第四节   司法案件管理与质量控制   248

第五章
我国司法管理改革构想   266

第一节   我国司法管理改革的回顾   266
第二节   全面深化司法管理改革的总体思路   284
第三节   我国司法管理改革的具体路径   311

参考文献   340
后　记   357

导 论

一、研究背景

(一) 理论背景

在国家权力体系中,大体可以分为立法权、司法权和行政权三大部分,与立法权、行政权相对应的研究学科分别有立法学和行政学,但唯独没有与司法权相对应的学科——司法学。这显然不利于司法权配置和运用的科学化,也不利于司法制度和司法体制的完善。司法学是研究司法理念、司法实践、司法制度、司法体制和司法行政体制等的学问。[1]司法管理学是司法学的有机组成部分,是司法学的子学科,也是一门新兴学科。司法管理学是研究司法管理的基本理念和制度,探索司法管理规律的学科。司法管理是研究司法活动的重要学科与途径。但是,目前学界对于司法管理的研究并不充分,也不成体系,对于其中一些重大的问题也没有形成共识。比如,理论界对于司法管理的概念、司法管理的内容、司法管理的学科定位、司法管理的理论基础、司法管理的价值取向等,众说纷纭,莫衷一是。对于与司法管理相关联的概念也没有明确的定义与关系判断,如司法权与司法机关、司法管理与司法行政管理、司法管理与司法制度、司法管理与诉讼制度,这些问题有待理论界深入研究与探索。同时,对于司法管理涉及的问题却有不少内容丰富的研究,比如法院的审判管理、法官制度研究,检察院的案件管理、检察官制度研究,司法机关的组织与设置、司法机关的行政管理,这几种管理研究由于涉及不同的部门,各成一体,没有形成系统、统一的研究体系,更没有提出共同点和探索相互之间的关系。因此,很有必要对司法管理作一个系统的、

---

[1] 崔永东:《司法学原理》,人民出版社 2011 年版,第 1 页。

全方位的研究，厘清理论界认识不一的不确定因素，提出明确的定义、内涵、外延、研究方法、研究价值、研究路径，构建统一的司法管理学科研究体系。

（二）实务背景

司法机关是指依照法律的规定履行司法职能的国家机构。对于什么是司法机关，其外延包括哪些机关，各国法律文本和理论解读也不尽相同，因此所开展的司法管理活动也不尽相同。就域外法律文本而言，主要包括三种类型：第一种，将司法机关等同于法院，这种立法的典型为英国、美国、德国、日本；第二种，司法机关包括法院与检察院，这种立法的典型为意大利和俄罗斯；第三种，司法机关除法院、检察院之外，还有其他的机关，这种立法的典型主要为保加利亚、科威特等国。[1]而在我国，无论是从宪法和法律的规定、检察权本身的特征和属性，还是从实际工作的运作模式来看，司法机关应当特指法院和检察院。这种判断既肯定了检察机关作为司法机关行使检察权的现实应然性，也限制了把公安机关、安全机关、监狱、司法行政机关作为司法机关行使相关职能的论断。因此，在对司法管理的研究中，就有了基本的范围界定，即法院的管理和检察院的管理。"两院"的管理及其改革在实践中一直受到社会各界的关注，改革开放以来历次的司法改革也主要是围绕法院和检察院而开展的。从2008年开始，中国启动了又一轮的司法改革，司法改革进入重点深化、系统推进的新阶段。2014年10月，我国提出了以"完善司法管理体制和司法权力运行机制"为重要任务的新一轮司法改革。本轮司法改革通过一系列的机制改革和制度构建，着力解决影响司法公正、制约司法能力的深层次问题，实现"让人民群众在每一个司法案件中感受到公平正义"的目标。本轮改革中最主要的四项改革措施，如省级以下司法机关人财物统一管理、司法人员的分类管理、司法人员的职业保障和司法责任制，同样涉及司法管理的问题。司法管理是我国司法制度和政治制度的重要组成部分，司法管理追求的目标"司法公正与司法效率"与司法改革目标高度一致，是"保证社会公正与正义、促进社会稳定与发展"的重要保障。司法管理的问题也是司法改革的问题，更是政治体制改革的核心问题。因此，在司法改革进入深水区和攻坚阶段，加强对司法管理问题的研究，既是司法实践

---

[1] 陈国庆、王佳编著：《司法制度》，江苏人民出版社2015年版，第3页。

工作的迫切需求，也是对司法管理学的总结与提升。

二、研究动机与目的

（1）本书将司法管理作为研究的对象，首次对司法管理从理论和实践层面作一个全面的研究，明确提出了司法管理的定义、内涵、外延、研究方法和理论基础等概念性问题，进一步厘清与司法管理相关及相邻概念的界限，并从司法管理的微观、中观、宏观三个层面进行具体阐述，系第一篇将司法管理作为主要研究对象的博士论文，也是第一本把法院和检察院司法管理改革并列论述的专著。

（2）为当代中国司法管理的建立找到合理的逻辑起点。本书对司法管理从历史与现实角度进行了全面的梳理与分析，用一个章节的篇幅详细介绍与研究中国历史上的司法管理，试图从中国传统司法制度中汲取有益的成分，为当代中国司法管理制度建设寻找理论基础。同时用另一个章节的篇幅详细介绍英美法系与大陆法系主要国家的司法管理，从域外的司法实践经验探寻进一步完善中国司法管理的方向。司法管理属于社会科学，司法管理的共同属性，决定了古今中外司法管理中合乎司法规律的制度可以大胆借鉴，为我所用，用于当代中国司法管理的改革与完善。

（3）为当前的司法改革建言献策。当前司法改革正在如火如荼地进行，并且已经设定了明确的时间表。但是，司法改革进程中由于某些问题在理论上没有进行充分地研究和论证，在推进的过程中碰到一些困难，甚至有些改革出现反复，主要的原因是前期理论准备不足，中期理论指导不及时，后期经验总结不够。本书的研究正处于司法改革的攻坚和收官阶段，面对的正是司法改革中的热点与难点，因此本书试图通过理论上的系统学习与全方位研究，结合本人从事一线司法工作的感性体会，为中国的司法改革建言献策，希望对中国的司法改革有一定的推动作用。

三、国内外研究现状

（一）司法学相关研究

司法学是司法管理学的上位概念，研究司法管理和司法管理学，必须先提到司法学的研究。司法学是近几年来一门正在兴起的法学学科，既是一门探讨司法理论、司法制度、司法实践的学问，同时也是一门总结司法管理规律、研析司法运作程序、论证司法改革问题的学问。[1]国内对于司法学的研究起步较晚，2008年6月，熊先觉教授的专著《司法学》一书由法律出版社出版，是国内第一本以"司法学"命名的著作。该书从司法原理论、司法主体论、司法行为论、司法技能论、社会司法论几个方面研究了司法学问题。2008年11月，谭世贵教授发表《建构法治国家的司法学体系——中国司法制度研究的反思与展望》一文，提出了建构"司法学体系"的设想，系国内法学界第一篇对司法学的概念、内涵、范围、内容、学科定位和发展前景进行系统论述的文章。2011年7月，崔永东教授的专著《司法学原理》出版，系国内第一部从学科建设的角度系统论述司法问题的专著。该书对于司法学及其下设子学科进行了分析和论述，从而为完善司法学科体系打下了坚实的基础。2014年12月，崔永东教授的另一部专著《司法学论纲》出版，该书对司法学的研究内容及学科建设进一步予以论述，特别提出了"司法学既有交叉性的特点，也有独立性的品格"。[2]2015年4月，武汉大学江国华教授编著的《司法法学》一书出版，该书从宪法与行政法的角度对司法学进行研究，把司法法的概念定义为"配置司法权、规制司法权运行的法律规则、原则的法律制度的合称"，[3]并把司法法分为司法组织法、司法官法、司法证据、司法程序法、司法解释法。

2012年11月23日，"司法学论坛暨首届司法管理学研讨会"在北京举行，此次会议的主办方是中国政法大学司法理念与司法制度研究中心。在论坛中，江平、陈光中、樊崇义等法学名家对司法学的概念、定义、分类以及司法学的研究方法和学科建设提出了意见。如江平教授认为，司法权作为一种非常重要的国家权力，不仅由法院行使，还能由检察院，也包括司法行政机关行使；陈光中教授指出，司法学这一学科的研究应当建立在对不同观点有所取舍后形成基本一致看法的基础上，否则可能导致研究对象的不确定，并明确支持将"两院"的司法权活动作为基本研究范畴；樊崇义教授则从一个学科如何形成的角度对司法学及其子学科的兴起进行了解读。[4]

---

[1] 崔永东：《司法学论纲》，人民出版社2014年版，第1页。
[2] 崔永东：《司法学论纲》，人民出版社2014年版，第20页。
[3] 江国华、吴展编著：《司法法学》，武汉大学出版社2015年版，第2页。
[4] 张文静、刘家楠："司法学论坛暨首届司法管理学会议综述"，载《中国司法》2013年第2期。

从目前国内的研究情况来看，主要有几个特点：一是关注司法学的学者并不多，或者说从司法学的角度来研究司法问题的不多见；二是法学界对司法学的讨论不系统、不深入，对司法学及司法学科的很多理论性问题也没有形成共识；三是司法学作为法学的一个二级学科并没有得到学界以及官方的认可。

(二) 司法管理概念研究

在我国的法律文献中，"司法管理"这个词语并不经常使用。根据美国一位学者的界定，司法管理（judicial administration）主要涉及两个领域，一是法院组织和人事的管理，二是诉讼的运行管理。[1]

熊先觉先生在《司法学》一书中对司法管理作出定义，认为司法管理又称为法务管理，系国家的司法行政职能。[2]同时他认为司法学以法院和法官的审判活动为核心、灵魂，司法权也可以包括检察权，即对司法作广义的解释，但绝不应把行政执法活动都认为是司法。[3]

崔永东教授作为中国政法大学司法理念与司法制度研究中心主任，是国内较早对司法学及司法管理进行全面研究的学者。他认为司法管理以法院审判管理为核心，包括检察管理、公安侦查管理、律师管理、律政管理等多个方面。[4]

南京理工大学韦群林博士在2007年发表的文章《司法管理内涵的多维考察》中专门对司法管理从广义上和狭义上进行分析，他认为司法管理是确定司法管理目标并合理运用各种司法资源，以实现既定的司法目标的组织活动或过程。以上内容大致可分为司法政治管理、法院管理、诉讼相关因素的司法管理三大领域。[5]

以上是我国法学界明确以司法管理作为研究对象而提出的概念定义的代表，显然对概念定义的角度不同，内涵与外延也存在着重大的区别。一方面体现在对"司法"的界定，具体来讲就是对司法权及司法机关的界定，包括

---

[1] Henry R. Glick, *Courts, Politics, and Justice*, McGraw-Hill Book Company, 1983, PP. 48-49.
[2] 熊先觉：《司法学》，法律出版社2008年版，第415页。
[3] 熊先觉：《司法学》，法律出版社2008年版，第416页。
[4] 崔永东：《司法学论纲》，人民出版社2014年版，第127页。
[5] 韦群林："司法管理内涵的多维考察"，载《南通职业大学学报》2007年第2期。

司法权体现为哪几种权力，哪些机关才算是司法机关。另一方面体现在"管理"范围，即具体将哪些管理行为定义为司法管理。这个问题没有解决或明确，对司法管理的研究就会变得无的放矢。

(三) 司法管理制度相关研究

1. 司法权和司法机关

司法权和司法机关是紧密联系在一起的两个法律概念，它们作为法学理论研究的一个老话题，理论界对其研究内容之多，研究程度之深不容置疑。

从中国知网上搜索"司法权"和"司法机关"两个关键词，有超过1500篇论文对此作出专门研究。关于司法权的专著，以黄竹胜的《司法权新探》（广西师范大学2003年版）、胡夏冰的《司法权：性质与构成的分析》（人民法院出版社2003年版）、程春明的《司法权及其配置：理论语境、中英法式样及国际趋势》（中国法制出版社2009年版）和武汉大学汪习根教授主编的《司法权论——当代中国司法权运行的目标模式、方法与技巧》（武汉大学出版社2006年版）的论述较为全面。《司法权新探》从司法权的法理分析、理念定位、功能定位、价值内涵及实现条件进行全面的论述，具有一定的开创性。司法权和司法机关是司法管理的前置概念，只有把"司法权"和"司法机关"定位好，才能准确地对司法管理开展全面而深入的研究。

"司法权"一词最初由孟德斯鸠提出，他认为每一个国家都存在着三种权力：一是立法权力；二是有关国际法事项的执行权力；三是有关市民法规事项的执行权力。其中第三种权力包括惩罚犯罪或裁决私人讼争。我们将第三种权力称为司法权力，而将第二种权力直接称为国家的执行权力。[1]

有的学者认为司法仅指法院和法官的活动。对于司法权，我国学界也有不同的观点，通常有四种说法：一权说，指审判权；二权说，指审判权和检察权；三权说，指审判权、检察权和侦查权；四权说，指审判权、检察权、侦查权和司法行政权。[2]我国宪法也没有明确提出"司法权"这一概念，但是通过学界对司法权长期的研究，我国形成了独特的司法权理论，即认为司法权应当有广义和狭义之分。审判权是狭义的司法权，广义的司法权则包括审判权和检察权。

---

[1] [法] 孟德斯鸠：《论法的精神》（上册），张雁深译，商务印书馆1961年版，第15页。

[2] 熊先觉：《司法学》，法律出版社2008年版，第415页。

关于司法机关的有关论述，国内论文中最具有代表性而且被多次引用的当属刑事诉讼法学界泰斗陈光中教授2008年在《中国法学》上发表的《司法、司法机关的中国式解读》一文。文章认为我国的司法机关就是指法院和检察院。关于法院属于司法机关，我国学者和实务界并无争议，兹不赘述。至于检察院为何也应纳入司法机关之列，文章从体制和职能等方面作出详细论述。同时，文章还讨论了与司法相关的其他机构，包括公安机关和司法行政机关，并认为这两个机关部分行使了司法权，但其工作职能更多地体现为行政职能，因其本身又隶属于行政机关，应当纳入行政机关的序列。

综上所述，中国的司法权包括审判权和检察权，中国的司法机关即是法院和检察院。因此，中国语境下的司法管理是指法院和检察院中与司法活动密切相关的管理活动。

2. 司法基本制度

司法管理包含司法机关的设置及组织管理，主要体现在司法基本制度的研究上。司法运行管理也包含司法权力运行与决策管理，主要体现在审判权及检察权运行管理及组织形式上。

司法制度的研究由来已久，国内外的研究成果非常丰富。司法制度一般指国家司法机关运用司法权力——司法权，使国家意志——"法"得以实现的各项制度的总称。[1]具体来讲就是关于司法机关的性质、地位、职权、任务、组织、人员以及活动运行程序等各方面制度的总称。[2]司法制度与司法权、司法机关的概念紧密相连，如果从严格意义上的司法权及司法机关的概念来看，司法制度仅为审判机关和检察机关的制度。但是有些与司法活动有关的制度，如侦查制度、律师制度、仲裁制度，也被纳入司法制度研究的范畴。特别是中国古代司法与行政高度合一，并没有严格意义上的审判机关和检察机关，整个司法制度的研究就扩展到与司法活动相关的所有活动。这种研究方法和方向为司法制度的研究拓展了极大的空间，也为中国当代司法制度（严格意义上的司法制度）的研究奠定了坚实的实践与理论基础。

对于中国古代司法制度研究，其中具有代表性的有陈光中、沈国峰所著

---

[1] 陈国庆、王佳编著：《司法制度》，江苏人民出版社2015年版，第2页。
[2] 陈业宏、唐鸣：《中外司法制度比较》，商务印书馆2015年版，第8页。

的《中国古代司法制度》[1](群众出版社1984年版)，王圣诵、王成儒所著的《中国司法制度研究》(人民出版社2006年版)，张晋藩主编的《中国司法制度史》(人民法院出版社2004年版)，金开诚主编、陈龙香编著的《中国古代司法制度》(吉林文史出版社、吉林出版集团有限责任公司2011年版)和刘长江等编著的《中国封建司法行政体制运作研究》(中国社会科学出版社2014年版)，其中张晋藩主编的《中国司法制度史》洋洋80万字，脉络分明，细致精当，堪称承前启后之作。中国古代司法制度植根于中国传统文化与法治思想之中，自从周朝时期形成固定的司法制度以来，历经秦汉、隋唐、两宋、明清等重要历史朝代，各项制度不断地发展与演变，形成了具有中国特色的司法制度。虽然与近现代司法制度的司法理念和基本理论有较大区别，但是也不乏许多可借鉴之处。如唐代推行三司会审制度、宋代推行的鞫谳分司制度和翻异别勘制度、明代的十三清吏司制度，等等。[2]

　　对于域外司法制度的研究也是呈现百花齐放的局面。我国对外国司法制度作较为系统介绍的是厦门大学法学院编写的诉讼法学系列教材，包括《英国司法制度》《美国司法制度》《德国司法制度》等书籍。由陈业宏、唐鸣合著的《中外司法制度比较》(商务印书馆2015年版)和由陈国庆、王佳编著的《司法制度》(江苏人民出版社2015年版)从横向角度，对比研究了中国与美国、英国、法国、日本等司法制度的异同，详细论述了司法机关的性质、地位、职权、组织体系与活动原则，其中有一些做法值得我国借鉴，比如法官、检察官的选任、保障和惩戒制度。同时通过对比研究，有学者也提出，有一些制度我国不能借鉴，比如检察机关的属性与设置模式、检察长和检察官由国家领导人任免等。[3]域外相关司法制度的优劣，需要更进一步的研究与甄别，特别是司法制度中有关司法管理的内容，更可以在充分论证后为我所用，这正是本书研究的重点方向。

　　司法权力运行与决策机制，从审判机关来讲就是指法院的院长、庭长、审判长的职权以及审判委员会、审判庭、合议庭的运行方式与规则；从检察机关来讲就是指检察长、(科)处长、主办检察官的职权和检察委员会、业务

---

　　[1]　陈光中先生对《中国古代司法制度》一书重新进行了编写，于2017年由北京大学出版社出版。
　　[2]　参见刘长江等编著：《中国封建司法行政体制运作研究》，中国社会科学出版社2014年版，第136页、第223页。
　　[3]　陈业宏、唐鸣：《中外司法制度比较》，商务印书馆2015年版，第296~308页。

（科）处、办案组织和运行方式与规则。此轮司法改革提出，"明确司法机关内部各层级权限，健全内部监督制约机制。完善主办司法官和侦查员办案责任制，落实谁办案谁负责"。健全司法权运行机制，落实司法责任制成为理论界研究的热点问题，各方围绕这些问题展开了热烈的讨论。

法院院长是法院管理体系中的核心领导成员，负责法院各项管理职能的实现，统筹法院人事管理和业务管理，保证法院在团结高效的整体下有效运作，实现政治效果、社会效果和法律效果的统一。法院院长一般兼具三重身份，分别为院长、首席法官和党组书记，其职能一般包括：组织管理权、审判评议权、人事提名权、规划发展权和案件文书签发权。[1] 当前，根据司法责任制强调"让审理者裁判"的原则，要求对院长审批案件进行改革，赋予独任法官和合议庭独立的审判权，废除院长签署裁判文书的做法。

审判委员会是人民法院的核心审判组织，其职责在于审理重大疑难案件以及对审判业务进行指导。由于与审判的"亲历性"原则相违背，当前理论界与实务界对审判委员会进行改革的呼声很高。根据新一轮司法改革的要求，审判委员会的改革方向是改变讨论和决定案件的范围，主要解决重大、复杂和疑难案件的法律适用问题。[2]

深化检察官办案责任制改革，完善办案组织形式，是新一轮检察改革乃至司法体制改革的重要课题。目前，全国各地检察机关在实践探索过程中采取了不同的办案组织模式，分别搭建起相应的机构框架，明确了制度定位，并在试点过程中不断完善了监督制约与职务保障机制。

3. 司法官管理制度

司法官是法官与检察官的总称。由于两者之间既有联系，又有区别，在很多情况下自成体系，因此，司法官制度可以分为法官制度和检察官制度。法官制度指关于法官任职资格、选任方式、考核与惩戒、职务保障等方面的法律制度的总称。[3] 实践中，法官制度是审判制度的重要组成部分，法官作为一国主要的司法权运行主体，总是与一国审判制度的总体框架相协调。理论界关于法官制度和审判制度的专著有不少，其中影响较大的有程维荣的

---

［1］ 卢上需、熊伟主编：《社会转型中的法院改革》，法律出版社2012年版，第222页。
［2］ 参见陈瑞华："法院改革中的九大争议问题"，载《中国法律评论》2016年第3期。
［3］ 江国华、吴展编著：《司法法学》，武汉大学出版社2015年版，第66页。

《中国审判制度史》（上海教育出版社 2001 年版）、陈文兴的《法官职业与司法改革》（中国人民大学出版社 2004 年版）、谭世贵等的《中国法官制度研究》（法律出版社 2009 年版）、全亮的《法官惩戒制度比较研究》（法律出版社 2011 年版）以及以断代史研究手法研究法官制度的毕连芳所著的《中国近代法官制度研究》（中国政法大学出版社 2016 年版）。当然，对于法官及相关制度研究，也散落在有关司法改革的专著和各种期刊论文中。如由卢上需、熊伟主编的《社会转型中的法院改革》（法律出版社 2012 年版）、张智辉主编的《司法体制改革研究》（湖南大学出版社 2015 年版）、徐汉明主编的《问题与进路：全面深化司法体制改革》（法律出版社 2015 年版），等等。主要内容不外乎法官的任职资格、法官的选任方式与任免程序、法官的职位保障与物质保障以及法官的考核与惩戒四个方面。

检察官制度的理论研究同样呈现繁荣局面。检察官制度指关于检察官任职资格、选任方式、考核与惩戒、职务保障等方面的法律制度的总称。[1]由于检察官与检察机关存在紧密的关联，围绕检察官而形成的相关法律制度与检察制度密不可分。检察官作为最主要的检察人员，与其任免、考核、晋升、惩戒等事项相关的检察官法显然是检察制度的重要内容。国内对检察官进行专门研究且影响较大的当属王桂五主编的《中华人民共和国检察制度研究》（中国检察出版社 2003 年版）、林钰雄的《检察官论》（法律出版社 2008 年版）、龙宗智的《检察官客观义务论》（法律出版社 2014 年版）和樊崇义主编的《检察制度原理》（中国人民公安大学出版社 2020 年版）。各类期刊论文的研究也是层出不穷，主要内容同样集中在检察官的任职资格、检察官的选任方式与任免程序、检察官的职位保障与物质保障和检察官的考核与惩戒四个方面。

4. 审判管理制度

为提升审判公正和效率，我国各级人民法院推行审判方式改革，不断强化合议庭、独任法官的独立审判自主性，从而弱化了院长、庭长对个案的监督管理，与此同时，进一步加强对审判的管理成为法院系统改革的"重头戏"。2010 年 11 月，最高人民法院成立审判管理办公室，统筹兼顾审判管理、

---

[1] 江国华、吴展编著：《司法法学》，武汉大学出版社 2015 年版，第 81 页。

司法人事管理、司法政务管理。[1]理论界对法院审判管理的研究全面而深入，但专门以"法院管理"或"审判管理"为名的专著并不多见，其中以李玉杰著的《审判管理学》（法律出版社 2003 年版）、公丕祥主编的《审判管理理论与实务》（法律出版社 2010 年版）和沈志先主编的《法院管理》（法律出版社 2013 年版）为代表。

审判管理，顾名思义就是对审判工作进行的管理。审判管理并不是一个固定的概念，理论上对于审判管理的内涵与外延存在不同的理解与解读，这也导致在司法实践中出现了不同的审判管理模式。第一种是"大审判管理"，是指法院通过计划、组织、指挥及协调所有资源，对审判工作进行全面管理，实现工作目标的过程，近乎法院管理的概念。第二种是"中审判管理"，是指人民法院为了保证审判活动的顺利进行，对审判活动直接相关事务进行计划、协调、组织和控制的行为。管理的对象是与审判活动及其直接相关的事务，其他间接的审判保障、辅助工作不在其中。第三种是"小审判管理"，即人民法院为了保证司法程序顺畅，而对案件的审理和判决进行监控的行为，其本质是直接对审判行为进行监督与控制。本书关于审判管理的范围限定倾向于"中审判管理"，即对审判活动直接相关事务进行计划、协调、组织和控制的行为。管理的对象是审判活动及与其直接相关的事务，其他间接的审判保障、辅助工作不在其中。审判管理研究主要集中在流程管理、事务管理、质量管理等三方面，而法院的行政装备、内务管理、档案管理、安全与保密管理、后勤保障管理自然不在研究范围之内。[2]

5. 案件管理制度

检察机关案件管理机制改革被称为"检察机关最具有革命性意义的改革"。在这场改革中，各地检察机关充分发挥主观能动性，根据各地的实际情况开展案件管理的实践与探索，形成各有特色的案件管理机制。2011 年 10 月，最高人民检察院正式成立案件管理办公室，并于 2012 年 1 月开始对一部分案件实行统一的集中管理，成为案件管理推行过程中的里程碑，大大推动了案件管理工作的全面开展。因而关于检察机关案件管理研究的文章不计其

---

[1] 奚玮、宋士月："'管理型司法'：审判管理办公室的发展趋势"，载《安徽师范大学学报（人文社会科学版）》2012 年第 3 期。

[2] 参见沈志先主编：《法院管理》，法律出版社 2013 年版，第 325 页。

数,但是真正的研究专著并没有,由王晋主编的《检察机关案件管理工作理论与实务》(法律出版社2013年版),是近年来对案件管理研究成果的汇编。罗昌平所著的《检察工作规律与机制研究》(中国检察出版社2010年版)一书则从检察活动规律、检察职权规律、检察工作管理规律三方面对检察管理进行研究与论述,这与前面所讲的法院管理有类似的地方。

检察机关的案件管理有广义和狭义之分。广义的案件管理泛指检察机关为规范执法办案行为、保证案件质量和效率、维护司法公正,一切具有管理职权的部门和个人依照有关法律和规定,对检察机关办理的案件进行的有效管理,既包括上级检察机关对下级检察机关案件的管理、检察长对全院案件的管理、各业务部门对本部门案件的管理,也包括综合性业务管理部门对全院及相应下级部门案件的统一集中管理。狭义的案件管理仅指案件的统一集中管理,这也是本书将讨论的对象。[1]本书认为,检察机关案件管理是指设置专门的机构,通过信息化手段和合理化机制,对检察机关办理的所有案件及相关执法司法行为和活动进行统一管理、监督、分析、评价的过程,以此来规范执法办案行为,提高案件质量,最终达到实现司法公正与效率的目标。[2]检察机关的案件管理与法院的审判管理同样集中在三个方面:流程管理、事务管理和质量管理。

(四) 司法改革相关研究

司法改革一直以来是我国政治体制改革的重点与难点,而司法管理始终是司法改革的核心内容。从党的十五大首次提出"推进司法改革",到党的十七大提出要"深化司法体制改革",最高人民法院先后出台三个《人民法院五年改革纲要》;最高人民检察院先后出台三个《检察改革三年实施意见》,推出一系列的改革举措。2012年10月9日,国务院新闻办公室发表《中国的司法改革》白皮书。这是中国首次就司法改革发布白皮书,第一次全面、系统地向国内外介绍了中国司法改革的基本情况和主要成就。

经过十年努力,我国的司法改革取得了很大的成就,但一些影响司法公

---

〔1〕 湖北省人民检察院检察发展研究中心:"实行'两个适当分离'优化检察职能配置——湖北省检察机关在法律制度框架内的实践探索",载《人民检察》2010年第24期。

〔2〕 彭冬松:"司法改革视野下的检察机关案件管理工作改革与发展",载《法治社会》2017年第4期。

正的深层次、体制性问题尚待解决，距离公正、高效、权威的社会主义司法制度目标还存在较大的差距。具体表现在：司法机关依法独立行使职权受到诸多掣肘；司法的公正性、公信力仍有待提高；司法效率不能适应解决纠纷的需要；司法在保护人权、维护民生方面还存在一定差距；司法改革本身在手段、措施和路径上存在一定的问题。[1]

2014年10月，中央启动了第三轮司法改革，此次改革针对当前司法活动中普遍存在的各种积弊，提出改革的要求及措施，其中涉及多项当前社会上和理论界较为关注的司法管理话题，如改革司法机关人财物管理、审判权和执行权相分离、司法权与司法行政事务管理权相分离、设立跨行政区划的司法机关、完善司法官办案责任制、司法人员履行法定职责保护机制、司法人员分类管理制度等。

以上问题既是实践中要探索的制度，也是理论研究的热点和重点。从中国知网上搜索"司法改革"，2013年到2019年发表的论文就超过18 000篇，其中影响因子较大的有陈光中、龙宗智《关于深化司法改革若干问题的思考》（载《中国法学》2013年第4期）、张明楷《刑事司法改革的断片思考》（载《现代法学》2014年第2期）、葛洪义《顶层设计与摸着石头过河：当前中国的司法改革》（载《法制与社会发展》2015年第2期）、陈卫东《公民参与司法：理论、实践及改革——以刑事司法为中心的考察》（载《法学研究》2015年第2期）、龙宗智《司法改革：回顾、检视与前瞻》（载《法学》2017年第7期）、黄文艺《新时代政法改革论纲》（载《中国法学》2019年第4期）。特别要提到的是，北京理工大学法学院徐昕教授团队从2009年起，连续多年发布《中国司法改革年度报告》，对中国司法改革的进程作了最为详尽的记录，为研究中国司法改革提供了理论和资料上的支撑。

关于司法改革的专著也比较丰富，有代表性的有谭世贵等的《中国司法体制改革研究》（中国人民公安大学出版社2013年版）、张智辉主编的《司法体制改革研究》（湖南大学出版社2015年版）、田幸主编的《当代中国的司法体制改革》（法律出版社2017年版）、陈光中等的《司法改革问题研究》（法律出版社2018年版）和陈瑞华的《司法体制改革导论》（法律出版社2018年版）等著作，这些著作对近年来我国的司法改革进行了全面系统的研究与论

---

[1] 张智辉主编：《司法体制改革研究》，湖南大学出版社2015年版，第54~59页。

述，为我国的司法改革实践提供了有力的理论支持。

四、研究方法

(一) 价值判断方法

司法管理学是司法学的一个分支，因此司法管理所追求的价值与司法所追求的价值应当是一致的。我们在对司法管理进行研究时，特别是在讨论司法管理的具体措施时，要紧紧围绕司法追求的价值，诸如司法公正、司法效率等司法伦理标准以及一般的科学依据、逻辑常识，对司法管理的理论基础、基本原则、效果评估进行学术上的评价，得出肯定性、批评性甚至是否定性的意见，为司法管理提供科学而可靠的参考，引导司法管理建立在科学、先进的司法价值判断依据基础之上，从而推进我国司法管理改革与全面依法治国。

(二) 系统方法

我国的司法改革是一场自上而下、从宏观到微观的改革与再造，本身就是一项巨大的系统工程。研究我国司法管理必须采用系统的观念与方法，弄清构成我国司法管理的各层次、各要素以及它们相互之间的作用与联系。如果只是一味地零打碎敲或查漏补缺，企图以单个因素的改良促成整个系统的改进，是很难抓住问题关键，得出正确结论，并达到预期效果的。在研究层面上，宏观司法管理——司法机关的设置及组织管理，包括审判机关的设置与组织管理和检察机关的设置与组织管理；中观司法管理——司法权力运行与决策管理，包括审判权的运行与决策管理和检察权的运行与决策管理；微观司法管理——司法官的选任及管理和司法案件的管理与质量控制，各个层面之间各成体系又互相影响。显然，没有系统的观念与研究方法，对我国司法管理进行全面、系统的研究几乎不可能。

(三) 比较方法

比较研究本来也是法学研究当中常用的研究方法，有比较才有鉴别。通过比较，不仅可以吸收、移植先进的司法管理方法和技术，更为重要的是可以引进先进的司法理念、制度、文化，为我国司法理念、制度、文化汲取新鲜有益的成分。英美法系和大陆法系主要国家的司法管理制度代表着当今世界分布最为广泛、影响最为深远的两个法系的司法管理制度,我们既要看到其先进的一面,也要看到其落后或不合时宜的一面,但只要是符合我国实际、促进司法公正且不违背社会主义总体原则的先进司法理念、制度或机制,就可以大胆借鉴,为我所用。

(四) 历史方法

我国的历史悠久绵长,我国的法治也随着历史的延续而不断发展进步。对我国司法管理制度的历史考察,就是在我国传统法律体系中寻求对当代中国法治建设有用的积极因素。一般认为,我国古代没有独立完整的司法权,也没有专门的诉讼活动,但并不意味着没有司法管理活动经验与教训。我国古代的司法实践所积累下来的传统、观念、经验深深地影响着我国当代司法管理的构建与发展。对我国司法管理进行历史学研究,就是用历史方法研究我国古代司法管理的发展及变迁,继承和发扬适合时宜的司法管理传统、理念和制度,为当下司法管理改革提供深厚的社会土壤和文化支持。

(五) 实证分析方法

当下,我国司法管理改革正在如火如荼地进行,出台了许多新的司法管理制度,但有些措施在推进过程中碰到困难,有些甚至出现反复。对司法管理的研究,离不开对当前司法管理现状的研究,更离不开对司法管理改革的研究。司法管理改革是司法改革的核心部分,应当以司法管理为视角,针对司法改革中的热点、难点和痛点,从理论与实践相结合、应然与实然相结合出发,为我国当前的司法改革提出开创性见解或建设性意见。

第一章
司法管理基本理论

在众多的管理活动当中，一种与司法活动紧密相关的管理活动被称为"司法管理"。司法管理属于国家管理的一种，可以说是一种特殊的国家管理，是主要发生在司法机关当中的管理。在不同的国家与不同的司法体制下，司法管理被赋予了不同的含义。对司法管理展开讨论，离不开对司法管理基本理论的研究。在我国，由于对司法、司法权及司法机关的不同理解，理论界对于司法管理出现了迥异的看法，实务界更是无所适从。司法、司法权和司法机关是司法管理的前置概念，只有把司法、司法权和司法机关定位好，才能准确把握司法管理的含义与内涵，从而对司法管理开展全面而深入的研究。

第一节 司法权与司法机关

"司法"在汉语中由"司"与"法"两个字组成。《辞源》中解释"司"为掌管之意。[1]"司法"整体的意思当为掌管、运用和执行法律。在我国古代，"司法"也是一种主管刑法的官名。[2]《辞源》中对"司法"做如下解释，唐制，在府叫法曹参军，在州叫司法参军，在县叫司法。宋代在司法参军外，又有司理参军。[3]外文中也有与汉字"司法"相对应的词汇。德文为"justiz""judikatur"；法文为"justice"；英文为"justice""administration of justice""administration of law"等，虽然其来源词形基本相似，但不同的词汇各有侧重。惯常用的"justice"意义有三：一为正义（公正）、公平、正当、正确等；二为司法；三为法官。而"administration of law"则为"实施法律"。

---

[1] 参见《辞源》，商务印书馆1988年版，第1261页。
[2] 参见陈光中、沈国峰：《中国古代司法制度》，群众出版社1984年版，第5页。
[3] 参见《辞源》，商务印书馆1988年版，第106页。

可见,"司法"从中外的词意来说,具有以下三项相关的内涵:一是实施法律;二是解决狱讼;三是体现公正。[1]

但是,关于司法的定义,中外其实存在着很大的区别,而要给出司法的准确概念并不容易。英国著名学者詹宁斯曾经说过:"要准确界定'司法权'是什么,从来不是十分容易。"[2]司法的内涵常常受各国传统及时代因素的影响,具有历史的可变性,无法以一种固定的方式加以确定。从各国的司法总体模式来看,世界上主要存在三种模式的司法模式类型:一是以美日国家为代表的一元司法模式;二是以德法国家为代表的二元或多元司法模式;三是以我国为代表的特色司法模式。美日国家一般认为司法是指对包含民事、刑事、行政事件及其争讼进行裁判的活动。裁判活动都由司法机关来完成,所以也称为司法一元主义模式。欧洲大陆的德法则不同,它们采取的是二元或多元主义司法模式。司法是指适用法律及解决纠纷的裁判行为,但司法的任务并不是全部由司法机关单独完成,其他具有立法和行政性质的机构同样行使着司法的职权。比如说法国的行政法院、宪法委员会和德国的行政法院、社会法院、宪法法院等机构并不属于司法系统,但履行着司法裁判的职能。以上表明,司法的含义随着各国的历史传统、司法体制以及社会发展状况的不同,呈现出多样性和差异性。但总体上来讲,西方主要国家对司法的定义可以概括为:司法指法院的审判,即由法院对提交的法律纠纷或争端按照法律的要求及程序作出具有普遍约束力的裁判活动。当代我国司法制度的建立与发展具有复杂的背景和特殊的进程,因而对司法概念的定义及属性的认识有一个变化的过程,而且可以说目前并没有一个令人非常信服的解释。官方与民间、理论与实践、过去与现在,关于"司法"概念的各种学说及理论依然并存,并具有一定的支持群体。早期有一种观点认为"司法是代表国家对危害统治秩序的行为进行追究,以强制力将国家意志付诸实践的活动",[3]此观点把司法作为国家实施统治及维持社会秩序的一种手段,与当时的社会发展阶段是相一致的。后来一种较为流行的观点认为"司法同狭义'法的适用',指拥有司法权的国家机关按照诉讼程序应用法律规范处理诉讼案件

---

[1] 陈光中、崔洁:"司法、司法机关的中国式解读",载《中国法学》2008年第2期。
[2] [英] W. Ivor·詹宁斯:《法与宪法》,龚祥瑞、侯健译,生活·读书·新知三联书店1997年版,第10~12页。
[3] 吴磊主编:《中国司法制度》,中国人民大学出版社1988年版,第43页。

的一种专门活动"，[1]该观点从法理学的角度出发，指出司法仅限于专门机构处理诉讼案件的活动。20世纪以来，随着我国改革开放的不断推进，西方主流司法思想再一次对我国司法改革产生重大影响。其中一种影响较大的观点认为"司法是司法机关对各类纠纷的最终裁判，司法权即判断权"。[2]此观点是学术界较为流行的，与西方关于司法的概念有一致的地方。以上三种观点出现在我国不同的发展时期，体现出社会经济发展不同时期对司法活动诉求的变化，目前，我国关于"司法"的概念没有统一，但可以确定的是我国司法模式与西方司法模式并不相同，我国特有的司法模式适合我国特定的社会历史发展状况及我国传统的文化习惯。

一、西方的司法权

（一）西方司法权的理论渊源

西方司法的概念要从西方司法权开始论述。西方司法权理论最早可以追溯到古希腊和古罗马。古希腊亚里士多德第一次系统地提出了有关国家权力配置的观念。亚里士多德认为："一切政体都有三个要素作为构成的基础，其一为有关城邦一般公务的议事机能（部分）；其二为行政机能部分——行政机能有哪些职司，所主管的是哪些事，以及他们怎样选任，这些问题都须一一论及；其三为审判（司法）机能。"[3]在亚里士多德看来，只有完全具备三种机能的政体才能称得上健全的政体。他将国家权力分为三个组成部分：立法权、行政权、司法权。根据亚里士多德的这一观点，所谓司法权就是由司法机关行使的对各种社会纠纷和社会冲突进行处理和裁决的一种国家权力。但是，亚里士多德并没有论述三种国家权力之间的相互关系，更没有提出权力制衡的思想，特别是对司法权与立法权、行政权之间职能、范围界定得尚不够清晰和明确。从这一点来看，亚里士多德的司法权理论尚不具备司法权

---

[1] 参见曾庆敏主编：《法学大辞典》，上海辞书出版社1998年版，第372页；钟玉瑜主编：《中国特色司法制度》，中国政法大学出版社2000年版，第2页；卓泽渊主编：《法理学》，法律出版社2004年版，第339页、第340页。

[2] 参见孙笑侠："司法权的本质是判断权——司法权与行政权的十大区别"，载《法学》1998年第8期；陈瑞华："司法权的性质——以刑事司法为范例的分析"，载《法学研究》2000年第5期；王利明：《司法改革研究》，法律出版社2000年版，第8页。

[3] 参见[古希腊]亚里士多德：《政治学》，吴寿彭译，商务印书馆1965年版，第23页。

理论的雏形。[1]

继亚里士多德之后，研究司法权理论问题的著名学者是古罗马的波利比阿。他首先将行使国家权力的机关分解为元老院、民众大会和高级官吏三种机关。这三种机关分别掌管一定范围的事务，它们之间相互制衡、相互配合，处于平等的权力主体地位。为了避免高级官吏的权力过于集中，波利比阿再次对高级官吏的权力进行了分解，将其区分为行政权、司法权、监督权、平民利益保护权、维护社会治安权和财政权。波利比阿的研究在亚里士多德的基础上向前跨越一步。如果说，亚里士多德的司法权理论，还只是司法权学说一种较为原始的萌芽形态，那么波利比阿的司法权理论，就已经初步具备了司法权学说的雏形。[2]

西方近代关于司法权理论学说最重要的两位代表人物是法国的孟德斯鸠和美国的汉密尔顿。我国大部分的读者是从孟德斯鸠的巨著《论法的精神》中获得"司法权"的近代含义。因此，有学者也认为真正意义上的"司法权"一词最初是由孟德斯鸠提出的。孟德斯鸠的司法权理论使人类对司法权理论的认识达到了一个新的发展阶段。孟德斯鸠的司法权思想所具有的重要意义并不仅仅表现在理论领域，他还对欧美资产阶级政治实践产生了积极促进作用，成为以后各国资产阶级革命重要的理论武器。

汉密尔顿是18世纪中后期美国著名的政治思想家和宪法学家，与孟德斯鸠的司法权理论相比，其主要是从司法权与其他国家权力的相互关系，以及司法权内部结构等方面阐述其司法权思想。与前人相比，汉密尔顿的司法权理论显得更加充实，并具有较强的操作性和实践性。汉密尔顿认为，法院不仅享有违宪审查权，而且应当拥有解释宪法和法律的权利。司法权由联邦司法权和地方（州）市司法权共同组成，最终司法权应当由联邦最高法院行使。[3]汉密尔顿的司法权理论对美国的政治制度产生了重要影响。1787年通过的美国第一部宪法《美利坚合众国宪法》在许多方面体现了汉密尔顿政治法律思想和司法权的理论观点。

在司法权理论发展的进程中，还有一个人必须提到，他就是法国近代资

---

[1] 参见胡夏冰:《司法权:性质与构成的分析》，人民法院出版社2003年版，第40~42页。
[2] 胡夏冰:《司法权:性质与构成的分析》，人民法院出版社2003年版，第47页。
[3] [美]汉密尔顿等:《联邦党人文集》，程逢如等译，商务印书馆1980年版，第405~410页。

产阶级思想家洛克。他认为，在一个为了保护社会和行动的有组织的国家中，只有一个最高权力，即立法权，其余一切权力都是而且必须处于从属地位。[1]洛克虽然没有把司法权作为国家权力的一部分，事实上他已经提出了司法权的概念，只不过这个概念位于行政权之下，这个概念的提出为孟德斯鸠下一步把司法权从行政权中分离出来奠定了理论基础。

由此可见，西方司法权在理论发展上一脉相承，而且在前人的研究基础上，一步一步地往前推进，使司法权理论更加深入，司法权的构成及权力行使更加精细。西方司法权的发展主要有以下特征：一是司法权是在国家权力分工不断细化的过程中出现的，先有国家权力，然后才有司法权。二是司法权最早是从执行权中分离出来，与行政权一样，是执行法律的一部分。三是司法权的核心是裁判权，这种裁判权是以国家强制力作为保障的，与一般民间的居中裁判有本质的区别。四是法院是司法权行使的最主要主体。西方各国的司法权都是以审判为中心，法官是法律世界的国王，法官拥有崇高的法律地位与社会地位，审判是为了最大限度地实现社会公正。五是司法权的出现体现了权力制衡的需要。

因此，如果要对西方司法或司法权下个定义的话，可以这么说：司法权是在国家权力分工当中由执行权分离出来的，以裁判权为核心，主要目的是解决社会纠纷或惩治犯罪的一种国家权力，这种权力主要由法院行使。

（二）西方司法权配置的三种经典模式

在西方，尽管司法权的基本价值取向可能具有普遍性，但现实中西方司法权是多种多样的，每种司法权及其制度基础都有各自国家法律制度的特殊性，国家与市民关系社会模式的特殊性，政治历史、国家文化和法治传统的特殊性。[2]

现代英国司法权的样式具有典型的历史继承性，英国的政治制度是议会主权主导下的权力分立制度，其国家权力主要是议会权力，政府行使行政权，并对议会负责。司法权主要由法院行使，法官在行使司法权时可以解释法律和创造法律，对立法活动产生重大影响。但是司法权的终审权属于议会，议

---

[1] [英]洛克：《政府论》（下篇），瞿菊龙、叶启芳译，商务印书馆1982年版，第91页。
[2] 参见程春明：《司法权及其配置——理论语境、中英法式样及国际趋势》，中国法制出版社2009年版，第32页。

会行使部分的司法权。司法权从行政权中分立，又反过来通过反对行政越权而部分控制行政权。由此，英国的司法权并不是一个由法院独享的司法权，也不是一个形式上完全独立的司法权。英国司法权这种权力模式与英国的政治文化传统和哲学基础紧密相关：英国政治主张议会权力至上，信奉实践智慧和经验主义哲学，这种权力配置恰好符合以上的政治主张和哲学基础。[1]

法国的司法权配置模式也没有展现出一个统一的、独立的司法权的存在。在法国，司法权被赋予了多个不同性质的独立司法机构，或者各自独立的法院系统，因此司法权本身是被分立的。法国存在四个司法程序，即普通司法程序、行政司法程序、宪法司法程序、高等司法法院和共和国司法程序。第一个司法程序，是行使孟德斯鸠所说的严格意义上的司法权的法院体系，由专门的法官来行使。第二个司法程序是法国人独创的，事实上是一种行政司法权。法国的制度和历史拒绝司法权行使对行政的审查和控制，而将这种使命交给了行政本身，并从行政内部分化出独立的行政司法系统，行使一部分司法权。第三个司法程序是由从宪法中专门列出的国家公共权力机关——法国宪法委员会实施的。它并不是严格意义上的司法机关，而是一个准政治和准司法机构，所审查的是法律的合宪性问题，而且仅限于法律生效之前的合宪性审查。在某种形态上，承担立法审查功能的同时，通过宪法解释起着类似我们所说的"法官造法"的功能。第四个司法程序，在宪法意义上所讲具有特定司法功能，但该法院的法官却同时具有民意代表的身份，这些法官由中立的政治家组成。由于基本上没有作出什么判决，因此，可以不对其司法程序作出研究判断。总的说来，法国的司法制度建设在保持传统的基础上进行创新。现有的司法制度和司法权行使方式，既保留了旧制度以来的司法制度，又适应现代国家、社会权利的规则创制了现代国家所需求的司法样式。[2]

美国是一个新兴的移民国家，没有过多的历史传统约束和历史包袱。美国早期的法律制度继承和移植了英国普通法的思想和制度，具备了英国的一些基础民主理念与制度。经过早期的民主人士和政治家的改造，美国的政治

---

[1] 参见程春明：《司法权及其配置——理论语境、中英法式样及国际趋势》，中国法制出版社2009年版，第2页、第292页。

[2] 参见程春明：《司法权及其配置——理论语境、中英法式样及国际趋势》，中国法制出版社2009年版，第67页、第249页、第250页。

制度更加具备尊重人权和民主制度的精神，特别是为了防范多数民主的暴政性，创造了有限政府原则，并将限制政府权力的任务交给了权力制衡机制和司法权对其他权力的审查机制。议会掌握立法权，政府掌握行政权，法院掌握司法权，三个机构的职权泾渭分明，却又相互联系相互制约。由于司法权天然的弱势地位，司法权在美国的政治体制中被赋予了更多的权力。由此，美国司法权是基于强大的社会权威性的一种权力，它又是一种被高度强化的，甚至是政治化了的国家权力。[1]

西方主要国家司法权制度是按照西方司法权经典的理论来设置的，都是在遵守各自的政治与法律的历史文化传统的基础上，依照法治原则和人权原则，形成今天的模式。很显然，这几种模式存在很大的差异，并无固定模式，很难有优劣之分，而且还有一个很明显的趋势，就是各国的司法权配置模式，都在不断地借鉴、调整、改造，以适应经济社会的新发展。另外，对司法权原始特征的理解在当代社会已被司法的多元化实践所动摇，司法权的内容发生了很大的变动。传统的司法权能也难以应付社会矛盾解决的现实需要，因而由其他机构和组织分享部分司法权能是必然的，这实际上是司法功能进一步细化的结果。[2]司法权与行政权的界限已经不再泾渭分明，法院以外的其他机关行使司法职能的现象大量存在，如政府的税务机关或警察机关，这些非司法机关对不法行为进行确认，同时按照法律的规定作出相应的制裁，履行的实际上是具有司法或准司法性的行为。这种司法与行政之间的职能混同是当代西方司法权发展的一个趋势，也是我国在借鉴西方司法制度时不容忽视的因素。

（三）司法权在近代中国的发展

我国自古以来就有司法活动，也有"司法"这一说法，比如唐代的"司法"是指主管刑事审判的行政官职，[3]与近现代中文意义上的"司法"的意义存在着明显的不同。一般认为，现代意义上"司法"与当下西方语境中用的"司法"语义相似，大致是在清末变法修律期间产生的。在当时的修律过

---

[1] 参见程春明：《司法权及其配置——理论语境、中英法式样及国际趋势》，中国法制出版社2009年版，第294页。

[2] 黄竹胜：《司法权新探》，广西师范大学出版社2003年版，第11页。

[3] 王圣诵、王成儒：《中国司法制度研究》，人民出版社2006年版，第213页。

程中，法律学家们仿照西方国家的权力理论，在我国设立独立的司法制度，所修订的法律，比如《法院编制法》和《大清新刑律》，出现了"司法"一词。该词使用的意义是"西式"的使用，它是与"立法"和"行政"相对应而一同使用的词语。"我国现代的司法并不直接从古代司法演变而来，它的产生主要来源于清末的司法改革，即清末对西方司法的引进和移植。"[1]

1840年鸦片战争导致了我国封建社会秩序的逐步解构，传统的治理之术呈现出对内统治无效，对外被迫开放的局面。[2]我国清政府为了延续其统治的需要，不得不对其社会制度进行彻底变革，于1906年宣布"预备立宪"，开启了实施两千多年的政治制度发生巨变之序幕，其中司法制度的变革也是一项重要的内容。清末的变法修律不仅引进了西方司法制度的原则和技术，也同时引进了西方法律知识和司法手段。清末官制改革的关键制度设计，是将刑部改为行政司法机关的法部，而设立大理院就是实现司法行政与司法权本身分立的结果。[3]《清末筹备立宪档案史料》载："都不为所节制……"清末新政及改革要在一个已经丧失了政治权威和制度权威的体系中很快找到其运行的有效性形式保障，几乎是不可能的。而且，清末的政治环境及社会环境并不能给这种在我国没有先例的司法制度以发挥效力及纠错的机会，被引进的司法制度既无法实质地体现出其制度的先进性，其所能表达的形式价值的优越性，也因为缺乏"历史进程"而无法彰显。清末的司法改革因为清王朝的覆灭而宣告失败。

民国初建，南京临时政府是第一个全国性的资产阶级民主政权，它成立后按照西方民主国家的模式建立的政权体制，在司法制度方面确立了审判公开等一系列司法原则。[4]但是，孙中山先生领导的辛亥革命取得胜利后，胜利果实迅速被袁世凯夺取。孙中山等革命党人希望通过《中华民国临时约法》以权力分设的方式来约束即将任职临时大总统的袁世凯，使之遵守民国所确立的共和政体，但在权力设置中，该约法过分地强化了立法机关的职权，旨在加强立法权对袁世凯将行使的行政权的限制和约束，而这种平衡机制和制

---

[1] 谭世贵主编：《中国司法改革研究》，法律出版社2000年版，第5页。
[2] [美]费正清、[英]崔瑞德主编：《剑桥中国史》（第11卷），中国社会科学出版社1992年版，第132页。
[3] 张代："论清末司法改革的法律文化冲突"，辽宁师范大学2012年硕士学位论文。
[4] 王圣诵、王成儒：《中国司法制度研究》，人民出版社2006年版，第293页。

约机制反而使权力失衡，最终也导致了司法权行使的政治环境遭到破坏。袁世凯执政以后，轻而易举地以权力配置不合理为由不遵守《中华民国临时约法》，进而专权并准备称帝，《中华民国临时约法》主张的各项民主制度瞬间土崩瓦解。袁世凯称帝失败后，中华民国开始了一段长达十几年的由北洋军阀控制中央政府的时期。这一时期北洋政府在司法制度方面基本继承了清末和南京临时政府确立的体制。但是，受到军阀割据的影响，整个司法体系残缺混乱，司法权受到军权的严重制约，可以概括为以民主共和之名行军阀专制之实。[1]所谓民主法治等现代西方法治的理念及工具，在政治严重分裂的情况下，不可能作为当时社会认同的价值，而只是成为当时社会精英人士一种美好的愿望。

进入国民政府时期，随着国民党政权统治的稳定，南京国民政府开始了新的司法制度建设与变革，司法权建设在西方司法权基础上出现了一种中国化的制度化建设纲领。国民党所奉行的官方学说"三民主义"在法律制度和法治发展模式上得到了充分体现，在吸收了清末修律及北洋时期法律改革经验基础上开展了大规模移植大陆法系的法律制度，建立起了中国国民党特色的五权宪法制度构架，开展了自己独特的司法权建设。国民政府建立起包括检察署或检察官在内的司法院、高等法院、地方法院三级司法审判体制，设立专门的行政法院审理行政案件，一批专业法律人士如法官、检察官、律师应运而生。但是，国民政府实行以党治国的政策，国民党掌握了全国的最高权力，操纵着立法、行政、司法等各项事务的运行，在司法方面严格奉行司法党化政策，使司法活动成为国民党统治服务的工具。由于经费和人员匮乏等原因，国民政府无力在各地普遍设置地方法院，[2]只好在县市政府内设承审员或司法处办理诉讼，地方官署兼理司法的现象非常严重，诉讼程序极其混乱。国民政府"五权宪法"体制下的司法权本质上是西方司法权在我国广袤大地上进行改良与试用的一种司法实践，这种权力被最终异化为一种特殊的政权模式，即国民党党权。这种政治组织模式逐渐成为国民党统治后期不

---

[1] 王圣诵、王成儒：《中国司法制度研究》，人民出版社2006年版，第305页。

[2] 到1936年，全国仍有1400余县尚未设立地方法院，处于"审判检察不分，行政司法混合之下"，引自王永宾："过去一年之司法行政概要（二十五年一月一日）"，《中央周报》1936年第394~396期。转引王圣诵、王成儒：《中国司法制度研究》，人民出版社2006年版，第328页。

容挑战的特有的中国模式。[1]

可以说,我国近代以西方司法权理念作为追求目标的司法权建设,伴随着古老中国富国强兵和制度救国的理念,从进入中国制度实践之日起,就注定成为一种遭受传统文化排斥的"体外物"。在两种不同法律文明之间的任何制度性移植,其成功与否并不总是以制度设计者的预期和愿望相一致的,因为在决定制度移植成功的条件中,两个因素是不容忽视的:一是接受该制度的社会必须具有自身变革的内生性要求;二是被植入制度的文化背景必须和新的环境具有相容性和契合性。可是,我国传统政治与法律文化的惯性之大,足以使新旧制度之间产生了一种奇怪现象:一方面,新的制度总是摆脱不了旧有制度的束缚,从而呈现出"新瓶装旧酒"的制度杂合体,这种杂合体无法使新制度的优越性充分体现出来,反而旧制度的权威性依旧存在;另一方面,旧制度在新制度无法确立主导地位的情况下,又极其容易地被重新作为正当性制度的选择。这种现象导致的结果必然是,在推进改革过程中容易产生结构性障碍,这使得清末、民国及国民党时期的现代化法治进程最终以失败告终。

二、我国的司法权

(一) 我国司法权的理论渊源

新中国成立后,中央政府按照我国实际情况与发展道路构建新的司法权模式,在构建与发展过程中,又紧紧依靠我国社会发展的制度基础与历史传统,这些成为我国司法权理论的渊源。

1. 列宁司法权思想是我国司法权最主要的渊源

1949 年,中华人民共和国宣告成立,我国进入了社会主义新民主主义革命时期。[2]新中国在废除国民党政府的一切法律、法令和司法制度的同时,希望建立一个人民性的法律制度和司法体制。1911 年,十月革命一声炮响,世界上第一个社会主义国家——苏联建立,马克思主义和列宁主义随之传入

---

[1] 参见程春明:《司法权及其配置——理论语境、中英法式样及国际趋势》,中国法制出版社 2009 年版,第 182~185 页。

[2] 黄仁宇:《中国大历史》,生活·读书·新知三联书店 2015 年版,第 156 页。

我国，成为我国新政权严格遵循的基本原则和指导思想。[1] 1949年9月29日，第一届中国人民政治协商会议通过具有临时宪法性质的纲领性文件《中国人民政治协商会议共同纲领》，行使一种软宪法的功能。同时，在此框架中制定了《中央人民政府组织法》，从最高权力层次设立我国的司法制度，即最高人民法院行使国家审判权，最高人民检察署行使国家检察权，中央人民政府的公安部和司法部分别行使与司法活动相关的侦查权和司法行政权。我国此后宪法的历次修改，基本上按照此思路来进行，我国的司法权构建与权力配置，虽经历过多次调整，但是本质及基本关系并没有改变。因此，探究我国当代司法权的理论来源，是厘清我国司法权性质、内涵、相互关系甚至包括存在问题的不可或缺的重要方式与途径。

我国当代的司法权权力配置及制度构建是在否定我国古代封建司法制度和现代西方资产阶级司法制度的基础上，引入苏联司法权模式而进行的，而苏联的司法权构建模式，又是基于列宁司法权思想而构建起来的。[2] 列宁的司法权思想是他在领导俄国无产阶级革命和苏维埃社会主义法治建设的长期斗争实践中，逐步形成和发展起来的。人民主权建设理论是他的司法权思想的理论前提和基本出发点。社会主义国家和资本主义国家意识形态的对立，决定了列宁司法权思想无论是在性质上还是在基本内容上，都与西方学者的司法权理论存在根本差异，是两种完全不同的理论形态。从总体上讲，列宁的司法权思想可以概括为三个特点。第一，司法权产生于国家权力机关。国家权力的集中统一行使是马克思主义的一个基本思想。列宁继承了这一思想。第二，司法权由广大人民直接行使。列宁指出，司法工作是国家管理的权能之一，司法机关是吸引全体人民参加国家管理的机关，是无产阶级和贫苦农民的政权机关。第三，司法权应当受到严格的监督。列宁根据马克思主义国家学说的基本原理，从俄国社会主义革命的具体实际出发，提出了颇有特色的司法权监督理论，司法机关必须接受党的领导，接受国家权力机关的监督，接受检察机关的监督。

列宁有关司法权的理论学说，与西方司法权理论的理论形态、基本内容

---

[1] [美] 费正清、[英] 崔瑞德主编：《剑桥中国史》（第14卷），中国社会科学出版社1992年版，第38页。

[2] 周伟："中国司法能动问题研究"，武汉大学2011年博士学位论文。

和发展脉络完全不一致,将人类对司法权理论的认识推向了另外一个发展阶段,标志着人类历史上第一次形成了两大对立的司法权理论阵营。[1]列宁有关司法权的思想对我国司法理论和司法制度的建立产生了深远的影响。新中国成立后,由于我国在意识形态上与苏联具有高度的同质性,在政治经济体制上与苏联具有高度的同构性,因而列宁的司法权理论对我国司法体制的构建具有一种范本性意义。由于苏联的法学理论和司法制度是建立在列宁司法权思想基础之上的,因此,新中国对苏联司法理论和司法制度的移植,实际上就是按照列宁的思想构建了我国的法学理论和司法制度。[2]

2. 新民主主义革命时期的司法实践为新中国司法权建设提供了有益经验

新民主主义革命时期,中国共产党领导的革命根据地建立了一套与国民党统治区完全不同的司法制度,是我国历史上代表无产阶级和广大人民群众的意志,维护人民基本权益的人民司法制度。这一时期司法权配置建设呈现出较大的混合性,既有本土化的实践经验,又借鉴了苏联的某些司法制度,有些还沿用了国民党时期留下的制度设计。红色政权时期司法机关呈现多样化,革命法庭、裁判部、军事裁判所、肃反委员会和政治保卫局等在一定程度上拥有审判权;实行政审合一机制,裁判部和革命法庭是同级政府的组成部分,党和政府对司法工作进行统一领导;实行审检合一制,检察机关附设在审判机关之内,检察人员独立行使职权。抗日战争时期,中国共产党领导的各抗日根据地并没有建立统一的司法机关,各根据地司法机关的设置遵循因地制宜、便民简政、政府领导司法、司法行政合一的原则,设置了审判委员会、[3]法院、检察机关和公安机关,行使对民事、刑事、行政案件的司法权力。解放战争时期,各解放区的司法机关是在人民法庭或军事法庭的基础上逐渐形成和建立起来的,司法机构设置和司法原则与前一时期基本保持一致,司法机关的主要任务是维护革命秩序,镇压重大反革命犯罪,保障人民群众权利。新民主主义革命时期的司法实践只有短短的二十多年,其司法权配置与建设没有扎实的理论基础,也没有形成严密的理论体系,其司法的实践及

---

[1] 王建国:"列宁的司法权思想述论",载《法制现代化研究》2007年第0期。

[2] 参见胡夏冰:《司法权:性质与构成的分析》,人民法院出版社2003年版,第115~136页。

[3] 陕甘宁边区政府审判委员会建立于1942年,由委员五人组成,委员长、副委员长由边区政府主席和副主席兼任,其他委员由政务会议委任。审判委员会主要受理不服高等法院第一审和第二审的刑事上诉案件和不服高等法院第二审判决的民事上诉案件,1944年取消了此委员会。

制度构建都是探索性的，也是碎片化的，但这并不妨碍该时期的司法实践及经验成为新中国成立之后我国司法权建设的重要渊源。当代中国司法权建设的很多制度与理念都可以在新民主主义革命时期找到雏形和影子。

3. 我国古代司法实践对我国司法权理论的形成与发展产生重大影响

一般认为，我国司法权及司法制度构建是在否定我国古代封建社会制度和现代西方资产阶级司法制度的基础上，引进苏联的司法权范式而进行的。[1]新中国成立初期，新中国的缔造者们在思考司法权建设时竭力抵制西方司法权理论的侵蚀与影响，而列宁的人民主权理论无疑是我国司法权最主要的理论来源。我国古代几千年封建王朝积累下来的关于司法活动的理念与经验在"反封建主义、反帝国主义、反官僚主义"的政治导向下也被排除在司法权构建时的借鉴范围之外。但事实上，我国传统的司法观念，如民刑不分、以刑为主、司行合一、德主刑辅、纳礼入律、明刑弼教等，或是积极的，或是合理的，或是落后的，都一直影响着我国司法思维与法治理想。[2]一般认为，现代意义的司法是从清末的"修律"开始，我国古代不存在独立的司法权。而我国古代具有丰富的司法实践，这是不争的事实。长时间的司法实践所积累下来的传统、观念、经验深深地影响着我国当代司法权的构建与发展。

第一，我国古代的司法与行政合为一体。除较高级别的官府衙门设有专司司法职责外，在州县一级的行政衙门，司法职能的行使——问案审断是行政工作中最重要的功能，司法官员是首先作为行政官员出现的，其行政专断的主观思维必定体现在司法审判之中。我国当代司法机关在履行司法职能的时候，出现严重的行政化趋势，即司法官员在行使国家权力时不自觉的一种内生性倾向。

第二，我国古代司法是全能型的司法。司法机关往往被寄托着众多的社会职能与任务，同时司法也是进行国家管理的一个重要手段。我国当代司法机关除履行本身的司法职能之外，还承担政治维护、社会管理、经济发展的职能，这也是古代司法理念在我国当代司法实践中的反映。

第三，我国古代司法是一种伦理性的司法。古代社会是亲血缘、重亲情

---

〔1〕 程春明：《司法权及其配置——理论语境、中英法式样及国际趋势》，中国法制出版社2009年版，第189页。

〔2〕 苏力：《法治及其本土资源》，北京大学出版社2015年版，第56页。

的伦理性社会，无论司法依据还是司法过程，情理化和人情化都需要得到具体的体现，司法的目的并不总是在于法律的实现，而是天理、国法、人情在伦理层面上的统一。法的实现仅仅是古代司法的最低要求和一般手段。传统司法的理念是追求和谐，进而通过司法以和解和无讼的方式来实现维护社会秩序的功能。我国民众对于法律的敬畏远远比不上恪守的伦理道德的约束力和对诉讼的畏惧与不信任，这正是伦理性司法观念在当代中国人思想中留下的烙印。

第四，我国古代司法主要就是解决狱讼。这种关于司法的理解一直影响着我国当代对司法权配置的基本思路。事实上我国当代司法权是按照解决狱讼的思路来进行配置的，从公安机关的侦查权、检察机关的检察权、审判机关的审判权，到司法行政机关的刑事司法执行权（主要是监狱的刑罚执行权），这几种权力的配置及其关系，都受到了我国古代的传统司法观念的影响。

第五，我国古代司法机关受制于主要权力机关。[1]我国古代不同的朝代都设置了中央司法机构，以行使对重大案件的审判、复核和监督职责。地方各级官府也设置了相应的司法机关和职务，行使问案审断的功能。但是，无论是中央还是地方，司法权力从属并受制于主要权力机关，并无相对独立的权限。反观我国当代的司法制度，在中央和地方司法机构的设立上，与我国古代事实上具有一定的继承性。而我国司法权在国家权力机构中的相对弱势地位和非独立性，在我国古代同样可以找到历史的影子。

因此，我国古代司法实践是我国司法权建设与发展的一个重要渊源，忽视对我国古代司法传统的研究与借鉴，是当前进行司法权及司法改革研究的重大失误与缺陷。关于我国古代司法传统对我国当代司法权构建的影响以及意义，将在另外的章节专门论述。

(二) 我国司法权概念的争议

由于我国司法权构建的时间不长，且理论储备不完整，我国法学理论界似乎并没有形成所谓的司法权学说，或者说不存在像西方国家那样的具有严格理论形态的司法权理论。但是，实际上新中国成立以来就产生的具有我国

---

[1] 我国古代并无严格意义上的司法机关和行政机关之分，统称为官府，即实行国家统治和维护社会秩序的机构，此处把官府称为主要权力机构。

特色的司法权理论观点。而且，这些观点随着社会经济的发展而不断地变化和发展。当然，对司法权本身的认识并不统一，长期以来存在着一些争议。我国司法权理论主要有以下几个观点。

1. "大司法权"理论

这种理论学说的主要观点认为，司法权是指审判机关、检察机关、侦查机关、司法行政机关在办理诉讼案件和非诉案件过程中所享有的国家权力。[1]有的学者甚至认为，律师、公证、仲裁等组织在从事与司法活动有关的活动时，所行使的权力也属于司法权的范畴。[2]"大司法权"理论是新中国成立后至20世纪90年代初期以前的一种较为普遍的学术观点，在学术界和实务界具有广泛的影响。该学说因符合我国政治体制实践的需要，特别是具有意识形态上的优越性，从而在我国政治生活中具有强盛的生命力，经过广泛的舆论宣传和广泛的孕育积淀，已在我国深入人心，根深蒂固，并在很长一段时间里占据着主导地位。

2. "三权说"理论

所谓三权说，即"审判权、检察权和侦查权三种权力学说"的简称。[3]在该学说看来，司法权是指公安机关、检察机关和审判机关等国家司法机关在司法活动过程中，代表国家行使的权力。与"大司法权"理论相比，"三权说"理论缩小了司法权的范围，将司法行政机关所享有的权力和律师、公证、仲裁、调解等与司法活动相关的组织所行使的权力排除在外。最早提出该学说的是著名学者陈守一、陈宏生等人，他们认为，公安机关、检察院、法院是代表国家专门行使司法权的执法机关，按照法律规定，除公安机关、检察院、法院依法行使侦查、拘留、预审、批准逮捕、提起公诉和审判等权力外，其他任何机关团体和个人都无权行使这些权力。[4]该学说在20世纪80年代初被提出以后，并没有得到法学界的积极响应。至20世纪90年代以后，"三权说"基本上丧失了支持的后备力量，其在理论界的声音也越来越微弱。

---

[1] 参见章武生、左卫民主编：《中国司法制度导论》，法律出版社1994年版，第2页；鲁明健主编：《中国司法制度讲义》，人民法院出版社1987年版，第1页。

[2] 参见熊先觉：《中国司法制度》，中国政法大学出版社1986年版，第85页。

[3] 熊先觉：《司法学》，法律出版社2008年版，第415页。

[4] 陈守一、陈宏生：《法学基础理论》，北京大学出版社1981年版，第363页。

3. "两权说" 理论

顾名思义，"两权说"理论是主张司法权包括法院审判权和检察院检察权这两种权力的一种学术观点。与以前的"大司法权"理论和"三权说"相比，这种学说将司法权的范围大大缩小了，仅包含审判权和检察权。按这一学说，行使司法权的主体也只有法院和检察院，其他任何机关、社会组织和个人都被排除在司法主体之外。首先正式提出"两权说"理论的是我国著名法理学家沈宗灵，他认为，"法的适用是指国家司法机关依据法定职权和法定程序，具体适用法律处理案件的专门活动。法的适用主体，即行使司法权的司法机关，在不同社会和不同法律体制下有所不同，在我国按照现行法律体制和司法体制，司法权一般包括检察权和审判权"。[1]有的学者进一步论述，"公安机关、国家安全机关和司法行政机关在一定程度上参与了司法过程，但其职能从严格意义上讲，仍然是行政性质的，不具有司法性质，虽然与审判机关和检察机关适用法律的活动紧密联系，但不属于司法机关的范围，而属于行政机关执法的范围，因此，公安机关、国家安全机关和司法行政机关，从本质上讲应当属于政府的行政机构，其行使的国家权力在性质上是行政权，而不是司法权"。[2]"两权说"在20世纪90年代前期一经提出，就立即在我国法学界引起了强烈的反响。同时，这种学说由于能够从我国现行宪法中寻找到一些合理的解释，在某种程度上具有法律上的正当性，并且得到了我国执政党和国家最高权力机关不同形式的认同。"两权说"是目前的一种主流学说。

4. "单一说" 理论

20世纪末期以来，我国不断加大司法改革的力度。理论界有的学者提出"司法权仅指法院和法官的活动，司法权就是审判权"。[3]有的学者从司法权内在的属性出发，指出"司法权实际上是司法人员对争议的事物进行判断的权力，认为司法权是一种判断权"，即"判断学说"。[4]有的学者基于对那种将司法权视为一种国家权力的传统观念的不满，提出了司法权的本质不是权力，而是一种权威性的裁判。"权威学说"认为"司法作为具有法律权威的一

---

[1] 沈宗灵主编：《法理学》，高等教育出版社1994年版，第344~345页。
[2] 卢云主编：《法学基础理论》，中国政法大学出版社1994年版，第366页。
[3] 熊先觉：《司法学》，法律出版社2008年版，第415页。
[4] 孙笑侠："司法权的本质是判断权——司法权与行政权的十大区别"，载《法学》1998年第8期。

种裁判,一经法院依照法律规定的程序作出以后,便具有法律的效力"。[1]有的学者在认真分析审判权和检察权的性质的基础上,指出司法权是一种裁判权,应当只包括法院在司法过程中所享有的审判权,而不包括检察机关行使的检察权。"裁判权说"认为"司法就是司法人员通过法定的程序,对争议双方提交的争端作出一项具有法律约束力的裁判结论的活动"。[2]以上几种学说,从不同的角度论述了司法的各种特性,从本质上来讲,就是认为司法权是法院专属的一种审判权力,其余的权力只是作为法院审判权力的一种辅助权力,并排除在司法权的范围之外。因此,统称为"单一说"。

5. "多义说"理论

该学说认为司法权具有多种不同含义,最显著的特点在于它主张司法权的含义具有多层次性和非统一性。较早提出"多义说"的学者是已故著名宪法学家何华辉先生,他是这样解释的:"司法权有狭义和广义两种解释,狭义的司法权指的是审判权,即司法机关通过诉讼案件的审讯、判决及执行法律之权;广义的司法权,指除审判权以外,还包括仲裁、调解、公证、对公务员的惩戒以及对法官和律师的培训与任用等方面的权力。"[3]而熊先觉先生则认为:"司法权分为狭义与广义,狭义仅指审判权,广义则包括了检察权,以法院和法官的审判活动为核心灵魂,但绝不应该把行政执法活动都认为是司法权。"[4]"多义说"并没有在前述学说之外提出自己关于司法权问题的独到见解,在一定形式上表现出对上述司法权理论的折中和调和,具有明显的混合性和多元性。但是,这种学说既能够迎合西方司法权理论的需求,又能够符合我国现行的政治体制,在某种程度上得到理论界的认同。

(三) 我国司法权定义及配置模式

在我国的法律文本中,找不到严格意义上的司法权,只规定了"审判权和检察权"。我国的官方文件上也只是提到了司法机关,并未提到司法权。在1954年宪法起草过程中,对于人民法院行使的是"司法权"还是"审判权"

---

[1] 贺日开:"司法改革:从权力走向权威——兼谈对司法本质的认识",载《法律科学》1999年第4期。
[2] 陈瑞华:"司法权的性质——以刑事司法为范例的分析",载《法学研究》2000年第5期。
[3] 何华辉:《比较宪法学》,武汉大学出版社1988年版,第306页。
[4] 参见熊先觉:《司法学》,法律出版社2008年版,第415~416页。

曾经有过讨论，宪法草案中规定法院行使"司法权"，但在后来的宪法正式文本中改为"审判权"。据说这主要考虑到法院的主要活动是从事"审判"，而"司法"一词包含的范围较为宽泛，而且容易同司法行政机关的职权相混淆。[1]后来的宪法文本也没有使用"司法权"一词，而继续沿用了"审判权"和"检察权"的用语。如我国《宪法》[2]第131条和第136条规定：人民法院依法独立行使审判权；人民检察院依法独立行使检察权。《法官法》和《检察官法》也分别使用是"审判权"和"检察权"的提法。如《法官法》第1条、第2条规定：人民法院依法独立行使审判权，法官是依法行使国家审判权的审判人员；《检察官法》第1条、第2条规定：人民检察院依法独立行使检察权，检察官是依法行使国家检察权的检察人员。这体现了我国立法机关对"司法权"一词的使用是持谨慎态度的，至少不能简单地解释为法院的审判权。

令人疑惑的是，在检视我国司法权的时候，理论界往往把司法机关作为前置条件而对司法权进行诠释，如张文显教授认为"法律适用通常称为司法，是指国家司法机关依据法定职权和法定程序，具体应用法律处理案件的专门活动"。[3]陈光中教授认为"司法是国家通过司法机关及相关机关处理案件，解决争讼，惩治犯罪，实施法律的诉讼活动"。[4]谭世贵教授认为"司法应当是指司法机关代表国家行使司法权适用法律解决社会纠纷的活动"。[5]这些观点有本末倒置之嫌疑，混淆了司法权与司法机关概念之间的逻辑关系。而对于两者的关系，笔者认为应该事先解释清楚何为司法权，而行使司法权的机关，才有可能被称为司法机关。

从我国司法权的理论渊源来看，列宁的司法权理论始终认为，司法权本质上是一种行政权，司法权是国家机关在处理司法事务过程中所享有的一种权力，与国家机关管理其他社会经济事务所行使的权力在性质上是相同的。[6]当然，列宁关于检察权就是法律监督权这种判断，是把检察权与司法权作了区分，

---

[1] 全国人大常委会办公厅研究室政治组编：《中国宪法精释》，中国民主法制出版社1996年版，第276页。
[2] 为表述方便，本书中涉及的我国法律法规直接使用简称，省去"中华人民共和国"字样，例如《中华人民共和国宪法》简称为《宪法》，全书统一，不再一一说明。
[3] 张文显主编：《法理学》，法律出版社1997年版，第365页。
[4] 陈光中、崔洁："司法、司法机关的中国式解读"，载《中国法学》2008年第2期。
[5] 谭世贵："中国司法权的界定、调整与优化"，载《学习与探索》2012年第4期。
[6] 《列宁全集》（第26卷），人民出版社1985年版，第396页。

也是列宁司法权理论的一大特色。从我国司法权的历史传统来看，我国古代司法一直主张司法与行政合为一体，司法活动就是解决狱讼的过程。"所谓讼即以财相告者，所谓狱即相告以罪名者"，[1]这个观念在中国人心中根深蒂固。我国古代关于司法机构、诉讼制度、审判制度、司法监察和监狱管理等的研究构成了司法制度的主要框架。从我国司法权的实践基础来看，无论是革命根据地时期、抗日战争时期还是解放战争时期，司法机关都实现了单独设置，但与行政机关的运作产生了经常性重合，司法机关活动的目的依次为打击犯罪、保护政权和解决纠纷。而此时，检察机关一般与同级法院设置对应，与法院、公安机关、军事机关共同行使司法权力。从我国司法权的立法原意来看，我国的立法者没有在正式法律文本中采用"司法权"的提法，体现了我国立法机关对"司法权"一词作了宽泛的理解，并非简单地解释为法院的"审判权"，而是把司法权作了分散化的处理，在司法权能的分配上并没有将司法权统一赋予一个机关，即法院来行使，而是分由若干个国家机关来行使，共同承担司法的职能。从我国司法权的实际运作来看，新中国成立以后司法权设立与权力配置尽管有较大调整，甚至是反复，但整体脉络还是清晰和一贯的。特别是我国刑事诉讼法对刑事诉讼过程中公安机关、检察院、法院三个机关之间的关系认定为"分工负责、相互配合、互相制约"，正是体现了刑事司法权行使的多元化。根据宪法及法律的规定，我国的法院、检察院、公安机关和司法行政机关（监狱）分别行使了审判、检察、侦查和刑罚执行的权力，这几种权力在实践中相互配合，实现了打击犯罪、维护秩序、解决纠纷、保护人权的司法目的，构成了完整的中国司法权的内涵。

如果把司法权仅仅定位为法院的审判权，是不符合我国司法权的实际情况的，也是不尊重历史发展规律的一种表现；如果把司法权仅仅定义为审判权和检察权，就忽略了司法权的完整性和行使司法权的程序性，因为打击犯罪肯定包括对犯罪的侦查和刑罚的执行；如果把司法权泛化为与司法行为和司法制度有关的所有活动，如律师活动、仲裁、调解等，这种观点忽视了司法权的国家性和司法权的价值多元性，因此都是不可取的。综上所述，我国的司法权可以表述为：司法权是指为了解决纠纷、惩治犯罪、维护秩序、保护人权，由国家机构及相关人员依照法定职权及法定程序，适用法律处理具

---

[1] 张晋藩主编：《中国司法制度史》，人民法院出版社2004年版，第3页。

体案件的一种专门活动。我国司法权的权力配置具体来讲，侦查权由公安（包括国家安全机关、国家缉私警察）机关行使，审判权由法院行使，检察权由检察院行使，刑罚执行权由司法行政机关行使。这种司法权的配置模式不是人为确定的，也不是自发形成的，而是根据我国历史文化、政治法律传统以及经过长期的司法实践而最终形成的。尽管这种配置模式有一定的局限性，甚至存在不合理、不科学的地方，但符合我国实际，也是为我国官方和广大人民群众实际认可的一种观点。对现行司法权概念的准确定义和对权力配置模式的理解与尊重，是当前进行司法权改革的必要前提。

从概念学出发，我国司法权可以解构为以下三方面。

第一，司法权的目标与功能。我国司法权的目标与功能为"解决纠纷、惩治犯罪、维护秩序、保护人权"。孟德斯鸠关于司法权的经典定义就是"惩罚犯罪或裁决私人讼争的权力"，其中包括了"惩罚犯罪"和"裁决讼争"两个功能。只不过西方司法理论与实践过程中，过度地强调了"裁决或裁判"的功能，以致后世以为"惩罚犯罪"是司法工具主义的主张而予以忽略。"维护秩序"的功能在列宁司法权理论和我国传统司法观念中体现尤为突出。列宁在当时苏维埃政权刚诞生而面临各方势力打压的情况下，把司法当作"实行无产阶级专政、维护统治秩序的有力武器"。[1]我国古代法治传统则认为"重典治国对改良吏治、安定社会有积极作用"。[2]而新民主主义革命时期及新中国成立后中国共产党的司法实践更加突出司法对保卫红色政权的作用。"保护人权"是西方国家首先提出的司法原则，也是现代法治文明发展对司法活动提出的新要求。我国司法权建设在这方面是有所欠缺的，需要改变以往观念，按照"打击与保护"并重的原则履行司法职能，开展司法活动。因此，上述我国司法权目标与功能的定位，具有理论的支撑性、历史的承继性和发展的前瞻性，是符合我国具体国情的。

第二，司法权的国家权力属性。我国司法权的定义中提出行使司法权的主体是"国家机构及相关人员"，并且必须"依照法定职权及法定程序"，此处强调了司法权的国家权力属性。有的学者在考究西方司法权的起源时提出，司法权本身是一种市民性的裁判权，随着国家的发展被国家制度化成为一种

---

[1]《列宁全集》（第4卷），人民出版社1985年版，第246页。
[2] 王圣诵、王成儒：《中国司法制度研究》，人民出版社2006年版，第200页。

国家权力，并逐步掩盖和弱化原来的社会属性。随着现代社会纠纷的多样化和复杂化，司法权又将趋向社会化方向发展。[1]正如日本学者棚濑孝雄所描述的那样，"纠纷当事人之间存在对立，具有中立性的第三者应另一方当事人的要求，针对这一对立做出某种权威的判断，这就是审判"。[2]在这里，他所讲的是民间的仲裁、调解还有可替代性纠纷解决机制（ADR）。应该说，我国自古以来只要存在着司法活动，就与国家的行为密不可分。司法权本身就是国家发展过程中权力进行细化分工的结果，司法权的行使必须以国家的强制力为后盾，体现的是国家的意志与个人意志的博弈与融合。如果把司法权理解为国家制度化的裁判权，就人为地缩小了司法权的功能范围；如果把社会化的居中裁判理解为司法权，就抹杀了司法权的国家权力属性，又混淆了司法权与民间裁判活动的区别。

第三，司法权的诉讼活动属性。我国司法权的定义中提出"司法权是适用法律处理具体案件的一种专门活动"，此处强调的是司法权的诉讼活动属性，即司法权是依照法律处理案件的活动，是一种与诉讼活动紧密相关的活动，这种活动可以是民事诉讼的，可以是刑事诉讼的，可以是行政诉讼的，也可以是三者兼有的。司法权行使的载体体现为一个个案件，司法活动行使的对象和结果将以案件形式表现出来，这是司法权与行政权两种权力之间重要的区别。西方司法权理论在探讨司法权的产生的时候，一般认为司法权与行政权同为执行法律的权力，而后从执行权中分离出来；列宁司法权理论则认为司法权本身就是行政权的一种，在国家管理上与行政权的功能无异；我国古代传统司法权理论历来把司法权和行政权混为一体。从理论上讲，司法权与行政权事实上是同根同源的，从实践上讲，司法权与行政权又经常交织在一起。因此，要真正把司法权与行政权分开，且区别得泾渭分明并非容易的事情。有的学者认为，司法权是以判断为本质内容，以裁判的方式来运行的权力生态，是一种判断权；而行政权以管理为本质内容，以组织、协调、管制、服务、命令、禁止、引导等具体方式来实现对社会的行政管理，是一种

---

[1] 参见程春明：《司法权及其配置——理论语境、中英法式样及国际趋势》，中国法制出版社2009年版，第174页、第280页、第282页、第288页。

[2] [日]棚濑孝雄：《纠纷的解决与审判制度》，王亚新译，中国政法大学出版社1994年版，第1页。

管理权。[1]这种区分方式在司法权的定义与功能上就存在偏差，司法权的社会功能丝毫不会比行政权弱，从某种意义上讲可能更强。因此，区分司法权和行政权最直接的方式是看是否涉及诉讼活动，是否以案件形式作为行使权力的载体。这种区分方式更切合我国的实际，也更容易为我国人民所接受。

三、我国的司法机关

（一）司法机关的定义

司法机关一般指履行司法职能的特定机构，它是国家机构的重要组成部分。[2]从概念上来分析，司法机关应该具有以下特点：一是司法机关拥有司法权力，或者说履行司法职能；二是司法机关本身是国家机构的重要组成部分，司法权的本质是一种国家权力；三是司法机关是特定的机构，不是所有履行司法职能的机构都是司法机关，司法权与司法机关并非一一对应；四是先要确定了司法权，才能确定司法机关，从研究的角度上讲两者是先后关系，而不是并行关系。

因此，由于不同的司法权理论及司法制度，各国对于司法机关的认识与定义也不尽相同。当然，主要集中在以下两点：一是由于司法权理论的不同，导致对司法机关判断标准不一；二是法院为公认的典型的司法机关，检察机关及其他具有司法权力的机关是否为司法机关存在不同认识。

什么机关方可认为是司法机关？各个国家往往根据本国实际通过法律来明确规定，从法律文本来看，有以下三类。

第一类，司法机关明确为法院。比如《美国宪法》明确规定司法权属于最高法院和国会规定和设立的下级法院；《日本宪法》规定一切司法权属于最高法院及依照法律规定设立的下级法院；而《德国基本法》规定司法权赋予法官，由联邦宪法法院和各州法院行使。联合国制定的《关于司法机关独立的基本原则》规定，法官应自始至终本着维护其职务尊严和司法机关的不偏不倚性和独立性的原则行事，可见该文本中的司法之义只涉及法院和法官。

第二类，司法机关既包括法院，也包括检察院。比如《意大利宪法》规

---

[1] 胡夏冰、冯仁强编著：《司法公正与司法改革研究综述》，清华大学出版社2001年版，第23页。转引自黄竹胜：《司法权新探》，广西师范大学出版社2003年版，第37页。

[2] 陈国庆、王佳编著：《司法制度》，江苏人民出版社2015年版，第3页。

定司法职能由关于司法体制的法律规范所创设和规范的普通司法官行使，司法官既包括法官，也包括检察官，其司法机关既指法院，也指检察院。《俄罗斯宪法》把法院和检察院分列于司法权之下，但把检察机关规定为法律监督机关。

第三类，司法机关不仅包括法院、检察院，还包括其他国家机关。比如《保加利亚宪法》规定司法机关中的法官、陪审员、检察员和侦查员在行使职能时只服从法律。《科威特国宪法》直接规定，司法权包含了法院和检察厅，而且作为一种例外，法律可以委托公安机关对轻微罪行起诉，[1]事实上把公安机关视为司法机关。

（二）我国司法机关的定义

我国目前的法律文本对于"司法权"和"司法机关"都没有直接作出明确规定，而在许多重要的政治报告中却多次提及"司法机关"，并对保障司法机关依法行使职权作了原则性规定。2006年发布的《中共中央关于进一步加强人民法院、人民检察院工作的决定》，直接把人民法院和人民检察院规定为国家司法机关，并称其为人民民主专政的国家机器的重要组成部分；2013年发布的十八届三中全会报告及说明作了如下表述，"全会决定提出了一系列相互关联的新举措，包括改革司法管理体制，推动省以下司法机关人财物统一管理，探索建立与行政区划适当分离的司法管辖制度"。这些改革举措对确保司法机关依法独立行使审判权和检察权具有重要意义。2014年发布的十八届四中全会报告又进一步表述类似的内容，"各级党政机关和领导干部要支持法院、检察院依法独立公正行使职权。任何党政机关和领导干部都不得让司法机关做违反法定职责、有碍司法公正的事情"。从以上报告的语义分析，我国法院行使的审判权和检察院行使的检察权属于司法权的范畴，而司法机关在我国也是特指法院和检察院。由此可以得出结论，按照我国的司法实践及司法传统，司法机关包括法院和检察院，而把公安机关、司法行政机关（监狱）排除在司法机关之外。[2]

从各国的实践来看，各国对"司法机关"的定义及范围一般通过法律规定来加以规范。当今我国官方的观点是，司法机关特指法院和检察院。但是，法院属于司法机关在我国学者和实务界并无争议，兹不赘述。至于检察院为

---

[1] 参见陈光中、崔洁："司法、司法机关的中国式解读"，载《中国法学》2008年第2期。
[2] 熊先觉：《司法学》，法律出版社2008年版，第33页。

何也应纳入司法机关之列，理论界一直争论不休。有的学者认为，检察机关只能是代表国家维护社会公共利益的国家机关，其所行使的控诉权也只是国家行政权的一部分，即司法行政权，并不是严格意义上的司法权。[1]有的学者认为，从我国目前的司法体制来分析，检察机关的法律监督权不具备国家司法权的最基本特征，因此，称检察机关为司法机关是完全缺乏法理依据的，是一种极不科学、不规范的法律观念。[2]有的学者认为，检察权既不是行政权，也不完全是司法权，但它含有司法权能，如果一定要在司法权和行政权之间作出选择的话，倾向于把检察权归属于司法权的范畴。[3]还有的学者认为检察权具有行政性和司法性的双重属性，其司法性主要表现为检察机关能够独立判断和裁决，检察活动以适用法律为目的。其行政性主要体现在检察机关内部上命下从的行政化管理体制，以及追求行为本身的目的。将检察权定位为司法权，检察机关定位为司法机关，检察官定位为司法官为宜。[4]本书认为，在我国，检察院属于司法机关，既有我国司法权理论的支持，又符合我国司法实践的实际，同时也顺应当今检察权的发展方向，主要理由如下。

第一，从理论上讲，检察机关属于司法机关符合我国司法权理论的范畴。检察机关是否为司法机关，与检察权是否属于司法权是同一个问题的不同方面。前文已经从我国司法权的理论渊源、实践基础和现实体制作了分析，我国司法权是指"为了解决纠纷、惩治犯罪、维护秩序、保护人权，由国家机构及相关人员依照法定职权及法定程序，适用法律处理具体案件的一种专门活动"。按照这个定义，检察权属于司法权是没有任何异议的，检察机关是否属于司法机关主要看本国法律文本的规定。我国法律文本没有明确规定，但多个重要政治性文件事实上已经作出了规定，检察院与法院一样同属司法机关，独立行使检察权。反对检察机关属于司法机关的学者，主要是受到西方司法权理论的束缚，从西方司法权认定的标准与定义来看待司法权，进而认为检察权无论从哪方面解释，都不能界定为司法权。如西方司法权认为，司法权的本质是司法机关依照国家制定的法律规定，对于存在的社会冲突或利

---

[1] 郝银钟："检察权质疑"，载《中国人民大学学报》1999年第3期。
[2] 郝银钟："检察权质疑"，载《中国人民大学学报》1999年第3期。
[3] 徐益初："论检察权性质及应用"，载孙谦、刘立宪主编：《检察论丛·第一卷》，法律出版社2000年版，第169页。
[4] 龙宗智："论检察权的性质与检察机关的改革"，载《法学杂志》1999年第10期。

益纠纷作出权威性裁决的一种国家权力。[1]检察权中的侦查权、批捕权、公诉权和对侦查、审判、执行活动的监督权，存在法律与事实判断的成分，但绝不是一种权威性裁决。因为除不起诉权外，检察权中的其他权力都不具有权威性，即不是最终裁决。如果按照西方司法权理论对司法权特性的认定，司法权具有被动性、中立性、交涉性。[2]而检察权中的侦查权，在权力启动时体现的是主动性，在权力实施过程时体现的是封闭性。公诉权事实上是一种诉讼请求权，无论是刑事诉讼还是民事诉讼，都是代表国家向法院提出诉讼的要求，主动性明显。而最具特色的监督权，无不体现出检察机关主动行使权力的特征和本质特征。只有批捕权，可以作为检察机关符合西方司法权特征的例证。公安机关等侦查机关向检察机关提出申请，由检察机关作出批捕或不批捕的决定。批捕权符合司法权的被动性和中立性，但由于西方司法权中这种权力一般由法院和法官行使，因此，我国检察机关行使批捕权也成了司法改革中一大诟病。而最高人民检察院曾经组织一个检察理论研究小组开展专题研究，从宪法的角度得出检察权的本质属性是法律监督权的结论。他们认为，作为法律监督权的检察权是独立于国家立法权、司法权、行政权之外并与之并列的第四种国家权力。[3]显然，将检察权理解为一种独立的国家权力，虽然在一定程度上摆脱了将检察权作为司法权的理论困境，但是由于它仍然包含着逮捕权和诉讼监督权等司法权的某种内容，实际上并没有把检察权与司法权区分开来。因此，这种观点仍然是站在西方司法权的角度来看待我国的检察权。另外有的学者则从法律监督权的角度出发，认为检察权是一种法律监督权，本身包含有司法权职能，可以认定为司法权，检察机关可以被认为是司法机关。这种观点显然过于牵强，而且关于检察机关是国家法律监督机关的判断理论上也认识不一致。综上所述，我国的问题必须用我国的理论体系来解释，检察权属于司法权这个难题用我国司法权理论来分析就不存在任何障碍与分歧。

关于检察权的性质及检察机关的归属认识存在一定分歧，根本的原因在于理论依据、判断标准与司法实践发生严重的错位。现代检察制度始于法国

---

[1] 胡夏冰：《司法权：性质与构成的分析》，人民法院出版社2003年版，第301页。

[2] 参见刘瑞华："司法权的基本特征"，载《现代法学》2003年第3期。

[3] 刘立宪、张智辉："检察机关职权研究"，载孙谦、刘立宪主编：《检察论丛·第一卷》，法律出版社2000年版，第100~124页。

大革命，检察官作为国王的代理人维护国王及国家的利益，行使的是一种行政权力。[1]新中国成立以后建立的检察制度，直接来源于苏联的检察制度，检察机关作为国家法律监督机关，对所有国家机关、社会组织、公民行使一般监督权，保证法律实施的统一性。新中国成立后检察机关的发展，根据我国自身的国情与实际呈现出独特的发展轨迹。一方面，1979 年修改宪法时，我国的检察机关被取消了一般法律监督权，只保留了其在诉讼过程中的监督职能。[2]时至今日，我国《宪法》第 134 条仍然规定"中华人民共和国人民检察院是国家的法律监督机关"，这也是关于检察权定位一直争论不休的重要原因。另一方面，根据我国的司法传统及长期的司法实践，关于检察机关与审判机关、公安机关共同承担司法职能。因此，当今我国的检察制度既不是西方国家代理人检察制度的引进版，也不是苏联一般监督模式检察制度的复制版，而是按照我国的司法传统并经过长期的实践而形成的具有我国特色的检察制度。对我国检察权的审视，不能单纯用西方的司法权理论，也不能完全用苏联列宁司法权理论，必须用我国司法权理论，才能对检察权进行正确认识与准确定位，方可理解我国检察机关在新中国成立后的曲折发展历程。

第二，从现行体制来看，检察机关属于司法机关符合我国的政治体制结构。我国是以人民代表大会制度为核心和主要内容的"议行分工"的国家权力配置模式，即在全国人民代表大会之下分为立法权（全国人民代表大会以及其常务委员会）、行政权（国务院）、审判权（法院）、检察权（检察院）、军事指挥权（军事委员会）等。[3]我国的审判机关与检察机关由立法机关产生，受立法机关监督，向立法机关报告工作，形成颇具特色的我国当代司法权制度。我国宪法文本并没有直接使用"司法机关"来表述相关的国家机关，但从宪法文本内容的排列上看，把"人民法院与人民检察院"作为单独一节，与"国务院"并列规定。国务院规定为最高国家行政机关，法院是国家的审判机关，检察院则是国家的法律监督机关。这就意味着，我国宪法有意将法院和检察院等同视为行政机关之外的国家机关，而这两个国家机关共同行使

---

[1] 洪浩：《检察权论》，武汉大学出版社 2001 年版，第 123 页。
[2] 韩大元、刘松山："论我国检察机关的宪法地位"，载《中国人民大学学报》2002 年第 5 期。
[3] 熊先觉：《司法学》，法律出版社 2008 年版，第 33 页。

国家的司法职能。所以我国一些重要的政治文件直接把法院、检察院定为司法机关。[1]从现行法律关于检察机关的职能的分析来看，检察机关也当为司法机关。在刑事诉讼中，检察机关行使的职权包括侦查权、批准逮捕权、公诉权以及对诉讼活动的法律监督权等，所有的职能都发生在刑事诉讼的各个环节。在民事诉讼和行政诉讼中，检察机关主要通过抗诉、提起检察建议等方式进行诉讼活动的法律监督。由上可见，我国检察机关的基本职能就是开展诉讼活动或者是对诉讼活动进行法律监督，而按照我国司法权的定义，诉讼活动本身又是司法活动的应有之义，所以检察机关是进行司法活动的国家机关。[2]

（三）我国行使司法权的其他机关

从我国司法权的定义来看，我国司法权分为侦查权、检察权、审判权和判决执行权。这在我国重要的政治报告中已经体现出来：优化司法职权配置，健全公安机关、检察机关、审判机关、司法行政机关各司其职，侦查权、检察权、审判权、执行权相互配合、相互制约的体制机制。行使司法权的机关除了法院和检察院，还涉及公安机关（包括国家安全机关、国家缉私警察）和司法行政机关。[3]

公安机关是我国行使司法权的重要职能部门。在刑事诉讼活动中，公安机关主要负责刑事案件的侦查工作，与检察院一起履行控诉犯罪的职能，其刑事侦查权的内容主要包括：对犯罪事实立案和侦查，对被告人执行逮捕，对现行犯和重大嫌疑分子有权决定采取刑事强制措施，侦查终结后对被告人提出起诉或不起诉的意见并移送人民检察院决定。此外，公安机关还享有刑罚执行权，人民法院判处管制、拘役、剥夺政治权利等刑罚交付公安机关执行，对少数被判处短期徒刑以下的罪犯，仍由公安机关负责执行刑罚和监管工作。虽然公安机关拥有广泛的刑事司法权，但从世界范围来看，公安机关

---

[1] 2006年发布的《中共中央关于进一步加强人民法院、人民检察院工作的决定》直接将人民法院和人民检察院均定位为司法机关。

[2] 参见陈光中、崔洁："司法、司法机关的中国式解读"，载《中国法学》2008年第2期。

[3] 2021年1月22日，第十三届全国人民代表大会常务委员会第二十五次会议通过《海警法》，该法自2021年2月1日起施行。该法规定：海警机构办理海上发生的刑事案件，依照《刑事诉讼法》和本法的有关规定行使侦查权，采取侦查措施和刑事强制措施。因此，海警机构同样是行使部分司法权的国家机关。

属于行政机关是国际通例，我国也是这样规定的。从职能来看，公安机关的侦查职能是诉讼活动的组成部分，行使的就是刑事司法权。但是公安机关主要职能并不在于刑事司法职能，而是治安行政职能。从机构设置来看，公安机关内部设置了众多的职能部门，其最主要的职能部门是负责维护地方社会治安的部门。由此可见，公安机关自然是行政机关而非司法机关。从我国政治体制和机构设置来看，公安机关一直划归于行政部门，属于地方各级政府的一个组成部门，公安机关内部的组织体系也反映出典型的行政特色。目前，一般称公安机关为"执法机关"，中央文件则把公安机关、人民检察院和人民法院统称为执法司法机关。[1]

在我国行使司法权的机关，除法院、检察院、公安机关以外，最为重要的当属司法行政机关。司法行政事务自古有之，我国古代一直设有刑部，但它并非现代意义的司法行政机关。清末变法修律引进西方的司法制度，改刑部为法部，主管司法行政事宜，改大理寺为大理院专司审判职能，这是我国司法行政机关的雏形。新中国成立以后，司法部的设立和职能分工也经历了多次的变革，特别是司法审判与司法行政事务的管理关系出现了多次反复。司法部经历了"设立（1949 年）—撤销（1959 年）—恢复（1979 年）"的过程，而司法审判与司法行政事务关系则经历了"分离（1949 年）—合并（1959 年）—再分离（1979 年）—再合并（1982 年）"的过程，迄今仍由最高人民法院管理法院系统的司法行政事务，司法部不沾法院的管理事务。至于检察院和公安机关的行政事务则向来是各自管理。[2]目前，我国的司法行政机关承担着具有司法权性质的监狱管理和罪犯改造工作，也承担着一般的司法行政工作，如律师管理、公证业务、组织司法考试、指导人民调解委员会工作等事宜。其中监狱部门履行刑事诉讼中刑罚执行的职能，从理论上讲就是行使刑事司法权。司法行政机关其他主要的工作是典型的国家行政管理工作，司法行政机关也是作为本级政府的重要组织部门，属于典型的行政部门，不应当列入司法机关的序列。特别有意思的是，我国司法行政机关内部人员分两种管理模式，凡是涉及监管场所及监管业务的干部，按照司法警察编制管理，其他人员按普通公务员管理。这充分体现了司法行政机关在职能

---

[1] 陈光中、崔洁："司法、司法机关的中国式解读"，载《中国法学》2008 年第 2 期。
[2] 熊先觉：《司法学》，法律出版社 2008 年版，第 431 页。

上分为司法性和行政性的两重特征。

综上所述，在我国，司法机关即是专门指法院和检察院，专门行使司法权的机关即为司法机关，而其他机关行使着部分的司法权，由于主要的职能仍然是行政权力，在国家机构的设置上隶属于政府，因此被列入行政机关的序列，如公安机关（包括国家安全机关、国家缉私警察）、司法行政机关（含监狱）等，在我国习惯上将这些部门统一称为政法机关。

第二节 司法管理概述

一、司法管理的概念界说

（一）管理学上的"管理"通说

管理活动是伴随着人类社会历史的发展而发展的，自从人类出现了人群组织，管理也就产生了。管理是人类各项活动中最重要的活动之一。人类在最初面对大自然、面对自身的生存发展等诸多因素时，为了能够更好地生存与发展延续下去，以便实现群体共同目标，这个时候管理活动就已经存在了，也成为战胜自然不可缺少的条件。管理是不以国家的存在为必要条件的，在国家产生以后管理的作用更加明显。管理的现象普遍存在，包括的范围也十分广泛，大至一个国家的管理，小至一个组织、一个单位或一个行业的管理。以管理主体划分，有国家管理、政府管理、社会管理、企业管理，以管理对象划分，有经济管理、商业管理、行政管理等。"管理"一词自古有之，然而，人们对"管理"一词的定义，却存在很大的差异。单从字面上解释，管是"主其事"，理是"治其事"，管理是管辖、治理、控制的意思。那么，"管理"该如何定义，自古至今，中外学者众说纷纭。

我国有着几千年的文明史，在浩如烟海的文史资料中，蕴含着极其丰富的管理思想。我国古代的管理思想主要体现在先秦到汉代的诸子百家思想中，其中有代表性的当属儒家的德治、法家的法治、道家的无为而治和兵家的谋略等，这些反映了我国古代管理思想的精髓。[1]早在2000多年前，我国的军事家孙武在《孙子兵法》中阐述了"为将之道""用人之道""用兵之道"，

---

[1] 张逸昕、赵丽主编：《管理学原理》，清华大学出版社2014年版，第21页。

其中充满了管理策略思想；另一位军事家孙膑则以"田忌赛马"的故事闻名于世，而该故事蕴涵着现代对策论和运筹学的思想萌芽；而"丁渭修宫"的故事则无论是从系统工程角度来看，还是从生产工序管理角度来看，都是值得反复品味的经典管理案例。

在古希腊，苏格拉底就提出管理普遍性问题，认为"私事的管理和公事的管理只有量上的差别，在其他方面都是相同的。但是，应当注意的是，它们都是由人管理的……那些知道如何雇用别人的人，在公事和私事上都能取得成就。那些不知道如何管理别人的人，在公事和私事上都会犯错误"；亚里士多德则研究了国家管理问题，认为以公共利益实现为目标的国家治理就是"善治"；另一位哲学家色诺芬以"经济论"为题研究了家政管理和农业，系第一个对家庭经济与管理进行研究的学者；文艺复兴时期，也有许多管理思想出现，如托马斯·莫尔的《乌托邦》、马基雅维利的《君主论》等，都是从政治学的角度论述国家的宏观管理。

管理学作为一门独立的科学是随着工厂制度和工厂管理实践的发展，在19世纪末20世纪初开始系统形成的，主要标志是1911年美国人弗雷德里克·温斯洛·泰勒出版的《科学管理原理》、1916年法国人亨利·法约尔发表的《工业管理与一般管理》以及1920年德国人马克斯·韦伯出版的《社会组织与经济组织理论》，这个时期的管理理论通常被称为古典管理理论，主要代表人物有美国的泰勒、法国的法约尔和德国的韦伯。[1]自从泰勒的"科学管理理论"、法约尔的"管理过程理论"和韦伯的"组织管理理论"这几种"古典管理理论"出现以后，经巴纳德、梅奥、赫兹伯格、卡斯特、德鲁克、卢桑斯等众多理论家和实践者的贡献，管理理论形成了行为管理的理论、质量管理的理论、权变管理的理论、系统管理的理论、数量管理的理论等，出现了众多的管理流派，形成了所谓的"管理理论丛林"。[2]在此背景下，管理可以是艺术，是科学，是决策，是过程，是"目标、责任加实践"……此外，从不同层次进行考察，也可以把管理看成一种技巧，看成一种技术，看成一种方法论，甚至看成是一种数学或哲学。关于管理的定义或概念，现当代国内外比较有代表性的有以下几种。

---

[1] 参见张逸昕、赵丽主编：《管理学原理》，清华大学出版社2014年版，第28页。
[2] 参见韦群林："中国司法管理学学科构建及发展研究"，南京理工大学2008年博士学位论文。

科学管理之父泰勒认为:"管理就是确切地知道你要别人干什么,并使他用最好的方法去干。"在泰勒看来,管理就是指挥他人用最好的方法去工作。法约尔在其名著《工业管理与一般管理》中给出"管理"的概念。他认为,"管理是所有的人类组织中都有的一种活动,这种活动由5项要素组成:计划、组织、指挥、协调和控制"。美国管理学家赫伯特·西蒙关于"管理"的定义是:"管理就是制定决策。"当代管理过程学派的代表,美国管理学家哈罗德·孔茨将"管理"定义为:"管理,就是设计和保持一种良好的环境,使人在群体里高效率地完成既定任务的过程。"

我国学者周三多认为:"管理是社会组织中为了实现既定目标,以人为中心进行的协调活动。"孙炳耀认为:"管理是为了更有效地达到组织的既定目标,在保证使服务对象满意,又使服务提供者获得一种较高的士气和成就感的前提下,采用一定的方式和方法,对有关的人、财、物、信息和无形资产所进行的合理的计划、组织、领导与控制的一系列活动的总称。"芮明杰认为:"管理是对组织的资源进行有效整合,以达到组织既定目标与责任的动态创造性活动。"[1]

上述关于"管理"的概念与定义,仅仅是一部分管理学者的代表性观点,这些不同的认识从不同的角度揭示了管理的含义或深化了管理在某一方面的属性,都有一定道理。但是,对于"管理"至今没有一个统一的为大多数人所接受的定义。因为不同的人在研究"管理"时的出发点或角度不同,对其所下的定义也就不同。概念定义虽不同,但存在许多共性的内容,如确定一定的组织目标,人、财、物的组织和计划问题,对人进行领导和激励的问题等。综上所述,我们可以给"管理"作如下定义:管理是指在一定的社会组织中,为了实现预期的目标,通过决策、计划、组织、指挥、协调和控制等管理职能来合理调配人力、财力、物质资源的过程。[2]这一定义表述包含了以下要点:其一,管理的目的主要是实现原定的目标。世界上所有的管理活动必须确定相应的目标,如果没有目标,就不能开展管理;如果没有目标,就不存在管理。其二,管理所采取的具体措施是决策、计划、组织、指挥、

---

[1] 参见吴鸿、唐建荣编著:《管理学原理》,南开大学出版社2015年版,第2页;胡宁、韦丽丽主编:《管理学教程》,中国社会科学出版社2015年版,第4页。

[2] 王庆海:《管理学概论》,清华大学出版社2008年版,第5页。

协调和控制等，这些措施也称为管理的基本职能。其三，管理的本质是协调。在一个社会组织当中，集体的目标与个人的目标、个人目标之间都存在差异。协调就是使每个人的努力与集体的目标相一致，个人之间的目标相一致。其四，管理的中心是人。在任何社会组织中都同时存在人与人、人与物的关系，但人与物的关系最终表现为人与人的关系。任何社会资源的分配也都是以人为中心进行的。由于人不仅有物质方面的需要，还有精神方面的需要。因此，社会文化背景、历史传统、社会制度、人的价值观、人的物质利益等，都会对管理活动产生重大的影响。

从管理的概念可以看出，任何管理必须由具体职能承担。所谓管理职能，是对于管理工作主要内容的概括。管理职能的划分，是在分工过程中管理专业化的产物，也是管理活动过程中的阶段性抽象和系统性表征。根据管理过程的内在逻辑，一般可以分为几个相对独立的职能，即决策、计划、组织、指挥、协调和控制。（1）决策职能。决策是人类社会一项重要的活动，它涉及人类生活的各个领域。美国的西蒙教授认为，管理就是决策。尽管决策对象在具体工作内容上有着明显的差别，但就其本质来说是相同的，即从思维到作出决定的运筹过程。这个过程集中体现了人们在对客观事物全面、本质的认识的基础上管理驾驭事物发展的一种能力。决策从某种意义上讲，就是为解决现实问题而采取的对策。管理就是将各种要素组织起来，通过一定的手段去实现既定的目标。任何组织、任何层次的管理活动，都不可避免地要进行确定行为目的、选择行动方案的工作。管理的过程往往表现为不断处理和解决各种问题，决策贯穿于管理工作的各个方面，是管理过程的核心，是执行其他各项管理职能的基础。因而，决策是管理的首要职能。（2）计划职能。计划是把既定的目标进行具体安排，作为全体组织成员在一定时期内的行动纲领，并规定实现目标的途径、方法。制订科学的计划必须对组织的内外条件进行严格的科学分析，从而保证计划的科学性和预见性。计划形式要多样化，需要编制综合计划和编制各项专业活动的具体计划，并把计划指标层层分解落实。只有这样才能把各方面的工作有机组织起来，充分发挥计划的指导作用，实现决策所规定的目标。（3）组织职能。决策的实施要依靠其他人的合作。组织工作正是为了满足人类合作的需要而产生的。合作的人们如果在实施决策目标的过程中，能有比合作个体总和更高的效率，就应根据工作的要求与人员的特点设置岗位，通过授权和分工，将适当的人员安排在适当的岗位上，用制度规定各个成员的职责和上下左右的关系，形成一个有机的组织结构，使整个组织协调地运转。这就是管理的组织职能，组织职能是管理活动的根本职能，是其他一切管理活动的保证和依托。（4）指挥职能。好的决策与组织工作也不一定能够保证组织目标的实现，因为组织目标的实现要依靠全体成员的努力。配备在组织机构各种岗位的人员，因为各自的个人目标、需求、性格、素质、价值观及工作职责和掌握信息等方面存在很大差异，在相互合作中必然会产生各种矛盾和冲突。因此，就需要指导人们的行为，沟通人们之间的信息，增强人们相互之间的理解，统一人们的思想和行动，激励每个成员自觉地为实现组织目标共同努力，这个就是管理中的指挥职能，也可称为领导职能。（5）协调职能。协调亦称为调节，就是围绕一个目标，对组织各个环节和各个部门的活动进行统一安排和调度，使它们相互配合，紧密衔接，消除和减少矛盾与脱节现象，以便有效地实现组织目标。协调是管理的一项综合职能，在决策、计划、组织、指挥和控制过程当中，都存在协调问题。只有做到纵横、内外协调，才能使各项管理职能充分发挥，保证管理效率的不断提高。（6）控制职能。人们在执行计划过程中，由于受到各种因素的干扰，常常使管理实践活动偏离原来的计划。为了保证目标计划得以实现，就需要有控制职能。控制的实质就是使实践活动符合计划，计划就是控制的标准。管理者必须及时取得计划执行情况的信息，并将有关信息与计划进行比较，以发现实践活动中存在的问题，分析原因，及时采取有效的纠正措施。纵向看，各个管理层次要充分重视控制职能。越是基层的管理者，控制要求的时效性越短，控制定量化程度越高；越是高层的管理者，控制要求的时效性越长，综合性也越强。横向看，各项管理活动对象都要进行控制。可以说，没有控制就没有管理。

  上述各项管理职能经常以自己独有的方式表现出来。例如，决策职能一般通过方案和计划的形式表现出来；组织职能通过组织结构设计和人员配备表现出来；指挥职能通过管理者和被管理者的关系表现出来；协调职能通过人与人之间的沟通表现出来；控制职能通过流程的把握表现出来。同时，各项管理职能之间既独立，又相互联系在一起。每一项管理工作一般都是从决策开始，经过计划、组织、指挥、协调到控制结束。各项职能之间相互交叉、渗透，控制的结果可能又导致新的决策，开始新一轮的管理循环。各项职能通过如此循环开展，把管理工作不断推向前进。[1]

（二）司法管理的内涵与外延

在我国的法律文献中，"司法管理"这一词汇并不经常使用。根据美国一位学者界定，司法管理（judicial administration）主要涉及两个领域，一是法院组织和人事的管理，一是诉讼的运行管理。法院管理包括若干具体的事项，诸如法院的组织和管辖；法官的选任和任期以及法院中所有其他工作人员的聘用、训练和监督；以及例行文秘事务。诉讼的运行管理通常涉及案件处理的进程和花费以及建立法院运作的统一规则以减少案件处理过程中的混乱和不均衡。[2]这一观点为中国学者于1997年引入中国，应当为中国法学界较早提出并且影响较大的关于"司法管理"的概念。

然而通过知网的文献搜索，我们却查询到一篇发表于1985年的文章《略论司法组织的现代化管理》，作者为华东政法大学顾功耘教授，由于文章题目没有用"司法管理"的词汇，本身容易被相关研究者忽略。顾功耘教授在文章中明确提出，"司法管理是指利用现代科学方法，根据政策与法律，进行计划、决策、沟通、协调、监督和运用司法组织的人力、物力、财力，作适时、适地、适人、适事的处理，以提高司法工作的效率，发展司法业务，完成司法组织的使命"。[3]这应该是中国学者最早对"司法管理"所下的定义。难能可贵的是，文章中第一次以管理学的视角与原理来讨论司法组织的行为与管理，并提出了司法管理具有"有效性、科学性、依法性"的特点。这对于三十多年前的法学研究来讲，是非常有前瞻性的。可惜，之后很长一段时期，我国法学界及管理学界，鲜有对"司法管理"进行专门研究，研究大多分散在法院、检察院、司法行政部门各自的实践与探索当中。

当然，在法学界为数不多的研究当中，我们仍然可以看到对"司法管理"研究的脉络。熊先觉先生在《司法学》一书中对"司法管理"作出定义，认为司法管理又称为法务管理，系国家的司法行政职能，是国家对法律事务，特别是司法事务的管理。[4]同时他认为司法学以法院和法官的审判活动为核

---

[1] 参见王庆海：《管理学概论》，清华大学出版社2008年版，第14~15页。
[2] Henry R. Glick, *Courts, Politics, and Justice*, McGraw-Hill BookCompany, 1983, pp. 48-49.
[3] 顾功耘："略论司法组织的现代化管理"，载《上海大学学报（社会科学版）》1985年第1期。
[4] 熊先觉：《司法学》，法律出版社2008年版，第415页、第417页。

心、灵魂,司法权可以包括检察权,即对司法权作广义的解释,包括检察权,但绝不应把行政执法活动都认为是司法。[1]南京理工大学韦群林博士2007年发表的文章《司法管理内涵的多维考察》专门对司法管理从广义和狭义进行分析,他认为司法管理是确定司法管理目标并合理运用各种司法资源,以实现既定司法目标的组织活动或过程,其基本构成要素是司法目标、司法资源和司法管理实践。以上内容大致可分为司法政治管理(主要关注司法权力及相关权力的宏观配置、司法审查范围的确定以及国际司法关系等问题)、法院管理(法院内务管理、法律职业的组织与培训、法院结构、诉讼运行管理等内容)、诉讼相关因素的司法管理(主要包括检察管理、侦查管理、律师/公证管理、法院对仲裁活动的监督等与法院诉讼密切相关活动的管理)三大领域。[2]崔永东教授作为中国政法大学司法理念与司法制度研究中心主任,系较早对司法学及司法管理进行全面研究的学者。他认为所谓"司法管理是指为了实现司法的公正和效率,通过计划、决策、组织、领导、控制和创新等司法管理职能的行使,来优化司法资源配置的组织活动。司法管理以法院审判管理为核心,包括检察管理、公安侦查管理、律师管理、律政管理等多个方面"。[3]

近年来学术界也开始关注"司法管理"的问题。2012年由中国政法大学司法理念与司法制度研究中心主办的首届司法管理学研讨会在北京召开。会上对"司法管理"与"司法管理学"进行了热烈的讨论。有的文章认为,司法管理就是用正确的、规范的方法,科学地管理。换言之,就是科学规范地管理司法工作事宜。司法规范管理是展示公平正义,杜绝有瑕疵的案件,让公民或其他组织有冤能伸,有苦能诉,真正成为广大人民群众可以信赖的地方。[4]有的文章认为,司法管理等同于审判管理,又称司法管理为审判管理,对于推进法官队伍的职业化、规范化、现代化建设至关重要,是确保司法公正和廉洁的制度保障,不论在公共部门系统运转中,还是现代管理学上都占

---

[1] 熊先觉:《司法学》,法律出版社2008年版,第416页。
[2] 韦群林:"司法管理内涵的多维考察",载《南通职业大学学报》2007年第2期。
[3] 崔永东:《司法学论纲》,人民出版社2014年版,第127页。
[4] 中国政法大学司法理念与司法制度研究中心编:《首届"司法管理学"获奖论文汇编》(打印本),第9页。转引自崔永东:"司法管理的理论与实践",载《中国司法》2013年第8期。

有重要地位。[1]也有些专家从实践出发，认为司法管理主要是指法院审判管理和检察院案件管理。而崔永东教授依然坚持认为，司法管理是以法院审判管理为核心，包括检察管理、公安侦查管理、律师管理、律政管理等多个方面。显然，会上的讨论并没有达成共识，但是正式提出了司法管理研究这一命题，司法管理研究的对象、范围以及内涵和外延有待进一步地深入研究。之后召开的三届全国司法学研究会上，司法管理不再是主要的讨论主题，更多的学者将研究主题放在了司法改革方面。

2017年11月，由国际诉讼法学会、中国法学会联合主办的以"比较视野下的司法管理"为题的世界诉讼法学大会在天津召开。会议主题虽然以"司法管理"为名，但主要选择了案件管理、审判机制管理、法院组织结构、事实认定和法律推理几个专题进行探讨，讨论更多的是法院的审判管理，甚至是集中于民事诉讼的管理。因此，此次会议对于"司法管理"的定义没有明显的代表性。

司法实务界最早正式出现"司法管理"一词是在2004年3月10日。在十届全国人民代表大会二次会议上，时任最高人民法院院长肖扬作工作报告时，对"审判管理""队伍管理""司法政务管理"作了具体论述。报告中关于"积极稳妥推进司法体制改革"的提法，已超出了"审判管理""队伍管理"和"司法政务管理"这些法院内务管理的范围，而是将"司法管理"的内涵拓展到司法体制改革的层面。[2]而之后法院系统的很多研究，有的直接把司法管理定位为法院管理，有的把司法管理定位为审判管理。而检察系统的研究很少将司法管理与检察管理联系起来。据相关文献，目前把检察管理定位为司法管理的是2002年华东政法学院副教授、上海市杨浦区人民检察院副检察长苏晓宏发表的文章《试论检察机关的司法管理》，文章认为，我国司法管理的内容范围非常广泛，几乎涵盖整个司法系统所有活动的方方面面。并将检察机关的司法管理设定为人员的管理、案件的管理和事务的管理三方面。[3]

域外国家对司法管理的研究起步较早。1968年，英国大法官罗德认为司

---

[1] 中国政法大学司法理念与司法制度研究中心编：《首届"司法管理学"获奖论文汇编》（打印本），第76页。转引自崔永东："司法管理的理论与实践"，载《中国司法》2013年第8期。
[2] 韦群林："司法管理内涵的多维考察"，载《南通职业大学学报》2007年第2期。
[3] 苏晓宏："试论检察机关的司法管理"，载《犯罪研究》2002年第6期。

法管理是"任何现实生活中法庭戏剧场景背后的一切活动"。纽约司法管理研究院院长德尔玛·卡伦教授在其《司法管理：美国经验》一书中认为，司法管理不仅包括法院内务管理，还包括法院结构、司法选择、法律职业的组织与培训等造成司法制度好坏的一切因素。时任美国最高法院首席大法官的沃伦·伯格在读罢该书后，认为德尔玛·卡伦教授将司法管理的领域由法官的选用、任期、退休及罢免、法院结构等这些"传统内容"拓展到法律教育、联邦主义、司法至上、实体法改革等领域。此外，乔治·科智特利姆爵士认为司法管理这个术语趋于包括为社会带来刑事、民事公正的一切事项。[1]

以上是国内外法学界、司法实务界明确以司法管理作为研究对象而提出的概念定义的代表，很显然对概念定义的角度不同，内涵与外延也存在着重大的区别。分歧主要体现在两方面：一是哪些机关的管理称为"司法管理"。一种观点认为"司法管理"仅限于法院；一种观点认为包括法院和检察院；一种观点认为主要是法院，但包括与法院息息相关的检察院、公安和司法行政部门；还有一种观点认为"司法管理"主要包括法院，同时包括检察院、公安、司法行政、律师、公证、仲裁等与司法相关的部门的管理。从以上的观点可以看出，司法管理范围是从窄到宽的变化。二是哪些方面的管理包含在"司法管理"之内。一种观点认为"司法管理"即是审判管理，仅限于对案件的管理，或是表现为审判管理和案件管理，本质上也是对案件的管理；一种观点认为"司法管理"包括了案件管理、人员管理、事务管理；还有一种观点认为"司法管理"应当包含机构设置管理、人员管理、案件管理、事务管理，甚至与之相关的后勤保障管理。从以上观点可以看出，司法管理包含的事项范围也是从单一的案件管理向多种形式的管理变化。

本书认为，对"司法管理"下定义需要全面、客观、务实，既要从理论层面找到合理的依据，又要符合中国的实际情况，更要与时俱进，反映当前司法改革的进程与成果。"司法管理"可以拆分为"司法"与"管理"来讨论，在本章对司法权、司法机关的论述及司法管理的分析基础，我们可以从司法学和管理学的角度进行剖析。

第一，"司法"的定位。司法的内涵在前文已经作了详细论述，我国的司

---

[1] Delmar Karlen., *Judicial Administration: The American Experience*, Oceana Pubications, 1970, p. 1.

法权包括了审判权、检察权、侦查权和执行权，行使司法权的机关包括法院、检察院、公安机关（含国家安全机关、国家缉私警察）、监狱。基于我国的国情，目前司法机关定位为法院和检察院，法院的管理及检察院的管理具有内在的联系性及统一性，将司法管理定位为"法院的司法管理"和"检察院的司法管理"最为合适。至于与司法权行使息息相关的公安管理和监狱管理，由于其本身具备行政属性的突出特征，视为与"司法管理"密切相关的活动的管理。

第二，"管理"的范围。管理学通论认为，管理是指组织中的如下活动或过程：通过信息获取、决策、计划、组织、领导、控制和创新等职能的发挥来分配、协调包括人力资源在内的一切可以调用的资源，以实现单独的个人无法实现的目标。[1]简言之，可以将"管理"理解为确定目标并合理运用各种资源以实现既定的管理目标的组织活动或过程。管理的范围可能涉及机构、人、财、物、行为等各类资源，具有管理活动的广泛性和管理资源的多样性。显然，按照这个思路，司法管理涉及面相当广泛，但与其他机关的管理也没有区别，无法体现司法管理的特殊性。为了体现司法管理的特殊性，司法管理的范围应当是对与司法活动紧密相关的司法机构、司法人员、司法权力、司法案件的管理，其他司法属性不强或没有司法属性的管理活动，如财务管理、政务管理、后勤管理等，不应纳入司法管理的范畴。

综上所述，本书对司法管理提出一个全新的、较准确且符合我国司法实际的定义。该定义既不是广义的司法管理，即"以法院的审判管理为核心，包括检察院的案件管理和公安侦查管理、律师管理、监狱管理等多方面"，也不是狭义的概念，"仅限于法院的组织、人事管理、诉讼运行管理或法院内务管理"。本书的定义从司法管理的本质属性出发，提出"司法管理，是指司法机关在从事司法活动中为了保证司法活动价值实现，与司法活动紧密相关具有管理性特征的事项和活动"，具体包括司法机关的设置及组织管理、司法权力的运行与决策管理、司法官的选任与保障管理和司法案件的流程与质量管理等，每一项管理内容既有机联系，又独立成篇，具有内在关联的逻辑性。

从概念学的角度出发，我们可以从"司法管理"的概念来分析把握司法

---

[1] 胡宁、韦丽丽主编：《管理学教程》，中国社会科学出版社2015年版，第12页。

管理的几个主要特征。

第一，司法管理仅存在于司法机关，且与司法活动紧密相关。司法管理是众多国家管理中的一种，但并不是所有的国家管理都可以称为司法管理，而只有司法机关中的某些与司法活动紧密相关的管理活动，才能称为司法管理。因而，司法管理的前置概念是司法机关，这也是本章第一节用了较大的篇幅来论述何为司法机关的缘故。同时，司法机关中的管理活动也不完全是司法管理。现实中，司法机关中还存在着不少与其他机关无异，与司法活动没有密切相关的管理活动，这部分管理活动的司法属性并不强，因此没有必要纳入司法管理的范畴。

第二，司法管理具有管理的特征。司法机关中的司法活动同样具有多样性，有些司法活动本身就是诉讼行为，比如一审、二审程序或庭审程序等；有些司法活动有明确的管理特征或行政特征，比如司法权力的管理、案件的管理等；还有些司法活动兼具诉讼行为和管理特征，比如案件受理、司法协助等。为了凸显司法管理的特征，本书把司法机关中具有管理特性的活动，即司法机关、司法官、司法权力、司法案件管理等四项司法活动称为司法管理，原因就是要提炼司法管理中的共性，并且在司法管理的过程中注重管理的特性，同时尊重司法管理的规律，这样才能更好地在司法机关中行使司法管理。当然司法机关中的有些活动并不能明确地区分为诉讼行为或者是管理活动，但由于本书讨论内容的有限性，凡是与诉讼活动直接相关的活动，一般也不再纳入司法管理的范围，这样更有利于集中篇幅对司法管理活动进行有效地论述。

第三，司法管理与国家的政治体制和政治传统有关。正如以上分析的，对司法管理始终没有一个统一的概念，特别是域外国家对司法管理的理解，相互之间甚至是天壤之别，其根本的原因在于每一个国家的政治体制和政治传统不一样，对司法、司法权、司法机关的理解不一样，对管理范围的理解也相差较大，因而对司法管理的定义存在较大分歧。既要考虑司法和管理本身的特征，也要结合不同国家政治体制和政治传统的特点，这样才能更加准确地对司法管理作出概念界定，才能明晰其内涵和外延。

(三) 司法管理与司法权、司法机关的关系

司法管理是一种特殊的国家管理，是与司法活动紧密相关的一种管理行

为。对于司法管理所具有的管理特征，一般没有异议。对于其与司法活动的关系，由于我国长期以来对于司法权及司法机关的定义存在较大的分歧，在界定司法管理的内涵与外延时却存在困难。本章第一节用了较大篇幅对司法权和司法机关作了详细论述。从司法到司法权，再到司法机关，就是要在我国司法实践的语境下，探究司法权及司法机关的明确定义与具体范畴，在此基础上才能对司法管理作出明确定义，并根据我国司法实践限定司法管理的内涵与外延，这样对我国司法管理的讨论才是有的放矢且有意义的。本书认为，司法管理与司法权以及司法机关的关系主要体现在以下几个方面。

第一，司法权是司法管理存在的基础与前提。正如本章第一节所讨论的，司法权在不同国家有不同的定义，西方司法权与我国司法权就存在很大的区别。由于我国传统的法治理念和政治体制，本书把我国的司法权定义为"为了解决纠纷、惩治犯罪、维护秩序、保护人权，由国家机构及相关人员依照法定职权及法定程序，适用法律处理具体案件的一种专门活动"。司法活动就是与行使司法权相关的活动，而司法管理是与从事司法活动相关的管理行为，就是要紧紧围绕司法活动，紧紧围绕司法权而展开的活动。只有把司法权明确了，才能明确司法管理的具体对象与目标。可以说，如果没有司法权，就没有司法管理，司法权是司法管理存在的基础与前提。

第二，司法机关是司法管理具体实施的主体。在明确司法权的含义后，与司法权相关的司法活动是否全部纳入司法管理的范畴呢？我国理论界对此并没有达成一致意见，于是就有了"广义司法管理"的说法，即把法院、检察院、公安机关、司法行政机关等机关管理全部纳入司法管理的范围；也有"狭义司法管理"之分，即仅指法院的管理。域外国家对这方面也有不同观点与做法，甚至泛化地认为司法管理是为社会带来公平公正的一切国家行为。根据我国的司法实践，我国的司法机关仅指法院与检察院，公安机关与司法行政（监狱）机关虽然行使部分司法权，却因为本身从属于行政部门，一般不作为司法机关对待。因此，法院、检察院作为我国的司法机关，是具体开展司法管理的主体，也只有以上两个部门开展的司法活动，才能称为司法管理。

第三，司法管理始终围绕司法权与司法机关展开。司法管理作为一种特殊的国家管理，是管理的一部分，但它又不同于一般的管理。从属性上讲，是一种国家行为；从性质上讲，是一种司法行为；从特征上看，又具备管理学上的特征。司法管理不能脱离司法权和司法机关而存在，必须始终围绕司法权和司法机关展开。本书把司法管理的具体内容限定在"司法机关的设置及组织管理、司法权力的运行与决策管理、司法官的选任与保障管理以及司法案件的流程与质量管理"四个方面，正是体现了司法管理与司法权、司法机关的紧密关系。

（四）司法管理相关概念辨析

1. 司法管理与司法行政事务管理

党的十八届三中全会提出要改革司法管理体制，推动省以下地方司法机关人财物统一管理。党的十八届四中全会进一步明确改革司法机关人财物管理体制，探索司法行政事务管理权和审判权、检察权相分离。因此，"司法行政事务管理权"正式以党的文件的形式进入人们的视野，也成为学术上关注的热点。关于司法行政事务管理权，其内涵和外延在理论界尚未形成统一观点，学者们比较一致的观点认为，司法行政事务管理权指保障司法权有序运行，管理与利用司法资源的一种辅助性行政职权。有学者认为，司法行政事务管理权是指以辅助司法权为目的，与司法权相对应的涉及司法机关人事、财务、技术装备以及其他司法行政事务管理的权力，其外延包含人事管理权、财务管理权、技术装备管理权及其他行政事务管理权等。[1]有的学者站在法院的角度认为，司法行政事务管理权仅限定在法院内部开展审判工作所需的人、财、物以及其他服务性工作的司法行政事务管理权。法院的正常运行和法官工作的正常开展都需要进行一定的管理，法院需要对其内部的人、财、物、案等进行管理才能保证法院正常发挥审判功能；法院内部的法官除决狱断案外，其自身的选任、考核、保障、监督等对法官的管理能保证法官在决狱断案时做到独立、公正、高效地行使审判权。这些针对与法院审判职能发挥、法官审判权行使相区别而又密切相关的事务的管理就是法院司法行政事务管理。[2]从以上定义可以看出，当前把司法行政事务管理权主要定位于为保证司法权正常运行的一种权力，主要包含人、财、物、案等方面的管理，对于司法权本身的权力配置与权力运行机制并没有涉及。如果从管理学的角

---

[1] 徐汉明："论司法权和司法行政事务管理权的分离"，载《中国法学（文摘）》2015年第4期。

[2] 参见廖辉："我国法院司法行政事务管理权与审判权分离机制研究——以保障审判权独立、公正、高效行使为视角"，南昌大学2016年硕士学位论文。

度来看，宏观上的组织职能、中观的领导与指挥职能在这里没有体现出来，更多表现的是微观上的协调、控制职能。因此，司法管理与司法行政事务管理的区分显而易见，司法管理是完全的管理职能，包括司法机构、司法权力、司法人员、司法案件的管理，而司法行政事务管理主要涉及司法人员、司法案件，对于司法机构中的财务管理稍有一点涉猎，对于司法权力本身没有包含。因为从某种意义上讲，司法管理与司法权是分不开的，其本身就是行使司法权必不可少的一部分，比如法院审判管理和检察院案件管理。而司法行政事务管理与司法权是可以截然分开的，是一种典型的行政型权力，它的行使可以依附于司法权，也可以脱离司法权独立运作。从新中国成立后司法行政事务管理权配置的历史沿革来看，它与审判权之间的关系经历了"从分到统"再"由统到分"的发展历程。[1]

2. 司法管理与法院管理、检察管理

20世纪70年代，许多国家的司法界为解决因诉讼案件的大量增长而带来的诉讼资源匮乏问题，以及缓解社会公众因司法拖延、诉讼成本高昂和日益产生的不满情绪，掀起了一场以追求市场经济、效率和效益为目标的法院管理活动，这被视为管理科学正式步入司法领域的序幕。[2]诸多研究法院管理的专著或论文从管理学角度，对法院管理的概念进行了描述。例如，王少南法官将法院管理论述为，对法院所拥有的司法资源通过组织、计划、协调、控制等方式开展司法活动的过程。将法院管理的本质称为一种有目的、有组织、有计划的人与人之间相互作用的行为过程。[3]董治良法官认为，法院管理就是充分发挥人民法院的审判职能，全面提高人民法院公正、高效司法的能力而对法院工作各个环节、各个方面所作的规划、组织、监督、控制和协调。[4]而在专门以"法院管理"为书名的专著中，编者认为，法院管理一般是指在政策与法律的框架内，通过计划、决策、监督等管理方式，有效协调、整合以法官为中心的各项司法资源，以实现提高司法工作的效率与质量，服务于司法组织追求公平、正义使命的社会活动过程。法院管理的范畴，既包

---

[1] 参见李志明："司法行政事务管理权配置：历史沿革、现实困境与发展趋势"，载《甘肃行政学院学报》2017年第1期。

[2] 陈晓维："法院绩效考核指标量化问题研究"，华东政法大学2014年硕士学位论文。

[3] 王少南主编：《法院实用管理学》，人民法院出版社2005年版，第4页。

[4] 董治良："法院管理浅论"，载《国家检察官学院学报》2005年5期。

括行政、人事等组织层面的管理，也包括以优化、监督诉讼进程为目的的审判管理等。[1]从法院管理的内容看，主要包括审判管理、司法人事管理、司法政务管理。具体细化为审判流程管理、审判质量管理、审判效率管理、审判绩效管理、法院人事管理、法院文化管理、调研信息管理、法制宣传管理、行政装备管理、内务管理、后勤管理、档案管理、信息化管理等十几项内容。[2]

关于检察管理，第一种观点认为，检察管理是检察机关及其人员为了最大限度地发挥法律监督作用，依照法律和政纪规定，运用计划、决策、组织、指挥、控制的基本职能进行检察行为管理，并对检察机关及其人员的人、财、信息、时空和方法等管理要素进行科学组合，以高质量、高效率地实现法律监督的综合活动。这个定义概括得比较全面，包含了检察管理的前提、手段、目标等要件。第二种观点认为，检察管理是遵循检察工作运行规律，结合检察工作实际，依托现代管理模式和手段，对检察机关人、财、物、信息等要素进行科学组合，以实现法律监督职能规范、公正、高效运行的活动。[3]这一概念在形式上逻辑清晰、表述准确、简明扼要，在内容上涵盖检察管理诸多必要元素。第三种观点认为，检察管理是指为了提高系统法律监督效能，有效地行使检察权，运用现代管理的理论、方法和现代科学技术手段，有意识、有组织、有计划地对本系统、本部门的机构、编制、人员、业务、后勤等进行科学地、实事求是地安排并根据发展变化的情况进行不断地调节和控制的一切活动的总和。[4]内容包括检察体制管理、检察决策管理、业务管理、人员管理、干部教育管理、技术管理、行政事务管理、公共管理等。

从以上关于法院管理和检察管理的定义与概念可以看出，法院系统与检察系统都是将管理学的理论充分吸收并运用到法院管理及检察管理当中，而且对两个系统的管理实行的是全要素的管理，即对机构、人、财、物、信息、技术全方位的管理，也就是说，两个司法机关中凡是涉及管理因素的全部纳入管理的范围。显然，这与司法管理存在重大的区别，即司法管理是与司法

---

[1] 沈志先主编：《法院管理》，法律出版社2013年版，第4页。

[2] 沈志先主编：《法院管理》，法律出版社2013年版，第14~17页。

[3] 敬大力：“以检察管理创新推进检察工作全面发展进步"，载湖北省人民检察院检察发展研究中心编：《检察管理的理论与实践——第四届检察发展论坛会议文集》，湖北人民出版社2012年版，第25~27页。

[4] 冯中华：《检察管理论》，中国检察出版社2010年版，第5页。

权运行紧密相关的事项与活动，与司法权运行无关或相关度不高的不在范围之列，司法管理与其他两者的区别是显而易见的。

3. 司法管理与公安管理、司法行政管理

由于公安机关是政府的重要组成部门，更多的是行使政府行政管理权力，比如治安、户籍、消防、交通、社会警务等方面的业务，其行政管理职能与司法活动联系不大，因此公安管理与司法管理有联系的是公安的侦查管理。有论者认为，侦查管理是指公安侦查部门为了规范侦查活动，充分发挥各种侦查资源的作用，降低侦查成本、提高侦查效益，在国家法律、政策的指导下，运用现代科学管理理论、方法和技术手段，通过侦查决策、侦查计划、侦查组织、侦查领导、侦查协调和侦查控制等途径进行的一项综合性管理活动。[1]诚然，这种直接把管理学理论套用至侦查中的定义并没有真正道出公安侦查管理的实质特点，至多是侦查工作的管理，对于公安本身的管理也是缺乏说服力的。目前，学界有关"公安管理"的界定，较权威的观点认为，公安管理亦称公安行政管理，是指各级公安机关为提高系统的效能，维护国家安全与社会公共安全，保障社会主义建设的顺利进行，依法运用各种方法与手段，充分发挥公安人力、物力、财力、信息等资源的作用而进行的决策、计划、组织、指挥、协调、控制等一系列活动。[2]另有论者认为，公安管理是政府公共管理的重要组成部分，是公安机关为实现治安效益目标，依据法律法规获授的公共权力，运用多种方法和手段，与社会各种力量相互作用，对法律规定的与社会治安有关的公共事务进行调节控制的活动过程。[3]此处把公安管理放到了政府管理的层面，更多关注的是公安的行政管理职权。而公安职能中侦查职能只是众多职权中的一部分，在公安管理中涉及面不大，也不是关注的重点。因此，由于公安职能兼具司法与行政的特殊性，司法管理没有把公安管理纳入其中，但司法管理与公安侦查管理有相衔接的地方，即刑事案件的衔接，这种衔接机制也是司法管理与公安管理的连接点。

司法行政管理，就是司法行政的管理，首先应当讲到司法行政工作。什

---

〔1〕 李强：" 侦查管理若干问题研究"，甘肃政法学院 2012 年硕士学位论文。
〔2〕 杨建和主编：《公安管理学》，警官教育出版社 1999 年版，第 5 页。
〔3〕 王舒娜："从公共管理的视角看公安管理的基本内涵"，载《中国人民公安大学学报（社会科学版）》2004 年第 1 期。

么是司法行政工作，用一句话概括就是为司法机关、司法活动及有关社会法律事务，提供政府行政管理服务的工作。它包括三方面的内容，一是为司法机关提供政府行政服务；二是为司法活动提供政府行政服务；三是为社会有关法律事务提供政府行政服务。目前，第一项工作由司法机关自行管理，司法行政部门不再介入。其余两项职能总共包括14项工作，比如监狱管理、强制戒毒管理、社区矫正、帮教安置、司法协助、律师管理、基层法律服务、公证管理、法律援助、司法鉴定、普法宣传、依法治理、人民调解、国家司法考试等。[1]

司法行政管理是国家对司法组织和活动依照一定的程序，通过计划、组织、指挥、监控，对这一系统中的人员进行教育、培训和激励，通过这一切活动不断挖潜和创新，提高效率，达到既定的目标。[2]这是广义的概念，包含了司法机关行政事务管理。在我国，行政机关不管理公安机关和检察机关的行政事务，法院的行政事务在20世纪50年代是由司法行政机关管理的，1979年司法行政机关恢复时也管理法院的司法行政，1982年后法院的司法行政自成体系，不受司法行政机关管理。所以在我国，狭义的司法行政管理仅指行政司法工作，不包含法院、检察院的管理。

有意思的是，一直以来法院、检察院内部的司法行政事务被称为司法行政事务管理，而这只是司法行政管理的一部分，但由于"司法行政管理"的概念已经深入人心，一提该词必想到法院、检察院的内部管理，真正的"司法行政管理"反而用"司法行政工作"一词代替。由此看来，司法管理与狭义的司法行政管理无论是在管理主体还是在管理内容上都是泾渭分明的，而与广义上的司法行政管理在管理内涵上有交叉但不完全重叠，司法管理中的司法权力运行管理及案件管理就不在其中。

二、司法管理的理论基础

（一）哲学基础：人性理论

中国对人性话题的讨论与研究亘古绵延，经久不衰，既引发颇多争论也闪现智慧的光芒，人性论亦借此成为很多理念与制度设计的基石。儒家先贤

---

[1] 参见王公义：《论司法行政》，法律出版社2013年版，第20~21页。
[2] 参见王鼎元、戴鸿儒主编：《司法行政管理学》，复旦大学出版社1992年版，第17页。

之一的孟子，其政治法律思想的理论基础就是"性善论"，认为人性本善，是人生来就有的，否则与禽兽无异，"无恻隐之心，非人也；无羞恶之心，非人也；无辞让之心，非人也；无是非之心，非人也"。[1]而荀子则认为："饥而欲食，寒而欲暖，劳而欲息，好利而恶害，是人之所生而有也，是无待而然者也。"[2]也就是说荀子主张人性是好利恶害的，他是某种层面上的"性恶"论者。荀子的人性论与法家有部分契合之处，如商鞅主张："夫人情好爵禄而恶刑罚，人君设二者以御民之志，而立所欲焉。"[3]法家学派的集大成者韩非在论及人性时指出，"好利恶害，人之所有也"，[4]"凡治天下，必因人情；人情者，有好恶，故赏罚可用，赏罚可用，则禁令可立而治道具矣"。[5]汉代的董仲舒继承性地发挥了先秦儒家的人性论，创造了"性三品"之说，将人性分为上、中、下三等。具有"圣人之性"的人天生性善，不经教化便可以从善，还能劝导天下之人向善，但是此种人极少；"斗筲之性"之人天生性恶、冥顽不化，虽经教化亦不能为善，须以刑罚来制裁，迫使他们服从统治，这种人也是少数；"中民之性"的人是"有善质而未能为善，其身兼善恶两性"，必须经过教化后方可以为善，这种人是绝大多数。[6]作为宋明理学执牛耳者的朱熹认为人性气禀可以分为四类：气秉最厚者、厚者、薄者、最薄者。[7]上述简短的梳理表明中国古代对于人性的探讨由原初的二元对立模式——非善即恶的认知，逐渐向多元的人性论演进，肯定了多元的人性这一前提，这就为传统中国礼、法、德等综合为治的社会治理实践与理念确定了基石。司法管理自身的学科性质决定了其自然继受了法学场域内的人性论。人性的多元与不同的样态使得规则的存在有了目的的指向性，管理的深层基石也在于对于不同样态的肯定与认知，如果千篇一律与千人一面的完全均质化状态，管理的目的及效用也就没有存在的空间了。可以说司法管理的基石在于对人性的认知，对于人性的社会性和历史性双重限度的认知。管理制度创设的核心价值不是因为人性是恶的，而是人性是多元的，规则的作用在于在多元之中找

---

[1]《孟子·公孙丑上》。
[2]《荀子·非相》。
[3]《商君书·错法》。
[4]《韩非子·难三》。
[5]《韩非子·八经》。
[6] 崔永东主编：《中国法律思想史教程》，对外经济贸易大学出版社2010年版，第107页。
[7] 崔永东主编：《中国法律思想史教程》，对外经济贸易大学出版社2010年版，第221页。

寻恰切的平衡点。因此,人性论在司法管理中是作为哲学或伦理学基础而存在的。同时管理并不意味着否定人的主体性的存在,借用德国哲学家康德的语汇,"管理只是一种目的,而不是作为手段来运用",充分肯定人的主体性及其存在是现代法学的出发点与价值所在,也即司法管理由人性论出发最终回归到对于人的主体性之维护这样的价值意蕴的追寻,其本质是一种人文主义的法律观,亦是一种以科学精神为内涵的法律观。[1]

(二) 法学基础:权力制衡

权力制衡理论是现代国家对公共权力进行控制的一项重要理论,已经成为现代社会管理的一条政治规律。从现代权力制衡理论来看,主要内涵包括三方面内容:(1) 权力分立。即国家权力分为若干部分,分别由不同的机关独立行使。这是权力制衡理论的第一要义。最早提出分权理论的是古希腊思想家亚里士多德,他认为,"一切政体都有三种机能,即议事、行政、审判机能。倘使三个要素(部分)都有良好的组织,整个整体也将是一个健全的机构"。[2]英国思想家洛克进一步认为,国家权力来源于人们的"自然权利"和"社会契约",要保持国家权力的这种性质,有效保护人们的权利,就必须实行分权。并且认为每个国家的权力应当分为立法权、行政权和外交权。[3]半个世纪以后,孟德斯鸠进一步丰富了分权理论。[4]到了现代国家,美国的汉密尔顿、潘恩、杰弗逊等思想家,又进一步提出了"层次分权"的理论。他们主张将联邦与各州之间的纵向分权纳入分权体系,同时在立法权中进行横向分权,即设立两院制的国会来行使国家的立法权。这种纵横分权的结合,即为双重分权体制,将国家的权力划分进一步细化,标志着分权理论的进一步发展与完善。我国是在人民代表大会制度的基础上,把立法权、行政权、监察权、审判权、检察权分置由不同的机关行使。(2) 权力制约权力。即不同机关或部门行使的权力之间互相牵制、互相制约,以防止各项国家权力被滥用。这是权力制衡理论的第二要义。由于国家权力由强制性、主权性和普遍约束力三个特点保证其有效实施,具有凌驾于社会之上的至上性,决定了

---

[1] 参见刘家楠:"司法管理学理论基础初探",载《大庆师范学院学报》2013年第2期。
[2] [古希腊] 亚里士多德:《政治学》,吴寿彭译,商务印书馆1965年版,第214页。
[3] [英] 洛克:《政府论》(上篇),瞿菊农、叶启芳译,商务印书馆2020年版,第126页。
[4] 参见 [法] 孟德斯鸠:《论法的精神》(上册),张雁深译,商务印书馆1961年版,第155页。

不可能再有凌驾于它之上的更高力量。因此，当国家权力出现"恶"的行为时，没有任何一个更有力的力量来控制它，除非发生国家政权的更替。所以，对国家权力的"恶"性，最有效的办法就是调动国家权力本身的控制机制，这就是"以权力制约权力"。以一种权力的"善"来制约另一种权力的"恶"，以达到各种权力之间的平衡，保证国家权力的正确行使。[1] (3) 权利监督权力。通过社会公民个人行使法律所赋予的权利，促使国家权力掌握者自觉防止权力出现"恶"性或者及时纠正"恶"的行为，从而达到监督制约国家权力的目的。这是权力制衡理论的第三要义。自国家权力产生和分立后，虽然以权力制约权力可以很好地保证权力的行使，防止权力出现"恶"性，但是要充分发挥来自国家权力的"善"性，还必须依靠和调动掌握权力的人的优良品德和理性，因为国家权力要对社会起作用，就必须要由具体的官员来行使，因而官员个人的品德高低和是否理性对国家权力作用的发挥具有决定性影响。而对个人品德、好恶和情感等因素的影响是多方面的，除其他人行使权力会对其产生较大影响外，社会力量或民众的行为（包括提出建议意见等）也会对其产生一定的影响，可以使掌权者及时纠正其"恶"性或者及时纠正其"恶"的行为，防止其滥用权力，从而起到监督制约权力的作用。以上所述权力制衡理论中的权力分工、权力制约和权力监督三个不同方面的原理在司法管理中可以找到对应或相关的地方，如在司法权力的配置模式中需要遵循的是权力分工和权力制约原理，保证司法权力科学合理配置；在司法案件的管理当中可以运用权力制约原理，保障司法案件的高效公正运作；在司法官的管理中可以用到权利监督权力的原理，促进司法官正确行使权力。

（三）管理学基础：系统理论

系统管理理论最早出现于20世纪60年代，是弗里蒙特·卡斯特、罗森茨威克和约翰逊等美国管理学家在一般系统论的基础上发展形成的一种企业管理理论。系统管理理论主要观点如下：企业是一个由相互联系而共同合作的各要素所组成的以便达到一定目标的系统。它是一个开放的系统，同周围环境之间存在着动态的相互作用，并且具有内部和外部的信息反馈网络，能够不断地自动调节，以适应环境和自身的需要；企业组织作为一个开放的社

---

[1] 邓思清："论审判监督的理论基础"，载《法律科学》2003年第3期。

会技术系统，是由许多子系统和管理分系统组成的，主要包括：目标与价值分系统、技术分系统、社会心理分系统、组织结构分系统和管理分系统。这五个分系统之间既相互独立，又相互作用，不可分割，从而构成一个整体。这些系统还可以继续细分为更小的系统；如果应用系统观点来看，可以把企业组织看成是一个投入产出系统，投入的是物资、劳动力和各种信息，产出的是各种产品或服务；管理是用系统论的观点对企业进行模型分析，以便找出关键所在。系统分析要求有严格的逻辑性，即在订立方案前先要确定方案的目的、实现的场所、地点、人员和方法。[1]系统理论具有的特征与对实践的要求：一是系统管理的目的性。管理的本质就是人们为达到组织的目标，对人、财、物等要素实现有效控制的社会实践活动，它的每个过程、每个环节、每种职能以及活动的范围、原则和方法等，都是围绕着组织的目的并为它服务的。系统管理的目的性对管理实践的要求是：任何管理系统，都应有明确的目的，不同的管理系统，有不同的目的；保证核心目标的唯一性；管理者必须通过科学的手段和方法，及时地发现和消除管理系统中与实现目标无关的机构和人员，克服各种不利于实现管理目标的因素。二是系统管理的整体性。任何一个管理系统都是由若干相互联系、相互作用和相互促进的要素构成的，在结构和功能上具有一定的整体性，这个整体已具有各构成要素本身所没有的性质。系统管理的整体性对管理实践的要求是：部分要有机组合成整体，从而产生结构上的质变和功能上的放大；要保证管理系统中每个组成部分或者系统的功能发挥是好的，避免某一组成部分的功能发挥受阻，从而影响到其他部分功能的发挥；部分一定要服从整体。三是系统管理的层次性。任何系统都具有一定的层次性，管理系统可分为宏观管理层次、中观管理层次和微观管理层次。系统管理的层次性对管理实践的要求是：管理系统的层次性要求管理工作必须建立合理、适度的管理幅度；在管理系统中，每一个层次都应有各自的功能，而且责、权、利分明，逐级指挥，逐级负责。[2]系统理论对于推进司法管理有很强的指导意义，如果把司法管理作为一个大系统来看，司法机关的组织设置与权力配置就是宏观层面的管理，司法权力运行机制管理是中观层面的管理，司法官管理与司法案件管理则是微观层面的

---

[1] 参见尹少华主编：《管理学原理》，中国农业大学出版社2010年版，第44页。
[2] 参见杨跃之主编：《管理学原理》，人民邮电出版社2012年版，第6~7页。

管理，四者之间相互联系，相互促进，缺一不可。司法管理的目的就是通过一定的管理方法与手段，激发司法管理四个要素的潜能，真正发挥1加1大于2的整体效果。

(四) 经济学基础：效率理论

效率是一个经济学上的概念，在经济分析中使用得相当广泛，通常来讲就是描述产出与投入的比率关系。比如，在其他条件相同的情况下，同等时间内如果一个A国工人能比一个B国工人生产出更多的产品，我们就说A国工人的劳动生产更有效率。[1]的确，在经济学中，效率始终是使用频率最高、最重要的概念之一。效率理论显然比一般人的认知复杂得多，并且经历了不断演变发展的过程。现代经济学从其发端——亚当·斯密开创的古典经济学那里就提出经济学的使命是研究经济效率问题。亚当·斯密的经济学理论的精髓是分工效率理论和竞争效率理论。随后，新古典经济学继承了亚当·斯密的竞争效率思想，并进行形式化、精确化的加工创造，形成到目前为止仍然占据主流地位的效率理论——帕累托效率（Pareto Efficiency），但是其抛弃了亚当·斯密的分工效率理论，用配置效率——帕累托效率取代了效率概念，而这也是其广受诟病的理论缺陷所在。此后，在对主流效率理论进行批判的时候，新奥地利学派和新制度经济学派提出了动态效率理论。[2]目前经济学上所说的效率主要是指帕累托效率。意大利经济学家和社会学家帕累托对效率的定义是这样的：对于某种经济资源的配置，如果不存在其他生产上可行的配置，使得该经济中所有个人至少和他们在初始时情况一样良好，而且至少有一个人的情况比初始时更好，那么这个资源配置就是最优的。[3]通常，它是指不浪费，或者现有的资源用得最好。[4]这是从宏观的角度来考察社会资源的配置与使用，是一种宏观的配置效率，使社会资源效用真正最大化，受到经济学界普遍推崇。当然，帕累托效率必须在完全竞争条件和完全市场的经济体系中才能体现出来，现实中是根本不存在的，其本身也忽视了生产

---

[1] 刘武强、潘邦贵主编：《微观经济学》，南京大学出版社2015年版，第211页。
[2] 车圣保："效率理论述评"，载《商业研究》2011年第5期。
[3] 帕累托在20世纪初的两本著作《政治经济学讲义》和《政治经济学教程》中给出了这个定义，详见[英]约翰·伊特韦尔等编：《新帕尔格雷夫经济学大辞典（1—4卷）》，经济科学出版社1996年版，第868页。
[4] 毕泗锋："经济效率理论研究述评"，载《经济评论》2008年第6期。

过程中的生产效率，也是一种相对静态的效率。因此，该理论也受到了经济学界的猛烈抨击。于是，关于效率的定义又出现不少新的理论观点。一种观点坚持认为效率是考察投入与产出的关系，是"最小"和"最大"的原则问题。所谓"效率"，在一般意义上，指的就是现有生产资源与它们所提供的人类满足之间的对比关系。当我们说一个经济单位是"有效率"的时候，指的就是这一经济单位用一定的技术和生产资源为人们提供了最大可能的满足。[1]一种观点认为效率是一个动态概念。如有学者认为经济效率既包含经济效益和劳动生产率的内涵，也与速度和质量相关。提高经济效率，就要求降低耗费、提高质量、增加数量、加快速度。[2]有学者提出了"制度的适应性效率"的概念，以刻画与时间进程中的经济变化相适应的制度的效率。所谓适应性效率是指在不确定性条件下经济主体随着时间的推移，逐渐了解问题的环境和性质，在对环境的适应中可以获得各种知识、技能及建立学习机制，并恰当地解决问题所获得的经济效率。[3]还有的学者提出了"创新性效率"的概念、"X效率"理论和通功易事效率理论等。[4]经济学中新的"效率理论"研究层出不穷，是伴随着社会经济的发展而逐步发展完善的。这种发展的理论对于司法领域的指导意义在于，对于效率不能再简单地理解为投入产出的关系，即司法机关在单位时间内的办案量，一般表述为人均办案量或结案率。司法效率应该体现得更加全面、更加立体、更加全方位，它不仅包括了司法机关的人均办案量或结案率，也包括了司法资源的配置、司法的秩序、司法的效果，甚至包含了司法案件的质量等内容。

三、司法管理的基本原则

（一）法治原则

司法的法治原则是司法管理的基本原则，也是司法管理运行的根本规律。司法权作为国家权力的组成部分，它的运作与管理当然应符合法治的内在要

---

〔1〕 樊纲：《市场机制与经济效率》，上海三联书店、上海人民出版社1995年版，第67~68页。
〔2〕 卫兴华、张宇主编：《公平与效率的新选择》，经济科学出版社2008年版，第30~32页。
〔3〕 Armen A. Alchian, "Uncertainty, Evolution, and Economic Theory", in Magne Mogstad eds, *Journal of Political Economy*, Vol 58, No. 3, 1995, pp. 68.
〔4〕 参见刘志铭："西方效率理论的发展与政府的微观经济角色"，载《广东行政学院学报》2003年第4期。

求，体现法治的基本精神，追求法治的理想状态。[1]司法管理的法治原则涉及三个基本内容：一是司法管理的主体。法院、检察院是法定的司法机关，是司法管理的当然主体。司法行政部门是管理司法事务的专门行政机构，在某些方面也具有了司法管理的职权，如国家统一法律职业资格考试、人民监督员管理等，因此司法行政部门虽然不是司法管理的法定主体，但在法定条件下也可以成为某些司法管理行为的主体。其他立法、行政、党务等部门要管理司法事务，必须经过一定的程序与许可，确保司法管理的相对独立与特殊性。二是司法管理的程序。司法管理应当在法律、法规限定的范围内行使。换句话说，在进行司法管理涉及实体性问题和程序性问题时，应该严格依照法律法规进行，做到于法有据。司法管理程序要符合司法程序中的正当法律程序精神，应当具有可参与性，并包含公开、公正、公平等基本内容。三是司法管理的方式。司法管理作为保障司法权正确行使的基本方式，必须依法进行，其行使本身的方式也必须有法可依。司法管理必须以保障司法权正确行使和保护合法权益为最终目的。保护法益乃司法的基本职责，也是司法管理的目的所在，美国学者博登海默说：“为作出一个公正的判决，法官必须确立立法者通过某条特定的法律所旨在保护的利益。"[2]

(二) 司法原则

司法性是指在进行司法管理工作时，虽然采取了某些管理学上的方法或手段，但是其本身具有司法属性，其工作基本职能必须符合司法活动的基本原则和规律。如审判管理或案件管理，本身就是司法行为的一部分，即使使用了行政管理上的手段，也改变不了其司法的属性，要按照符合司法属性的规律来指导开展工作。有些司法管理工作如司法机构的设立、司法官的管理，带有明显的行政管理属性，但由于该项工作与司法活动紧密相关，与一般的行政管理工作既有联系，又相互区别，在管理中也必须依附于司法属性，同样应当尊重司法规律来进行有效管理。强调司法管理的司法属性，就是要突出司法管理的特殊性，把司法管理与一般行政管理区分开来，在尊重司法规律的前提下，采用一般管理的方法与手段履行好司法管理职能。

---

[1] 参见江国华：“法治的场境、处境和意境”，载《法学研究》2012年第6期。
[2] [美] E. 博登海默：《法理学　法律哲学与法律方法》，邓正来译，中国政法大学出版社2004年版，第151页。

(三) 公信原则

公信原则是司法的重要原则，也是司法管理的重要原则。在司法活动与社会活动高度融合的当今社会，司法公信力是衡量司法是否公平、公正的重要指标之一。当对某一现象或事物具有认同感的人达到一定数量时，即是说这种现象或事物具有公信力；反之，则不具有公信力。社会公众对司法行为的价值判断或主观评价是司法行业所产生的信誉和形象在社会公众和社会组织中的心理反应，它体现在社会公众为提高司法效率而自愿配合司法行为、减少司法运行成本等方面。因此可以说，司法公信力就是社会公众对司法权运行及运行结果具有普遍的心理认同感，并由此自觉遵从和尊重司法权的运行及其运行结果的一种社会心理状态和社会现象。[1]简单地说，司法与社会公众之间动态、均衡的信任和相互评价就是司法公信力，它集中体现了司法赢得社会公众认同、信任和尊重的能力、资格以及社会公众对司法尊重及信任的程度。司法管理的目的是提高司法效率，增加司法公正性，对于提高司法公信力有很大的促进作用，因此，把司法公信力作为司法管理的原则之一，就是在进行司法管理的过程中，要把提高司法公信力作为一个重要的考量因素，这样才能真正实现司法的公平与公正。

(四) 便民原则

司法便民的理念作为司法为民的下位概念，是一种科学先进的司法理念，是我国社会主义法治理念不可或缺的一部分，充分体现了我国社会主义制度的优越性，体现并维护了人民民主专政和坚持人民当家作主的政治本色。司法管理作为保障和促进司法权运作的重要途径，至少要在两个方面体现出便民的价值追求。一是通过科学的司法管理，及时高效地作出各类司法决断，切实解决司法为民的问题。人们创制法律的目的之一就是解决矛盾、纠纷，为社会矛盾、纠纷的解决提供救济，这也是司法最重要的功能之一。司法权的正确高效运作，可以有助于公正而实际地解决各类纠纷，有助于正确作出权利义务的判断。只有公正高效的司法决断，才能及时化解社会矛盾、纠纷，才能切实维护社会的和谐和有序。二是提供必要的司法便利，切实落实便民为民的举措。随着大数据时代的到来，司法机关利用信息化技术对司法活动

---

〔1〕 谭俊峰：《司法公信力研究》，武汉理工大学出版社2017年版，第12页。

进行全流程、信息化、智能化的管理，一方面大大提高了司法办案的效率，另一方面也大大方便了司法活动各方参与人的诉讼活动。司法机关各项利民惠民措施、各种司法救济途径、各类司法活动方式，让群众更加便捷地行使各项诉讼权利，感受到公平与正义就在身边。

（五）人本原则

人本原则是管理学的原则，对于司法管理同样适用。一切科学技术的进步、物质财富的创造、社会生产力的发展、社会经济系统的运行，都离不开人的服务、劳动和管理，人是管理活动的中心和出发点，现代管理是人的管理和对人的管理。在组织管理中，必须根据人的行为与需求特点，来调整、完善组织结构要素的整合配置，紧紧围绕人创造适宜的条件，以充分发挥人在管理中的重大作用，实现组织对人的最佳配置与使用。人本原则，就是以人为本的管理原则，既把人视为管理的主要对象及组织的最重要资源，通过激励、调动和发挥员工的积极性与创造性，引导员工去实现预定的目标。人本原则对司法管理实践具有以下要求：一是要树立辩证唯物主义的人本观念，认识到司法管理工作的根本是做好司法官的工作，使司法官能明确组织目标和自己的责任，积极主动地实现自己的目标；二是认真地研究和认识司法官，正确认识司法规律和司法官管理规律，对司法官进行开发和培养，充分挖掘司法官的潜能，发挥司法官在司法管理中的重要作用；三是积极发挥司法官的能动性，对司法官管理的最终目的是最大限度地发挥其积极性、主动性和创造性，在司法权的运行中发挥更大的作用。

（六）整分合原则

整分合原则，是管理学上另外一个重要的原则，在司法管理中更多地体现为司法机构组织设置、权力配置与司法权力运行过程中的分与合。所谓管理的整分合原则，就是指管理者在管理活动中，必须从系统管理原则出发，把管理过程当作一个系统，正确处理系统与环境、与子系统的关系，协调好各子系统之间的横向关系，充分实现系统的整体功能。具体要求是首先对整体工作有一个充分细致的了解，即"整"的意思。在此基础上，再将整体科学地分解为一个一个的组成部分、基本要素，根据分工使每项工作规范化，建立责任制，即"分"的意思。然后进行总体组织综合，实现系统的目标，即"合"的意思。[1]整分合原则体现在司法管理中要明确以下三点：一是整体性的观点是该原则的核心，不从司法权的整体性出发进行司法权分工，必然是盲目混乱的，司法权必须作为一个统一的整体考虑。二是分工是该原则的关键，没有分工的系统，是杂乱无章，是缺乏效率的，没有分工就没有专业化，管理活动的发展早已证明了这一点。司法权力必须进行分工，在纵向上体现为国家与地方司法机关权限的分工，在横向上体现为法院与检察院两个司法机关和其他行使部分司法权力部门之间的分工。三是对分工的结果进行有效的综合是保证系统目标实现的必经之路，司法管理最重要的就是对司法权的行使过程进行有效地管理与统筹，这本身就是司法管理的应有之义和目标所在。

（七）权变原则

权变原则是管理学中的一个重要原则，甚至形成了一个权变理论和权变理论学派。该原则的主要内容为：管理中不存在一成不变的、普遍适用的、最好的、理想化的管理理论和方法，组织所生存的环境不同，情境不同，且环境随时随地都在发生变化，管理的方法方式不应该是一样的。采取什么样的管理理论、方法及技术应取决于组织的环境。环境变化了，管理者也应该随机应变。作为管理者，主要的任务就是明确每一情境中的各种变量，了解各变量之间的相互关系和作用，掌握原因和结果之间的复杂关系，从而针对不同的情况作出灵活的变通和处理。该原则体现在司法管理中，最突出的就是司法改革。司法改革就是管理者针对不断变化的社会发展形势和办案发展情况，结合司法机关现有的资源，进行改革与创新，以提高司法效率，实现司法公正，最大限度满足人民群众日益增长的司法需要。权变原则从管理学的角度为过去和今后的司法改革提供了理论支撑和原则规制。

---

[1] 参见王庆海：《管理学概论》，清华大学出版社2008年版，第71页。

第二章

我国司法管理历史考察

我国的历史悠久，我国的法治也随着历史的发展而不断发展进步。对我国司法管理制度的历史考察，就是在我国传统法律体系中寻求对当代中国法治建设有用的积极因素。而我国传统法律体系最有代表性的就是中华法系，中华法系是中华民族数千年法律实践的结晶，是以中国传统思想特别是儒家思想为理论基础，维护封建伦理、家族法规，提倡诸法合体、礼刑并用为主要特点的一个独立法律体系。该法系发端于夏商周时期，发展于春秋战国、秦汉时期，隋唐时期达到鼎盛，两宋时期进一步成熟，明清时期逐步衰落，清末后逐渐解体。中华法系不但对古代中国产生了深远影响，而且对古代日本、朝鲜和越南等中华文明圈国家的法制文明也产生了重要影响。[1]因此，对我国传统司法管理制度的考察，恰恰是对中华法系的考察最为纯粹，也最为合适。本书的考察对象主要集中在中国封建社会及之前的法律制度。清末及之后诸如民国时期及革命根据地时期的法律制度，夹杂太多的外来因素及其本身的过渡性质，而不能体现中国传统法律制度的特点，因此本书不将其列入历史考察的范围之内，而以上时期的相关司法管理制度将在制度的演变中作相关论述。

第一节 我国古代的司法管理

一、司法机关的设置与权力配置

（一）中央及地方司法机构的设置及职能

我国自国家形成之时，就开始设官分职。国家为了维护其统治秩序，在

---

[1] 参见霍丹丹："中华法系的历史沿革与复兴——以立法思想为例"，载《牡丹江大学学报》2014年第1期。

司法领域也同样设置了机构与官职行使相关司法权力。夏朝在中央设置大理,地方上设置了士或理分别行使中央和地方上之司法权,随后的商、西周和春秋诸国沿袭了这种传统。战国时期,地方司法制度出现了新的变化,即地方行政机关开始兼理司法权,行政官与司法官合二为一,这种制度一直持续到封建社会的结束。[1]

夏是中国古代第一个奴隶制国家,夏朝最高统治者称为"后"(王),拥有至高无上的权力,据载夏朝已经有了法律,"夏有乱政,而作禹刑",[2]并设有司法官,称为"士",或称作"理"。士既处理军政事务,又处理狱讼事务。中央的司法官叫"大理"。商朝与夏朝一样,王是国家最高的统治者。商王既享有最高的行政权和军事权,又享有最高的司法裁判权。[3]凡重大案件都由商王作最后裁决,即所谓"惟予以一人佚罚"。[4]商王之下的最高司法长官为"司寇",下设"正""史"等司法官辅佐。公元前11世纪,武王灭商建立了周王朝,史称西周,较之夏、商,西周的司法机构有了较大的发展,形成了一定的体系。按照《周礼》的记载,西周的官职被分为天地春夏秋冬六个体系,各掌其职。"天官冢宰,掌邦治;地官司徒,掌邦教;春官宗伯,掌邦礼;夏官司法,掌邦政;秋官司寇,掌邦禁;冬官掌营造",其中处理司法事务的主要为秋官体系,其最高长官为大司寇,大司寇的主要职能是"掌建邦之三典,以佐王刑邦国,诘四方"。[5]大司寇为司寇组织中的最高长官,位列卿等,主要协助周王全面掌理司法刑狱事务。大司寇下设众多从事司法事务的属官,负责不同的事务或同一事务的不同阶段,构成了一个庞大的司法官僚体系,并有严格的职权划分。在中央一级主要有:小司寇、士师、司刑、司刺、司约、司盟、职金、司厉、司圜、掌囚、掌戮、司隶、布宪、禁杀戮、禁暴氏,等等。在地方一级主要有:乡士、遂士、县士、方士、讶士,掌理不同地区、不同对象的狱讼。春秋时期各诸侯国的司法机构主要是沿袭西周的名称,但对司法官的具体称谓上各诸侯国却有所不同。鲁国称为"司

---

[1] 毕连芳、任吉东:"中国近代法官的职业使命探析",载《福建论坛(人文社会科学版)》2015年第8期。

[2] 《左传·昭公六年》。

[3] 李彬:"魏晋南北朝司法制度述论",福建师范大学2006年硕士学位论文。

[4] 《尚书·盘庚上》。

[5] 《周礼·秋官·大司寇》。

寇"，齐国称为"士"，晋国称为"士"或"理"，楚国则称为"司败"。战国时期，各诸侯国司法机构的名称出现了大的变化，楚国的司法官称为"廷理"，而秦国的司法官则称为"廷尉"。

公元前221年，秦始皇统一六国后，建立起第一个统一的中央集权君主专制国家，极大地加强了封建皇权制度，秦始皇总揽全国行政、立法、司法等各项大权，成为全国最高的司法审判官，甚至"躬操文墨，昼断狱，夜理书，自程决事，日悬石之一"，[1]亲自行使审判大权，使"天下之事无大小皆决于上"。[2]秦朝设置了以三公列卿为核心的中央政府机构，三公为丞相、太尉、御史大夫，分掌行政、军事和监察。对于一些重大案件，丞相与御史大夫参与审理。列卿中有廷尉，是专掌司法刑狱的官员，《汉书》记载："廷尉，秦官，掌刑辟，有正、左右监，秩皆千石。"[3]廷尉的职能包括审理涉及中央百官的案件、审理地方上报的疑难案件、审理皇帝直接交办的案件，即所谓的"诏狱"。作为秦朝的中央司法机构，廷尉的职能集中于审理案件，不再参与军事与治安管理，从而成为一个专职的司法机关和司法长官。在地方司法机构的设置上，秦朝沿袭战国时期地方行政长官兼理司法的传统，地方也实行行政与司法合一的体制。秦朝在中国历史上率先推行郡县制，故地方司法机构主要分为两级。郡守作为一郡的司法长官，不仅拥有对辖区内重要案件的审判权，而且对所辖各县上报的各种案件拥有批准呈报中央的权力。郡守以下设法曹等助手，审理郡内发生的各项案件。县令作为一县的司法长官，负责本县重要案件的审理工作。其下设有县丞、曹等官职，负责本县案件的具体审理，但审判必须呈报县令批准，才能执行。汉承秦制，中央司法机构的设置与秦朝并无太大的区别。廷尉为中央最高司法机构，位列九卿之一，地位颇为尊贵。廷尉的主要属官有：廷尉正，主决疑狱，可以代表廷尉参与杂治诏狱，也可以单独断案，是地位仅次于廷尉的官员；廷尉左右监，负责逮捕罪犯；廷尉左右平，掌理诏狱。另有廷尉史、奏谳掾、奏曹掾等属吏。汉朝地方上也是实行行政与司法合一的体制，分为郡县两级。郡守既是行政长官，也是本郡的司法长官，下设"决曹掾"，协助郡守具体审理案件。

---

[1]《史记·秦始皇本纪》。
[2]《史记·秦始皇本纪》。
[3]《汉书》卷一九《百官公卿表》。

县令是一县的行政长官，又是本县的司法长官，下设"曹"，协助县令审理具体案件。三国时期，魏、蜀、吴三个政权中央机构的设置仍主要沿袭汉朝的做法，设廷尉掌管刑狱司法；两晋时，廷尉作为九卿之一，掌握司法实权，一直发挥着重要的作用。三国两晋时期地方行政机构沿袭东汉制度，分为州、郡、县三级。州置刺史或州牧，郡置郡守，县置令、长。刺史、郡守、县令、长既是州、郡、县的最高行政长官，同时兼任最高司法长官。凡是地方上发生的各种诉讼案件，一般都由这些官吏直接审理，就地判决。南朝时期各代的中央和地方司法机构的设置，基本上沿用了魏晋时期的制度，但也略有一些变化。刘宋时掌管刑狱工作的主要机构仍为廷尉，伴随着三省制度的逐渐形成，在尚书台内也设置了一些参管司法的部门，如吏部尚书所属的三公曹、比部曹"主法制"，都官尚书所属的都官曹"主军事刑狱"。[1]在对案件的审理过程中，虽由廷尉主持，这些部曹亦可以发表意见。北魏是北方游牧民族鲜卑人拓跋氏建立的政权，在其建立之初，沿用旧时的制度。而后，北齐年间，廷尉正式更名为大理寺，"寺"为"官署"，"大理"是最高审判的意思。这是中国司法制度史上一次重要的变革，后世封建王朝基本上都沿用这一名称。北齐大理寺在人员设置上比前代有了较大的扩充，长官称作"大理寺卿"，掌"决正刑狱"，置少卿、丞各一人，为其辅佐。主要属官有：正、监、平各一人，律博士四人，明法掾二十四人，槛车督二人，掾十人，狱丞、掾各二人，司直、明法各十人。

公元581年，隋朝建立，结束了魏晋南北朝时期的动乱局面。公元618年隋朝被唐朝取代，而唐朝是中国古代封建社会最强盛的时期之一，也是古代法制文明的鼎盛时期和封建司法制度臻于完备的时期。隋唐时期形成了以三省六部制为核心的国家管理机构。隋初采用北齐之制设置大理寺，作为最高审判机关。正副官仍为卿和少卿，属官在原来的基础上又置司直十六人，评事四十八人，扩大了大理寺的规模。开皇十二年（公元592年），隋朝下制："诸州罪，不得辄决，悉移大理按复，事尽，然后上省奏裁。"这意味着全国死刑的终审权首次由中央裁决，并由大理寺执掌。隋朝尚书省最初有吏部、礼部、兵部、都官、度支、工部六曹，都官曹是主司，长官为都官尚书，下统都官侍郎二人，刑部、比部侍郎各一人，司门侍郎二人。开皇三年（公

---

[1]《宋书·百官志》。

元583年),"改都官为刑部尚书,统都官、刑部、比部、司门四曹",[1]从此,刑部成为主司。此时的刑部主掌包括律令、司法文书、社会治安等在内的司法行政事务。从此我国历史上出现了大理寺与刑部共掌司法的局面,这是我国历史上首次出现司法行政与司法审判机构分立的现象,在我国法制史上具有重大的意义。随后,唐朝继承和发展了隋朝的中央机构设置模式,唐朝的三省六部是整个中央政府运行的中枢。三省包括中书省、门下省、尚书省,在司法方面的职权主要表现为参与重大案件的审理。唐代在中央层面的司法机构中对后世影响最大的就是大理寺、刑部与御史台三部门,这三个机构在朝代的更替中有更改、撤并,职能上有增减,但其主要职能及称呼一直延续到清代。刑部为尚书省六部之一,作为中央司法行政机关,拥有较大的司法权力,其除掌管司法政令外,还负责复核大理寺流刑以下及州县徒刑以上的犯罪案件。在复审中如发现疑案、错案,凡徒刑、流刑以下的案件,驳回原审州县重审或复判,死刑则转送大理寺重审。[2]刑部设尚书一人,为长官;侍郎一人,为副贰。"刑部尚书、侍郎之职,掌天下徒隶、勾复、关禁之政令。"[3]刑部下设四司,刑部司为头司,都官、比部、司门为子司。皆以郎中为其长官,员外郎为次长。刑部司为直接掌管司法的部门,"掌贰尚书、侍郎,举其典宪而辨其轻重",[4]即为掌律令格式,定罪量刑。大理寺是当时设在中央的最高审判机关,负责审理中央百官犯罪及京师徒刑以上的案件。但其职权与刑部之间相互牵制,如大理寺对徒刑、流刑罪的判决后,还须报送刑部复核;对死罪的判决则要直接奏请皇帝批准;大理寺对地方上报的所判死刑的案件拥有重审权。大理寺设卿一人,为长官,大理少卿二人,为卿之副贰。"大理卿之职,掌邦国折狱详刑之事。"[5]大理卿、大理少卿下设大理正二人,与大理少卿一起通判寺事,其"掌参议刑狱,详正在科条之事。凡六丞断罪有不当者,则以法正之"。[6]大理正不仅为大理寺通判官,还负责审

---

[1]《隋书》卷二八《百官下》。
[2] 马晨光:"唐代司法研究——以唐代司法管理及教化为视察点",南京理工大学2011年博士学位论文。
[3]《唐六典》卷六《尚书刑部》。
[4]《唐六典》卷六《刑部郎中员外郎条》。
[5]《唐六典》卷一八《大理寺》。
[6]《唐六典》卷一八《大理寺》。

理内外官及爵五品以上官员犯罪的案件，若对其处死刑，则由大理正监决。大理寺判官是大理丞，设六人，是按尚书省之六部而置，分判寺事，"六丞判尚书六曹所统百司及诸州之务"。[1]丞是大理寺日常从事司法审判的官员，其作用往往超过大理寺卿与少卿。唐朝的地方司法机构设置基本沿袭了前朝，地方上分为州和县，州一级司法官有刺史、司法参军、司户参军，县一级司法官有县令、司法佐、司户佐，实行的同样是行政与司法高度统一的政治机制。

宋初延续了唐朝中央司法机构的基本格局，以刑部、大理寺、御史台为主要的中央司法机构。淳化二年（公元991年），朝廷增设了新的司法机构——审刑院。设立审刑院的初衷是"虑大理、刑部吏舞文巧诋"。[2]审刑院设于宫中，便于皇帝更加有效地掌控司法权，故而深得皇帝的青睐。同时，大理寺和刑部的职权因此被部分侵夺。神宗改制后，元丰三年（公元1080年），审刑院被并入刑部，三法司格局得以恢复。[3]宋朝地方设置州、县两级地方政府。州的长官称为知州，全称"权知军州事"，皆为朝廷委派官员担任，统领一州的行政、司法事务。在知州之下设有参军，协助知州处理政事。其中录事参军、司理参军、司法参军负责司法事务。县是最基层的一级地方政府，县的长官为知县或县令。县令"掌总治民政，劝课农桑，平决狱讼"。[4]县令之下设县丞，协助县令掌理县务，也可以受理并审理案件。

元朝的中央司法机构主要是大宗正府、刑部、御史台、枢密院和宣政院，但无大理寺的设置。其中大宗正府为中央审判机构，主要审理蒙古人、色目人的案件以及涉及汉人的某些特殊案件；枢密院主理全国军务，也审理军民之间或者军队内部的案件；宣政院是掌理全国佛教事务的最高机构，也对涉及僧侣的案件享有管辖权。元朝的地方机构设置包括行省、路、州府和县。行省设达鲁花赤一人，即为"镇守者"的意思，总管一人。在下属机构中，理问所主理狱政，设理问二人。路设达鲁花赤一人，为路的最高行政长官。下置推官二人，专理刑狱。推官审讯之后，还需要其他官员的认可和共同签署方可结案，即为"圆坐署事"。州、府的最高长官也叫达鲁花赤，另设有知

---

[1]《唐六典》卷一八《大理寺》。
[2]《宋史》卷一九九《刑法一》。
[3] 陈光中：《中国古代司法制度》，北京大学出版社2017年版，第45页。
[4]《宋史》卷一六七《职官七》。

府、知州一人，下设专理刑狱的推官。县为最基层的一级政府，达鲁花赤为主官，下设尹、丞、簿、尉、典史等佐官，共同掌理司法行政事务。

明朝的中央司法机构恢复了唐宋模式，以刑部、大理寺、都察院为三法司，但三个机构的具体职能发生了重大变化：三法司不再鼎足而立，大理寺作为中央最高审判机构的地位逐渐弱化，执掌司法行政权的刑部与执掌司法监察权的都察院成为国家的司法权运行重心。刑部的主官为尚书，并有左、右侍郎各一人，下设十三清吏司，各设郎中一人。刑部尚书"掌天下刑名及徒隶、勾覆、关禁之政令"，[1]十三清吏司是实际行使审判权的机构，"各掌其分省及兼领所分京府、直隶之刑名"。[2]明朝初期并无大理寺的设置，而后设置磨勘司作为司法监督机构。永乐初年（公元1403年）重设大理寺，内设大理寺卿"掌审谳平反刑狱之政令"，[3]主要职能从之前的审判机构变成慎刑机构。洪武十三年（公元1380年），明朝改御史台为都察院，继承并扩张了御史台的司法监督权。明朝三法司的基本职能调整为"刑部受天下刑名，都察院纠察，大理寺驳正"，[4]确立了刑部负责审判、大理寺负责复核、都察院负责监督的分工格局。明朝全国分为两京（北京及南京）和十三省，省一级设置布政司、提刑按察司和都指挥司分别掌管行政、司法监察和军事权。省以下设置州和县两级地方政权，州长官知州和县长官知县为地方行政长官兼司法长官。州一级司法官有同知、通判、推官、司狱等，县一级具有司法职能的官员有丞、主簿、典史等。

清朝的司法制度基本上沿袭了明朝，同时又具有自己的特色，在中央司法机关方面，仍以刑部、大理寺和都察院为三法司。刑部是行使司法权的重心，在机构职能上，刑部十七清吏司以及秋审处主掌审判，其余机构主要行使司法行政权。十七清吏司是以各省命名，"各掌其分省所属刑名"，[5]兼管部内各类司法行政事务。清朝仿效明朝在一省设置三司，即布政司、提刑按察司和都指挥司，其中提刑按察司主掌司法及监察。在三司之上增设总督及巡抚，一省设巡抚一人，若干省设一总督，有的总督也兼任巡抚，总督与巡

---

[1]《明史》卷七二《职官一》。
[2]《明史》卷七二《职官一》。
[3]《明史》卷七三《职官二》。
[4]《明史》卷九四《刑法二》。
[5]《清史稿》卷一一四《职官一》。

抚同为封疆大吏，合称"督抚"。在司法领域，总督与巡抚的职能基本相同，即为审核徒刑案件，复核军、流案件和复审死刑案件。州府的行政长官为知州或知府，"掌总领属县，宣布条教，兴利除害，决讼检奸"，[1]是州府一级的最高行政长官与司法长官。县是清朝的基层政府，设知县，"掌一县治理，决讼断辟，劝农赈贫，讨猾除奸，兴养立教"，[2]下设县丞、主簿，分掌粮马、征税、户籍、缉捕等事项，设典史"掌稽检狱囚"。[3]

(二) 监察机构的设置及职能

监察制度是我国古代独具特色的一项政治法律制度，历史源远流长，体系严密完备。监察机关的基本职责是纠察官邪、整饬纪纲，对皇帝的失举进谏驳正，同时参与并监督司法审判活动。因此，监察机关也是国家行使司法权的重要机关。我国古代监察官一般通称为御史。御史的名称最早见于《周礼》，"御史掌邦国、都鄙及万民之治令以赞冢宰"，[4]但当时的御史并不具有监察之职。春秋战国时，也有"御史记事"的记载，那时御史的地位较低，职权也与后世不同。相传周的御史只是冢宰的属官，实际为掌管文书和记事的普通"史官"。而到了战国时期，诸侯国为了确保政权稳固，纷纷加强对官员的监督，监察制度受到重视。此时，"御史"已兼具监察的职责。秦汉时期是君主专制中央集权确立的时期，也是监察体系开始确立的阶段。秦汉时期的监察体制，为后世历朝监察制度的发展完善奠定了基础。秦汉时期御史组织的办事机构称为御史府或御史大夫寺，长官为御史大夫，御史大夫下设御史丞和御史中丞，属官有治书御史、侍御史、符玺御史等，为中央的监察机关。为了加强中央集权，秦汉时期在地方也设立了专门的监察官吏。在郡一级设监郡御史，隶属御史大夫，史籍称为"监御史"。西汉初，监御史被废除，由刺史承担监察地方的任务。隋朝的中央监察机构为御史台，开启了监察台院之先河。地方监察机构为司隶台、谒者台，掌握对地方政府的监察权。唐朝的监察制度臻于成熟，监察机构更加健全，中央监察机构仍为御史台，是国家最高监察机关，御史台设"御史大夫一人，中丞二人，侍御史四人，

---

[1]《清史稿》卷一一四《职官三》。
[2]《清史稿》卷一一四《职官三》。
[3]《清史稿》卷一一四《职官三》。
[4]《周礼·春官》。

主簿一人，殿中侍御史六人"。[1] 御史大夫是御史台长官，全面掌握中央和地方的监察事务，地位独立。御史台下设三院：台院、殿院和察院。台院设侍御史六人，职掌"纠举百僚"；殿院设殿中侍御史九人，"掌殿廷供奉之仪式"，巡察京城"不法之事"；察院设监察御史八人，"分察巡按郡县"。[2] 三院在职能上有交叉，但各有分工，并互相配合，组成了一个严密的监察系统。宋朝监察制度在继承唐制的同时有所变革。中央监察机构仍以御史台为主，下设三院。御史台的职权是"掌纠官邪，肃正纲纪。大事则廷辩，小事则奏弹。其属有三院：一曰台院，侍御史隶焉；二曰殿院，殿中侍御史隶焉；三曰察院，监察史隶焉。凡祭祀、朝会，则率其属正百官之班序"。[3] 在地方监察上，宋朝采用了"分而察之，相互牵制"的政策，设监司和通判，直隶皇帝。监司是路的官署，可分为四个互不统属的监司，即转运司、提点刑狱司、提举常平司、安抚司四个机构。在州一级，专司监察的官员称为"通判某州军州事"，简称通判。通判与知州共同处理州事并监督知州。明朝初期的国家机构仍沿袭传统而设置，洪武十三年（公元1380年）后，明朝对监察制度进行改革。撤销御史台，改为都察院，设左右都御史、左右副都御史、左右佥都御史及十三道监察御史。"十三道监察御史，主察纠内外百司之官邪，或露章面劾，或封章奏劾。在内两京刷卷，巡视京营，监临乡、会试及武举，巡视光禄，巡视仓场，巡视内库、皇城、五城，轮值登闻鼓。"[4] 给事中是明朝监察中央六部的独立监察机构，与十三道监察御史合称"科道之官"。清朝的监察机关为都察院，由左都御史和右副御史执掌院务，左都御史、右副御史由总督、巡抚等地方官兼任。都察院统领十五道监察御史分察地方，并分工稽查中央各部、院衙门。取消了六科"给事中"执掌的封驳权，并六科于都察院。

古代监察机构的一项重要职能就是参与审判和监督司法。监督司法除对违法犯罪的司法官吏进行弹劾以外，还对司法活动从受理到审判直至执行的全过程进行监督审查。参与司法审判则表现在四个方面，即接受词状、鞫审诏狱、审核大要案和参与录囚。其一，接受词状。从职能演变的角度来看，

---

[1]《唐六典》卷二八《御史台》。
[2]《旧唐书》卷四四《职官三》。
[3]《宋史》卷一六四《职官四》。
[4]《明史》卷七三《职官二》。

御史最初只是负责记事的史官司，之后才成为专司监察的官员。唐代开始，御史开受事之例，接受状词。宋代的御史台也接受申诉案件。"诸人诉事，先诣鼓院；如不受，诣检院；又不受，即判状付之，许邀车驾；如不给判状，听诣御史台自陈。"[1] 清朝五城察院负责审理京师五城词讼案件，杖罪以下自行完结，徒刑以上送刑部定案。其二，鞫审诏狱。在对出现违法情形的官员进行弹劾时，由皇帝审核决定后，交办相关的御史进行审理，即审理由皇帝交办的诏狱。如唐朝御史台鞫审的诏狱主要有两种，一种为东推，即推鞫京城百官的违法失职案件；一种为西推，即推鞫各地方州县官吏的违法失职案件。此种案件由东西推御史主持，是御史台单独鞫审的诏狱。宋朝御史台专设检法一人，下置推勘官十至二十人，掌推鞫狱讼。遇有官员违法失职的案件，送大理寺审判之前，先由御史台调查审讯。其三，审核大要案及冤疑案。秦汉以来，中央监察机关参与司法的主要方式就是参与疑难案件的审理。秦汉时期的杂治、唐朝时期的三司推事、宋朝的杂议以及明朝时期的三法司会审制度，是监察机关参与司法审判在不同朝代的具体表现。最后，参与录囚。录囚也称为虑囚，主要是指皇帝和各级官吏定期或不定期地巡视监狱，讯察狱囚、平反冤狱、决遣淹滞、施行宽赦，借以体现仁政并维护国家的法律秩序，其本质是通过对狱情的审查，实现对司法审判活动的监督。参与录囚的官员除皇帝以外，还包括中央及地方各级行政长官、司法审判官员和监察官员，其中监察御史是各朝各代开展录囚的一支重要力量。如唐朝的监察侍御史"分为左右巡，纠察违失。以承开、朱雀街为界，每月一代。将晦，即巡刑部、大理、东西徒坊、金吾及县狱"。[2] 这说明御史台要定期派员视察位于长安的各处监狱，对于地方监狱，御史台会根据皇帝的命令派员前往录囚。

---

[1]（宋）李焘：《续资治通鉴长编》卷六五，上海古籍出版社1986年影印本，第251页。
[2]《通典》卷二四《职官六·监察侍御史》。

表 2-1　我国古代主要朝代的司法机构及司法官名称[1]

朝代	中央机构及司法官[2]	地方机构及司法官
夏朝	大理：大理	理（士）
商朝	司寇：司寇、正、史	正（史）
周	司寇：大司寇、小司寇、士师、司刑、司刺、司约、司盟等	士（乡士、遂士、县士、方士、讶士）
秦	廷尉：廷尉、正、监 御史台：御史大夫	郡：郡守、法曹、监郡御史 县：县令、县丞、曹
西汉	廷尉：廷尉、廷尉正、左右监、左右平、廷尉史、奏谳掾、奏曹掾 尚书台：三公曹 御史台：御史大夫、御史中丞	郡：郡守、决曹掾 县：县令、曹
东汉	廷尉：廷尉、廷尉正、左监、左平 尚书台：二千石曹 御史台：御史中丞、治书御史	州：州牧 郡：郡守 县：县令
三国	沿袭汉制	沿袭汉制
两晋	沿袭汉制	沿袭汉制
南北朝	刘宋：三公曹、比部曹、都官曹 北齐：大理寺卿、少卿、丞 北周：秋官大司寇、少司寇、三公尚书、都官尚书	州：州牧 郡：郡守 县：县令
隋朝	大理寺：大理寺卿、少卿、正、丞、主簿 刑部：刑部尚书、侍郎 御史台：御史大夫、中丞	州：刺史、司隶台、谒者台 县：县令

---

[1] 参见毕连芳：《中国近代法官制度研究》，中国政法大学出版社 2016 年版，第 16~17 页；谭世贵：《中国法官制度研究》，法律出版社 2009 年版，第 23~25 页；那思陆：《中国审判制度史》，上海三联书店 2009 年版，第 34 页。

[2] 由于古代监察机关兼具司法审判及监察职能，此处包含了监察机构。

续表

朝代	中央机构及司法官	地方机构及司法官
唐朝	大理寺：大理寺卿、少卿、正、丞 刑部：刑部尚书、侍郎 御史台（台院、殿院和察院）：御史大夫、中丞	州：刺史、司法参军、司户参军 县：县令、司法佐、司户佐
宋朝	大理寺：大理寺卿、少卿、正、丞 刑部：刑部尚书、侍郎 审刑院 御史台（台院、殿院和察院）：御史大夫、御史中丞、侍御史	路：提点刑狱司、检法官、监司、通判 州：知州、司法参军、司理参军、通判 县：知县、丞
元朝	大宗正府、枢密院、宣政院 刑部：刑部尚书、侍郎、郎中 御史台：御史大夫、御史中丞	行省：达鲁花赤、平章、参知政事 路：达鲁花赤、总管、判官、推官 府：达鲁花赤、府尹、判官、推官 县：达鲁花赤、县尹、丞、尉、典史
明朝	刑部：刑部尚书、侍郎 十三清吏司（隶属刑部）：郎中、员外郎 御史台（后为都察院）：左右都御史和副都御史、十三道监察御史、六科给事中 大理寺：大理寺卿、少卿、正、丞 锦衣卫、东厂、西厂	省：提刑按察使 州：知府、同知、通判、推官、司狱 县：知县、丞、主簿、典史
清朝	刑部：刑部尚书、侍郎 十七清吏司（隶属刑部）：郎中、员外郎 都察院：左右都御史和副都御史、十五道监察御史、六科给事中 大理寺：大理寺卿、少卿、寺、丞	省：总督、巡抚、提刑按察使 府：知府、同知、通判、推官、司狱 县：知县、丞、主簿、典史

(三) 派出的司法机构

我国古代皇帝为了加强对地方的控制,定期派出官员巡察地方,对地方的政治、经济、司法及其官员本身的履职情况进行监督。这种监督既包括巡回或临时的监察机构,如唐代的巡察,宋代的制勘院、推勘院,明代的巡按;也包含驻在式监察机构,如汉代的刺史、督邮,南朝的典签。这种监督主要是对官员履职情况及勤政、廉政的监督,也包括对司法案件处理的监督,因此可以看作是中央对地方或上级对下级的临时司法监督机构。刺史始置于汉代,本为纠弹地方长官违法犯纪行为的监察官员,后来州成为统辖数郡的行政区域,刺史也转变为一州的最高行政长官。晋代刺史不仅掌有一州的行政与司法权,而且仍然保留了监察权,即所谓"刺史职存则监察不废"。[1] 汉代起在郡一级设有督邮一职,为专职的监察官吏,其主要职责是对本郡所辖诸县的各项工作进行巡查与检校,包含对司法审判工作的监督。"郡国守相,三载一巡行属县录囚徒、理冤枉,详察政刑得失,知百姓所患苦。"[2] 南朝宋、齐、梁三代,皇帝为加强对出任刺史的诸王及各州刺史等封疆大吏的控制,特置典签派驻各州。典签的主要职责是监察诸王、刺史,如发现其有谋反、违制、贪赃枉法、不理政务、荒淫奢侈等犯罪行为,需要立即上报皇帝,否则视为失职。典签名为诸王的属僚,实为直接对皇帝负责的监官。唐代以后,沿用前朝传统,以朝官出使,分巡天下州县。所谓"使",是指由皇帝临时派出执行某种政务的官员,有事则置使,事毕则罢。唐代巡察州县的使官包括两种人员:一类是御史台的监察史巡行天下,每年两次,按季节不同称呼也不同,春曰"风俗",夏曰"廉察";另一类人员则以品秩较高的朝官充巡察大使、黜陟大使等或以地方高官充使,但考虑到回避的问题,就只能安排巡察邻道,不得巡察本道。以上两类巡察人员,不论是朝官大员出巡,还是作为御史出巡,本身的官职都是临时性的,办完差事后即回归省、寺,御史则回到御史台,平时并不在地方常驻。后来由于人口增多,事情繁杂,社会矛盾尖锐,使官逐步演化为常驻的监察机构。景云二年(公元711年),唐朝设置十道按察使,以加强中央对地方的监察。按察使成为中央派出的、常驻地方的州之上的一级监察官。宋代的制勘院是在遇到重大案件时,由皇帝钦差

---

[1]《晋书·范宁传》。
[2]《晋书·武帝传》。

官员到案件发生地的临近州县设置制勘院进行审判，以保证皇帝对地方重大案件的司法控制。所派出的官员，有时是由皇帝直接指派，有时是皇帝命令审刑院从中书和枢密院选派京官，特别要求禁止派官到其家乡去制勘公事。因制勘官责任重大，临行前皇帝一般还要亲自接见该制勘官，当面御旨，以示隆重。返回后制勘官要向皇帝及时奏报办差情形。为了保证审判的公正，朝廷要求官员不许与地方官交接、不许泄露案情、不准接受请托，以便独立审判。推勘院是由监司、州军派官，组成临时性的审判机构。推勘院审理的案件来源比较复杂，与制勘院只审诏狱有很大不同。第一类是皇帝诏旨批下的重案或者是中央机关如中书等直接交办的其他重大案件。而对于重大的案件，皇帝除了可以指派使臣组成制勘院进行审理，也可令地方监司设置推勘院进行审理。第二类是监司在各地巡察时发现的疑难案件和受理的重大案件。对地方的疑难案件，监司直接将词状带走，差官置院推勘。第三类是各州的大辟罪犯录问或临刑时翻异，由本路或邻路置院推勘；各州县多次翻异的案件，监司差官别推。可见，经推勘院审理的案件，也是稍大的案件或案情复杂的案件。明代巡按御史是皇帝派往地方进行监督的御史。巡按御史参与派往地方的司法活动，实质上是代表中央对地方司法的控制。地方官吏有罪，由巡按御史按问。除此外，地方其他衙门无权管理的案件，也由巡按御史审理，诸如涉及王府内的犯罪，普通衙门不能受理，而只能由御史参与的专案法庭审理。巡按御史除上述职权外，更重要的职权是代表皇帝行使对地方重案的复审权。明朝规定，凡是各省、府录罪囚，都由皇帝下诏指定御史负责进行会审，会审之后再由御史领衔奏报皇帝。御史参与司法有利于法律在全国的统一实施，在一定程度上防止和减少地方官员舞文弄法和徇私枉法，强化了中央的司法集权。明清时期戏曲、小说中常提到的"八府巡按"就是指巡按御史。但在实际司法活动中，部分巡按御史超出了其法定的职权，对所巡地区的案件行使初审批行权，由司法监督变为包揽司法，导致了"秉权太重，行事太过"，[1]反而加重了封建司法的专横与混乱，与制度设计的初衷相违背。[2]

---

〔1〕（明）陈子龙等选辑：《明经世文编（1—6册）》，中华书局1962年版，第134页。
〔2〕参见张晋藩主编：《中国司法制度史》，人民法院出版社2004年版，第355~356页。

(四) 专门的司法机构

专门司法机构管辖是指对特定对象如特定民族、特定职业、特定宗教、特定地区的案件，不归普通审判机关管辖，而由专门的审判司法机关管辖。我国古代有以下四种专门管辖的司法机构：一是对特定民族的专门管辖机构。元代的大宗正府，既是管理蒙古贵族的机构，也是具有独立管理范围的中央司法机关，设蒙古断事官受理蒙古王公贵族的案件，并掌管京师附近蒙古人和色目人的诉讼案件。《元史》中记载："诸蒙古人居官犯法，论罪既定，必择蒙古官兵断之，行杖亦如之。诸四怯及薛诸王、驸马、蒙古、色目之人，犯奸盗诈伪，从大宗正府治之。"[1]清代的理藩院是管理蒙古族、藏族、回族等民族地区的中央机构，其"掌外藩之政令，制其爵禄，定其朝会，正其刑罚"。[2]理藩院有民事、刑事审判职能，也是蒙古、青海、回疆等地区的上诉审级，其会同刑部复核蒙疆地区的发遣案件，死刑案件则由理藩院会同三法司审核拟罪，对于监候案件，则参加会审。[3]二是对特定职业的专门管辖机构。这主要表现在对军人案件的专门管辖上。宋代军人犯法由专门的机构管辖，"天下诸司科断军人大辟案，自今具犯名上枢密院，复奏以闻"，[4]"军人犯罪，情重法轻难恕者，仰逐处具犯申本路经略安抚或总管钤辖司详酌情理，法外断遣"。如系军人与百姓斗讼，则由军、民双方管辖机构共同审理。军人犯重罪需上奏时，由枢密院参酌审定，进奏待皇帝裁决。元朝规定，凡属军人、军户的一般刑民案件，即"其斗讼、婚田、良贱、钱债、财产、宗从继绝及科差不公自相告言者"，归所管军官和奥鲁官（管理后方军户的官员）理问。凡"犯强窃盗贼、伪造宝钞、略卖人口、发冢放火，犯奸及诸死罪"等重大刑事案件，以及涉及一般民户的案件，仍归普通司法机关审理。但是普通司法机关审判案件，"事关蒙古军者"，必须与所管军官约同会审。[5]明代对军人案件也是专属管辖，所有军官的词讼一般归都指挥司（管理一省的军队）和卫（管理几个府的军队）断事司审理。所有事涉军官的案件必都

---

[1]《元史》卷一二〇《刑法一》。
[2]《大清会典》卷六三《理藩院》。
[3] 参见陈晓枫、柳正权：《中国法制史》，武汉大学出版社2012年版，第757页。
[4]（宋）李焘：《续资治通鉴长编》卷七七，上海古籍出版社1986年影印本，第241页。
[5]《元史》卷一二〇《刑法一》。

应奏请皇帝定夺，比较重大的案件一般由皇帝亲自审理。明朝的百姓分为军户和民户，分别归入各自独立的户籍中。如果诉讼双方均为民户，根据级别管辖和地域管辖的规定受理；如果诉讼双方均为军户，其管辖权只能专属于各相应的军卫；如果诉讼双方分属于军户和民户，则不适用原告就被告的规定，而只能由军卫和有司会同审理。三是对特定宗教徒的专门管辖机构。唐朝对僧侣的管理，中央本由礼部之祠部司掌佛教僧尼之事，宗正府的崇玄署掌道教道士、女冠之事，其涉及诉讼之事一般皆由地方州县管辖，大事则由礼部处置。德宗贞元四年（公元788年），对宗教事务的管理发生重大变化，"崇玄馆罢大学士，后复置左右街功德使、东都功德使、修功德使、总僧、尼籍及功役"。[1]功德使不仅管理僧尼之名籍，而且遇重大诉讼案件，功德使与有关司法机关共同审理。涉及僧侣的上诉案件，最高可由三司使与功德司同按，功德使成为管辖涉及宗教事务诉讼的特别机构。元朝对僧人也有专门管辖的规定："僧人其自相争告，从各寺院住持本管头目归问，但是犯奸盗、诈伪、致伤人命及其他重罪，归普通司法机关理问。"还规定："诸僧、道、儒人有争，有司勿问，止令三家所掌会问。"[2]四是对特定地区专门管辖的司法机构。唐朝中后期，地方财政由中央派出的诸道盐铁、转运、度支使掌管。盐铁使在扬州等中心地区设立盐铁院，又在生产、贩卖盐的主要州设监院、巡院，专察违反盐铁专卖、私煮、私运、私贩盐的犯罪行为，以及对各级官吏违反财政制度的犯罪行为进行监察。监院、巡院自立法庭，甚至还设有监狱，自行禁系人犯，不受地方州县管辖。这是我国法制史上在特殊地区设立专门司法机构进行管辖的开端。

（五）基层的司法机构设置及职能

我国古代社会发展历程中，基层组织对社会的管理发挥了重要的作用，特别是在基层司法管辖方面，起到了处理一般轻微案件和过滤诉讼的特别作用。秦汉时，县以下的基层政权组织分为乡、亭两级，"大率十里为一亭，亭有长。十亭一乡，乡有三老，有秩、啬夫、游徼"。其中，三老、啬夫、游徼的职责为"三老掌教化；啬夫，职听讼、收赋税；游徼，徼循禁贼盗"。[3]乡

---

[1]《旧唐书》卷四八《百官三·宗正寺·崇玄署》。
[2]《元史》卷一二〇《刑法一》。
[3]《汉书》卷一九《百官公卿表》。

设啬夫这一职官，负责本乡民事案件与轻微刑事案件的调解与审理，结果上报县令及其有关县府人员。[1]凡乡不能裁决的案件，要及时报送县；县不能决，须报送郡；郡不能决，则上报廷尉；廷尉仍不能决者，最后由皇帝亲自裁断。可见，秦汉已初步形成一套从基层到地方，从地方到中央较为严密的司法机构体系。隋唐时期县以下的民间基层组织是乡、里，"五百家为乡，置乡正一人；百家为里，置里长一人"，其目的是"使治民，简词讼"，[2]由乡正、里长受理民间词讼。开皇十年（公元590年），诸道巡省使还奏："五百家乡正，专理词讼，不便于民，党与爱憎，公行货赂。"虽该制度在当时实行的结果并不理想，但这种"百户为里，五里为乡"的基层组织架构为后代所沿用。明代的里甲（中后期改为保甲）是明代乡村的基层行政组织。明太祖诏令："天下府、州、县编赋役黄册。以一百一十户为一里，推丁粮多者十人为长，余百户为十甲。"[3]里设里长，里长的职责为：管理和约束里内人户，检查和督促生产，催征田粮，调处本里的纠纷。除里长外，还有里老。里老由乡民推举，州、县政府任命。里老的一个重要职责是调处和断理该里的纠纷，凡国家禁止私和的案件，都应经里老调处。对于普通的民事纠纷，若不经里老调处而径投诉于官府，即为越诉。洪武二十七年（公元1394年），明太祖诏令："命有司择民间高年老人公正可任事者，理其乡间之词讼。若户婚、田宅、斗殴者，则会里胥决之。事涉重者，始自于官。"[4]这实际赋予里对于民事案件的管辖权，使其处于民事诉讼的最初审级地位，州县只受理比较重大的民事纠纷和不服里老调处的民事纠纷。这是明代司法制度较为特别的地方之一，在一定程度上缓解了一般民众越诉导致京师案件过多的问题。

二、司法官的培养与管理

中华文明历史悠久，司法文明也源远流长。据历史记载，夏朝已经有了法律，"夏有乱政，而作禹刑"，[5]并设有司法官。相传皋陶是古代第一位司法官。据《史记·五帝本纪》记载："皋陶，蛮夷猾夏，寇贼奸宄，汝作

---

[1] 钱剑夫："秦汉啬夫考"，载《中国史研究》1980年第1期。
[2] 《资治通鉴》卷一七七《隋文帝开皇九年》。
[3] 《明会典》卷二〇《黄册》。
[4] 《明会要》卷五一《民政二》。
[5] 《左传·昭公六年》。

士，五刑有服，五服三就；五流有度，五度三居，维明能信"；"皋陶为大理，平民各伏得其实"。[1]《史记·夏本纪》也有"皋陶作士以理民工"的记载。[2]尽管皋陶的事迹难以考证，但是后人通常将皋陶奉为司法官的鼻祖。

在我国古代，"法官"一词始见于法家著作《商君书》中，"天子置三法官：殿中置一法官，御史置一法官及吏，丞相置一法官。诸侯、郡、县，皆各为置一法官及吏，皆此奉为一法官。郡、县、诸侯一受之法令，学问并所谓。吏民知者法令者，皆问法官。故天下之吏民无不知法者。吏明知民知法令也，故吏不敢以非法遇民，民不敢犯法以干法官也，遇民不修法，则问法官，法官即以法之罪告之，民即以法官之言正告之吏"。[3]此处的"法官"并不具有审判职能，而是"为置法官，置主法之吏，以为天下师"。[4]所以，此处之"法官"是主管法令的官吏，目的是使民知法令都不敢犯。我国古代并未使用"法官"来称呼审断的官吏，主审官的称谓也因机构设置的不同而有所差异。[5]

我国古代司法权力的运作是和整体的政治运作过程紧密联系在一起的，即使在中央一级的政治机构中，虽然有比较明显的分工，但这种分工也不是绝对的。而在地方上司法与行政合一表现得更加明显，州长、郡守、县令既是地方行政的最高长官，又是执行司法权力的万能者，可集案情的侦查员、检察官、审判员、陪审员于一身。[6]因此，在古代，掌握司法权力的官吏，可统一称呼为司法官。下面列举我国古代对司法官的培养和管理有代表性的制度。

(一) 司法官的选拔与培养

据史料记载，从商周时代开始，历代统治者就非常重视司法官吏的任用和管理。如《尚书·立政》记载：商汤以夏"三宅"法为基础，"克用三宅

---

[1]《史记》卷一《五帝本纪》。
[2]《史记》卷二《夏本纪》。
[3]《商君书·定分》。
[4]《商君书·定分》。
[5] 陈光中：《中国古代司法制度》，北京大学出版社2017年版，第277页。
[6] 参见刘长江等编著：《中国封建司法行政体制运作研究》，中国社会科学出版社2014年版，第86页。

三俊"。"三俊"即是刚克、柔克、正直三德之俊。"三宅"即是从政务、理民、执法三个方面选拔与考核官吏,即所谓"宅乃事、宅乃牧、宅乃准"。[1]"三宅三俊"可以说是我国古代最早的选拔人才与考核官吏的标准。秦代厉行法治,强调依法治国,以吏为师。在官吏的选任上,对官吏的道德品格和作风修养也有严格要求,甚至以掌握并严格遵守法律作为区分良吏和恶吏的评价标准。比如在《睡虎地秦墓竹简·语书》中有记载,"凡良吏,明法律令",而"恶吏,不明法律令"。[2]

唐代是我国历史上法律制度走向成熟的时期,是中华法系的集大成者,正所谓"文物典章,莫备于唐"。唐初统治者不仅高度重视法律的制定,也极为注重法律人才的培养,他们已经清楚地认识到:"虽有贞观之律,苟无贞观之吏,欲其刑善,无乃难乎。"[3]唐朝在中央官学中设立专门研习律令的"律学",入学学生称为"律学士",学制六年。学校还专门设置从事法学教学和研究的"律博士"三人,助教一人。学生主要"以律令为专业,格式法例亦兼习之"。[4]其中"律以正刑定罪,令以设范立制,格以禁违正邪,式以轨物程事"。[5]这是中国历史上最早的专门法律教育。宋代在立法上出现了专门化的趋势,在司法上创立了一系列的新制度,对关乎统治安全与秩序的刑名断案,更是格外重视。宋朝统治者认为,"宪府绳奸,天官选吏,秋曹谳狱,俱谓难才,理宜优异",[6]故设置了选拔司法官的专门考试——试刑法。宋太宗端拱二年(公元989年)朝廷规定:"应朝臣京官,如有明于格法者,即许于阁门上表,当议明试。如或试中,即送刑部、大理寺;只应三年明无遗缺,即与转官。"[7]试刑法主持机关是刑部和大理寺,应试者是现任官员,而不是举人或其他人。应试者一旦通过考试,就能得到差遣,三年内如无过失,便可提升。宋真宗咸平二年(公元999年)规定:审刑院所举详议官,要由大理寺试断案30道,这是高级司法官员具体"试断案"之始。[8]咸平六年

---

[1] 《尚书·立政》。
[2] 睡虎地秦墓竹简整理小组编:《睡虎地秦墓竹简》,文物出版社1978年版,第281~282页。
[3] (唐)白居易:《白氏长庆集》卷六五《策林四》,上海古籍出版社1994年影印本,第704页。
[4] 《旧唐书》卷四四《职官志三》。
[5] 《唐六典》卷六《刑部》。
[6] (宋)李焘:《续资治通鉴长编》卷七,上海古籍出版社1986年影印本,第139页。
[7] 《宋会要辑稿》选举一三之一一。
[8] 《宋会要辑稿》选举一五之三二。

（公元 1003 年），开始对试刑法的考试内容及评分标准作出统一规定：凡试断案，十道全通者奏闻，置重要处任职；六通以上奖擢；五通以下不奏报。为了防止刑部和大理寺作弊，宋真宗景德二年（公元 1005 年）规定："自今所举大理寺断官、刑部详复官，已试断案五道，遣官与二司互考。"[1] 互考又称"交互考试"，即大理寺与刑部互派官员到对方考场主考。后来，又将试刑法的主考单位改为御史台，并令审刑院、大理寺派员前往监考。天禧四年（公元 1020 年），为了保证考试质量，宋朝规定了试刑法具体的初试和复试办法。这是中国历史上最早的司法考试制度，在世界法制史上也是罕见的。

（二）司法官的考核

中国古代司法与行政高度合一，没有对司法官的专门考核。秦汉时期，像州牧、郡守、县令、长是地方的最高行政长官，又是地方的最高司法长官，对行政长官的考核，也包括了对其履行司法职能的考核。汉代制定有专门考核地方官吏的律法，如吕后时期制定的《二年律令》之《捕律》，汉武帝颁行的《沉命法》，元帝时京房提出的《考功课吏法》等。对于中央和地方设有的专职司法机关，其官吏有御史大夫、侍御史、廷尉、廷尉正、监、平、奏谳掾、辞曹掾、郡决曹掾、贼曹掾、狱史等，同样适用于以上律法进行考核。

唐代十分重视对司法官的考核，通过对司法官平时的考核，来实现对司法官行使司法权力的监督，另外也通过考核进一步提高司法官的素质，从而保证实现司法的公正。唐朝在吏部尚书下设立了考功郎中一职，主管考核"内外文武官吏"之事。每年考核一次，从考核内容看，则有"四善二十七最"十分具体的规定。四善为"一曰德义有闻，二曰清慎明著，三曰公平可称，四曰恪勤匪懈"。[2] 这是对官吏考核的重要标准。"二十七最"则是将所有官职按性质分为二十七类，每一类再进一步提出一种具体的考核标准。[3] 其中对司法官的相关要求较高，要求司法官在情法之间"决断不滞"，公开公平断事，力争做到依法公正严明。经过考核，对司法官定出"上中下等九

---

[1]《宋会要辑稿》选举一五之三三。
[2]《唐六典》卷二《尚书吏部》。
[3] 王占魁："中国古代的官员问责"，载《行政管理改革》2012 年第 6 期。

级"，即"一最以上有四善为上上；一最以上有三善或无最而有四善为上中；一最以上有二善或无最而有三善为上下；一最以有一善或无最而有二善为中上；一最以上或无最而有一善为中中；职事粗理，善最弗闻为中下；爱憎任情，处断乖理为下上；背公向私，职务废阙为下中；居官诣诈，贪浊有状为下下"。[1]

明代的官员考核分为京察和外察。"京官六年，以已、亥之岁，四品以上自陈以取上裁，五品以下分别致仕、降调、闲住为民者有差，具册奏请，谓之京察；自弘治时，定外官三年一朝觐，以辰、戌、丑、未岁，察典随之，谓之外察。州县以月计，上之府，府上下其考，以岁计，上之布政司。至三岁，抚、按通核其属事状，造册具报，丽以八法。而处分察例有四，与京官同。"[2]清朝对官员的考核沿用明朝惯例，实施京察、大计。京察的对象为在京官员，大计针对外官。考核内容为四格——"才、守、政、年"，分别指才干、操守、工作态度、年龄及身体情况。考核等级为称职、勤职、供职三等。对不符合四格要求的官员依照"六法"处理：不谨、罢软者革职，浮躁、才力不及者降调，年老、有疾者休致，注考送部。[3]

(三) 司法官的责任

我国古代关于司法官责任最早的记载是《尚书·吕刑》中的"五过之疵"，是指"惟官、惟反、惟内、惟货、惟来，其罪惟均，其审克之"。[4]即司法官审判案件，如因依仗官势、私报恩怨、受家属牵制、勒索财贿、请托说情，导致影响案件的正确处理，要处以与所断罪相同的刑罚。秦朝为保证司法机关和人员依法办案，防止徇私枉法、渎职或失职，秦律对司法机关和人员的责任作了规定。睡虎地秦墓竹简《法律答问》载："论狱（何谓）不直？何谓纵囚？罪当重而端轻之，当轻而端重之，是谓'不直'。当论而端弗论，及偈其狱，端令不致，论出之，是谓'纵囚'。"[5]可见在秦朝，故意重罪轻判、轻罪重判就构成"不直"罪，故意有罪不论罪或减轻罪责，则构成"纵

---

[1]《唐六典》卷二《尚书吏部》。
[2]《明史》卷七一《选举三》。
[3]《清史稿》卷一一一《选举六·考绩》。
[4]《尚书·吕刑》。
[5] 睡虎地秦墓竹简整理小组编：《睡虎地秦墓竹简》，文物出版社1978年版，第191页。

囚"罪，都要负刑事责任。

　　唐、宋两代对法制建设相当重视，为了防止司法官员徇私枉法，玩忽职守，减少冤案错案，保证司法程序正常有序地运行，针对司法官员制定了严格的法律责任，用于规范司法官员的行为，主要包括以下几种情况。一是违法受理的责任。受理是指司法官依法决定接受当事人控告，而按规定准备开始进行案件审理的一项诉讼活动。唐朝要求各级司法官对于针对犯罪行为所提出的控告必须依法及时受理，如不及时受理将受到惩罚，而且对于那些违法受理的司法官同样予以严惩，主要包括两个方面情形，一种是应受理而不受理的责任，这会受到相应的惩罚；另一种是不应受理而受理的责任，同样会受到相应的惩罚。二是适用法律不当的法律责任。唐朝要求司法官在审理案件中必须严格依律条格式正文定罪量刑，"诸断罪皆须具引律、令、格、式正文，违者笞三十"。[1]即使是皇帝的敕，如该敕没有成为具有普遍约束力的法律，则不得在判决中引用，否则要追究援用者的法律责任，"诸违令者，笞五十"。[2]三是官司出入人罪的法律责任。即是司法官将有罪者判为无罪和无罪者判为有罪，或者重罪轻判和轻罪重判的一种犯罪行为。[3]唐朝规定，"诸官司入人罪者，若入全罪，以全罪论；从轻入重，以所剩论；刑名易者，从笞入杖，从徒入流，亦以所剩论；从笞杖入徒流，从徒流入死罪，亦以全罪论。其出罪者，各如之"。[4]宋朝对以上规定悉数援用，对违反规定如何处罚进一步加以细化："即断罪失于入者，各减三等。失于出者，各减五等。若未决放，及放而还获，若囚自死，各听减一等。即别使推事，通状失情者，各又减二等。所司已承误断讫，即从失出入法。虽有出入，于决罚不异者不论。"[5]可见，司法官故意加重或减免疑犯罪行的行为，都要按情节承担相应的刑事责任。有此规定，各级司法官员则不敢随意虚立证据，妄构异端，舍法用情，锻炼成罪。四是淹禁不决的责任。淹禁不决即是司法官吏对罪情已实的未决犯不在法定期限内审理判决，或对已经应予执行的已决犯不在法定期限内执

---

〔1〕《唐律疏议·断狱律》。
〔2〕《唐律·杂律·违犯令式》。
〔3〕 参见巩富文："中国古代法官出入人罪的责任制度"，载《政法论坛》1990年第1期。
〔4〕《唐律疏议》卷三四《断狱》。
〔5〕《宋刑统》卷三〇《断狱律·官司出入人罪》。

行的一种犯罪行为。[1]对此种行为进行追责,主要的目的是提高司法官的办案责任心,从而进一步提高司法机关的办案效率。唐朝对司法官淹禁不决的,允许比附"官文书稽程律"定罪处罚:"其官文书稽程者,一日笞十,三日加一等,罪止杖八十。"[2]宋朝太祖时即对大理寺处理大、中、小案件的期限,分别规定为 30 日、20 日、10 日;刑部听狱时限则分别减半。[3]如果司法官决狱违限,就要承担相应的责任。首先是法律责任,要比照"制书稽缓错误"的律文受到处罚,规定与唐代相同。其次是政治责任,司法官因为淹禁不决,或被降官,或被延长考核提拔期限,或被罢官"永不收叙",甚至承担"抵罪"的法律责任。这些对于简化诉讼手续,提高司法官员的办案效率具有一定的作用。五是贪赃枉法的法律责任。根据受赃情况,唐代与宋代都把该类犯罪主体分为监临主司与非监临主司。监临主司即统领某些事务的官长和具体经办事务的主典官吏;反之,不直接统领或不经手办理的官吏,即职权范围之外的官吏,则为非监临主司。监临主司接受当事人财物而为其曲法处断者,"一尺杖一百,一匹加一等,十五匹绞";接受财物但不枉法者仍要受处罚,"不枉法者,一尺杖九十,二匹加一等,三十匹加役流"。[4]即便事先没有得到许诺,而事后受财者只要枉法,即以枉法赃论处,可见唐宋两朝对司法官吏徇私枉法处治的重视。此外,唐宋两朝还规定了其他与司法审判有关的法律责任,如擅自决断应依审级上报核准案件的法律责任、违法拷讯的法律责任、执行死刑不复奏的法律责任,等等。

(四) 司法辅助人员管理

我国古代的司法官员往往身兼数职,在处理司法事务时还须处理繁重的行政事务。而一些行政官员如宰相、御史、谏官、翰林学士、制诰官员等也通过一定形式参与到司法审判事务中来。这些官员大多以科举为晋身之阶,不了解民情世故和刑名法例,而法律又对用错律例的官吏给予处罚,这使得这些官员不得不依赖以垄断法律条例知识为世业的法吏。司法吏人是司法机关的低级办事人员,职位虽然不高,但却是具体事务的经办者,实际就是把

---

[1] 张兆凯主编:《中国古代司法制度史》,岳麓书社 2005 年版,第 203 页。
[2] 《唐律·职制》。
[3] 《宋大诏令集》卷二〇〇《诸道公案下大理检断诏》。
[4] 参见《唐律疏议·职制》;《宋刑统》卷一一《职制律·枉法赃不枉法赃》。

司法吏人作为司法辅助人员来使用。宋代法典繁密，浩如烟海，前所未有。除《宋刑统》之外，见于史料记载的法律形式尚有敕、令、式、例、看详等。中书门下后省修成尚书六曹条例 3694 册，编修诸司敕令所敕令格式 1000 余卷。[1]面对如此众多的法律条文，"虽有官吏强有力勤敏者，恐不能遍观而详览，况于备记而必行之"。[2]因此，宋朝十分重视对司法吏人的选拔与考试。通过法律考试选拔法吏，这是宋朝选拔法吏的基本方式。神宗下诏监司："州县吏及衙前不犯徒若赃罪、能通法律，听三岁一试断案。"[3]南宋时，对法吏的考试时间并未局限于三年一次，改定为每年春秋附试，让吏员每年春、秋随其他考试（如铨试、试刑法等）附带进行比试，然后"内进拟案主事遇缺，将本案试到人依名次递迁"。[4]

在明清官僚体系中的司法官员，仅是司法体制运作中的一部分工作者，他们身后的幕宾与胥吏承担了许多技术性的一线工作，是司法工作人员的重要组成部分。幕宾，或称为幕友、幕客，他们不是国家官吏，而是官员私人聘请的宾客顾问，不在国家官僚体系之内，不领取俸禄。幕宾与官员之间是宾主关系，不是上下级僚属关系，只接受主人的束脩。幕宾以通晓刑名律例、钱粮会计、文书案牍等专门知识服务于官府。刑名幕友在司法审判中主要是拟律和批答案牍，就是"断罪拟律令"和代州县以到督抚在民刑案件和其他司法行政公文上批写判词、札饬。因此，幕宾在官场上起着"代官出治"的重要作用。元代末年军事斗争中就已经有幕宾存在，并在明初得以保留。明代中叶之后，上至内阁，下至州县令，聘幕的情况十分普遍，入幕者多为有一定的行政经验、文字技艺或精通刑名律例，但生活较困顿的举人、生员、山人、术士等。[5]清代之后，幕宾职业日趋成熟。清代县衙门的幕宾，主要涉及刑名、钱谷、书启、征比、挂号、账房、教读、阅卷、朱墨九种事务。这些事务中涉及司法审判的即刑名、钱谷幕宾，基本上一般司法审判所涉及的户婚、钱债、田宅、斗殴、人命、盗贼、叛逆、奸情等各色案件，刑名、

---

[1] 刘长江等编著：《中国封建司法行政体制运作研究》，中国社会科学出版社 2014 年版，第 231 页。

[2] （宋）李焘：《续资治通鉴长编》卷三八五，上海古籍出版社 1986 年影印本，第 589 页。

[3] （宋）李焘：《续资治通鉴长编》卷二六四，上海古籍出版社 1986 年影印本，第 475 页。

[4] 《宋会要辑稿》职官二四。

[5] 参见陈宝良："明代幕官制度初探"，载《中州学刊》2002 年第 1 期。

钱谷幕宾均可办理。在司法审判中，原告方呈词首先即经刑名、钱谷幕宾批阅，再送州县官过目；案件受理后，传唤、拘提被告及干证到庭应讯也由幕宾操办；案件的开庭审理时间亦由幕宾决定；庭审时，幕宾还在堂后听讯，案件判决时，幕宾多代为拟判词。可见，在基层司法中幕宾对审判活动有很大的影响。[1]胥吏是明清时代除幕宾之外另一个能够对司法工作产生重要影响的群体。胥吏的名目与幕宾相类似，以六房划分为吏书、户书、礼书、兵书、刑书、工书，此外还有招书、驿书、库书、柜书等名目。与司法审判工作关系密切者，主要是刑房、户房和礼房，分别负责刑事案件、经济案件和礼法案件。明清时代由于任官回避制度的规定，州县官一般应在他乡任职，并不了解当地风土，迫切需要当地人的协助。胥吏长期生活在当地，又谙熟案牍琐事，是很多官员不可或缺的助手。[2]虽然幕宾与胥吏在明清时代的国家治理特别是司法审判中发挥着较大的作用，但是由于对此两类人员缺乏准入的门槛和有效的管理，他们之间经常引类呼朋，串通信息，上下交结，作弊营私，加上官府本身的腐败，幕吏擅权成为当时司法中的一大特点和严重的弊政。[3]

三、司法权力的运行与决策管理

我国古代司法的含义比较宽泛，不仅包括案件的审判活动，也包括惩治犯罪、解决纠纷、定分止争，等等。[4]司法权力的运行与决策与行政权力往往交织在一起，但是从司法权力本身来讲，又有自身的特点，在不同的朝代也形成了颇具特色的集体决策与运行机制。

（一）司法权力的集体决策

由于司法权力本身的复杂性以及司法权力运行对国家统治的重要性，我国古代历朝一直重视司法权力决策的集体负责，以此来防止个人武断与徇私舞弊。西周时，多数案件实行独自审判制，为了避免审判官误判滥刑，则采用了"共听"的办法："恐专有滥，故众狱官共听之，云'各丽其法'者，罪状不同，附法有异，当如其罪状，各依其罪，不得滥出滥入，如此以议狱

---

[1] 参见那思陆：《清代州县衙门审判制度》，中国政法大学出版社2006年版，第21~25页。
[2] 参见那思陆：《清代州县衙门审判制度》，中国政法大学出版社2006年版，第29~30页。
[3] 参见张晋藩主编：《中国司法制度史》，人民法院出版社2004年版，第457~459页。
[4] 陈光中：《中国古代司法制度》，北京大学出版社2017年版，第27页。

讼也。"〔1〕汉朝遇到重大案件时，由丞相、御史大夫和廷尉等高级官吏共同审理，称之为"杂治"。宋朝针对疑难案件，由皇帝指派正副宰相、御史、谏官、翰林学士等朝廷高官对案件进行审理，称为"杂议"。通过"杂议"这种程序不仅可以对审理的案件作出判决，而且还可以对审理案件涉及的法律进行解释和修正，因此"杂议"逐渐成为宋代诏狱的最高形式。元朝为了解决不同司法管辖之间发生的刑名诉讼，规定凡遇不同户计、不同民族以及僧俗、道俗之间发生刑名诉讼时，官府请有关户计的直接上司出面会同审理，称之为"约会"。约会制是在专门管辖的条件下为顾及各方利益，协调各种关系，减少彼此间的对立和冲突，使诉讼顺利解决而采取的一种审判措施。〔2〕

我国古代司法活动集体决策形式最为典型、影响最大的莫过于唐代创设的"三司会审"制度。唐朝的中央司法机构主要是大理寺、刑部和御史台，对于重大疑难案件由大理寺官员会同刑部官员、御史官员共同审理，叫作"三司推事"，是一种特别法庭，其组成人员被称为三司使。根据案情所涉及的官员品秩及案件的重要性，将"三司推事"分为三个级别：由刑部尚书或侍郎、大理寺卿或少卿、御史大夫或中丞组成的三司是最高级别，故称为"大三司使"；由刑部郎中、大理司直、侍御史组成的三司则次一级；最低为刑部员外郎、大理评事与监察御史组成的三司，后二者皆称为"三司使"。〔3〕最后一种形式主要解决不便送往中央审理的地方重大案件。由三法司组成的三司使是临时性的差遣，史称"有大狱，即命中丞、刑部侍郎、大理卿鞫之，谓之'大三司使'；又以刑部员外郎、御史、大理寺官为之，以决疑狱，谓之'三司使'，皆事毕日罢"〔4〕。这种"三司使"决狱灵活、方便，往往能收到迅速、准确的断案效果。三司会审的第二种形式称为"三司受事"，亦称"三司理事"。由御史台的侍御史、门下省的给事中、中书省的中书舍人轮流值班，共同组成特别法庭，负责审理所谓"申冤"的诉讼案件。因其组成人员非三省的长官，审理的案件不如三司推事的重要，故称为"小三司"。《唐六典》载侍御史的职掌亦云："凡三司理事，则与给事中、中书舍人更直于朝堂受

---

〔1〕 参见《周礼·秋官·乡土》。
〔2〕 张晋藩主编：《中国司法制度史》，人民法院出版社2004年版，第276页。
〔3〕 王宏治："唐代死刑复核制度探究"，载《政法论坛》2008年第4期。
〔4〕 《唐会要》卷七八《诸使杂录上》。

表。"[1]"三司受事"的建立，使受理表讼制度化，因官员们属于不同的机构可以起到相互牵制、相互制约的作用，从而可有效地防止某一机构专断独行。[2]

到了明朝，三法司会审已成为一种常态，而且会审案件的范围也大大扩充，不仅仅是针对特别重大的案件而临时采用的一种形式。刑事案件除由三法司会审外，皇帝往往还命府部等其他机构与三法司一起进行会审，而这种会审到后来便演变成为朝审。每年霜降后，由皇帝择定日期，将在京现监重囚带往承天门外，由三法司会同五府、九卿各官署和锦衣卫堂上官以及御史、给事中等逐一复审，由吏部尚书秉笔，朝审之名也于此时沿用。明朝后来还出现了热审、春审、圆审和大审等形式的审判，均是针对不同案件、不同囚犯，在不同的时段内，组织多个府部机构的官员联合审判，解决狱囚淹久或案件翻异问题。明代所实行的特别审判，特别是集体审判制度在一定程度上有助于减少冤狱的发生和降低刑罚的滥酷程度，当然这并不能改变明朝司法的专制和混乱状况。

清代沿袭了隋唐以来确立的死刑案件由中央最高司法机关核拟的制度。京师的死刑案件由刑部承办"现审"，都察院、大理寺参加会审，称为"会谳"，有"会小法"与"会大法"之分别。"会小法"由承办的刑部清吏司长官充当召集人，大理寺派出一名寺丞或评事，都察院则派出一名御史参加，由于参加会审的并非各机构的最高长官，因此，这种会审又被称为"会小法"。"会小法"对会审案件所作出的处理意见被送往刑部会堂之后，即由该部堂召集三法司进行高级会审。参加高级会审的成员都是组成三法司各机构的长官，因此与"会小法"相对应又称为"会大法"。[3]如果"会大法"所作出的判决与"会小法"所作的判决不一致，"会大法"即将原案发回"会小法"，由其修改原判决；如果"会大法"与"会小法"所作判决一致，则将其判决以书面形式上奏皇帝，皇帝以书面形式签署意见。[4]清代规定各省的死刑案件，奉旨"三法司核拟具奏"者，刑部拟定出谳语意见，"送都察院参核"，都察院参核无异再转送大理寺审核。以上制度反映了清朝初期死刑判决

---

[1]《唐六典》卷一三《御史台》。
[2] 参见刘长江等著：《中国封建司法行政体制运作研究》，中国社会科学出版社2014年版，第126页、第136~137页；张晋藩主编：《中国司法制度史》，人民法院出版社2004年版，第103页。
[3] 参见胡常龙："死刑案件程序问题研究"，中国政法大学2003年博士学位论文。
[4]《清史稿·刑法志三》。

复核程序的严密性及慎刑的思想。

(二) 司法权力的运行机制

司法权力的运行,即司法权如何在具体案件上应用,是司法权在司法实践中发挥作用的方式。我国古代有诸多的制度来保障司法权的运行,以此保证司法的公正。在唐代,凡是徒刑以上的案件,必须经过"长官同断"程序才能断案,即判决必须经过主要长官同意,而且重要的案件判决也要由几个主要官员全部连署意见,如果案件判错了全部人员都要连带负刑事责任,即"同职连署"制度。唐朝规定:"诸同职犯公坐者,长官为一等,通判官为一等,判官为一等,主典为一等,各以所由为首。""同职者,谓连署之官。'公坐',谓无私曲。假如大理寺断事有违,即大卿是长官,少卿及正是通判官,丞是判官,府史是主典,是为四等。各以所由为首者,若主典检请有失,即主典为首,丞为第二从,少卿、二正为第三从,大卿为第四从,即主簿、录事亦为第四从;若由丞判断有失,以丞为首,少卿、二正为第二从,大卿为第三从,典为第四从,主簿、录事当同第四从。"[1]以上规定的主要意思是:因公事而无私曲办错案的,如果错误发生在哪一层,就由哪一层的官员负主要责任,其余逐级降等,但都要因此承担不同的责任。如果某人因私情故意错判案,其余官员虽然并不知情况,但也要承担法律责任。故意则重罪,其原则是反坐其罪,而以赎论。《唐律》规定:"诸官司入人罪者,若入全罪,以全罪论。""即断罪失于入者,各减三等;失于出者,各减五等。"[2]即失入从严,失出从宽,若已经执行,则不可免责。总之,唐代实施同职连署制度和失错反坐制度,主要目的是使同职官吏之间互相监督,相互牵制,共同负责,从而保证办案的质量和效果。

宋朝创造的最具有特色和进步色彩的司法制度是鞫谳分司制度。在狱案审判中,宋朝将审断与检法议刑分开,由不同的官员负责。审问案情的官员无权检法断刑,检法断刑的官员也无权过问审讯,使之相互牵制、不易作弊,此即"鞫谳分司"。宋代司法机构中,多数都分置"鞫司"与"谳司",如中央的大理寺和刑部有断司(鞫司)与议司(谳司);地方各府州分别以司理参军为鞫司,以司法参军及知州、通判为谳司,分别负责审断与议刑。审案

---

[1] 《唐律疏议》卷五《名例律·同职犯公坐条》。
[2] 《唐律疏议》卷三〇《断狱律·官司出入人罪条》。

时，由鞫司负责调查取证，查清认定事实；由谳司负责检法议刑。对案件的判决，则由长官、副长官共同决定。鞫谳分司的基本精神，在于"鞫之与谳者，各司其局，初不相关，是非可否，有以相济，无偏听独任之失"。[1] "鞫谳分司"之制不仅使审理判决之权分离，使之互相牵制和监督，而且还规定法司检断时，有驳正的责任。谳司检断时，不得只据鞫司之审理定罪，也不许"附会牵合，稍有文饰"，必须据法检断，力求对鞫司审理之误予以驳正。谳司如有违戾，由监司按治施行。若审理有误未予驳正，则要依法治罪。"鞫谳分司"之制的推行，主要是加强对审判中司法官员的约束和监督，防止作弊，减少刑狱冤滥。[2]

在我国古代，下级司法机关对罪行较重的案件和疑难案件，无权定判执行，必须在拟定判决以后，向上级司法机关申报复审定判，也就是复核结案制度。该制度是古代诉讼中司法权运行的基本制度，也是上级司法机关考察和指导下级司法机关工作并纠正其错误判决的一种基本措施。据《礼记·王制》记载："成狱辞，史以狱成告于正，正听之；正以狱成告于大司寇，大司寇以狱之成告于王，王命三公参听之；三公以狱之成告于王，王又三，然后制刑。"[3] 也就是说，案件的审判结果，要逐级上报进行复审，从史、正、大司寇以至王，然后才确定刑罚。汉朝《二年律令·兴律》载："县道官所治死罪及过失、戏而杀人，狱已具，勿庸论，上狱属所二千石官。二千石官令毋害都吏复案，闻二千石官，二千石官丞谨录，当论，乃告县道官以从事。"[4] 以上说明，对于死刑及杀人案件，县级司法机关审理后需要申报上级（即二千石官）复审才能定案。到了唐朝，则建立了更加完备的复审制度。《唐六典·刑部》规定："犯罪者，徒已上县断定送州。覆审讫，徒罪及流应决杖若应赎者，即决、配、征赎。其大理及京兆、河南断徒及官人罪并后有雪、减，

---

[1] （明）黄淮、杨士奇：《历代名臣奏议》卷二一七《论刑部理寺谳决当分职札子》，上海古籍出版社2012年版，第87页。

[2] 参见刘长江等编著：《中国封建司法行政体制运作研究》，中国社会科学出版社2014年版，第219页；张晋藩主编：《中国司法制度史》，人民法院出版社2004年版，第226页；陈光中：《中国古代司法制度》，北京大学出版社2017年版，第335页。

[3] 《礼记·王制》。

[4] 张家山二四七号汉墓竹简整理小组编著：《张家山汉墓竹简［二四七号墓］》（释文修订本），文物出版社2006年版，第62页。

并早少司审详。"[1]即笞、杖罪的案件，由县定判，不必向上申报。县所判定的徒刑案件由州负责复审，流刑和死罪案件须由刑部复审，然后再奏请皇帝裁决；大理寺、京兆府和河南府直接受理的徒刑案件和官吏犯罪案件，都应申报至尚书省、刑部，由其进行复审。如果在审判案件时，应申报上级复审而不申报或不及时申报，应等上级复审后通知下级，而不等就进行擅自决断执行的，如果相关官员是故意则按所得罪减三等处罚，如果官员是过失的又减三等处罚。[2]到了清代，地方司法行政体制更加复杂，分工更加细致，分为总督、巡抚、提刑按察司，道，府、直隶州、直隶厅，县、州、厅等五个等级。就刑狱案件复审而言，情况更为复杂，其审级与地方四级政权并不完全一致。清代的逐级复核制大致是这样的：人命等徒刑以上（含徒刑）刑事案件须据律例拟罪后逐级向上申报，从而构成上一级审判的基础。每一级都将不属于自己权限的案件逐级上报，层层审转，直至有权作出判决的审级批准后才终审。这样徒刑至督抚，流刑至刑部，死刑最后直至皇帝，形成严密的逐级审转复核制。[3]美国学者D. 布迪与C. 莫里斯所著的《中华帝国的法律》一书中在讨论清代审级问题时，绘制的清代审级表将案件种类与审级相结合，可以较为清晰地展示逐级审转复核制。当然，司法实践中的情况远比图表中复杂，而图表中可以清晰地说明清代司法权力特别是审判权力行使中上级对下级进行复核监督的特点。

表 2-2 清代司法审级[4]

审级	案件种类			
	死刑案	流刑案及涉及杀人的徒刑案	徒刑案	笞杖刑案
1. 州县	侦查	侦查	侦查	审判
2. 府	转报上级机关	转报上级机关	转报上级机关	汇集上报

---

[1]《唐六典》卷六《刑部》。
[2] 参见《唐律·断狱》。
[3] 郑秦："清代地方司法管辖制度考析"，载《法律科学》1987年第1期。
[4] [美] D. 布迪、C. 莫里斯：《中华帝国的法律》，朱勇译，江苏人民出版社1995年版，第115页。

续表

审级	案件种类			
	死刑案	流刑案及涉及杀人的徒刑案	徒刑案	笞杖刑案
3. 按察使司	审判	审判	审判	最高上诉机关
4. 总督或巡抚	批示	批示	批示	
5. 刑部	复审	最终判决	汇集上报	
6. 三法司	最终判决			
7. 皇帝	批示			

清代逐级审转复核制度的原意是严格控制刑罚，保证刑罚的统一性，同时使各级司法机关对案件都负有责任，使某一个审判环节难以徇私舞弊。然而在实际运作中出现了偏差，加上司法监察的弱化，清代司法腐败与司法不公也在所难免。

四、司法案件的管理与监督

我国古代没有专门的诉讼活动规则，更没有专门的案件管理，但是对诉讼案件本身是有管理的。在有信史之后，我国古代各朝代在长期的诉讼活动实践中，在某些方面建立并形成了相当成熟的案件管理制度。

（一）民刑案件分立

我国古代是否存在民事诉讼，学术界有两种不同的观点。有观点认为中国古代基本上不存在民事诉讼。著名学者梁启超认为："盖初民社会之政治，除祭祀、斗争以外，最要者便是讼狱。而古代所有权制度未确立，婚姻从其习惯，故所谓民事殆甚稀，有讼皆刑事也。"[1]另一学者戴炎辉也认为："在中国古代，惟不能截然分为刑事诉讼和民事诉讼。刑事诉讼和民事诉讼并非诉讼标的本质上的差异，只不过其所具有之犯罪的色彩有浓淡之差而已。在诉讼程序上，民事与刑事并无'质的差异'。"[2]以上传统主张并非绝对否定

---

[1] 梁启超：《先秦政治思想史》，商务印书馆2014年版，第57页。
[2] 戴炎辉：《中国法制史》，三民书局1966年版，第137~138页。

古代民事诉讼的存在，而只是认为数量上"殆甚稀"，程序上与刑事诉讼"无质的差异"。而著名法制史学者张晋藩则认为："中国古代民事诉讼制度，不仅具有悠久的历史，而且内容丰富，特色鲜明，它的发展轨迹是和社会经济的发展，尤其是和民事法律关系的发展相一致的。"[1]由于我国古代一直是重农轻商，重集体轻个人，因此在民事诉讼制度构建方面确实不重视，也不健全，没有专门的诉讼程序，更没有专门的民事诉讼制度。但是，对于诉讼案件来说，刑事案件与民事案件自古以来就是有区分的，只不过在司法实践中没有严格地分开处理。

西周时期，由于农业、畜牧业、手工业的进一步分工发展，社会不断发展进步，人们之间的经济交往与民事关系日益活跃，民事经济纠纷也逐渐增多。在解决纠纷的过程中，人们开始对民事诉讼与刑事诉讼有所区分。据《周礼》的记载，西周时期已经出现刑民诉讼的分野："讼，谓以财货相告者；狱，谓相告以罪名者。争罪曰狱，争财曰讼。"[2]即涉及定罪称为"狱"，对此类案件的审理称为"断狱"；涉及财产纷争称为"讼"，对此类案件的审理称为"弊讼"。另据《周礼》记载："以两造禁民讼，入束矢于朝，然后听之。以两剂禁民狱，入钧金，三日乃至于朝，然后听之。"[3]即"讼"之两造与"狱"之两剂要缴纳不同的诉讼费用，分别是"束矢"（一捆箭）与"钧金"（三十斤铜），说明这两个案件在受理时所需缴纳的诉讼费用是明显不同的。但秦汉之后，并未沿用西周民刑分类的表述，而主要根据案件的类型以及刑罚的有无与大小分"重事"与"细故"。将奸、盗、诈伪、人命等案件称为"重案"或"重事"，将婚户、田土、钱债、继承、斗殴等案件称为"细故""词讼"或"小事"。因此，古代所称的"细故"，并非完全相当于现代意义上的民事诉讼案件与民事诉讼，还包括一部分现代意义上处罚较轻的刑事案件。[4]

在处理刑事案件与民事案件上，我国古代的案件受理机关也有不同之处。如唐代州以录事参军事和录事主持勾检，设司功参军事、司仓参军事、司户

---

[1] 张晋藩主编：《中国民事诉讼制度史》，巴蜀书社1999年版，第2页。
[2] 《周礼·地官》，郑玄注。
[3] 《周礼·地官》，郑玄注。
[4] 陈光中："中国古代司法制度之特点及其社会背景"，载《中国政法大学学报》2018年第1期。

参军事、司兵参军事、司法参军事和司士参军事,分曹理事,各自处理主管的事务。诸曹参军事是诸州的判官,其中户曹参军事、司户参军事主管民事审判事宜,"掌户籍、计账、道路、逆旅、田畴、六畜、过所、蠲符之事,而剖断人之诉竞。凡男女婚姻之合,必辨其族性,以举其违。凡井田利害之宜,必止其争讼,以从其顺"。[1]法曹、司法参军事主管刑事审判,"掌律、令、格、式,鞫狱定刑,督捕盗贼,纠逖奸非之事,以究其情伪而制其文法。赦从重而罚从轻,使人知所避而迁善远罪"。[2]宋代在州一级设置两个司法机构:州院(府院)和司理院。州院的官员称录事,府院的官员称司录。录事参军和司录参军是负责审理民事案件的司法官,后来也兼理刑事案件。司理院是专门审理刑事案件的法庭,"掌狱讼勘鞫之事,不兼他职",[3]一度也称为"司寇院",设置司理参军事专门审理刑事案件,司户参军事审理经济犯罪案件。

民事案件一般实行一审终审制,州县判决后,即可当堂由官府执行。对于州县判决不服的,当事人也可以逐级上诉,虽然没有审级上的限制,但严格控制而不能越诉。而刑事案件则实行严格的审转复审结案制度,经过多个程序的审理与复核后才能生效,同样可以逐级上诉,但不能越诉。这反映了我国古代对刑事案件的重视与谨慎远超于民事案件,也说明了民事案件与刑事案件分立的事实与制度设计。

(二)案件受理

案件受理即是案件如何被司法机关受理而进行审理的过程。我国古代统治者为了有效打击犯罪,巩固统治,推行鼓励人们控告犯罪的政策,奖励控告者,甚至是告密者。唐代控告的方式主要有告诉、告发和举劾。告诉是犯罪人主动向官府投案,表示愿意接受审判和惩罚的行为,又称"自告";告发是犯罪人被他人检举揭发,如案件当事人及近亲属以外的其他人向司法机关告发犯罪的起诉方式;举劾是各类司法机关对违法犯罪主动实施的揭发控告

---

[1]《唐六典》卷三〇《三府都护州县官吏》。
[2]《唐六典》卷三〇《三府都护州县官吏》。
[3](宋)马端临:《文献通考》卷六三《职官考十七·司理》,上海古籍出版社1986年版,第451页。

行为。对于当事人向官府投状告诉的情况，基本奉行"不告不理"原则，[1]司法机关需对案件进行初步审查，符合受案标准者，予以立案。受案之后，司法官当"依所告状鞫之"。[2]对于依法应予立案的案件，司法官若推诿不受，需承担相应的法律责任。"非越诉，依令听理者，即为受。推出抑而不受者，笞五十。"[3]唐代在案件的受理方面，受诉机关自下而上分为四级：第一级是县，第二级是州、府，第三级是大理寺，第四级是尚书刑部。各级司法机关按照审级管辖、地域管辖和专门管辖的规定，受理各种案件。同时，严格告诉的各项程序，规定告诉必须自下而上。对于起诉人来说，无论是自告还是首告，一般均在第一审机关起诉，如果当事人不服，可按照审级逐级向上级审判机关上诉，不得越级，否则司法部门不予受理。"诸越诉及受者，各笞四十"，"凡诸词讼，皆从下始，从下至上，逐级进行"。[4]若越级上诉，越诉人和受理官员均各笞四十。

宋代对诉讼受理已经有了相当严密、完善的规定，划分了严格的管理范围，包括三方面内容。一是级别管辖。第一级为县衙。宋律规定："诸色词讼，及诉灾沴，并须先经本县，次诣本州、本府，仍是逐处不与申理，及断遣不平，方得次第陈状，及诣台省，经匦进状。"[5]如果当事人诉讼的地方"不与申理"，或者不服县衙的判决，则可以逐级向上申诉。第二级是州（府、军、监）。如果当事人不服县衙的判决，可以向县的上级机关即州提起上诉。第三级是监司。如果当事人不服州级审判机关的判决，可以向路一级的监司提起上诉。监司是地方词讼上诉的最高审级。当事人如果不服监司的判决，即可向中央的户部提起上诉，仍不服者，可依次向御史台、尚书省、登闻鼓院上诉。从宋代的相关法律规定可以看出，一般案件的受理入口仍然在县衙一级，如不被受理才可逐级申诉。对于不服下级判决者，可以逐级上诉，这不是案件初审受理，而是案件的二审甚至三审。二是地域管辖。宋代的词讼"皆于事发之所推断"，[6]即由案件发生地的官府处理。如果原告与被告不在

---

[1] 参见洪婷婷："唐代刑事诉讼制度研究"，南京师范大学2008年硕士学位论文。
[2] 《唐律疏议》卷二九《断狱》。
[3] 《唐律疏议》卷二四《斗讼》。
[4] 《唐律疏议》卷二四《斗讼》。
[5] 《宋刑统》卷二四《斗讼律·越诉》。
[6] 《庆元条法事类》（十）卷七三《刑狱门三·决遣·断狱令》。

同一州、县，即按原告就被告的原则，由被告所在地的司法机关管辖。三是移送管辖。司法机构受理案件之后，发现没有管辖权的，则必须将该案移送给有管辖权的机构处理。接受移送的机构，不得无故拒绝。宋仁宗时有规定："自今诸路提点为刑狱巡所部内，民有诉冤枉者，许受理之。诏听受词状，送转运同施行。"[1]宋神宗时亦令："诸路监司巡历所到之处，有词讼及官司违法，虽非本司事，并听关送案治。"[2]这都是关于移送管辖的具体规定。

明代的案件级别管辖一般是根据案件的性质和罪行的轻重来决定上下级司法机构之间受理第一审案件的分工和权限。洪武元年（公元1368年）颁行的《大明令》规定："凡犯罪，六十以下（即笞），各县断决；八十以下，各州断决；一百以下，各府断决；徒、流以下，申闻区处。"[3]一般的重狱交由三司会审，刑部则可以审决流罪以下的罪犯，至于死罪大狱则由皇帝面讯。对于民事案件，除两京外，应由各府州县管辖。其中府管辖的是府所在地的民事案件和其所辖州县比较重大的民事案件。巡抚、巡按或三司对于民事案件一般没有管辖权。在明代，里虽然不是国家的官吏建制，按理不具有司法管辖权，但实际上处于民事诉讼最初审级的地位。明太祖朱元璋鉴于小民越诉京师的事情太多，于洪武二十七年（公元1394年）四月颁诏："命有司择民间高年老人公正可任事者，理其乡之词讼。若户婚、田宅、斗殴者，则会里胥决之。事涉重者，始自于官。"[4]对于普通的民事纠纷，若不经里老调处而径投诉于官府，即为越诉。这实际上赋予里对于民事案件的管辖权，并且这一规定终明之世不变。这是中国历史上关于民事诉讼管辖较为特别之处，赋予基层组织的司法调处与裁判功能，充分发挥了基层组织在国家治理中的积极作用。

（三）案件办理期限

司法机关对案件的审理与审判有一定的期限限制，超过规定的期限，如没有合理的理由，负责审理的官员要负相关的责任，即"淹禁不决"的责任。我国古代对办理案件的期限有一套特别的规定。唐朝在"安史之乱"后，各

---

[1]（宋）李焘：《续资治通鉴长编》卷一二二，上海古籍出版社1986年影印本，第17页。
[2]（宋）李焘：《续资治通鉴长编》卷二八二，上海古籍出版社1986年影印本，第738页。
[3]《大明令·刑令》。
[4]《明会要》卷五一《民政二》。

类社会矛盾尖锐，"遂令圜土嘉石之下，积有累囚；危章互简之中，困于法吏"。[1]鉴于此，朝廷多次下达诏令，设定案件审判期限，试图从审判期限解决滞狱问题。穆宗长庆元年（公元821年）规定了大理寺、刑部断案的详细时限，"大事，大理寺限三十五日，详断毕，申刑部，限三十日闻奏；中事，大理寺三十日，刑部二十五日；小事，大理寺限二十五日，刑部二十日"，"违者，罪有差"。大、中、小案件的标准是："一状所犯十人以上，所断罪二十件以上，为大；所犯六人以上，所断罪十件以上，为中；所犯五人以下，所断罪十件以下，为小。"[2]可见，唐代是以犯罪人数及犯罪事实数的双重标准，区分大、中、小事，即判断案件是否重大，并规定了明确的审理期限。

宋代在唐代三限制的基础上，对审判期限的规定更为全面、复杂，几乎规定到每一个程序，同时区分轻重缓急，轻案速审速结，重案则需要更多宽裕的时间进行推敲审理。宋太宗太平兴国六年（公元981年）沿用唐代的三限之制，"大事四十日，中事二十日，小事十日，有不须追逮而易决者，不过三日"。[3]宋哲宗元祐二年（公元1087年），根据刑部和大理寺的建议，以卷宗的厚薄为标准，又为中央司法机构制定了更为详细的办案期限：二百纸以上为大事，十纸以上为中事，不满十纸为小事。以地理远近和不同的环节，分奏狱和公案两种期限：凡断谳奏狱，大事十二日，中事九日，小事四日；若在京八路大事十日，中事五日，小事三日，台察及刑部举劾诸处约法状并十三日，三省、枢密院再送各减半，有故量展也不得过五日。凡公案日限则较长，大事三十五日，中事二十五日，小事十日；在京八路则大事三十日，中事十五日，小事十日，台察及刑部举劾诸处约法状并三十日。这一期限规定一直沿用到南宋绍兴年间，从绍兴三十一年（公元1161年）开始，对上述期限又进一步缩短。乾道二年（公元1166年）又将大小案的划分标准进行变动，满一百五十张为大案，一百五十张以下为中案，不满二十张为小案。由此扩大了大案和小案的范围，更多的重案可以有相对宽裕的时间进行详审，更多的小案得以速决，以提高审判的效率。[4]对于某些特殊的案件或不能按正常程序审理的疑难案件，如经大理寺、刑部审断后，发现错误或案情不准

---

[1]《唐大诏令集》卷八五。
[2]《旧唐书》卷五〇《刑法志》。
[3]《宋会要辑稿》刑法六之五一。
[4] 参见张晋藩主编：《中国司法制度史》，人民法院出版社2004年版，第219页。

确的，需要驳退重审或补充的案件，也规定了审判的期限。如中央司法机构之间有疑难刑名不易定夺，需要交两制官集议的；下级机关就具体案件派员向上级机关进行请示的，即所谓的"巡白"或"禀白"，也有时间上的要求。两制官集议的期限为"大事限一月，小事限半月"。凡是疑难公案到刑部禀白的，限五日内解决；如刑部无法解决需到都省禀白的，限六日解决。[1]

宋代严格规定断狱期限的同时，还规定了对稽违者的处罚。宋太祖乾德二年（公元964年）正月诏：刑部、大理寺官有"善于其职者，满岁增秩；稽违差失者，重置其罪"。太宗太平兴国六年（公元981年）五月的诏令特别规定了处罚的具体标准：诸道刑狱违限一日者笞十下，三日加一等，罪止杖八十。对于奉朝旨推鞫公事而违限的，处罚重至无故稽违一日，杖一百，五日加一等，罪止徒二年。在实际执行中，则以官当徒。具体做法是五品以上一官当徒二年，九品以上一官当徒一年，或按罪轻重等第赎铜。[2]

（四）案件管理监督

我国古代对司法的监督主要体现在对司法的监察上。监察制度是我国古代独具特色的一项政治法律制度，历史源远流长，体系完备严密。从秦代的御史大夫，到隋唐时期的御史台，宋代的台院、殿院、察院三院，一直到明清时代的都察院，监察官的基本职责是纠察官邪，整饬纪纲；参与并监督审判活动；对皇帝的失举、违法行为，亦有责任进行进谏驳正。其中监督司法是古代监察官的一个重大任务。除对有违法行为的司法官吏进行弹劾之外，监察机关对司法活动从受理到审判至执行的全过程进行监督审查。在不同的历史时期，监察机构监督司法的方法和途径有所不同。如"三司推事"制度，为保证司法公正，正确适用法律发挥了重要作用；"录囚"制度在平反冤狱、防止淹狱方面作用不可小视；"鞫审诏狱"制度用于纠察为非作歹的官吏，如唐朝的"东推西推"制度、宋朝的"御史检法"制度对司法案件的监督和司法官员的整饬有很强的威慑力。明朝的巡按使是皇帝派往地方进行监督的御史，代表中央加强对地方司法的控制，强化巡察时的复审权，也是中央对地方司法案件一种强有力的监督形式。

除监察机构对司法案件的监督以外，我国古代各朝代建立了若干制度以

---

[1]（宋）李焘：《续资治通鉴长编》卷四九四，上海古籍出版社1986年影印本，第541页。
[2]《宋会要辑稿》刑法三之七七至七八栏。

加强对司法案件的监督与管理。"上计"指各级官吏将其管辖区域内的民政、经济及刑狱等情况，汇编成册，逐级上报，直至国君，以供审查监督的制度。西周以来，上计是君王对臣下进行监督的主要方式。秦朝时期，出现了"上计簿"，由负责审查上级簿的官员，对上计中所列项目如户田、垦田、粮谷出入、赋税收入、灾变治理、刑狱等情况进行审查，从而确定官吏的优劣，提出赏罚的建议上报皇帝。"照刷"，"照"意为明察，"刷"意为刮扫寻究，即检查文卷规定事务是否依限完结，有无错失、遗漏、规避、侵挪款项、刑名违错的情况。自元朝始，照刷成为地方监察机关提刑按察使的一项重要的监察职能，即通过刷磨案牍，纠察官吏是否违纪犯法。[1]明代监察御史照刷文卷，遇有"狱讼淹滞、刑名违错、钱粮埋没、赋役不均等项，依律究问。迟者举行，错者改正，合追理者即与追理，务要明白立案，催督结绝。不能尽职者，监察御史从都察院、按察分司从总司体察，奏闻究治"。[2]"勾检官"，系单独设置于各机构中独立于御史台之处专门进行勾检稽失的官员，目的是提高工作效率，制约官吏规范行使职权。唐律中的解释为："检勾之官，同下从之罪。疏议曰：检者，谓发辰检稽失，诸司录事之类。勾者，署名勾讫，录事参军之类。"[3]受事发辰，即勾检官在文件上盖上始发始收的日期，以便计算是否稽期；省署抄目，即勾检官登记抄录收发的文书目录，审查后签署，交付有关部门执行，执行完毕再由勾检官用红笔在文书上端勾讫，记录完成的时间后存档，类似当今督办之职。通过检查这些详细的记录，并与时间进行核对，从而监督官吏依例行使职权。以上制度及措施系我国古代官员管理监督体系的一个构成部分，并非专门针对司法机关及司法人员，但其本身对司法案件的管理监督仍产生了重大的影响。

　　清代的民事诉讼实行一审终审制度，如当事人不服判决，也只可以逐级上控于府、道、省，直到京控。但是，据现有清代的档案来看，绝大多数民事案件经过州县官的审理，上控的比例是非常小的。为了制约州县官的权变之权，清朝对于民事诉讼案件建立了比较健全的监督机制。一是案件查考制度。按《大清律例》，"各省、州、县及有刑名之厅、卫官，将每月自理案件

---

[1] 陈光中：《中国古代司法制度》，北京大学出版社2017年版，第132页。
[2] 《明会典》卷二一〇《都察院·照刷文卷》。
[3] 《新唐书》卷一九〇《列传第三十四》。

作何审断与准理、拘提，完结之月、日逐件登记，按月造册，申送该府、道、司、抚、督查考。其有隐瞒、装饰……轻则记过，重则题参。如该地方官自理词讼，有任意拖延，使民朝夕听候，以致废时失业，牵连无辜，小事累及妇女，甚至卖妻鬻子者，该管上司即行题参。若上司徇庇不参，或被人首告，或被科道纠参，将该管各上司一并交与该部从重议处"[1]。二是建立供查核、注销的循环簿。对于州县自理的户婚、田土等项民事案件，要求设立"循环簿"，即"将一月内事件填注簿内，开明已、未结缘由；其有应行展限及复审者，亦即于册内注明。于每月底送该管知府、直隶州、知州查核，循环轮流注销。其有迟延不结，蒙混遗漏者，详报督抚咨参，各照例分别议处"[2]。三是巡历检查制度。清初沿袭明制，命审录官五年一巡视各省，即所谓录囚，至雍正废止，但仍实行巡历稽查制度。对于"州县自行审理及一切户婚、田土事件，责成该管巡道巡历所至，即提该州县词讼号簿逐一稽核。如有未完，勒限催审。一面开单移司报院，仍令该州县将某人告某人、某事，于某日审结，造册报销。如有迟延，即行揭参。其有关系积贼、刁棍、衙蠹及胥役弊匿等情，即令巡道亲自究治。知府、直隶州自理词讼，亦如之。如巡道奉行不力，或任意操纵颠倒是非，该督抚亦据实察参，分别议处"[3]。上述巡历检查只是稽查司法业务，而无复审之权。然而尽管清朝对州县司法责任的规定不为不严，监督的措施不为不细，各级的权职不为不明，但实际上仍无法从根本上消除胥吏徇私、官僚渎职的弊端，这是清朝封建司法制度的本质所决定的。[4]

第二节　我国古代司法管理评价

一、我国古代司法管理的特点

纵观我国古代司法管理制度，许多司法管理的传统与理念是一脉相承的，比如"司法与行政合一""引礼入法""皇权至上"，等等。不少制度也是经

---

[1]《大清律例》卷三〇《刑律·诉讼·告状不受理》附例。
[2]《大清律例》卷三〇《刑律·诉讼·告状不受理》附例。
[3]《大清律例》卷三〇《刑律·诉讼·告状不受理》附例。
[4] 参见张晋藩主编：《中国司法制度史》，人民法院出版社2004年版，第440页。

过多个朝代的完善与发展,逐步走向成熟,比如"三司会审制度""案件逐级审核复核制度""司法监察制度",等等。从以上关于对司法机关设置、司法官管理、司法权力运行、司法案件管理等方面的详细论述,可以总结出几个显著的特点。

(一)司法机关设置的特点

1. 较完善的司法组织机构

我国古代中央司法组织机构起源于夏朝的大理,到清朝的大理寺及三法司机构,地方司法机构则紧密依靠地方政府而设置,这些机构经过若干个朝代的发展与完善,形成了较为完备的司法组织体系。从纵向看,从中央三法司到地方府、道、州、厅、县,无论是专业化的司法部门,还是兼掌司法工作的基层官员,都在各自的层面负责其所管辖范围内的司法工作,上下衔接紧密、审级关系明确,形成强有力的司法力量。从横向看,每一层级的司法部门或司法官员,都受到了一定程度的制衡,或是设立相互监督的机构,或是设置佐贰副官分担业务,以期司法公正。而在每一横向之下,还有大量的从事具体工作的司法官吏和基层法律工作者。这样一张细密的司法机构网络,有效地覆盖了我国古代广袤的领土。[1]除中央设有专门的司法机构外,有的朝代在地方也设立了专门的司法机构,如宋朝的提点刑狱司和明清时期的提刑按察司。这种机构设置在我国古代是极为少见的,也是极具有开创性的举措,对促进当时的司法审判和政治清明有一定的积极意义。而专门的司法机构,对于我国这样一个多民族、多宗教的国家来说,能够更好地通过不同的司法机构和司法规则解决纠纷,惩治犯罪,更好地强化国家与社会的治理。同时,我国长期处于小农经济社会,基层流动性不强,社会治理与司法审判在基层如何有效处理成为历代王朝必须解决的问题。古代基层的乡、里具有司法调解和初级审判的职能,对于解决民事纠纷和轻微刑事案件起到很好的过滤作用,避免过多的案件直接进入司法程序。

2. 司法与行政高度合一

司法与行政高度合一是我国古代司法行政体制最为显著的特点,特别在地方司法组织机构的设置上表现更为突出。我国古代大部分朝代省级以下地

---

[1] 刘长江等编著:《中国封建司法行政体制运作研究》,中国社会科学出版社2014年版,第305页。

方政府行政首脑兼任地方最高行政长官，除掌理司法审判权力外，其职责庞杂，行政、军事、财政都在其管辖的范围之内。省级以上至中央，设立了专业化的司法机构，但究其职权，仍是司法权与行政权混在一起。而且在所谓法司之外，更是存在着大量兼有部分司法权力的行政机构。古代司法与行政合一的设置与对司法权与行政权没有进行严格区分的思想是分不开的。一直以来，我国古代认为司法就是"打击犯罪、解决狱讼和维护统治"，是维护统治秩序的一种有效手段，司法只是行政管理的一种，因此在机构设置上也没有严格把司法机构从行政机构中区分出来。从我国几千年的封建统治实践来看，地方上司法行政合为一体，有利于提高司法和行政的效率，有助于古代社会（主要在封建社会）的社会治理，应该说是符合当时我国的实际国情和认知水平的。

3. 对司法的监察力度大

我国古代的监察机构对司法的监督力度无论是广度还是深度都很大，不仅表现在对司法官员自身的纠察上面，也表现在对错案冤案的复审上，同时也表现在对重大案件的共同审理审判上。从唐代开始的"三司推事"制度，经过历朝历代的不断发展完善，一直延续到清代，其中参加会审的重要一方就是御史台。御史台（明代以后改为都察院）对重大疑难案件的审理既有审判的职能，又有监督的职能，事实上是以双重身份参与司法审判，保障了对司法的有效监督。我国古代对司法活动的监察力度大还突出表现在中央对地方的司法监督上。中央除通过一般的上报复审程序对地方的司法进行监督外，还通过派出一定的司法监察机构，定期或不定期地对地方进行巡察、复审疑案、纠察官吏、平反冤狱，保证国家律令的统一实施。历史上比较成熟的机构如唐朝的十道按察使、宋代的制勘院和推勘院、明清时期的巡按使，这几项制度是中央对地方的专门巡察，其中包含了对司法活动的监察，保证中央对地方司法活动的有效控制。

(二) 司法官管理的特点

1. 司法官员素质参差不齐

我国古代的司法官大多仕人出身，特别是中央机关的司法官员，大部分饱读诗书，有较好的文化素质和一定的法律素养。历史上曾出现过一些有名的司法官，如汉代的洛阳令董宣，唐代的大理寺少卿戴胄，宋代的监察御史包拯、提点刑狱官宋慈，明代的右都御史海瑞，等等。[1]但是大部分的司法官员没有经过专业的法律训练，在入仕之后就开始司法生涯。虽然在唐代设有专门研习律令的"律学"，宋代官员考试设有选拔司法官的试刑法，可以对司法官员进行筛选，但在宋代以后取消了专门的法律考试，一般官员均是通过科举进入仕途，其法律专业知识和工作能力主要依靠个人的学习和观政实践，初入法司或从事司法审判活动，必然难以得心应手。正如明代马文升所说："两京司法官员，或由进士初除寺正、寺副、评事、主事，或由知州、行人就升员外郎、郎中。而御史亦多知县所除。到任之后，未经问刑，就便断狱公差，所以律条多不熟读，而律意亦未讲明。所问囚人，不过移情就律，将就发落。"[2]故而进士初任司法官员，必先通考刑名，或分本状究其实践。[3]为了解决司法官员不懂刑名律令的问题，在明清时期出现了大量的幕僚与胥吏，以辅佐司法官员进行有效的司法审判活动。但是幕僚不是国家固定的官吏，与幕主是私人雇用的关系，没有准入的门槛；胥吏为政府基层的办事员，地位低下，工作内容简单，因此其司法素养也是无法保证的，这也导致了明清后期司法的混乱与腐败。

2. 司法官与行政官员同等考核

我国古代对官员的考核是很全面的，如唐代的"四善二十四最"规定的官员考核的标准与等级十分详细，经过考核后即对官员定出"上中下等级九级"；考核的形式也是形式多样，如明代的京察和外察，清代的京察和大计，针对京城的官员和京外的官员分别进行考核。考核的内容为"四格"，考核等级为"三等"，不符合"四格"要求依照"六法"进行处理。但由于司法与行政高度合一，在考核官员时没有把司法官员单独列出来，而是作为一般官员参照一般标准进行考核。在中央的司法官同样按照普通行政官员进行考核，如汉代的《二年律令·捕律》就规定了廷尉、廷尉正、监、平等司法官员参照普通行政官员进行考核。地方的行政长官既是行政首长，也是司法长官，对他们是进行全面的考核，当然包括了司法业务的考核。这符合我国古代整个政治体制的实际，也与当时关于"司法权属于行政权一部分"的思想认识

---

[1] 参见韩伟：“奉职循理：古代司法官的正义守则”，载《检察日报》2019年9月11日，第3版。

[2] （明）张萱：《西园闻见录》卷八四《刑部一·法律》，上海古籍出版社1995年影印本，第33页。

[3] 杨雪峰：《明代的审判制度》，黎明文化事业公司1978年版，第94页。

相一致。

3. 规定了严格的司法责任

为了防止司法官员徇私枉法、玩忽职守，减少冤假错案，保证司法权力能够正常、有序地运作，我国历代统治者十分重视对司法官员的管理及司法追究，制定了严格的法律责任，严格规范司法官员的行为。早在《尚书·吕刑》中就记载有司法官员的"五过之疵"，是对司法责任最早的规定。秦朝则规定了"不直"罪和"纵囚"罪。到了唐代对司法官员的责任已经相当完善，分别有违法受理的责任、违法拷讯的责任、适用法律不当的责任、"官司出入人罪"的法律责任、贪赃枉法的刑事责任、淹禁不决的责任。其中，适用法律不当要求严格依律条格式正文定罪量刑，"违者，笞三十"，开创了"罪刑法定"原则的先河。宋代对司法官员的责任规定延续了前朝的做法，在许多方面规定得更加严格和细化，如对淹禁不决司法责任的具体标准与处罚。唐代允许比附"官文书稽程律"定罪处罚："其官文书稽程者，一日笞十，三日加一等，罪止杖八十。"[1]宋代除此处罚外，淹禁不决者还要承担被罢官、被降官、被延长考核提拔期限、"抵罪"的政治及法律责任。这些规定即使对现代司法官员来讲都是很严格甚至苛刻的，可见当时的观念相当超前与先进。

(三) 司法权力运行的特点

1. 司法权力呈分散化分布

我国古代设置了专门的司法机构，行使相应的司法权力。但是，司法权力从来就不是专属于司法机关行使。从中央来看，虽设置了大理寺、刑部和御史台（御史台兼具司法机关和监察机关性质），但宰相、谏官、九卿等行政长官也参与司法审判与司法监督。如宰相经常以详议、复核以及封驳的方式，行使对司法的监督权，九卿则通过会审的形式参与司法审判。而皇帝作为最高的司法官，又是最高的行政官，拥有对司法案件的最高裁判权。皇帝也可以通过亲审与交审方式行使最高的司法权，并对刑罚的实施与赦免有决定权。从地方来看，地方政府行政与司法高度合一，地方行政长官本身就是地方最高的司法官，掌控着地方最高司法审判权。地方也设有专门的司法机构与司法人员，如宋代的提点刑狱司和明清时期的提刑按察司，但司法权力并非全

---

[1]《唐律·职制》。

部掌握在以上专门司法机构手中。从机构设置看,我国古代除正常的司法机构设置外,为了加强中央对地方的司法控制,还设置了专门机构直接参与司法审判或加强对司法的监督,如宋代的制勘院和推勘院;为了区别于一般的司法管辖,设置了针对不同民族、不同职业、不同宗教与不同地区的专属管辖机构,如元代的大宗正府、清代的理藩院、明代的枢密院和唐代的功德使,等等。总之,我国古代司法权从来就没有集中于某一类机构来统一行使,而是分散于各类组织与机构,这既是我国古代司法权从属于行政权理论思想的反映,也是中央高度集权的需要与必然结果。

2. 司法权运作强调集体决策

我国古代基于对司法活动复杂性的认识,为了确保司法活动的公正性,一直强调司法审判的集体决策。从西周时期的"共听",到汉朝的"杂治"、唐朝的"三司会审",以及宋代的"杂议"、元代的"约会",还有明清时期的"朝审""热审""圆审""大审""会谳"等形式,都是由不同官署的官员对疑难、复杂案件进行共同审理,最终集体作出判决,体现出集体的司法智慧,目的是防止个人专断与司法舞弊。在具体案件的司法权力运行上,同样体现出集体的决策思想。如唐代的"长官同断、同职连署"制度,重要案件的审理几个人连署意见,由长官同意后作出判决,共同承担责任。宋代的鞫谳分司制度则是案件审断与议刑职责分别由不同官员担任,鞫司负责调查取证,查清认定事实,谳司负责检法议刑,判决由长官作出,两者之间相互配合,也相互监督,体现了我国古代"明刑慎罚"的司法思想。

3. 严格的司法集权控制

我国自古就是统一的多民族国家,幅员辽阔,各地情况复杂多变。中央重视对地方的控制,特别是通过对地方司法的控制,保证中央的高度集权。在刑事案件的个案判决上,古代基本上实施了严格的复核结案制度,即各级政权及司法机构只能在本级的司法权限内作出判决,其余的都要逐级报到相应的级别政权作出决定。这种制度从西周时期就出现,经过逐步完善,到清代发展为较成熟的逐级审转复核制度。一般来说,就是笞、杖刑由县一级定判;徒刑由县一级侦查审理,州府一级复审;流刑则要由县、州逐级上报,刑部进行复审;死刑则要逐级上报,最后由皇帝裁决。一般案件受理及办理主要在县一级,但县一级能够作出的判决限于笞、杖刑等小部分案件,其余大部分案件由上级相应层级的机构作出判决。而民事案件则不同,古代的民事案件基本上实行一审终审的制度，由最初受理的县一级政权作出判决，不用上报立即生效。对于刑事案件和民事案件判决不服的，可以逐级申诉，没有级别及次数限制，但不能越诉。上诉的途径有上表、立肺石、邀车驾、敲登闻鼓等多种方式，保障了案件当事人的上诉权利。这种制度设计从某种程度上保证了案件在全国范围内审理判决的尺度统一，也体现了中央对地方司法权的集权控制。

(四) 司法案件管理的特点

1. 民事案件与刑事案件分而不离

我国古代社会长期以自然经济为经济基础，以宗族关系为社会基础，以专制政体为政治基础，[1]因此整个社会重视公权而轻视私权。与此相适应的刑事立法相对发达，代表当时社会历史发展的水平。而侧重私权调整的民法相对弱化，在几千年的法制历史中没有一篇集中的或单行的民事立法。但这并不说明我国古代没有民事立法或民事诉讼。事实上，从西周开始，就有了刑事诉讼与民事诉讼之分，即"讼，谓以财货相告者；狱，谓相告以罪名者"。[2]后来又把刑事案件和民事案件分别称为"重事"和"细故"，民事案件也包括了部分处罚较轻的刑事案件。对于民刑案件受理的机构也有区别，比如宋代的州（府）院和司理院就分别受理审判民刑案件。民刑案件处理的程序也是有区别的，如清代民事案件实行一审终审制，而刑事案件则严格执行逐级审转复核制度。但是，这种区分在历史上绝大部分时期并不多见，且由于对民事案件的不重视，民事案件的处理程序基本依附刑事案件的处理程序，即民刑案件是有区分的，但在处理上基本按照一样的程序来处理，也就是所谓的民刑案件分而不离。

2. 较严密的案件受理与流程管理

我国古代对案件的受理及管辖有一套较成熟且符合实际的规章制度。无论是从级别管辖、地域管辖，还是移送管辖，都体现出各朝各代的特点与法治发展水平。特别是在法治水平较高的唐宋时期，诉讼受理制度已经相当严密与完善，也划分了严格的管理范围。对于越级上诉及受理的官员均要受到处罚。而明代的案件级别管辖一般根据案件的性质和罪行的轻重来决定上下

---

[1] 参见张晋藩：《中国法制史十五讲》，人民出版社2017年版，第233页。
[2] 《周礼·地官》，郑玄注。

级司法机关之间对第一审案件的分工与权限，特别是由基层政权组织承担民事案件诉讼的初审权有一定的特色。在案件审限方面，我国古代规定得相当详细，很有开创性，也相当有操作性。如唐代对案件是否重大是以犯罪人数及犯罪事实数为双重标准，区分为大、中、小事，并规定了明确的审理期限。宋代则以案件卷宗的厚薄来区分案件的大小，从而规定了严格的办案期限。对于下级机关就具体案件派员向上级机关进行请示的，即所谓的"巡白"或"禀白"，也有时间上的要求。同时，唐宋两朝都对违反审判期限作出了严格的法律责任规定，这个即使放在当前的司法实践中，从司法理念上来讲也是相当先进与超前的。

3. 较严格的案件监督及纠错机制

我国古代对司法活动最重要的监督机制就是监察机关的监督。监察机关不仅参与司法审判，还对司法活动是否符合律令规定及司法官吏是否贪赃枉法、徇私舞弊进行监督。监察机关对司法活动的监督是我国古代司法监督一项重要的特色制度。除此之外，我国古代历朝历代也通过建立内部各项制度，加强对司法审判活动的监督，以纠正可能产生的冤假错案。如"上计""照刷"制度，是上级官府对下级官府日常工作的常态化检查，其中重要的内容就是对本地刑名案件的处理情况。唐代还专门设立了"勾检官"，对所有官员进行勾检稽失，目的是促使官吏规范行使职权，提高工作效率。以上系针对所有官员采取的监督措施，对司法官员进行司法活动同样具有监督效应。同时，针对司法活动的特殊性，我国古代也建立了相应的监督与纠错机制。如清代针对民事案件采取的案件查考制度、查核注销循环簿和巡历检查制度，对促进司法案件的清正廉明有一定的作用。而历代统治者都十分重视的"录囚"制度，是"法安天下、德润人心"的仁政表现，也是纠正刑狱案件的重要方式，对防止出现冤假错案有一定的作用。

二、我国古代司法管理经验继承

我国古代司法制度是世界法治文明的重要组成部分，历代开明的统治者、政治家和思想者，都极为重视司法活动，将其作为维护政权统治的重要手段，因此创造了许多重要且有深远影响意义的理念或原则，如"以人为本"的司法理念、"引律断罪"的司法原则、"明刑弼教"的司法思想等。特别是在司法管理方面，不仅有司法机构设置中的"三法司"，还有司法官管理中的"五过之疵"、司法权力运行中的"鞫谳分司"以及司法案件管理中的"三限之制"。我国古代历代王朝创造出的这些司法理念或机制,不仅符合当时中国的国情与实践,在当时的世界司法史上也是很先进的。比如《唐律疏议》将"援法断罪"的原则用法律条文的形式予以固定下来,"诸断狱皆须具引律令格式正文",这个原则的提出比欧洲近代刑法理论罪刑法定原则的观念提早了1300多年,赢得世界的高度评价。我国司法制度文明伴随着中华文明五千年的延续而发展,在漫长的历史发展中既有先进的成分,也有因为本身的局限落后于时代的元素。这种制度文明不是任何个人的臆造,而是客观存在的,它以深厚而优秀的中国传统文化为基础,经过了漫长的历史过程而不断地总结提升延续发展,在世界司法制度史上占有一席之地。我国传统司法文明与司法观念从来没有停止过对现代中国法治建设的影响,在现代中国司法实践中可以看到古代司法管理制度的一些影子。

  同时我们也看到,我国是一个地处东北亚大陆的资源丰富的国家,自给自足的小农经济结构,造成了经济上的封闭性,决定了古代中国是一个封闭的保守国家。这种封闭和保守是中国专制主义存在2000余年并且愈演愈烈的重要基础。我国古代的法治文化也同整个中华传统文化一样,很少受到外来因素的影响,因而具有独立性,这种独立性也可以说是一种孤立性。封闭的自然地理环境和强烈的小农经济造成了我国法律纵向传承的传统,而缺乏法文化的横向交流比较和吸收。就这样,法制文明发达很早的中国,却与当时世界上先进的国家日益拉开了距离。当西欧和北美已经完成了文艺复兴、资产阶级革命,建立起一套全新的近代法律制度时,我国法律却仍在中世纪的法律范围中踌躇不前,直到19世纪中叶,西方殖民主义者用炮火轰开我国闭关锁国的大门后,我国法制文化的封闭状态才开始被打破。[1]我国的法制在内忧外患的情况下被迫走上近代化的道路。从近代化的角度来看古代中国法治,确实有许多不合时宜的地方。由于古代中国的法制调控机制呈现出重教化、轻刑罚;重公权,轻私权;重家族,轻个人;重伦理,轻是非;重和谐,轻讼争的特点,这样的法律价值取向与近代法制的标志性因素——如法治、权利、律师制度等背道而驰。因此,按照法制近代化的理论逻辑,要实现中国法治的近代化,就必须按照近代法治的基本标准来开展本国的法制改革,

---

〔1〕 参见张晋藩:《中国法制史十五讲》,人民出版社2017年版,第2页、第228页。

而由于本国传统法文化中近代法治文明要素的阙如或者是发育不够成熟，也就只能从已经基本实现法制近代化并有成功经验的西方社会中引入，这是中国法制近代化之开始呈现出一定程度西方化的根本原因。[1]但是，一个国家法律制度的发展总是有其历史根源的，同时也必定有一定的延续性。我国的法治建设必须按照现代法治文明的基本标准来开展，追求法治的先进性，只有这样才能走向法制现代化的道路。在采纳先进法治文明因素的同时，必须对本国的法律传统持尊重的态度，并且在尽可能的情况下继承与发扬合乎时宜的司法理念、司法原则与司法制度，把其中符合国情民情的积极因素纳入新建立的法律体系中，为新的先进法律制度提供深厚的社会土壤和文化支持。

当然，有五千多年悠久历史的中国古代司法制度始终是"文明与糟粕"并存的，我们在继承和发展古代司法文明与司法制度时，要善于剔除糟粕，弘扬和传承优秀的传统。古人所说"以史为鉴可知兴替"，道出了研究古代司法制度之生命力之所在。在不断完善的社会主义法治建设与司法改革中，重新研究与审视我国古代的司法文明与司法制度，其意义自不待言。中华法制文明曾经是中华民族的光荣与骄傲，我们从中应该获得民族的自信心与自豪感，用于创造更具活力的崭新的中华法制文明。任何国家和民族，都不可能始终以外来的法文化标准作为本国法制发展的导向，特别是40多年改革开放的历史提示我们，中国法治的未来始终还是要走自主创新的道路，建设具有中国特色社会主义的法治文明，这是历史发展的使然，是中国特色社会主义建设的使然，是中华民族伟大复兴的使然，尽管还需要一个较长的发展过程，但这个辉煌的前景已经展露在我们的眼前，我们的历史使命就是促使它早日实现。[2]

---

[1] 参见张晋藩：《中国法制史十五讲》，人民出版社2017年版，第231页。
[2] 参见张晋藩：《中国法制史十五讲》，人民出版社2017年版，第265页。

第三章
域外司法管理比较借鉴

法律体系在狭义上是指一个国家的法律体系,在广义上则是指某些有着共同特征的不同国家的法律体系所组成的族群或集团。[1]正如上一个章节所提到的,世界上分为几个法律体系一直是众说纷纭,莫衷一是。目前主流观点认为,大陆法系和英美法系,它们是分布最广、影响最大、最主要的两大法律体系。近代以来,我国的法律制度在其形成过程中,主要受到大陆法系国家法律制度的影响,也受到了英美法系的影响。而当代中国的法律制度,在其形成过程中则主要受到了苏联模式的强烈影响。因此对域外法律制度的考察与借鉴,主要是针对大陆法系国家和英美法系中的主要国家,由该两个法系延伸发展出来的其他国家的法律制度,比如日本、加拿大等国家,本身也有可借鉴之处,但为了对法律制度进行追根溯源,便不把其他国家列入研究的范围之内。

第一节 英美法系国家司法管理

一、法院体系及法官管理

(一) 美国的法院体系及法官管理

美国是一个联邦制国家,实行双重政体,即联邦政府和州政府,因此美国存在联邦和州双重法院组织体系。这种双重的法院组织结构是由联邦宪法所规定的联邦与州分权的体制所决定的。联邦法院负责实施联邦法律,它的司法管辖权受宪法赋予的由国会立法规定的联邦司法权力的限制;各州法院负责实施本州的法律,它行使的司法管辖权只受州法律的限制。联邦法院和

---

[1] 朱景之:《比较法导论》,中国检察出版社1992年版,第81页。

州法院之间没有上下隶属的审级关系，两者虽在管辖上有所交叉，但在组织上完全分离，联邦法院的组成与人员配置由联邦宪法和联邦议会决定；而州法院的构建及其人员配置则由各州独立地依据各自的宪法和议会的意见决定。

美国现行的联邦法院体制主要包括普通法院、专门法院以及由国会参议院兼任的弹劾法院。普通法院又称为宪法性法院，自下而上分为三级，分别为联邦地区法院（United States District Court），联邦上诉法院（United States Court of Appeal）和联邦最高法院（Supreme Court of United States）。联邦地区法院是具有一般管辖权的第一审法院，又称为初审法院，是联邦法院组织体系中最基层的法院，每个州至少有1个地区法院，较大的州可能是有2个至4个地区法院，目前全美国共有94个联邦司法管辖区，即有94个联邦地区法院。联邦地区法院有权审理任何涉及联邦法律的案件，虽然是初审法院，但是在刑事方面只负责审理较为重大的联邦犯罪。联邦上诉法院是在美国联邦最高法院之下的中间上诉法院，主要职权是复审在其巡回区内联邦地区法院所有的最后判决或某些非最后判决。为了便于处理案件和减轻最高法院的负担，美国按照相邻近的原则将全国50个州划为11个独立的司法巡回区，哥伦比亚特区作为单独的一个巡回区，每一个区设一所上诉法院，所以全国实际上有12个巡回区，即有12个联邦上诉法院。联邦上诉法院只有上诉管辖权，没有初审管辖权，受理对本巡回区内的联邦地区法院判决不服的上诉案件。一般不对案件的事实进行重新审查，只审查地区法院在适用法律上是否有错误。联邦最高法院是联邦的最高审判机关，它是联邦法院系统中的最终上诉法院，也是来自各州法院的有关联邦法律问题的最终上诉法院。联邦最高法院兼具初审管辖权和上诉管辖权。除三级联邦法院外，国会还根据《美国联邦宪法》第3条设立了两个专门性的初审法院——联邦国际贸易法院和联邦索赔法院，前者对根据关税法和国际贸易法律而向美国提出的大多数诉讼拥有专属管辖权，后者主要受理大部分向美国政府要求金钱赔偿的索赔案。[1]

根据《美国联邦宪法》第1条第8款第9项规定，议会有权设立低于最高法院的法院。据此，在国会认为必要时可设置专门法院。专门法院，又称为立法性法院，是指由立法机构根据议会立法设立的法院，一般具有限定管

---

〔1〕 齐树洁主编：《美国司法制度》，厦门大学出版社2010年版，第64~65页。

辖权，对某些专门性案件拥有全国的管辖权。目前这类法院有军事法院、军事上诉法院、退伍军人上诉法院、破产法院和联邦税收法院。此外还包括了联邦行政法院，它由行政机构及其执行委员会控制，通过运用相关行政法规和程序解决由于影响个人、民间组织和其他公共主体权益的行政命令的实施而引起的冲突。

弹劾法院由国会参议院兼任。《美国联邦宪法》第1条规定，众议院拥有弹劾全权；参议院拥有审判一切弹劾案之全权。程序上首先是由众议院委员会或者两院联合委员会进行调查，然后众议院司法委员会批准进行弹劾的指控报告，该报告获得众议院通过后，再由众议院通过决议，正式提起弹劾指控。审判弹劾案开会时，参议院议员应进行宣誓，在议长主持下召开全院大会进行审判。在合众国总统受审时，最高法院首席法官任主席，任何人非经出席的参议院人数的2/3以上同意不得被定罪。弹劾案之判决以撤职及剥夺其担任或任何享受合众国荣誉职位、委任职位或领取薪酬的职位之资格为限，但被定罪人仍可作为被依法起诉、审讯、判决及惩办的对象。

美国的法院除解决纠纷或处理案件之外，还有一项最重要的职责就是司法审查。所谓司法审查，就是法院有权监督政府和其他部门的工作，有权制衡政府部门按照宪法确定的标准行事。[1]由于存在联邦宪法和州宪法的分野，美国的司法审查不仅仅是联邦法院的职责，州最高法院也有权根据州宪法宣告本州的立法无效。美国普通法院有权审查立法合宪性的做法，虽然久而有之，但正式建立司法审查制度并从理论上作出充分地阐述，则是由联邦最高法院大法官马歇尔在1803年的马伯里诉麦迪逊一案中完成的。在司法审查制度被确立20多年后，美国联邦最高法院对司法审查的内容作出了具体的规定：对联邦政府及其他两部门的行为——国会的行为和总统及其下属的行为的合宪性的审查；对州立法机关的行为、州长及其下属的行为以及州法院判决的合宪性的审查。司法审查由普通法院行使，案件的当事人只能是因某项法律、法令违宪而受到侵害的人。法院不直接受理宪法控诉案，也不主动审查任何一项立法是否违宪，只有在审理普通案件的过程中，对所适用的法律是否符合宪法存在争执时，法院才将该案作为宪法案件来审理，并就宪法问

---

[1] 李昌道编著：《美国宪法史稿》，法律出版社1986年版，第234页。

题发表意见,或者对国会立法是否合宪作出裁决。[1]

根据联邦与州的分权原则,各州也有自己的司法系统和司法体制。由于50个州与哥伦比亚特区的法院系统各不相同,"美国的州法院系统堪称全世界最混乱的司法系统,不仅表现在结构上自行其是,而且名称上也是让人莫衷一是"[2],因此,"要对其进行概括是十分困难的"。[3]但从总体的机构设置来看,美国有一半的州设立三级法院:包括州最高法院(即终审法院)、上诉法院(即中间上诉法院)、普通管辖权的初审法院和有限管辖权的初审法院。另一半较小的州则只设两级法院:州最高法院和普通管辖权及有限管辖权的初审法院。哥伦比亚特区由于管辖范围小,只设立了一个初审法院,一个上诉法院。从宪法和法律上看,联邦法院系统相当重要,但就具体案件而言,几乎90%以上都是由州法院系统审理的。普通的商事和合同案件、家事案件、离婚或者儿童监护案件、刑事案件以及人身损害赔偿案件,几乎都由州法院系统审判和裁决。[4]由于经济的发展和刑事上诉案件的迅速增多,为了减轻州最高法院日益增长的负担,美国现有约一半的州根据州宪法或法令设立了中间上诉法院。[5]州最高法院审理来自本州初审法院或中间上诉法院的上诉案件,一般不论案件涉及数额多少,各种刑事案件均可向最高法院上诉。作为本州法院系统的最高机构,州最高法院对涉及本州的宪法和法律在解释上出现争论时有最后的裁定权。

美国法律没有明文规定法官的任职资格,但在实际中对法官的任职资格是有要求的。担任联邦法院的法官,无论是最高法院还是地区法院,必须具备以下条件:一是美国公民;二是在美国大学法学院毕业并获得JD学位;三是通过严格的律师资格考试且合格,取得律师资格,并从事律师工作若干年。在美国大部分法官在担任法官之前必须有多年的法律实践经验,可以是当私人律师、检察官或者是公众辩护人,也可以是从事法学教学科研工作的学者,或者是担任政府部门法律顾问的官员。

---

[1] 参见齐树洁主编:《美国司法制度》,厦门大学出版社2010年版,第172~179页。

[2] 何家弘主编:《中外司法体制研究》,中国检察出版社2004年版,第105页。

[3] Thomas A. Henderson, er al, *The Structure and Characteristics of the State Judicial System*, the Alessandria Economic Policy Institute in Virginia, 1981, p. 8.

[4] [美] 大卫·P. 柯里:《美国联邦法院管辖权》,法律出版社2004年版,第9页。

[5] 周道鸾等:"美国的法院体系",载《法学杂志》1989年第3期。

美国法官的任命程序分为联邦法官与州法官两种不同程序。联邦法院系统的三级法院，即联邦最高法院、联邦上诉法院、联邦地区法院的法官，均由总统提名，参议院批准，总统任命。如果参议院不批准，总统只能另行提名，再交参议院审议、批准。在法官的提名和任命过程中，党派政治起着重要的作用，被提名的法官往往是与总统政治观点相符的本党党员。美国联邦法院的法官是终身制，法官可以终身担任职务，也可以因为个人健康原因提出辞职，但政府为了保证法官的独立性制定了各种保障措施，保证了法官的工作和生活没有后顾之忧。而州法院系统的法官则有一定任期，任期长短各州规定不一，短的4年至6年，长的12年至15年，有少数州规定法官的任期也是终身的。州法官的退休年限一般在65岁至75岁之间，以70岁最为常见。[1]

在美国，法院承担了极为重要的职责与任务，法官被认为是一等重要的人物。美国的名人录里，均包括了重要法院法官的简历。因此，法官这个职业受到社会的普遍尊重。[2]法官的工资和相关待遇由宪法和法律予以制度保障，包括明确规定他们的薪金在任职期间不得减少，且较为优厚。

(二) 英国的法院体系及法官管理

英国法院组织系统较为复杂，按照上下级关系，分为中央法院和地方法院两级。中央法院包括了最高法院（Supreme Court of Judicature）、枢密院（Privy Council）和上议院（The House of Lords）。最高法院由高等法院（High Court of Justice）、上诉法院（Court All Appeal）和皇家刑事法院（Crown Court）组成。枢密院受理来自联邦某些成员国、殖民地、托管地、保护国及英国各专门法院的上诉案件。上议院是英国的立法机构，也是英国最高司法机关，有权受理除苏格兰刑事案件以外的所有民事和刑事案件的上诉案件，也审理下议院提出的弹劾案。[3]地方法院主要包括郡法院（County Court）和治安法院（Magistrates Court）。按照审理案件的性质，又可以分为民事法院和刑事法

---

[1] 参见齐树洁主编：《美国司法制度》，厦门大学出版社2010年版，第70~73页；陈国庆、王佳编著：《司法制度》，江苏人民出版社2015年版，第30~34页。

[2] William Burnham, *introduction to the law And legal System of the United States*, West Group, 1999, p. 179.

[3] Denis J. KEEnan, *Smith&Keenan's English Law*, Addison-Wesley Longman Ltd, 2004, p. 63.

院两类。民事法院按级分为郡法院、高等法院、上诉法院民事法庭和上议院。刑事法院按级分为治安法院、刑事法院、上诉法院刑事法庭和上议院。这种对民事和行政法院司法管辖权的区分是根据1925年《英国最高法院司法（统一）法》（Supreme Court of Judicature Consolidated Act of 1925）及其修正案作出的，这项立法是指英国1973年以来制定的一系列最高法院法案的产物。这项立法将当时英国一系列令人眼花缭乱的不同的单独法院进行了系统化梳理及规定。

上议院是英国的最高司法机关，除涉及欧盟法律的案件外，对案件裁定具有最高的司法权力。上议院的司法决定只能被制定法或上议院在以后的案件中以拒绝遵循先例的决定所推翻。上议院通常只对涉及贵族爵位继承争议案件与侵犯上议院自身议会特权的案件行使初审管辖权。在1848年《英国刑事审判法》（Criminal Justice Act 1948）通过后，涉及贵族犯罪案件的初审管辖权已经被取消。现在上议院行使的仅仅是针对上诉案件的审判权，即作为英格兰、威尔士及北爱尔兰民事和刑事案件的最终上诉机关。在苏格兰，上议院只是民事案件的最终上诉机关，刑事案件的最终上诉机关是设在爱丁堡的苏格兰高等刑事法院。上议院审理的案件必须是涉及一项具有"全体公众重要性"的法律问题并且得到下级法院上诉许可的，因此实践中案件数量相当少。[1]上议院议长作为大法官，是上议院的最高司法长官，也是最高法院的大法官。

上诉法院是根据1873年《英国司法法》（Judication Act 1873）设立的，现包括民事上诉庭和刑事上诉庭。民事上诉庭主要审理来自高等法院三个分庭及郡法院的民事上诉案件。1935年前大多数来自郡法院的民事上诉案件，在进入上诉法院之前必须先上诉到高等法院王座法庭（Kings Bench Division）。刑事上诉庭审理来自皇家刑事法院的刑事案件，上诉可以针对法院的定罪或量刑判决，但必须首先获得上诉法院允许，或者由审判法官以书面形式证明案件符合上述条件。

高等法院属于最高法院的组成部分，始建于1873年，是一个派生于诺曼底国王法院的古老法院，主要拥有原始管辖权，各个分庭也拥有上诉管辖权。目前高等法院分为三个分庭，即王座法庭（Queen's Bench Division）、大法官

---

[1] Terence Ingman, *The English Legal Process*, Oxford University Press, 2004, P.8.

法庭（Chancery Division）和家事法庭（Family Division）。王座法庭的管辖权最为广泛，既受理民事案件也受理有限的初审刑事案件。大法官法庭下设公司法院（Companies Court），受理公司强制清盘以及根据1986年《英国公司法》和1986年《英国破产法》提出的其他申请事项。家事法庭由遗嘱检验、离婚、海事法庭重新组成命名而成，拥有初审管辖权和上诉管辖权。

皇家刑事法院是根据1971年《英国法院法》（Courts Act of 1971）建立的刑事法院。在英格兰和威尔士，刑事法院处于大法官的直接控制之下，在法律设定的6个巡回审判区内都设有3个不同的审判等级中心，分别审理不同等级的刑事案件，刑事法院拥有上诉管辖权和原始管辖权。刑事法院是被告首次有权在作无罪辩护的情况下要求由陪审团进行审判的法院。对于刑事法院的判决，被告可以就案件中的法律问题和案情问题，向更高级的法院即上诉法院刑事分庭提出上诉，任何判处有罪的被告都可以就法律问题提出上诉，也可经刑事法院法官或上诉法院本身的许可就案情问题提出上诉，对量刑提出的上诉法院必须发布上述许可。[1]

郡法院是英国民事司法系统的初审法院，这个名称继承了早期郡法院的古名称，但实际上这些法院当今的地域管辖范围不一定与郡的界限相符，事实上郡法院的名称与郡法院的地理划分毫无关系，对于郡法院提供服务的司法区的划分是按照交通便利原则进行的，这种司法区的划分可以由大法官作出修改。[2]目前英国共有240个郡法院。[3]英国的郡法院被分为50个巡回区，每个巡回区配备1名或1名以上的巡回法官，巡回法官和地区法官是郡法院的常任法官。除常任法官外，上诉法院和高等法院的所有法官依职权都可以在郡法院审理案件，但这种情况很少见。郡法院是英国法院系统中最繁忙的法院，郡法院受理了约200万起案件，高等法院的王座分庭和大法官分庭受理的诉讼案件总共只有15.2万起。[4]位于郡法院之下，除低级初审法庭和少年法庭之外，还有小额诉讼法院，后者不允许诉讼方聘请律师。自1934年以来，来自郡法院的上诉可以直接向上诉法院提出，因此可以绕过直接位

---

[1] 陈国庆、王佳编著：《司法制度》，江苏人民出版社2015年版，第57页。

[2] 最高人民法院司法改革小组编、韩苏琳编译：《美英德法四国司法制度概况》，人民法院出版社2002年版，第252页。

[3] Slapper & kelly, the English legal system, Cavendish Published limited. 2004, p112.

[4] Judicial statistics 1998, Cm 4371, 1999, p. 19, p. 27, p. 37.

于郡法院之上的高等法院。[1]

英国刑事法院系统中最基层的是治安法院，但发挥着极为重要的作用，每年由治安法院处理的刑事案件，约占英国全部刑事案件的90%。治安法院一般设有四种法庭：成人法庭（Adult Magistrate's Courts）、少年法庭（Youth Courts）、家庭法庭（Family Courts）和许可证法庭（Licensing Courts）。[2]治安法院拥有刑事案件和部分民事案件的初审管辖权，其民事管辖权主要针对家庭诉讼（包括赡养、抚养和收养等）案件。但治安法院的管辖权主要是针对刑事案件的，包括以下两个方面：一是治安法院拥有简易审判（也称即决审判）的管辖权，也就是通过简易程序审理法律规定的犯罪；二是除简易审判外，治安法院还行使起诉预审的职能。对于公诉罪，包括最严重的犯罪如谋杀罪、抢劫罪和强奸罪等，只能适用公诉书审判。凡是准备正式公诉的罪行，必须先经过治安法院预审。决定起诉的，全案移送有管辖权的刑事法院进行审理。大部分治安法院由非专业法官（即治安法官）组成，他们是不要求支付工资、提供义务服务的非职业法官，必须居住在距法院司法管辖区15英里的范围之内。当然在伦敦和一些大的行政区域内，治安法院除治安法官之外，还设有若干名地区法官，共同审理治安案件。

在英国，法官作为一个司法职业阶层，在英国社会中具有崇高的声望。一般的法律职业者被任命或选举为法官时，常常被看作是一生中姗姗来迟的辉煌成就。[3]英国强调法官必须由富有实务经验且道德学问都非常优秀的人士担任，因此要求法官"年长、阅历、精英"，在获得任命时，他们不仅对法律专业知识有精深的把握，而且也有长期的法庭实践经验，因此向法官席的攀登是一个漫长而又有规律的过程，40岁以前被任命为法官是极少见的事情。[4]只有40岁以上的人才有可能被任命为法官，据统计，英国法官最初任职时的平均年龄为47岁，高级法院的法官年龄一般在60岁以上。法官的退休年龄一般是72岁，特殊情况下可以在75岁退休。

英国法官不是由法院系统的最低级逐渐向最高级晋升的，而是每一级别

---

〔1〕 陈国庆、王佳编著：《司法制度》，江苏人民出版社2015年版，第61页。

〔2〕 宋英辉、孙长永、朴宗根等：《外国刑事诉讼法》，北京大学出版社2011年版，第5页。

〔3〕 [美]约翰·亨利·梅利曼：《大陆法系》，顾培东、禄正平译，法律出版社2004年版，第34页。

〔4〕 [美]格伦顿：《比较法律传统》，米健等译，中国政法大学出版社1993年版，第135页。

的法官都直接从私人律师中挑选，然后通过任命制的方式而产生。在理论上，所有的司法任命都掌握在英王的手中，但是英王的任命都是由当时的政府所引导的。首相也会就上议院常任法官、上诉法院法官、高等法院法官的任命向英王提出建议。

在英国，法官有着崇高的地位和威望，能进入法官队伍本身就是一种荣誉和对其本人的充分肯定。为了使法官专门从事司法审判工作，英国对法官规定了严密和系统的职业保障体系：一是法官的身份保障。英国实行法官不可更换制度，法官是终身任职，只要其行为端正，职位就受到保护，不得随意进行更换。二是法官的经济保障。英国法官实行高薪制，法官工资只能增加不能减少。法官被任命后，任何机关不得对其报酬和其他职务条件作出不利变更。三是法官特权保障。法官拥有司法豁免权，即法官在履行司法审判职能过程中所实施的行为和发表的言论，享受不受指控或法律追究的权利。法官还拥有禁止外界对其正在进行的审判加以宣传和评论的权利，以防止因新闻媒介对审判活动任意评论或妄下结论，从而影响法官独立与公正判断。[1]当然，如果法官在审判过程中行为不检点或者有其他触犯法律的行为，他们仍应承担相应的民事、行政和刑事责任。[2]

二、检察体系及检察官管理

（一）美国的检察体系及检察官管理

美国的检察系统同样存在联邦和州两套系统，没有形成全国统一的、上下隶属的独立的检察系统，其体系是一种松散型的结构。[3]联邦和各州虽然都有检察总长这一职务，但其领导下的机构，不是专司检察的机关，而是隶属于政府的行政机关，联邦称为司法部，各州名称不一。在联邦各司法辖区以及州以下的县、市、区设置检察署（Office of the Prosecutor），或指控检察事务所（Office of the Prosecutor Attorney），专司检察职能。美国的检察体制具

---

[1] 参见齐树洁主编：《英国司法制度》，厦门大学出版社2007年版，第132~133页；陈国庆、王佳编著：《司法制度》，江苏人民出版社2015年版，第68~69页。
[2] 参见齐树洁主编：《英国司法制度》，厦门大学出版社2007年版，第132~133页；陈国庆、王佳编著：《司法制度》，江苏人民出版社2015年版，第68~69页。
[3] 李游、吕安青：《走向理性的司法》，中国政法大学出版社2001年版，第248页。

有"三级双轨"的特点,"三级"指检察机关建立在联邦、州和市县这三个层次,三者之间相互独立,不存在上下级关系;"双轨"指检察系统由联邦和地方两个系统构成,两者平行,互不干扰。[1]

美国联邦检察系统由联邦司法部(Department of Justice)中具有检察职能的部门组成,主要包括总检察长办公室、民事司、刑事司和联邦地区检察官办公室等,其职能主要是调查、起诉违反联邦法律的犯罪行为,并在联邦作为当事人的民事案件中代表联邦政府参与诉讼。联邦检察系统的首脑是联邦检察总长(Attorney General),他同时是司法部长和总统的法律顾问,还是政府内阁的成员。联邦检察总长对于所有的联邦检察官,包括司法部内的检察官和分布于全国各地的联邦检察官都有指挥权。联邦司法部机构非常庞大,业务范围极为广泛,它是政府的一个行政部门,但是其下属的民事司、刑事司、反托拉斯等司局有权履行检察职能。他们可以在各自主管领域内向总统、政府和军队首长提供法律咨询;有权就重点打击的犯罪活动指示联邦调查机构进行调查,提起公诉、出席支持公诉和提起上诉。民事司、刑事司可以将民事案件和特别的刑事案件交给联邦检察署的检察官处理并给予支持,如提供临时补充的起诉人员,提供刑法方面的建议。

美国有94个联邦司法管辖区,为了便于在每个联邦司法区开展检察工作,每个联邦司法区设置联邦检察署,其首长为联邦检察官,配备若干名助理检察官。联邦检察总长对于分布于全国各地的联邦检察官都有指挥权。联邦检察署的主要职权是:对违反联邦法律的一般犯罪行为向有管辖权的联邦法院提起并进行诉讼;建议大陪审团对重罪提起公诉;对涉及国家利益的民事案件向有管辖权的联邦法院起诉并进行诉讼。

地方检察官包括州、市县(郡镇)的检察官,检察机关基本上按照行政管理体制,直接对应行政区划设置,在宪法的指导下,各依各法,各行其是,层级间无隶属和业务指导关系。美国各州普遍是设立州检察长(State Attonney General),在州检察长的领导下设置一个类似州司法部的机构,有的称检察长办公室,有的称法律公共安全局,名称不一,性质相似。州检察长的职权依照州宪法、州政府立法和习惯法而定,因此职权有大有小。一般来说,其主要职责是充当州长、州政府的法律顾问,为州长、州政府官员提供法律咨询;

---

[1] 范愉主编:《司法制度概论》,中国人民大学出版社2003年版,第175页。

指导全州执法工作，对法律条文的适用提出指导意见；提起终止或撤销诉讼，进行辩诉交易；出席大陪审团对案件的审查等。市县（郡镇）一级检察机构的规模视当地人口和案件多寡而定，人口密、诉讼多的地区，检察机构可能规模庞大，人员众多；而幅员小、案件少的地方，检察机构的专职人员较少，甚至还可能是兼职的。总体而言，人员规模和业务分工多样化是美国检察机关组织形式的一大特色。[1]

美国检察官一项重要且具有特色的职权是刑事案件的辩诉交易权。辩诉交易是检察官与被告人或其辩护律师经过谈判和讨价还价来达成由被告人认罪换取较轻的定罪或量刑的协议。辩诉交易主要内容有三个方面：一是罪名的交易，即检察官许诺以较之于本应指控的涉嫌罪名更轻的另一罪名以换取被告人认罪；二是罪数的交易，当被告人犯有数罪时，检察官为争取犯罪嫌疑人承认有罪，许诺将本应指控的数个犯罪改为仅指控其中的一个罪行；三是刑罚的交易，即检察官许诺建议法官对被告人适用较低幅度刑罚以换取被告人的认罪。是否决定辩诉交易完全由检察官决定，被告人无权要求得到辩诉交易，而且当有数个被告人的时候，检察官可以根据自己的意愿决定同其中哪个被告人进行辩诉交易。检察官辩诉交易权是不受审查的，法官也不得干涉检察官和被告人的辩诉交易，只要被告人的认罪属于自愿，且已经声明放弃陪审团审判的权利，那么法官就不再进行法庭调查，直接按照检察官起诉的罪名判刑，这实际上等于由检察官来决定被告人是否有罪。由于检察官握有是否对犯罪起诉以及以何种罪名起诉的几乎不受限制的裁量权，检察官普遍被认为是美国刑事司法体系中具有影响的人物。[2]当然，美国社会对辩诉交易一直存在着很大的争议，但不可否认，辩诉交易在提高指控犯罪成功率、节约司法资源、减少社会对抗、减轻诉讼负担方面确实取得很大的成效，符合美国公众普遍奉行实用主义的思想。

美国的检察官分为联邦检察官和州检察官，广义的联邦检察官包括联邦检察长、联邦检察官，联邦司法部属检察官和独立检察官；狭义的联邦检察官仅指各司法地区的首席联邦检察官。联邦检察官均由总统提名，参议院通

---

[1] 参见齐树洁主编：《美国司法制度》，厦门大学出版社 2010 年版，第 405~408 页；陈国庆、王佳编著：《司法制度》，江苏人民出版社 2015 年版，第 45~49 页。

[2] 宋英辉、孙长永、朴宗根等：《外国刑事诉讼法》，北京大学出版社 2011 年版，第 60 页。

过后获得总统任命。与终身任职的联邦法官不同,联邦检察官非终身制,其任命取决于总统的自由裁量权。一般而言,当一位新总统就职时,所有的联邦检察官都提交辞呈,让新总统任命其他人,总统通常从自己的政党中挑选人士并任命。所以,联邦检察官的工作带有很强的政治色彩,必须符合总统的意愿,否则,即使你没有什么错甚至干得很出色,都有随时被免职的风险。州检察长一般由选举产生,对选民负责,检察官实行任期制,可连选连任,但也有一些州例外,是由州长直接任命。

美国检察官的任职资格与法官一样没有明文规定,与法官任职资格有相类似的地方,但没有法官的任职这么严格,突出的是本土化、精英化和经验化的特征。所谓本土化,首先必须是具有美国国籍的公民,享有宪法和法律规定的权利,承担着忠于国家、维护国家利益的责任。公民资格是各国公务员任职的先决条件,也是世界的通行惯例。精英化,即指担任检察官应具备相应的专业学术背景和律师职业资格。美国检察官首先都是律师,不管他们是经由任命、选举产生或者通过聘用任职,检察官都必须经过律师资格考试,取得律师职业资格。经验化则是指担任检察官还应当具备相应的法律职业工作经历。一般来说,担任联邦检察官必须有 3 年至 6 年的法律工作经历,如担任法庭书记员、在律师事务所担任律师助理或者在政府部门担任见习律师等。

(二) 英国的检察体系及检察官管理

19 世纪中叶以前,英国刑事诉讼的主体是私诉,全国没有独立的检察机构,只有总检察长、副总检察长和财政部法务长这几个代表政府起诉的官员。在欧美国家纷纷建立独立的检察制度之后,英国并没有立即建立独立的检察制度,而是根据既有的传统资源进行制度改良。检察制度的发展是通过 1879 年、1884 年、1908 年和 1985 年《犯罪起诉法》的修改和完善而完成的。第一部创设检察制度的立法是 1879 年《犯罪起诉法》,该法在英国历史上第一次设立了检察长一职,并授权检察长在总检察长的监督之下提起和从事刑事起诉。第二部是 1884 年《犯罪起诉法》,该法规定由财政部律师兼任检察长,行使法律咨询和决定刑事案件起诉的职能。第三部是 1908 年《犯罪起诉法》,该法把财政部律师兼任检察长管辖的刑事起诉部门独立出来,由内政部任命的专职检察长负责管理,授权检察长在诉讼的任何阶段接管私人或警察起诉的刑事案件。第四部是1985年《犯罪起诉法》，该法规定了英国现在的公诉机关——皇家检察署（Crown Prosecution Service），其成为英国现代意义的检察机关。皇家检察署独立于警察组织，自下而上，逐级负责，组织上自成一体。这套新的检察组织体系以检察长和皇家检察署为核心，最高一级是总检察长和副总检察长，中间一级是检察长和皇家检察署，基层是地区首席皇家检察官及其他检察官。

英国总检察长处于检察系统的最高一级，他是政府的首席法律顾问，也是英国辩护律师协会的首脑，负责在下议院回答与法律有关的问题和主持召开律师大会，其主要职责包括人事任命、检察监督、在重大案件中决定是否起诉甚至是代表支持公诉、提供法律建议，等等。副总检察长是总检察长的副手，其职责与总检察长相似，在总检察长职位空缺或总检察长因故不能履行工作时代行其职责，其下设总检察长办公室进行日常管理工作。[1]

皇家检察署是英国最高检察机关和全国性的起诉机关，它的职责包括：起诉受警察指控刑事犯罪的人、对可能提起的诉讼向警察提出建议、审查警察的指控。目前主要设有组织犯罪部门、特殊犯罪部门和反恐怖主义部门。皇家检察署的首脑为检察长，其主要职能包括：接办警方起诉的案件、就重大复杂的刑事案件提起公诉、就有关刑事犯罪的法律问题向警方提出建议、在上述案件中出庭支持公诉。检察长要接受总检察长的监督，并定期向总检察长报告工作情况，通过总检察长就检察署的工作向议会负责。从严格意义上讲，总检察长不是皇家检察署的工作人员，但他却是该机构的领导人。检察长下设常务副检察长，负责检察机关日常事务的管理，负责人力资源、财务行政信息系统、行政事务管理等，以便使检察长能够集中精力处理起诉、法律事务及司法政策。皇家检察署可以分为皇家检察署总部和43个地方检察区，每一个检察区设一位首席检察官，负责本地区的检察工作。在每一个区内，正好一位首席皇家检察官对应一位警长，从而使检务和警务两套系统实现统一，便于相互间的工作配合。[2]

---

[1] 李哲："中国检察机关组织机构设置研究：以各国检察机关组织机构设置模式为基础"，载《中国刑事法杂志》2010年第9期。

[2] 参见陈国庆、王佳编著：《司法制度》，江苏人民出版社2015年版，第85~89页。

在英国，检察官主要从律师中选任，所有的检察官都必须是法律工作者，都必须具有律师资格。英国的法律对律师资格的取得规定了严格的条件，成为律师的程序是：其一，要求大学本科毕业，然后必须到律师学院学习两年；其二，需通过律师资格考试，才能取得律师资格；其三，取得律师资格后需实习一年，然后才能独立办案。总检察长和副总检察长，由首相从本党的下议院议员中提名推荐，由英王任命。皇家检察署的首脑检察长，由英国首相根据总检察长的推荐任命，检察长必须具有 10 年以上从事出庭律师或事务律师的工作经验。各地区首席皇家检察官由检察长任命，对于辖区内的检察官则由皇家检察署进行选任与管理。担任一般检察官需具有事务律师或出庭律师的资格，即完成法律实务课程而具备事务律师资格，或通过律师专业培训课程而具备出庭律师资格，而没有法学学位之人还要经过额外的课程训练和考试。[1]

三、审判及检察权力运行管理

（一）美国的审判及检察权力运行管理

在美国，一般认为法官的审判权力与检察官的公诉权力在性质上截然不同，审判权力属于司法权，检察官公诉权力属于行政权力。法官根据检察官或当事人一方的起诉，经过陪审团的事实裁决后，作出法律上的裁决，是属于典型的司法权。检察官承担着多种角色，并拥有多种权力，最重要的角色莫过于公诉人，最重要的权力就是公诉权。在刑事诉讼中，检察官起着主导作用，其在公诉中的裁量权包括是否提起公诉和对起诉指控内容的裁量。特别是当代美国辩诉交易制度的普遍实行，检察官在刑事程序中有了更大的决定权。因此，当代美国对于检察公诉权性质的讨论也一直在持续，有些学者也认为检察公诉权是具有司法特征的行政权力。[2]当然，这种讨论的意义并不大，因为各国对司法权的认识并不一致，对于什么权力属于司法权力更是因国而异。抛开对于法官的审判权力与检察官的公诉权力性质上的讨论，从权力运行本身来看待其基本规则。由于美国强调的是法官或检察官独立，因此在大部分的案件处理上都是强调由法官或检察官根据自己的内心判断

---

[1] 郑曦："英国检察官选任、惩戒制度及其启示"，载《检察日报》2019 年 5 月 11 日，第 3 版。
[2] 洪浩：《检察权论》，武汉大学出版社 2001 年版，第 34 页。

进行裁决，也就是实行独任制裁判。[1]但是，我们可以注意到，在实行个人独自裁决之前还有一个重要的事实判断，即陪审团的裁决。这种通过民主形式形成的裁决，可以说是对法官和检察官权力的制约与保障。

陪审团审理是美国司法制度的基石，现代的陪审制度虽然诞生在英国，但它的充分发展和应用却在美国，这不仅表现在美国比世界上的任何其他国家都更多地使用陪审团，而且还表现在美国陪审团审判的范围大大超过了其他国家。[2]美国是至今仍同时实行大陪审团（Grand Jury）和小陪审团（Petty Jury）制度的国家。

大陪审团一般由23人组成，其职能是负责审查起诉，即对检察官提交的证据进行审查，决定是否提出公诉。大陪审团审议案件时，被告人、辩护律师、公众和媒体都不得在场，只有检察官才得以向大陪审团提交证据，大陪审团也只是审查检察官提出的证据。除审查检方证据外，大陪审团还有调查犯罪的职能。检察官经常通过大陪审团来调查集团犯罪、经济犯罪、政府工作人员犯罪等案情比较复杂、取证难度较大的犯罪。设立大陪审团的本意，就是让一个独立的机构对检察官所提出的证据作出客观的评价，对检察官的权力进行制约与监督，但是实践中大陪审团有成为检察官调查犯罪的工具的趋势。[3]

小陪审团一般由12人组成，现在由6人组成的陪审团也不违反其宪法。小陪审团一般负责审理案件中的事实问题，法官则决定法律问题。在刑事诉讼和民事诉讼中，小陪审团承担着不同的职责。在联邦法院以及绝大多数州法院，在大多数刑事案件中小陪审团都只负责判定犯罪事实存在与否，即被告人是否有罪，而不负责决定应当对被告人处以何种刑罚。相比之下，在民事诉讼中，小陪审团不仅有权决定双方权利义务的归属，还有权确定权利义务的具体形式。小陪审团制度的意义在于让普通民众参与日常的司法审判事务，可以有效地对职业法官的行为进行制约和监督，防止司法权力的专断，可以说是民主的方式与法治的手段的有机结合，因此备受美国及其他英美法

---

[1] 美国上诉法院在审理上诉案件时采取合议形式进行裁决，最高法院在受理上诉案件时也是采取集体合议的形式，但在审判一般具体案件时采取独任制。

[2] [美]迈克尔·D.贝勒斯：《法律的原则》，张文显等译，中国大百科全书出版社1996年版，第69页。

[3] 参见宋英辉、孙长永、朴宗根等：《外国刑事诉讼法》，北京大学出版社2011年版，第68页。

系国家的青睐。

(二) 英国的审判及检察权力运行管理

英国的法官行使的审判权力是一种典型的司法裁判权，检察官行使的是一种起诉权力，在英国被视为一种行政权力，这种权力不但由检察署行使，其他行政机关也同样可以行使。因此，两者的权力性质与运行方式完全不同。为了与本书的观点保持一致，我们仍然把法官的审判权与检察官的起诉权放在一起讨论，主要分析两者权力在运行中的管理与监督。

法官在英国的司法体制中是一个举足轻重的人物，法官根据对案件事实和证据的判断独立作出裁判。在郡法院和治安法院的审理中，多数采取独任裁判，在上诉法院以及上诉程序中采取的是合议制，而在上议院的裁判中采取的是投票制。每一位法官都希望自己办理的案件及其判决成为经典，因此法官在裁决时是极其谨慎的。当然法官的裁判权力是受到制约的，其权力运行主要受到陪审制度的影响与制约。

英国确立了陪审团审判制度后，陪审团审判很快成为英国的一种主要诉讼方式，其在司法历史中占据了十分重要的地位，与此相关的许多司法制度也逐渐地配套发展起来。与此同时，随着英国在近代的殖民扩张，英国陪审团制度逐渐传播至美洲、非洲、亚洲等国家和地区，包括新西兰、爱尔兰、加拿大等。[1]英国陪审团制度在18世纪、19世纪资产阶级革命后进入黄金时期，许多国家和地区纷纷采用了陪审团制度，陪审团制度的适用范围也在逐渐地扩大，后来则逐步发展成为以英美为代表的陪审制度和以法德为代表的参审制度。进入20世纪以后，由于陪审制度本身存在的缺陷以及司法模式、司法观念的转变，英国的陪审制度日渐衰微。早期大陪审团的职能包括犯罪侦查、预审和起诉，后来由于专门负责犯罪侦查和起诉的机构相继出现，大陪审团只剩下预审职能。20世纪初，治安法官又逐渐代替了大陪审团的预审职能。1948年，英格兰和威尔士完全废除了大陪审团制度，小陪审团在审判中的作用也在逐渐地缩小。目前在刑事诉讼中陪审团审判仅适用于刑事法院审理的较重大的刑事案件，而审理98%的刑事案件的治安法院并不使用陪审团。在刑事法院审理2%的刑事案件中，57%的被告人作了有罪答辩，

---

[1] [英]麦高伟等主编：《英国刑事司法程序》，姚永吉等译，法律出版社2003年版，第347页。

因而并不适用陪审团审判，实践中适用陪审团审判的比例不到1%；[1]在民事诉讼中，陪审团审判的应用也相当有限，一般仅适用于诽谤、恶意诉讼、非法拘禁欺诈以及法官指示由陪审团进行审判的案件。所有陪审团参与的案件大约占5%，不过陪审团制度在英国司法体制中的作用仍然是不可忽视的。

陪审团参加庭审的职责是认真听取双方当事人的举证和辩论，审查证据，在聆听法官的总结与提示后，陪审团退庭进行评议，并对事实问题作出裁决。在刑事案件中，陪审团在进行评议后，作出被告是否有罪的裁决，如果有罪，法官接着会在陪审团作出的有罪裁决的基础上，作出量刑判决；在民事案件中，陪审团除了要对被告是否实施了原告所指控的民事侵权行为作出裁决，还要确定损害的赔偿金额。在1367年以前，陪审团作出裁决只需简单多数通过，后来为了加强对被告权利的保护，英国法院确立了陪审团必须一致通过的法案。进入20世纪中期以来，为了防止一致裁决原则被犯罪嫌疑人尤其是有组织的犯罪集团所利用，1967年《英国刑事审判法》将多数裁决原则引入法律，并被规定在1974年《英国陪审团法》第17条。但是一致裁决的基本原则仍被保留，法官应该鼓励陪审团尽量达成一致裁决，只有在无法达成一致裁决的情况下才适用多数裁决原则。多数是指绝对多数，即陪审团人员不少于11人时，有10人同意该裁决，或在10人陪审团的情况下有9人同意该裁决。一般而言，陪审团作出的裁决是终局的，除非有证据表明法官在相关法律问题上给陪审团以错误的指示，误导了陪审团；法官在某个关键问题上根本未作指示；在现有证据下，陪审团不可能得到这样的结论等明显不合理的情形，否则初审法院和上诉法院都不得撤销陪审团的裁决，从而体现公众意见的至上权威。此外，对陪审团作出的无罪宣判是绝对不允许上诉的。[2]

陪审团审判准确来讲应当是法官与陪审团共同审判，简而言之就是陪审团负责事实问题，法官负责法律问题，这是英国法官的司法裁判权力运作的一个显著特点。陪审团制度作为一种体现民意的司法制度，符合当今追求司

---

[1] Terence Ingman，*The English legal Process*，Oxford University Press，2004，p. 213.
[2] 李育红："论英美法系陪审制度的运作特点和司法功能"，载《合肥联合大学学报》2000年第4期。

法民主的世界潮流，它在制约职业法官的专断行为方面发挥了积极作用，有助于发扬司法民主，提高公民自身的法律意识和法制观念，并将公众的正义价值标准注入法律制度中。但是，陪审团成员作为非法律职业者，只是一次性地参与案件的审理，在参与审判的过程中难免会带来或多或少的缺陷。特别是进入20世纪后期，诉讼的复杂性以及司法的高度专业化引起了人们对陪审团制度固有缺陷的担忧与不满，导致了相关方面的改革。陪审团成员的组成缺乏代表性、由缺乏法律知识和实践经验的陪审团成员作出的裁决存在不公正风险以及陪审团审判效率相对低下等是陪审团制度备受诟病的地方。为此，英国政府于2002年公布了《刑事司法改革白皮书》，对陪审团制度提出了若干修改意见，而后实施了2003年《英国刑事审判法》，对陪审团制度的相关法律作出了修改。目前英国陪审制度的改革主要集中在两个方面：一是关于陪审团参与审理案件的范围。扩大了治安法院中对"两可"犯罪的审判，取消了治安法院向刑事法院移送案件的选择权。对于严重的、复杂的欺诈性案件和存在对陪审团进行不当干预的现实危险的案件，排除陪审团审判而由法官单独进行审理。事实上，在刑事审判中适用陪审团审判的范围进一步缩小。二是关于陪审员的任职资格。英国政府对1974年《英国陪审团法》中不适合和被豁免担任陪审员的人群范围进行改革，除有犯罪记录或精神障碍外，所有在英国居住5年以上，年龄为18岁至70岁的登记选民均可担任陪审员。另外，强调每一个社会成员都有责任和义务参与陪审活动。

　　检察官的起诉自由裁量权是刑事诉讼中的关键问题，在警方提起指控后，皇家检察署便面临着是否提起刑事公诉的问题。起诉决定的审查标准是起诉自由裁量权的核心问题，检察官应当依据法定的标准，对案件进行两个方面的审查。在证据审查方面，检察官应当判断是否存在"现实的判罪前景"，以作为提起公诉的客观依据；在公共利益审查方面，检察官应当考虑起诉是否符合公共利益的要求，以作为决定起诉的主观依据。如果证据审查通过了，检察官接下来就要考虑该起诉是否符合公众利益的需求及公众利益检验。通常检察官对于证据充分的案件会启动起诉程序，除非公共利益因素对起诉的排斥超过了对其的支持。检察官在办案时，从以上两个方面先后对案件进行审查，独立作出决断，最后作出起诉或者终止起诉的决定。对于检察官作出起诉决定的，案件会送到法院，由法院最后作出裁决；对于检察官作出不予起诉决定的,一般来说案件就此已经终止。[1]2002年7月由大法官、总检察长和内政大臣共同签署的英国政府白皮书《所有人的正义》(Justice for All),对刑事司法改革制度进行了改革。其中要求皇家检察署应将案件程序的进展情况告知被害人,由被害人对案件不当终止进行监督。被害人及相关当事人可以对检察官作出的不予起诉决定提请司法审查。案件被害人及相关当事人对案件终止诉讼表示不满是对抗终止案件程序的有效制约手段,也是对检察官行使起诉自由裁量权的有效监督。但是,基于总检察长"唯一的宪法地位",其所作出的不予起诉的决定不接受司法审查。[2]

四、司法案件管理

(一) 美国的司法案件管理

案件管理,也称为司法流程管理,是20世纪70年代后西方国家为根治民事司法"堵塞"和"拖延"的症结而推行的司法改革措施。其中美国法院所实行的"管理型司法"颇具代表性,其与日本、德国等国所实行的"计划审理"及"集中化审理"一起构成了案件管理这一概念的主要内涵,并促成了世界范围内的"案件管理运动"。[3]在美国民事诉讼中,案件管理描述了公平和有效地管理案件的过程,其目的在于清理案件,提高民事司法审判的质量,保证处理案件所花费的时间、金钱和法院资源不超过必要的限度。[4]美国法院民事诉讼案件管理的措施主要包括通过案件管理实现案件的分流,以及通过简易判决(也称为即决判决)对案件进行过滤。前者指的是法院依据一定的标准及程序,根据案件有关情况进行遴选,从而将提交到法院的不同案件引入不同的纠纷解决方法体系,这种分流机制通常由三个相互独立而又密切联系的子程序(即甄选程序、解纷程序和司法审查程序)构成。后者则指的是在审前程序中如果一方当事人认为案件不存在实质性事实争议或案件中的重要事实不存在争点,而只有法律上的争议,就可以向法院申请简易判决。通

---

[1] R. v. Att.-Gen, ex p. Taylor, *The Independent*, August 3, 1995.
[2] R. v. Att.-Gen, ex p. Taylor, *The Independent*, August 3, 1995.
[3] 陈桂明、吴如巧:"美国民事诉讼中的案件管理制度对中国的启示——兼论大陆法系国家的民事诉讼案件管理经验",载《政治与法律》2009年第7期。
[4] 美国联邦司法中心编:《美国联邦地区法院民事诉讼流程》,汤维建等译,法律出版社2001年版,第157页。

过简易判决这一方式将案件阻挡在审判程序之外，由此减少了不必要的审判，在整体上提高了民事诉讼的效率。美国的诉讼实践表明，简易判决在实现减少司法资源消耗的核心目标中占据着关键位置，是唯一可行的在辩护程序后对不必要的开庭审判进行监控的方式。[1]案件管理的范围包含程序管理和证据管理两个方面，并由此出现了"裁判型法官"和"管理型法官"之分。

案件管理在美国民事诉讼法中是一个颇有争议的话题。支持者认为案件管理即加强法官的干预有着现实的必要性。他们认为，要实现正义，一个有先见的、有准备的、能够作出合理决定的法官，比无先见的、无准备的法官要可靠得多。他们还认为，在理论上案件管理有助于实现以下有益的目标：确定诉讼的争议点，将审前活动限制在与争点有关的事项；控制审前的证据开示与其他活动，避免不必要的花费与负担；尽快达成纠纷的和解，或者努力找到尽可能迅速并经济的解决纠纷的方法；保证案件在审前得到很充分的准备，并将审判严格限定在通过其他途径不能解决的事项上。[2]反对者认为，案件管理对缓解诉讼费用高昂的作用似乎并不大，甚至可能还增加了诉讼成本。另外，案件管理的实施实际上意味着法官职权的强化，因为案件管理必然要求法官更早、更多地介入案件处理过程，这显然对传统的对抗式理论和实践构成了冲击，从而也对法官传统的中立性与独立性造成损害，目前有关案件管理制度的争论仍然没有停止。[3]

美国案件管理主要体现在民事诉讼中，事实上在刑事诉讼中也有所体现。例如，在逮捕犯罪嫌疑人之后，法律上设置了各种案件分流程序，包括初次到庭程序、预审听证程序、大陪审团审查起诉程序，等等。通过这些程序案件经过一次次筛选、过滤，审判过程被尽可能地简化，从而提高了效率。

（二）英国的司法案件管理

英国作为普通法系民事诉讼的源头，是一个实行典型对抗诉讼模式的国家。在这种诉讼模式下，法官处于超然的中立地位，既不主动收集证据，也

---

[1] 陈桂明、吴如巧："美国民事诉讼中的案件管理制度对中国的启示——兼论大陆法系国家的民事诉讼案件管理经验"，载《政治与法律》2009年第7期。

[2] [美]斯蒂文·N.苏本等：《民事诉讼法——原理、实务与运作环境》，傅郁林等译，中国政法大学出版社2004年版，第538~539页。

[3] 齐树洁主编：《美国司法制度》，厦门大学出版社2010年版，第27页。

不主动询问证人，只需要在庭审时对双方当事人的辩论进行必要的引导。这种制度的优越性在于能充分调动双方当事人的积极性，发现案件事实，同时能保证法官的中立性，避免法官先入为主，最终实现程序的正义。但是对抗制的缺陷也是显而易见的：诉讼成本巨大、结果具有不可预知性、双方经济实力的差异可能对诉讼中的弱者造成实质上的不平等，等等。进入20世纪90年代以来，英国的民事司法制度面临着巨大的危机和压力，这种危机的根源在于英国的对抗性诉讼模式和由此产生的诉讼拖累。双方当事人的过度对抗导致诉讼迟延和诉讼成本的高昂，并且日益引起社会公众的强烈不满，成为普通民众接近司法公正的重大障碍。为此，英国政府对民事诉讼进行了一系列的改革，并颁布了新《民事诉讼规则》（Civil Procedure Rules），对法官与当事人之间的诉讼权限进行了重新分配，扩大了法官职权，将诉讼的控制权由当事人手中部分地转移到法官手中，试图通过法官对案件的积极管理而简化诉讼程序，降低诉讼成本，提高诉讼效率，可以说这种法官控制逐渐加强的趋势，是对当事人主义诉讼模式所存在的固有弊端进行反思之后的一种改良。[1]英国的案件管理一般是指基于案件的诉讼标的额、复杂性、重要性选择相应的程序，依照规定的时间程序设定推进案件的诉讼进程，并由合格的法官进行适当管理。为此，新《民事诉讼规则》第1.4条规定了法院管理案件的职责；[2]第3.1条第2款在明确规定法院案件管理命令的范围的同时，还特别规定法院为管理案件和推进新规则的所有目标，可以采取其他任何程序步骤或作出其他任何命令。

在案件管理的初级阶段，法官对案件的管理最集中地体现在新规则确定的三种审理程序中，案件按照争议标的复杂程度和性质的不同，分别被分配

---

〔1〕 齐树洁主编：《英国司法制度》，厦门大学出版社2007年版，第305页。

〔2〕 英国新《民事诉讼规则》第1.4条规定：（1）法院必须积极管理案件，促进本规则所有目标的实现。（2）积极的案件管理包括：a. 鼓励当事人在诉讼程序的进行中互相合作；b. 在案件的初期阶段明确争点；c. 及时确定需进行充分调查和开庭审理的焦点，并相应地以简易方式处理其他争点；d. 确定解决争点的顺序；e. 如果法院认为适当，应当鼓励当事人采取替代性纠纷解决方案，并促进有关程序的适用；f. 协助当事人对案件进行全部或部分和解；g. 确定案件管理日程表，控制案件进程；h. 考虑采取特定程序步骤的可得利益是否与实施成本相适应；i. 尽可能在同一场合审理更多的案件争点；j. 无需当事人出庭，径行审理案件；k. 应用科技手段；l. 为保障案件开庭审理迅速高效地进行而作出指令。

到小额程序、快速程序和多轨程序审理,〔1〕以使法院和当事人投入案件的人力和物力与案件相适应。这种程序设计既提高了审理绝大多数简单民事案件的效率,又保证了对少数复杂案件的公正审理,也体现了英国民事司法制度改革的目标。该阶段包括自动移送和案件分配两部分内容。一是自动移送。一般而言,原告可以依据便利原则在英格兰或威尔士的任何一个法院起诉,但是对于专门案件目录上载明的案件必须在特定的法院起诉,另外在法律规定的情形下案件将自动移送到被告住所地法院。二是案件分配。被告提出答辩后,法院开始分配案件。根据原告请求的数额、预计的开庭审理时间、案件的复杂程度和当事人寻求救济的类型,法院将案件分配至小额程序、快速程序和多轨程序。在这三种审理程序中,法院对案件进行管理的程度是逐步增加的,程度最低的是小额程序,最高的是多轨程序。在分配案件时,法院尽可能与当事人合作,以求案件能够得到公正、及时的处理。其中,案件分类调查表起到了很大的作用。被告提交答辩状后,法院将向每一个当事人送达一个案件调查表,该表用来向法院提供关于案件的信息,以使法院能够将案件分配到合适的审理程序,并作出正确的案件管理指令。如果一方当事人没有提交案件分配调查表,或者在法院命令提交进一步信息后没有提交,或当事人请求将案件分配至不同的程序,而法院不能确定哪种程序最合适,法院可以在这种情况下举行案件分配听证会,最后确定案件被分配到的审理程序。

在案件分配到相关的审理程序后,法官可以通过案件管理会议对案件的审理过程进行管理。案件管理会议的目的是尽可能早地确定案件的进程表,以确保以后所进行的程序和产生的诉讼费用能与案件相适应。如果法院不能依职权作出合适的指令,并且当事人也没有提交法院能够认同的协议指令,就可以举行案件管理会议。在案件管理会议上,法院会处理以下事项:原告

---

〔1〕 英国新《民事诉讼规则》规定了三种不同的案件审理程序,各有其不同的适用范围:小额程序通常适用于诉讼金额不超过5000英镑的案件,但是人身伤害案件和房屋的承租人请求法院发布命令、要求房主修缮房屋的案件除外;快速程序是诉讼金额在5000英镑以上,15 000英镑以下的案件的一般审理程序,庭审持续时间不超过一天,对于庭审中的言词专家证据,每个当事人都只有一个专家证人,并且最多只能涉及两个专业领域;多轨程序是诉讼金额超过15 000英镑的案件的通常审理程序,对于诉讼金额虽然在小额程序或快速程序以内,但是由于其他因素的存在,比如案件非常复杂或法律意义重大的也可以采用多轨程序审理。这里所说的案件金额不包括无争议的金额、利息、诉讼费用和任何连带责任。

的诉讼请求是否已经清楚；是否需要对案情声明予以修正；接下来要进行的诉讼行为的管理指令；确定开庭审理日期或开庭审理期间；在该阶段可能解决的重点范围、需要专家证据的范围、不需要专家证据的范围、需要口头证据的范围；案件是否应该分别审理或者对初步争点进行审理；案件应由高等法院的法官审理还是由一个专门法官审理。法官在审理案件管理会议上，还可以将证据开示的方式和手段、诉讼时间费用及可能的非诉解决方式提示给双方当事人，最终决定程序进行的内容和时间，也可能形成一个案件管理日程表。[1]在案件管理日程表的实施可能面临困难的时候，法官可以使用审前核对表，启动审前核查程序，该程序能够帮助法院核查当事人是否已经遵守了书证开示的指令、证人证言和专家报告是否已经交换、确定将要审理的争点、重新确认开庭审理的日期等。综上所述，法院通过案件分配调查表、案件分配听证会、案件管理会议、审前核查程序等手段对案件的审理进程开展有效管理，提高司法审判的精准度与工作效率。

在刑事诉讼方面，英国也进行了涉及局部问题的案件管理探索。为了减少犯罪，降低民众对犯罪的恐惧感和政府机构运行的社会和经济成本，皇家检察署对本身的工作流程、工作模式和工作衔接进行改革，其中有一项与案件管理有关的就是建立了案件管理系统。该系统被称为"指南针案件管理系统"（Compass Case Management System），该系统主要解决与警察系统的数据相连问题，进行案件信息的电子数据交换，这是检察系统与刑事司法系统计算机网络共享的良好开端，实现了刑事诉讼办案数据协同。

第二节 大陆法系国家司法管理

一、法院体系及法官管理

（一）法国的法院体系及法官管理

当代法国法院组织体系基本沿袭了拿破仑时代创设的司法组织体系，分为普通法院和行政法院两大系统，都有独立的审判权，互不隶属。普通法院受理所有涉及个人自由和财产的案件，包括一般的民事案件和刑事案件。行

---

[1] 毛玲：《英国民事诉讼的演进与发展》，中国政法大学出版社2005年版，第357页。

政法院受理行政机构行使职能过程中的案件，对其违反法律的行政行为予以改变或者撤销。另外还有一个独立于普通司法机关的宪法性机构，即宪法法院，专门负责对议会法律在生效前进行合宪性审查。

1. 普通法院系统

法国的普通法院系统分为民事法院系统和刑事法院系统。民事法院系统主要包括便民法院、小审法院、大审法院、上诉法院和最高法院，特殊的民事法院包括商事法院、劳动法院、农村租约法庭和社会保险法庭。刑事法院系统包括便民法院、治安法院（违警罪法院）、轻罪法院、重罪法院、上诉法院和最高法院，特殊的刑事法院包括少年法院、海商法院、军事法院。[1] 可以看出，法国的民事法院系统和刑事法院系统既有区分，又有重叠，而同一性原则是司法组织系统的一大特色。他们在审理民事案件和刑事案件时称谓不同，如受理小额民事案件的小审法院，在审理刑事案件时被称为治安法院或违警罪法院，大审法院在审理刑事案件时被称为轻罪法院。（1）便民法院。法国于 2002 年设立了便民法院，对前四级的违警罪实施管辖权，主要负责处理轻微刑事案件和数额较小的民事案件。便民法官不是全日制的职业法官，而是根据法律明文规定的选任条件从公民中选拔聘任，他们一旦被任命即拥有与职业法官相同的法律地位。（2）小审法院。小审法院是从原来的协和法官演变而来，全国共有 473 个按区域划分，负责动产诉讼、不动产租赁、内海航行、儿童教育等诉讼。（3）治安法院（违警罪法院）。治安法院设在小审法院，负责违警罪中最重一级即第五级违警罪的审理。[2]（4）大审法院。法国

---

[1] 参见［法］皮埃尔·特鲁仕主编：《法国司法制度》，丁伟译，北京大学出版社 2012 年版，第 61 页；宋英辉、孙长永、朴宗根等：《外国刑事诉讼法》，北京大学出版社 2011 年版，第 204~205 页。

[2] 法国按照犯罪的严重程度和罚金数额，将违警罪分为 5 级：第 1 级罚金 250 法郎以下，主要包括公共场所对特定对象侮辱、诽谤，公共场所持有枪支或可疑物品，未经许可的捕猎，国家公园负责人因错误决定导致的犯罪；第 2 级罚金 1000 法郎以下，主要包括挑逗动物对人造成伤害，在规定地域以外丢弃垃圾造成人身伤害，公共场所酗酒滋事，带领不到法定年龄的少儿观看禁止其观看的电影；第 3 级罚金 3000 法郎以下，主要包括深夜喧闹，古董商非法藏匿文物，饲养的动物攻击他人导致受伤、死亡，在国家公园或自然保护区露营，在禁渔区使用禁用工具捕鱼，在公共场所抽烟；第 4 级罚金 5000 法郎以下，主要包括公共场所对特定对象侮辱诽谤，情节严重的，存放物品阻碍公共通道，虐待饲养的动物，损害国家公园或自然保护区植被，在工作通报、印刷品中错误使用法语，使用已使用过的邮票；第 5 级罚金 10 000 法郎以下（如果是累犯则处 20 000 法郎以下），主要包括强迫劳动未超过 8 天，通过邮递强制买卖，在服装上显示纳粹标志，不正确或不完全使用身份证明文件，非法侵入学术机构，未经许可在禁捕期或使用禁用工具或者在自然保护区捕猎，在国家公园或自然保护区伤害

共有大审法院 181 个，其管辖范围与行政区划不完全吻合，一些省只有一个，另外一些却有两个或多个。大审法院主要负责所有的个人诉讼、动产诉讼、个人和家庭事务、发明专利商标以及外国裁判和仲裁的承认，等等。大审法院是普通司法系统的核心部分，构成普通司法系统的基层等级，承担了法国近 50% 案件的审理。（5）轻罪法院。大审法院在审理刑事案件时，相应的法庭被称为轻罪法庭，负责对成年人实施的轻罪以及与轻罪相关联的违警罪进行初审。这里的轻罪是指法律规定的，可以判处监禁刑但不超过 10 年（累犯双倍刑期 20 年）或 3750 欧元以上罚金刑的犯罪。（6）重罪法院。重罪法院是非常设法院，每年按照确定的开庭期集中审理案件，原则上每个省都有一个重罪法庭，设在该省的首府大审法院所在地，全国共有 104 个。如果该省有上诉法院，重罪法院则位于上诉法院所在地，无论重罪法院设在哪里，都以该省的名字命名。重罪法院对判处 10 年以上监禁刑和无期徒刑的重罪和与重罪相关联的所有犯罪有管辖权，负责重罪刑事案件的一审和上诉审。重罪一般指故意杀人、强奸、酷刑、恐怖主义犯罪、毒品犯罪、劫持航空器、伪造货币等严重侵犯法律基本价值的行为。重罪法院是法国唯一设立陪审团参与审理刑事案件的法院。对重罪法院一审的判决，不服的被告人可以向最高法院刑事庭指定的另一重罪法院提起上诉。（7）上诉法院。上诉法院是法国司法系统中的二审法院，受理对一审判决不服的所有刑事和民事上诉案件，但是重罪案件除外。在刑事方面，上诉法院对辖区内便民法院、治安法院和轻罪法院一审判决上诉的违警罪和轻罪案件有管辖权。在民事方面，上诉法院负责审理不服便民法院、小审法院、大审法院、商事法院、劳动法院等判决的各类民商事上诉案件。全国按照区域划分共设 30 个上诉法院。（8）最高法院。最高法院是法国司法系统体系中的最高审判机关，其职责是根据当事人的申请，复核初审法院及上诉法院的刑事、民事判决是否正确适用法律。最高法院不是初审法院和上诉法院之后的第三级审判组织，作为"法律的法官"，最高法院只是通过审查其他法官根据事实作出的判决，以判断法律规范是否被正确使用，而不是对案件事实和诉讼纠纷本身作出评判。因此，向最高

（接上页）动物，违法开采石棉，破坏人员信息系统，买卖未经许可买卖的产品，违法使用音像作品。以上参见［法］皮埃尔·特鲁仕主编：《法国司法制度》，丁伟译，北京大学出版社 2012 年版，第 126 页。关于罚金的规定援用原来的计算单位，没有进行法郎与欧元的换算。

法院提起上诉是一种特殊的救济途径。(9) 专门法院。民事方面包括商事法院、劳动法院、社会保险法庭和农村租约法庭。法国设立了191个商业法庭，其职责是解决有关商业纠纷，法官从商人和制造商中选举产生，任期两年。劳动法院负责处理与劳动合同有关的所有个人诉讼，其组成人员严格保持双方人数相等，都是从雇主或工人中间选举出来的非职业法官。社会保险法庭负责处理涉及公共保险的诉讼，法庭采用助理法官和均等制度，两名助理法官分别代表雇主和雇员，并由上诉法院首席法官任命，法国设有116个法庭。农村租约法庭，负责处理农村不动产所有权人与承租人之间的诉讼，包括合同、期限、价格、撤销、终止等，法国设有431个法庭。刑事方面包括少年法院、军事法院、海商法院等。少年法院负责处理18岁以下未成年人涉嫌重罪、轻罪和第五级违警罪（其余违警罪由治安法院处理）的案件，法国设有155个少年法院。海商法院负责审理船舶安全与海上航行有关的轻罪，海商法院是临时审判法院，其判决为终审判决，当事人只能向最高法院提起复核审。军事法院包括了三种形式的法庭。一种是根据《法国刑事诉讼法》第697条，在每一个上诉法院管辖区内设立专门的审判法庭，对军事人员在履行职责中违反普通法的犯罪进行管辖与审理；一种是1999年设立的巴黎军事法庭，对共和国领土以外军事犯罪的预审和审理拥有管辖权；还有一种是在战争时期，根据《法国刑事诉讼法》第700条，在国家宣告紧急状态情况下，内阁可以颁布政令设立国内军事法庭，负责审理军事人员的所有犯罪和普通公民实施的危害国家根本利益的犯罪。

2. 行政法院系统

行政法院和普通法院是两个互相平行的系统，其自下而上形成了一整套完整的组织体系与运作系统。法国最高行政法院是行政法院系统最高审级的司法机关，也是法国重要机关、国家高级行政人才的摇篮。最高行政法院主要职能有以下四项：一是作为一审终审法院，直接审理国家行政机关的行为，尤其是针对法规、部委规章、地方行政机关命令的越权之诉。二是作为上诉法院，受理不服地方行政法院的上诉。三是作为撤销法院，与普通法院系统的最高法院不同，最高行政法院对案件进行事实审理，处理上诉请求时进行全面法律审查，同时监督下级法院，可以直接驳回或者行使撤销权，保证司法适用的一致性。四是出具咨询意见。行政法院和行政上诉法院有权向最高行政法院就新法律适用问题和具体案件存在的问题提出咨询，最高行政法院提出咨询意见，统一行政判例适用。地方行政法院包括一审行政法院和行政上诉法院。一审行政法院是从执政官下辖的省参事会演变而来，于1953年建立并代替最高刑事法院在地方行使行政诉讼一般司法权。目前有37个行政法庭，跨省管辖案件，管辖范围与普通上诉法院管辖地域相同。行政上诉法院行使普通法诉讼意义上的第二审职能，仅保留一小部分案件的上诉在最高行政法院。目前总共有9个上诉法院，管辖范围是跨大区的。[1]

3. 宪法法院体系

法国第五共和国宪法建立了独立于普通司法机关的三个宪法司法机构，一个是模仿欧洲宪法法院模式建立的宪法委员会，另外两个是高等法院和共和国法院。法国依据1958年《法国宪法》成立了独立的司法机构——宪法委员会，也就是宪法法院，其主要职能有三项：一是监督国家选举及其他公民投票。监督国家选举及其他公民投票，总统的选举以及公民的复决投票都在其监督之下进行，并由其宣布结果。二是总统的法律顾问机构。总统行使紧急权时，应咨询宪法会议的意见。但是在这种场合，它仅是顾问身份，其意见并无约束力。三是审议法案是否违宪，这是最为重要的功能。国会所通过的法律案、组织法案、国际条约草案，在未公布和未批准前由宪法会议审议其内容是否违背宪法精神。经宪法会议决定为违宪的法律案及组织法案不得公布，条约草案不得批准。其裁判不得上诉，是绝对有效的，所有政府机构和司法机构必须遵守，委员会的裁判成为宪法判例优先于其他各部门法律适用。高等法院是政治性法庭，对共和国总统履行职责时实施的严重叛国罪拥有管辖权。高等法院可以作出纯粹的政治处罚，以及单处或并处刑事处罚。共和国特别法庭也是政治法庭，专门负责审理政府部门成员履行职责时实施的重罪和轻罪案件。

在法国要成为一名职业法官，必须经过正规的培训与考试。先要在普通大学完成四年的法律课程，通过大学举行的毕业考试，之后还要通过由政府组织的专业考试，考试合格者，便可进入国家司法官学院进行专业培训。除专业培训之外，还要求这些学员到法院各个部门、律所甚至企业参加实习，了解各个诉讼环节及各种法律实务，为今后的法官生涯积累实务经验。法国

---

[1] 参见[法]皮埃尔·特鲁仕主编：《法国司法制度》，丁伟译，北京大学出版社2012年版，第63~67页。

对法官的专业资格考试和专业培训有较高的要求，从源头上和制度上确保了法官的高度专业化。法国各级职业法官由任命制的方式产生。最高司法委员会是总统领导下的保障独立行使司法权以及进行法官任命、晋升和纪律惩戒的专门机构。最高司法委员会直接推荐最高法院法官、上诉法院首席法官、大审法院首席法官，然后由总统任命；对其他法院人员由最高司法委员会提出任命建议后，由司法部长任命。[1]同时，最高司法委员会在法官的职业纪律方面拥有广泛和完整的权力，设置了惩戒部门，负责对法官的纪律与惩戒，处罚的种类包括训诫记入档案、调职、撤销部分权力、降职、降级、撤职、开除等。

法国的职业法官实行终身制，在任期内非因弹劾之罪并经法定程序，不得被免职、撤换或者强令退休。法官的物质保障包括在职待遇和退休后待遇保障两部分。法官的待遇比较文官，薪金略高于相应级别的文官，法官待遇因法官等级不同而出现明显的差异。法官任职期间不得减少薪俸，出差费用不受限制，实报实销。法官实行退休制，达到一定年龄可以退休，退休后享受全薪待遇。法国的法官分为四级，分别为二级、一级二等、一级一等、特级，其中二级法官占60%，一级二等法官占20%，一级一等法官占15%，特级法官占5%。上级法官一般应从下级法官中选任，特殊情况也可以越级提拔。法官工作5年，最迟8年必须晋升。提拔一个法官的程序同任命一位新法官一样都要经过最高司法委员会提名，再由总统或司法部长签字并任命。[2]

法国的法官群体中存在着相当数量的非职业法官，都是在同行业中选举或者由司法机关任命。商业法庭的法官是从企业家、商人中间选任，全国共有191个商业法庭，3300名法官；劳动法官从雇主或雇员中分别选任，特点是均等制，即代表双方的法官各有2人，如果票数相等由小审法院法官决断。还有些法庭由职业法官和选任任命的非职业法官共同组成，后者为助理法官，职业法官为庭长。如在农村租约法庭中，由承租人和出租人各2名选任代表担任助理法官，由小审法官主持；在少年法院中，在未成年人的父母、学校

---

〔1〕参见［法］皮埃尔·特鲁仕主编：《法国司法制度》，丁伟译，北京大学出版社2012年版，第29页、第83页。

〔2〕参见陈国庆、王佳编著：《司法制度》，江苏人民出版社2015年版，第131~132页。

老师、社会机构代表中选择担任助理法官，由司法部长根据上诉法院首席法官提交的名单确定，少年法官主持。[1]

法国有较完整的司法辅助人员制度，司法辅助人员主要协助法官进行司法运行和管理，其范围比较广泛，包括律师、调解人、专家、清算代理人、评估专员以及作为司法公务员的书记官、书记员、执达官和助理人员。[2]书记官协助法官并负责管理法院的司法文件，接受首席法官的领导负责起草法院的预算报告，组织在诉讼全过程中书记员对法官的协助工作；书记员负责协助法官在庭审及诉讼过程进行记录和确认，从技术上讲就是司法的"公证人"，主要作登记案件、告知当事人庭审日期、庭审笔录、草拟决定等，其作用涉及法院日常工作的方方面面；执达官负责司法文件的送达，可以送达笔录，在送达付款令的场合可以代表当事人进行处分；助理人员在小审法院、大审法院、上诉法院的领导下，主要从事文献和判例的研究、文件编撰、法官教育的计划和命令的编辑，但没有司法权力，不能作出任何司法裁判。为了加强对书记员的培训，法国设立国家书记官学校，附属于司法部的司法事务部管理，负责书记官的培养和继续教育、书记官准入考试以及为法律法规改革提出调研意见。1974年以来，基本上所有的在职书记官和书记员都在此接受了培训。[3]

（二）德国的法院体系及法官管理

德国是由16个自治地方组成的联邦国家，它的司法体制集中体现了联邦国家体制，既要保持各州的司法自治，又要保证联邦的司法统一。司法权[4]在联邦由联邦法院行使，在各州由各州的法院行使。因为德国实行联邦制，除联邦法院以外，在本地区设立的法院数量、法院选址以及管辖权划分都属于州内部的事务，不过各州的法院制度和司法活动基本上还是由联邦法律所

---

[1] [法]皮埃尔·特鲁仕主编：《法国司法制度》，丁伟译，北京大学出版社2012年版，第85~86页。

[2] 参见吴国庆：《当代各国政治体制：法国》，兰州大学出版社1998年版，第181页。

[3] [法]皮埃尔·特鲁仕主编：《法国司法制度》，丁伟译，北京大学出版社2012年版，第70页。

[4] 在德国，广义的司法包括行使司法权的各种活动，不仅包括法院作为司法机关裁判法律纠纷的活动，而且还包括法院以外的其他司法机关实施法律、维护法制的活动和过程，如检察机关的执法活动、强制执行行为和律师的法律咨询、法律服务活动等；狭义的司法仅指法院的审判活动。参见邵建东主编：《德国司法制度》，厦门大学出版社2010年版，第2页。

规定。德国实行多元诉讼管辖体系,即并非由一个统一的法院对所有类型的诉讼案件行使管辖权,而是由多个法院分别对不同类型的诉讼案件行使管辖权。根据《德国基本法》的规定,在联邦层面,联邦除设立联邦宪法法院外,分别设置作为最高法院的联邦最高法院、联邦行政法院、联邦劳动法院、联邦社会法院和联邦财税法院。在各州层面,对应设置了一级至三级的地方法院,共同组成了德国六大法院体系。联邦各法院与州以下法院之间没有直接的隶属或领导关系,但在诉讼程序上存在相应的衔接关系,并且州以下法院事实上也受到联邦各法院的制约。

1. 普通法院系统

普通法院体系是德国建立最早的法院体系,产生于1877年德意志帝国制定的《法院组织法》,是德国司法系统中规模最大的部分,主要管辖民事诉讼和刑事诉讼,审判分为四级,即在联邦设立联邦最高法院,在各州设立三级普通法院:地方法院、州地区法院和州高等法院。[1](1)地方法院。在德国有700多个地方法院,主要分布在各州的小城镇。它们主要受理普通民事纠纷、轻微刑事案件及有关婚姻法、非商业目的的用地纠纷等。(2)州地区法院。德国有100多个州地区法院,主要分布在各州较大的市镇。它们除审理来自地方法院的上诉案件外,还是地方法院不审理的民事案件和商事案件以及较为严重刑事案件的初审法院。(3)州高等法院。德国每个州设有一个高等法院,主要位于德国较大的城市。它主要审理不服一审民事和刑事判决的上诉案件、来自地区法院的二审刑事案件,以及做一审法院审理最严重的刑事案件,如危害和平罪、叛国罪、危害外部安全罪等。(4)联邦最高法院。德国的联邦最高法院位于卡尔斯鲁厄(Karlsruhe)。在民事案件中,联邦最高法院负责对第三审上诉、越级第三审上诉和法律抗告等法律救济手段进行审理和裁判。在刑事案件中,则负责对不服州高等法院的一审判决提起的法律审上诉进行审理和裁判,以及对州法院的一审判决提起的法律审上诉进行审理和裁判。[2]

---

〔1〕 何勤华主编:《德国法律发达史》,法律出版社2000年版,第454页。

〔2〕 德国实行三审终审制度,第二审是法律审和事实审,第三审是法律审,当事人可以不经过第二审,直接向上两级法院提出法律审,也即越级上诉法律审。向上一级法院提出上诉必须征得原审判法院的许可。参见[德]克劳思·罗科信:《刑事诉讼法》,吴丽琪译,法律出版社2003年版,第526~527页。

2. 宪法法院系统

在德国不仅有联邦宪法法院，而且除个别州以外，都建立了各州的宪法法院。各州宪法法院和联邦宪法法院之间没有直接的隶属关系，但是在宪法审判权行使过程中，为了维护法治国家和法制统一原则，各州必须受到联邦宪法法院的制约。（1）德国联邦宪法法院。该法院于 1951 年 9 月 7 日成立于卡尔斯鲁厄。它首先是一个法院，其成员作为法官受委托行使审判权。其次它也是一个宪法机构，如同联邦议院、联邦政府和联邦参议院等一样。联邦宪法法院拥有广泛的管辖权，对于其他三种国家权力都可以进行审查。（2）各州宪法法院。德国各州的宪法审判权由根据各州宪法规定所组成的宪法法院行使，它的职权范围是州的宪法性争议案件。德国规定联邦法律优于州法律，各州的宪法制度必须符合基本法规定的共和、民主和社会的法治国家原则，如果州宪法法院在解释基本法时意图与联邦宪法法院或者其他州的宪法法院的裁决相违背，则该州宪法法院应当将该项解释提交联邦法院进行裁决。

3. 行政法院系统

德国设置单独的行政法院系统，受理对行政活动提出的各种诉讼，以有效保障依法行政，保障公民的合法权益。行政诉讼针对所有的行政活动，不仅包括公法性质的法律行为，也包括事实行为，可以是行政行为，也可以是行政合同，还可以是针对行政机关制定的法规和命令。值得注意的是，德国行政诉讼所谓"行政"，但其真正的却不仅是"政府行政行为"，而是"公法争议"，也就是诉讼范围不以政府的行政行为为前提，还包括其他的公权力活动，而这种公权力活动不涉及单纯宪法性问题，也不涉及其他法院处理的比如社会法院和财税法院涉及的领域。[1] 位于莱比锡市（Leipzig）的联邦行政法院是行政法院系统中最高一级的法院，与高等行政法院、基层行政法院共同构成德国行政诉讼的三级审级体系。目前德国现有基层行政法院 52 个，高等行政法院原则上每州设立一个，总计有高等行政法院 16 个。[2] 在三级行政法院体制中，基层行政法院对行政争议案件进行事实和法律的全面审查，高等行政法院负责对上述案件进行事实和法律的全面审查，其审级称为"普通

---

[1] 参见 [德] 汉斯·J. 沃尔夫、奥托·巴霍夫、罗尔夫·施托贝尔：《行政法》，高家伟译，商务印书馆 2002 年版，第 231 页。

[2] 参见 [德] 弗里德赫尔穆·胡芬：《行政诉讼法》，莫光华译，法律出版社 2003 年版，第 45 页。

上诉审"。联邦行政法院针对不服高等行政法院的判决只进行法律审查，其审级称为"法律审上诉"。

4. 劳动法院系统

德国于20世纪20年代为劳动争议案件创设了独立的诉讼途径，即设立了专门的审理劳动争议案件的法院——劳动法院。劳动法院的裁判权被视为是民事法院裁判权的一种特殊形式，但德国劳动法院是一个独立的、自成一体的法院体系，而并不是普通法院或民事法院的一个组成部分。劳动法院主要受理因个人劳动合同或集体劳动协议发生争议而提出的诉讼。德国劳动法院系统分为三级审级制，即基层劳动法院、州劳动法院和联邦劳动法院，但其在行政上隶属于联邦劳工与社会秩序部。除个别特例外，基层劳动法院是所有劳动争议案件的初审法院，而不问诉讼标的额之高低。基层劳动法院的辖区不必与基层法普通法院的辖区相一致，一个基层劳动法院的辖区内存在若干个基层普通法院的情形。州劳动法院是第二审级的劳动法院，负责审理有关当事人因不服基层劳动法院的判决或裁定而提起的上诉或抗告案件，原则上每一个州只设立一个州劳动法院，但是两个人口最多的大州也设有若干个州劳动法院。联邦劳动法院作为最高一级的劳动法院，负责审理当事人因不服州劳动法院作出的第二审上诉判决、抗告裁定，不准予抗告之裁定而提起的法律救济案件，以及因不服基层劳动法院的裁判而提出的越级第三审上诉和越级法律抗告案件。

5. 社会法院系统

德国于1954年1月1日设立了联邦社会法院，各州也分别设立了州社会法院和基层社会法院，从此社会法院作为德国一个独立的法院系统，与普通法院、行政法院、劳动法院和财税法院并列。从性质上讲，社会法院裁判的纠纷属于特殊的行政法律争议，是一种特别的行政诉讼。社会法院管辖的法律争议涉及社会法领域，即由社会法规定的有关权利义务所产生的法律纠纷。社会法的本质是由有关行政机关代表国家向公民提供社会保障方面的服务或给付。与劳动法院一样，德国社会法院也有三个等级，即基层社会法院、州社会法院和联邦社会法院，其行政上隶属于联邦劳工与社会秩序部。基层社会法院作为一审法院负责审理本辖区内应由社会法院管辖的法律纠纷。第二个审级是州社会法院，每一个州都有一个州社会法院，若干个州可以共同设立一个社会法院。州社会法院负责审理本州辖区内因不服基层社会法院作出的判决而提出的上诉，或不服其他裁判而提出的抗告。州社会法院也属于事实审法院，该法院须对争议的主要事实开展证据调查。第三个审级是设在卡塞尔市（Kassel）的联邦社会法院，该法院负责审理因不服州社会法院的判决而提起的第三审上诉，或不服其他裁判而提出的抗告。在第三审级中，联邦社会法院仅对法律问题作出裁判，而不对案件中的争议的事实进行审查。

6. 财税法院系统

1965年颁布的《德国财税法院法》，正式建立了财税诉讼系统，这也是六大诉讼系统中最年轻的一个诉讼系统。财税法院主要负责审理与税收有关的公法性质的争议。财税法院设立州财税法院和联邦财税法院两级法院，实行二审终审制，行政上隶属于联邦财政部。州财税法院作为一审法院，受理符合条件的财税争议一审案件。只要争议属于财税诉讼的受案范围，无论争议标的数额有多高，也无论被告是基层财税局还是联邦财政部，全部由州财税法院受理和审判。州财税法院虽然是一审法院，但其地位与其他诉讼体系中较高一级的州法院相同，如与州高等法院、高等行政法院、州社会法院同级。德国在联邦则设立了联邦财税法院，作为财税诉讼的最高审级，与联邦最高法院、联邦行政法院、联邦社会法院地位相当，如果诉讼当事人对州财税法院作出的裁判不服，在符合相应条件的情况下可以提起上告、抗告，由联邦财税法院作出终审裁判。德国在财税诉讼中设置了起诉前置程序，涉及财税方面的争议必须先行向税务机关提起申诉，由税务机关作出行政复议之后，如果当事人不服其复议决定方可向财税法院提起诉讼。

德国法官实行严格的培训及选拔机制，成为一名法官需要激烈的竞争和漫长的过程。德国的法官资格需经过两次国家考试及格后方能取得。参加第一次国家考试的，须在大学至少学习三年半，其中至少需有4个学期在同一所大学研习法律，并通过大学法律专业考试，获得法学学士学位，这是步入职业法官队伍最基本的专业资格条件。第一次国家考试的通过率相当低，大约有三分之一的人考试不及格，而在通过的人员中有一半以上的人成绩仅为及格或中下。国家考试原则上只能重考一次，如果一个考生两次考试都没有通过，他就永远失去了从事法律职业的机会。通过第一次国家考试后，即具备了从事法律职业的资格，但要成为法官、检察官或高级行政官员，还必须经过见习期并通过第二次国家考试。第二次国家考试在见习期的最后一个阶段结束前进行，主要考核候补文官在见习期间是否达到实习的目的，以确认见习者是否达到具备担任法官、检察官和高级行政官员所要求的法律知识综合能力和道德水平。第二次国家考试采用笔试和口试两种方式,但笔试的内容较第一次国家考试更加专业化,即更多考核相关部门法的内容,特别是在见习期内所学到的实际知识。通过第二次国家考试后,即可申请担任法官、检察官和高级行政官员职务,但需视国家各级法官和检察官的位置空缺而定,事实上当年能够顺利担任法官、检察官的不到十分之一,大部分候补文官需要一定时间的等待与考验。另外,在德国要被任命为法官,除以上专业要求外,还需具有德国国籍,保证随时维护基本法所揭示的自由民主原则,并且要求具备必要的社会能力以及职业经验和生活经验。[1]

基于德国的联邦制政体,法院的行政管理,包括法院的设置、法官和法院其他人员的任命、对法院及其人员的监督等事项由联邦和各州的司法部分别行使。联邦最高普通法院法官由联邦司法部长与法官选拔委员会依据《德国法官选举法》选举任命,并由联邦总统确定;联邦的各个最高法院法官的任用,由主管各该领域的联邦部长和法官选拔委员会共同决定任命;各州可以自行规定法官的任用,由州司法部长同法官选拔委员会共同决定。但是联邦宪法法院法官的选任方式不同于其他联邦法官的选任方式,由联邦议院和联邦参议院各选一半,在两个委员会中都需要有三分之二的多数同意才能通过并获得任命。联邦宪法法院的法官任期是12年,年龄限制为68岁以下,为确保其独立性,禁止连选连任。联邦司法部不仅负责提请任命联邦法院法官,还负责管理联邦法院的经费、资产购置、设备管理、财务管理等行政事务,并负责各联邦法院司法助理员和书记员的人事管理工作。工勤人员等一定层级以下人员的一些简单行政事务由司法部授权联邦法院管理。州司法部除任命或提请任命州和州以下法院的法官外,同样负责任命司法助理员,管理法院经费和法院诉讼费用减免等其他行政事务,或者授权法院院长负责一定层级以下的人员管理等。

德国的法官分为职业法官和非职业法官。职业法官即为以审判工作为专

---

[1] 德国的立法机关认为,法官的遴选不仅要着眼于其专业能力,而且还必须注重其社会能力和人生阅历,法官具备足够的生活经验和职业经验,对于有效运作的司法是一项不可或缺的条件。因此在被任命为终身法官之前,应聘者很有必要从其他法律职业从业者的视角来认识社会生活。德国在修订《德国法官法》时进一步规定:法官必须从事过律师职业或有另一个类似的法律职业两年以上的经验。

门唯一职业的法官。职业法官的职务具有终身法官、任期法官、试用法官和委任法官等法律形式。取得法官任职资格后,在法官岗位上服务3年以上的可以被任命为终身法官,终身法官是法官任用的常态。在联邦法律规定的条件下,为完成联邦法律规定的任务可以被任命为任期法官。对于未来将担任终身法官或检察官的人,可以被任命为试用法官。在该任命5年内,应将试用法官任命为终身法官或者确立终身公务员关系任命为检察官。终身公务员或有任期的公务员可以被任命为委任法官,委任法官保留其原来的职位,在其任命为委任法官两年后应当任命为终身法官或建议法官选拔委员会予以任命。非职业法官即不以审判工作为专门唯一职业且本身兼有其他工作的法官。在德国刑事诉讼中,最初有两种不同的非职业法官,陪审法官和参审法官。陪审法官类似其他国家的陪审员,只就罪责问题作出判决,而由职业法官负责主持诉讼的进行和量刑。因为陪审法官的种种局限,1924年德国通过"艾明革法案"[1]废除了陪审团制度,陪审法官已不复存在,如今只存在参审法官。非职业法官与职业法官一样具有独立的司法审判权,与职业法官共同审理案件,享有同样的权利,在司法审判中发挥了重要的作用。在不同的法院系统和审判庭中,非职业法官有不同的称谓,其中,刑事审判庭的法官称为"参审法官",商事审判庭的法官称为"商事法官",其他审判庭被称为"荣誉法官"。

德国对法官在职务、人身、待遇等方面给予充分的保证,以确保法官的独立性,保证法官依法行使职权。一是任职保障。德国规定法官是独立的,只服从于法律。终身职业法官一经任命不得违背其意愿,非因法定事由,并经法定程序,不得将其停职、免职、降职、转调或减俸。在法院的组织或管辖地区发生变动时,法官可以转至另一法院或被免职,但应保留其全薪。二

---

[1] 第一次世界大战战败后,德国进入了魏玛时代。这一时期,"陪审制"在法学界备受诟病,甚至在一定程度上遭到"嫌弃"。究其原因,主要在于1877年德国刑事诉讼法和法院组织法规定的陪审员的选任标准过于"贵族化""阶层化",当选为陪审员的基本上为社会名流,因此也被称为"男性荣誉委员会",这一称呼其实反映了陪审员构成的阶级固化,也体现了人们对陪审法庭是否能够公平公正地履行审判职能的怀疑。1924年1月4日,时任德国司法部长的埃里希·艾明革提出了法院法和刑事司法改革方案,简称"艾明革法案"。"艾明革法案"的主要改革是废除法国模式的陪审制。在该改革方案中,形式上保留"陪审法庭"的名称,在具体组织形式上采纳"大参审法庭"模式,即改革之前的陪审法庭由3名职业法官和12名陪审员构成,法官负责刑罚问题,陪审员负责罪责问题。新的"大参审法庭"则由3名职业法官和6名陪审员组成,职业法官和陪审员共同决定罪责和刑罚问题。参见黄河:"陪审向参审的嬗变——德国刑事司法制度史的考察",载《清华法学》2019年第2期。

是禁职保障。德国法官不得同时从事审判权及立法权或执法权方面的职务。除审判职务外，法官可以从事司法行政职务、大专院校、公立教育机构或官方教育机构之研究及教学职务等，不得于其职务外为法律上之鉴定或受报酬而解答法律事件之咨询。由于禁止兼职的规定，法官的职业特征排除了法官从其他所有途径中获得收益的可能。因此法官的收入构成单一，薪金几乎是法官唯一的收入来源。为了鼓励法官清正廉洁，德国采取司法补助费的方式使法官的薪金略高于相应级别的文官，法官任期内不得减少薪俸，法官出差费用不受限制，实报实销。三是物质保障。主要包括在职待遇和退休待遇。德国法官实行单独工资序列，分为 10 个级别，R1 至 R10 级，高于同等条件公务员的工资水平，不同级别的法官收入待遇有明显的差异。德国法官实行退休制，联邦最高法院法官退休年龄是 68 岁，其他法院法官是 65 岁，而一般政府工作人员退休年龄为男性 65 岁，女性 60 岁。法官退休之后享受全薪的待遇。[1]

二、检察体系及检察官管理

（一）法国的检察体系及检察官管理

法国的检察机关隶属于政府，具体通过司法部进行领导，名义上司法部长是其最高领导。司法部长不具有检察院成员的身份，但却是检察系统的最高首长。司法部长负责引导政府确定公诉政策，保障公诉政策在共和国领域内执行时协调一致。司法部长的领导是宏观意义上的，不能对某一个具体案件的起诉与否作出指令。法国检察机关的设置依据与法院系统对等的原则，其办事机构依附于普通法院内部。在普通法院系统中，检察院只是在最高法院、上诉法院和大审法院，但在商事法院、农村租约法院、社会保障法院等民商事法院中检察院的职责同样得以体现；在行政法院系统中，严格来讲并没有设立检察院，而是由政府特派员履行检察院的职责；在专门行政法院中情况更为复杂，审计法院和财政与预算纪律法院中有类似驻普通司法系统的检察院，而行业协会的纪律惩戒法院等另外一些专门行政法院中，检察院职责由政府特派员行使。[2]当然检察职能发挥作用最大、影响面最广泛的仍然

---

〔1〕 参见陈国庆、王佳编著：《司法制度》，江苏人民出版社 2015 年版，第 114~117 页。

〔2〕 甄贞、宋沙：“法国检察机关的职能与最新发展”，载《人民检察》2012 年第 1 期。

是驻普通法院的检察院。（1）驻最高法院检察院。驻最高法院检察院又称最高检察院，设在最高法院。驻最高法院检察院职责十分特殊，其首要任务是保证全国范围内法律解释以及法律适用的一致性，同时符合立法原意以及公共利益和公共政策。（2）驻上诉法院检察院。检察官负责本辖区内所有上诉案件和重罪法院审理的案件。检察长代表驻上诉法院的检察院以及驻上诉法院所在地的重罪法院的检察院，保障在上诉法院辖区内适用刑事法律以及该辖区内检察院的运作情况。（3）驻大审法院检察院。全国共设有181个驻大审法院检察院。驻大审法院检察官可能在轻罪法庭、重罪法庭和治安法院审理第五级违警罪时行使检察职责，必要时出席大审法院民事庭。在治安法院和便民法院，不存在真正意义上的检察院，检察院的职能分别由不同机关或专业人员行使，除驻大审法院检察院和警察分局局长外，还包括林木水道工程师，所在地的市政行政区的市长、镇长或者其助理等。[1]

法语的"检察院"（ministère public）一词由两个词组组成，"ministère"源自拉丁文，意为"仆人、服务者"，"public"即为"公共的"，引申为"集体、国家的"，这两个词组合起来，法语"检察院"的意思就是"为全体公众利益服务的机构"。[2]因此，法国检察机关以法的基本价值为依据，肩负确保法律正确执行、保护社会公共利益、维护国家社会秩序的义务，在刑事、民事、行政及政府管理过程中拥有较为广泛的权力，而检察官则有"法的守护神"的称号。其一，刑事诉讼方面的权力。法国实行警检一体的侦查模式，检察官在侦查程序中拥有指挥和主导权，领导其辖区内司法警察的活动。对于大部分的违警罪和部分轻罪，检察官可以根据自己的判断进行追诉，或者直接将案件交付有管辖权的治安法院或轻罪法院审判。对于重罪或者法律规定的某些轻罪、违警罪，检察官通过提起立案侦查意见书将案件交付预审法官进行正式侦查。其二，民事诉讼方面的权力。在民事案件中，检察院同时发挥两种职能：一种是中间环节参与者。对于亲子关系收养、重新审理程序、司法清理以及检察院认为需要或法官告知参与的民事案件，检察院都可以提出意见。另一种是主要参与者。对于国籍、宣告婚姻无效、民事行为能力恢

---

[1] 参见宋英辉、孙长永、朴宗根等：《外国刑事诉讼法》，北京大学出版社2011年版，第188~191页。

[2] 宋英辉、孙长永、朴宗根等：《外国刑事诉讼法》，北京大学出版社2011年版，第191~192页。

复、宣告失踪等案件，检察院基于公共秩序的理由，参与到诉讼中来。[1]其三，对法院的监督权。法国检察机关本身设在法院，实行审检合署模式，对法院的工作有一定的监督职能，包括参加法院内部会议讨论管理规定、参加对法官个人的考核评价，[2]同时检察官对于法院针对违警罪、轻罪、重罪所作出的判决都可以提出上诉，而对法院作出的民事案件判决，如果由检察官单独提出上诉，则对民事诉讼不产生当然效果。

法国司法制度的特色之一就是把司法官员区分为负责审判的法官和负责指控的检察官，共同以社会的名义执行法律，共同形成一个司法官整体。[3]因此在法国，检察官又被称为"立席司法官"（magistrate debout），与被称为"坐席司法官"（magistrate assise）的法官相对应。但是，法国检察官在性质上比较复杂，其既是司法官员，也是行政官员，具有两种身份与地位，甚至形成了一个矛盾的统一体。从职业发展道路来看，法国所有的法官和检察官都由国家司法官学院统一培养，法官与检察官之间可以相互调动岗位，两者的身份保障及工资待遇也基本相同。检察官在刑事诉讼、民事诉讼以及行政诉讼过程中享有多种自由裁断的权力，并且其职业准则和道德与法官相同，因此检察官拥有司法官员的特征。同时检察官也拥有行政官员的特征。法国检察机关隶属司法部，名义上司法部长是其最高领导，这与完全独立于行政权力的法官有所不同。检察内部形成明显的层级关系，工作遵从上命下从的原则，并且实行的是检察一体的组织原则，各级检察机关构成一个统一的整体行使检察职能，这是典型的行政机关特点。近年来，法国特别强调检察院与行政权力的联系，坚持检察机关的行政属性，检察官是执行法律的司法机关，并认为检察院的独立地位可以通过改革后的最高司法委员会来加强。

法国检察官的任职资格与法官基本相同，其选拔与任职的基本途径是通过学院培养、岗位实习和系统内逐级晋升的路径来完成的。法国总检察长和上诉法院检察长由司法部长提名，征求最高司法委员会意见后，由总统在内阁会议上通过政令任命，其他检察官由司法部长提名，征求最高司法委员会意见后，由总统直接任命。法国的检察官等级分为三级：二级、一级和特级。

---

[1] [法]皮埃尔·特鲁仕主编：《法国司法制度》，丁伟译，北京大学出版社2012年版，第103页。

[2] 陈国庆、王佳编著：《司法制度》，江苏人民出版社2015年版，第134页。

[3] [法]皮埃尔·特鲁仕主编：《法国司法制度》，丁伟译，北京大学出版社2012年版，第83页。

检察官职位的等级是固定的,只能由具有相同等级的检察官担任。

法国检察官的职业保障与法官有所区别。终身制只对法官适用,检察官并不适用,主要是由于检察院的职能原因。检察官执行的是政府制定的刑事政策,并依法隶属于司法部长管理,不受终身制原则保护,可以随时被调离。法国检察官的工资待遇很高,其工资起点相当于高级公务员的起点工资,实行单独的工资等级和标准,检察官的工资由级别工资和津贴组成,根据工作年限每1年至3年晋升一次,检察官的津贴根据所在岗位确定,约占工资总额的30%。检察官的退休年龄为65岁,而普通公务员的退休年龄为60岁。

(二)德国的检察体系及检察官管理

19世纪中期,德国参照法国模式引入了检察制度,经过不断的发展和完善,成为当今世界上最具特色的检察制度之一。德国的检察机关在设置上采用了"审检合院"的方式,将检察机关设立于相应的法院之内,即在联邦最高法院、州高等法院、州地区法院对应设立联邦总检察院、州检察院、地区检察院三级检察机关,地方法院的检察事务由州地区检察院负责。检察院虽然设置于法院内,但独立行使职权,不受法院管辖和干预,同时也不能干预法官审判。检察机关在案件类型和地域的管辖范围上与法院相对应。在德国,检察机关不具有司法权,也不是行政机关,而是介于两者之间独立的司法机构,被归入广义的司法机关。[1]联邦检察院由联邦总检察长和若干副总检察长领导,联邦司法部长对联邦总检察长和联邦检察官的活动进行领导和监督。州司法部长对本州的检察官员和职务活动进行领导和监督,而州高等检察院和州检察院的检察长对本辖区内的检察官活动有权进行领导和监督。[2]在联邦检察院体制内,联邦司法部长是检察机关最高首长;在各州检察体制内,州司法部长是最高的首长。联邦总检察院与各州检察机关之间不是领导关系,仅存在诉讼程序上的关系。检察机关与司法部虽然有隶属关系,但无论是联邦司法部长还是州司法部长,都不能就具体案件发出指令,不允许侵犯检察官在其权限范围内独立行使职权。司法部长不是检察官,无权自行处理案件,

---

〔1〕 有学者认为检察机关是具有司法属性的行政机关。参见[德]Claus Roxin/Bernd Schuenemann:《刑事诉讼法》,C. H. Beck 出版社 2009 年版,第 175 页。

〔2〕 参见宋英辉、孙长永、朴宗根等:《外国刑事诉讼法》,北京大学出版社 2011 年版,第 282~283 页。

却有权移交处理。[1]司法部主要通过制定政策指导检察工作，但仅是建议性而非强制性。

在德语中，用"Staatsanwalt"表示"检察官"，用"Staatsanwaltschaft"来表示"检察机关或检察制度"。"Staatsanwaltschaft"是一个复合词，由"Staat"（意为"国家"）和"Anwalt"（意为"维护者"或"守护人"）组成。检察机关被认为是"法律的守护神"（Wächter des Gesetzes）和"公共利益的代表"（Vertreterin des öffentlichen Interesses）。[2]由于德国检察机关的这种定位，使德国检察机关在刑事诉讼、民事诉讼、行政诉讼中具有相当广泛的职能。特别是在刑事诉讼中，检察机关直接或间接参与刑事诉讼的全部过程和环节，是刑事诉讼中最主要的角色。其一，指挥并主导警察对刑事案件的侦查。德国实行"检警一体化"的侦查模式，检察院对于警察享有侦查业务上的领导权，即对警方在侦查活动中进行领导并对其合法性予以监督。检察官在侦查中具有非常广泛的权力，如果认为案件证据达到了"初始嫌疑"的程度，就可以启动对案件进行侦查。其二，刑事案件的公诉权。德国在刑事诉讼中实行国家起诉主义原则，提起公诉权专属检察机关。公民个人仅在有限范围内的少量轻微刑事案件中享有自诉权。在有足够的事实根据时，检察机关负有对所有可以予以追究的犯罪行为开展行动的义务。检察机关不仅有侦查证明有罪的义务，也有侦查证明无罪的义务。在此基础上，检察机关自行决定是否起诉。当检察机关根据全部侦查结果确定不予起诉时，应决定中止诉讼；如果检察机关根据全部侦查结果确定案件符合起诉的条件，应当立即起诉。其三，刑事案件审判监督权。在法庭审理阶段，检察机关派出检察官担任国家公诉人出庭支持公诉，同时对刑事审判活动享有监督权。监督法庭是否遵守程序规则，诉讼过程是否合法进行，如发现有违反法律规定的情况，应当加以纠正。从这个角度讲，德国的检察机关不仅是一个纯粹的公诉机关，而且还被赋予一定程度上的法律监督职能。其四，刑事判决的执行权。德国的检察机关负责指挥和监督刑事判决书的具体执行，但具体的刑罚执行活动由监狱等执行机构具体负责。根据法律规定，检察机关也是赦免机构，根据罪犯的申请作出赦免决定。其五，民事诉讼的参与权。在民事诉讼

---

[1][德] Claus Roxin/Bernd Schuenemann：《刑事诉讼法》，C. H. Beck 出版社 2009 年版，第 167 页。
[2]邵建东主编：《德国司法制度》，厦门大学出版社 2010 年版，第 49~50 页。

中，检察机关在有充分证据的基础上，可以自行决定代表国家对涉及国家和社会公众权益的重大民事案件提起诉讼，或者参与诉讼。检察机关参与民事诉讼的方式有两种：一种是作为公益代表人直接提起诉讼，将某些侵害国家社会公益和公民重要权益的民事案件直接起诉到法院；另一种是作为诉讼活动的参与者介入诉讼而非案件的提起者。检察机关既可以按照法律规定决定参与某些民事案件，也可以应法院的要求参与民事诉讼。其六，行政诉讼的参与权。在行政诉讼中，检察机关可以参加一切涉及社会公益和公民权益的诉讼。德国的联邦最高行政法院、州高等行政法院和地方行政法院设置的检察官均有权参加所在行政法院管辖的任何行政诉讼案件。德国明确规定了公益代表人制度，联邦最高检察院的检察官作为联邦公共利益的代表人，州高等检察院的检察官和地方检察院的检察官，作为州和地方的公共利益代表人，分别参加联邦最高行政法院、州高等行政法院和地方行政法院的行政诉讼。检察官在行政诉讼中享有的权力与参与民事诉讼基本相同。[1]

德国的检察官与法官并称为"司法官"，但是严格上来说，法官才是司法官员，检察官只属于行政官员。两者的任职条件、职业发展道路完全相同，实践中两者也经常互换岗位和职务。在履行职务方面，法律规定检察机关完全独立于法院，检察官不得从事法官的行为，检察官也没有权力和责任去监督法官履行职责。在刑事司法的功能分配上，两者的关系密切。无论是法官还是检察官，履行职务都着眼于法律价值和法律判断，都以真实性和公正性作为价值取向，以合法性和客观性为形式准则。但检察官与法官在法律上的地位还是有差异的。德国明确规定司法权由法官行使，法院和法官独立行使司法权，仅服从于法律；检察官行使职权时并不是独立的，必须服从上级机关及领导的指示。[2]

德国的检察官在刑事诉讼中不是当事人，而是作为参与人参加诉讼。检察官负有客观公正的义务，除了收集不利于被指控人的资料，也必须调查对被指控人有利的情况。德国的刑事诉讼法律规定，检察机关不得单方面收集对被指控人不利的证据材料，还应当调查对其有利的证据材料，即检察机关不仅应当查明指向被指控人有罪的情况，还应当查明指向其无罪的情况，并应

---

[1] 参见陈国庆、王佳编著：《司法制度》，江苏人民出版社2015年版，第119~121页。
[2] 邵建东主编：《德国司法制度》，厦门大学出版社2010年版，第230~231页。

当采取措施提取有灭失危险的证据。检察机关在提起上诉时，既可以为被告人之不利益，也可以为被告人之利益，行使法律救济手段，检察机关既可以对被告人轻判提起再审申请，也可为使受有罪判决之人无罪获释而提起再审申请。

德国检察官的任职资格、任命程序与法官基本一致，这里不再赘述。总体来讲，检察官任职条件较高，选任程序十分严格，检察官的素质普遍较高，走的是专业化、职业化道路。在职业保障上，德国也充分考虑到检察官的工作性质与职业特点，给予较高的生活及待遇保障，确保检察官在职业生涯中能够专心、专注于检察工作，履行好"法律守护者"和"公共利益代表者"的职责。

三、审判及检察权力运行管理

（一）法国的审判及检察权力运行管理

在法国，所有的案件审理都由法官主持，法官审理案件有两种形式，一种是独任制，一种是合议制。治安法院和小审法院一般是实行独任制，轻罪法院、大审法院、上诉法院和最高法院一般是实行合议制，重罪法院则是实行职业法官和陪审团一起审理。行政法院一般由3人或5人组成的合议庭进行审理与判决，对于重要案件则需要有全体法官作出决定，体现决策的集体性原则。而宪法委员会采取投票制度，当支持与反对票数相等时，委员会主席的投票具有决定意义。从以上可以看出，法国的法官根据自身对证据的掌握与判断，对案件进行裁断，即使在有陪审团参与的情况下，法官同样可对案件的事实和涉及的法律进行裁断。法国检察官实行检察一体的组织原则，各级检察机关构成一个统一的整体，在上命下从的检察系统内部，所有的检察官在法律上视为一体，每一位检察官在诉讼过程中并不是以他本人的名义，而是代表整个检察院在进行诉讼活动。因此，同一检察院的检察官在履行职责时可以相互替代。如果承办检察官在案件审理过程中因故无法继续工作，本院的其他检察官可以接替他履行职责。检察官依级别服从为原则，接受上级的命令与监督，必要时检察长或司法部长可向检察官提出应予追诉的意见，甚至命令检察官发动公诉。这是检察官权力运行中的一大特点。除以上特点之外，有两个制度对法官与检察官的权力运行产生较大影响，这就是参审制度与预审制度。参审制度是陪审的一种形式，是对法官权力运行的制约，预审制度既是对法官权力的分立，也是对检察官权力的监督。

　　陪审制度起源于法国，最终在英国的《自由大宪章》中得以确定。早期的陪审制度在不同的环境中演化为两种模式：一种模式是以英国、美国为代表的英美法系的陪审团制度，其特点是将陪审员的工作和法官的工作分开，前者决定事实问题，如根据法庭上出示的全部证据决定被告人是否有罪。后者决定法律问题，包括组织庭审并向陪审团解释有关的法律等。另一种模式是以法国、德国为代表的大陆法系的参审模式，其特点是专业法官和陪审员一起审判，共同决定案件的事实和法律问题。法国就是参审制度的一个典型代表，目前参审制度仅在重罪法院中适用。参审制度体现了在审判方式中引入民主机制的原则，以制约法官司法独裁和个人专断。

　　预审制度是法国司法制度中的一个非常特别的程序设计，既在刑事诉讼中适用，也在民事诉讼中适用。在该制度中，预审法官既有法官的司法裁判权，又有检察官的起诉权，还有警察的侦查权，是各种权力的集中统一体。巴尔扎克曾经说过："预审法官是全法国权力最大的人。"[1]事实上，预审制度自设立以来，争议的声音一直不断，预审法官的职权及其机制设置也经历了多次改革。对于疑难、复杂案件，特别是重罪案件才适用预审程序。目前经过预审程序的案件不到全国案件的5%。但是预审法官的作用仍然无可置疑，在法国预审程序的地位仍然是无可代替，而且颇具法国的本土特点。预审法官设立于拿破仑时期，最初其身份相当于高级司法警察，在预审中仅仅负责收集证据，隶属于上诉法院检察院。1956年法律赋予其司法裁判权，1958年法律取消其司法警察的职能，使预审法官独立于检察院。自此，预审法官拥有两项职能：一是负责收集证据，进行正式的侦查活动；二是作出具有司法裁判性质的决定，对有可能发生的有争议的附带案件作出裁判决定，以及判断是否有充足证据将受审查人提交审判法庭裁判的职责。2000年法国发生震惊全国的冤案"乌特罗案件"后，[2]法国对预审制度再次进行了调整，在一些大审法院设立了预审中心，所有预审法官集中由中心调配，将预

---

〔1〕 龚祥瑞：《西方国家司法制度》，北京大学出版社1993年版，第86页。

〔2〕 2000年12月5日，法国发生了第二次世界大战以来最大的司法冤案"乌特罗案件"，引发了严重的司法危机。在这起案件中，由于预审法官的权力过大，案件预审期限竟长达3年，14名无辜的被告除1人自杀，1人因怀孕得以保外候审外，其余被长期羁押，引发了社会舆论的极度关注。"乌特罗案件"迫使法国当局迅速作出回应，并直接导致了2007年3月5日《强化刑事程序平衡法》的出台。

审法官独任制改为合议制，这样预审法官的权力逐渐受到了限制。目前预审法官的主要职责是实施必要的侦查行为，其后根据收集到的证据作出是否交付审判的决定。预审的一般程序是，检察官正式启动侦查程序以后，收集相关的证据材料，认为需要将案件移送预审法官的，起草预审状后，移送预审法官，由预审法官进一步收集必要证据，确定犯罪嫌疑人可能承担的刑事责任，然后告知当事人或者是移送法院审判。在这一过程中，预审法官有权讯问犯罪嫌疑人，听取证人证言，进行搜查、扣押、电话监听，签发传票、拘票、通缉令和逮捕令，等等，还可以委派司法警察进行调查活动。预审法官可以作出不予起诉或向法院移送案件的司法裁定。从以上可以看出，在部分重大疑难案件中，法国的预审法官与检察官通过预审程序分享了检察官审查起诉的权力，事实上是对检察官权力的一种限制与制约。

（二）德国的审判及检察权力运行管理

德国法院的审判权运行一般实行独任制或合议制。独任制主要在地方基层法院实行，主要审理轻微的刑事案件及标的较低的民商事案件。其余的法院（宪法法院除外）实行合议制，由3人至5人组成。如果是3人组成的合议庭，则由1名职业法官和2名参审法官组成；如果是5人组成的合议庭，则由3名职业法官和2名参审法官组成。职业法官和参审法官共同对案件的事实、证据和法律作出判断和裁决。法院审理案件在总结性陈述结束后，审判长宣布休庭，法庭进行评议。评议是秘密进行的，只允许法官和书记员在场。评议由审判长主持，通常先由审判长或报告法官对庭审证据和争议焦点问题进行总结提出问题，然后由其他法官发表意见。如果对于问题的内容、方式和顺序，或者对于表决的结果存在不同意见，则由合议庭投票作出决定。投票必须公开，不能匿名进行。法官不得拒绝表决，任何职业法官和参审法官都不得因为其在对前一个问题进行表决时处于少数派而拒绝就某一个问题进行表决。在德国的劳动法院、社会法院、财税法院中，存在着大量的非职业法官——荣誉法官，他们在审判过程中发挥了较大的作用。荣誉法官与职业法官一样，在法庭合议过程中需要对案件事实作出判断和裁决。尽管荣誉法官在法律方面的知识比不上职业法官，但荣誉法官可以根据自己的工作生活经验，对涉及本专业、本领域的事实判断以及裁判方式的适度性评价与裁量问题以及诚信原则时，可以不受职业法官定势思维的影响，给出更加中肯客观的意见。此时职业法官法律专业方面的优势，相对其对相关领域事实问题判断方面的优势而言要小得多。当然，荣誉法官仍必须就相关法律问题形成自己的意见，而职业法官有义务在合议时为荣誉法官提供解决案件所必须的法律条款、法学观点、其他法院判决等相关信息。

德国的检察官在刑事诉讼、民事诉讼、行政诉讼等过程中拥有较广泛的权力，而检察官的作用最主要体现在刑事诉讼当中，检察官权力的运行主要体现在内部的权力运作和外部的权力制约。德国检察机关实行"检察一体"的领导体制，检察官在执行职务时必须遵守上级指令，检察官必须服从检察长指令，下级必须服从上级检察官指令。但检察官在业务工作中具有较强的独立性，除重大、疑难案件之外，一般无需向上级请示汇报。司法实践中，当检察长和检察官对某一案件是否起诉发生重大分歧时，会通过会谈的形式争取达成共识。但检察官也有权依据他对事实和法律的判断，依据自己的良知作出决定，坚持自己的意见，这时检察长则可以将案件的处理权收归自己（自行处理权，Devolutionsrecht），或者在其监督之下，将案件处理权委托给另一位检察官处理（移交处理权，Substitionsrecht），以此来确保检察机关执行政策的一致性。

在检察机关权力运行外部管理方面，主要是在侦查程序和中间程序中对检察官权力的制约。德国一个普通的刑事诉讼程序，由侦查程序、中间程序、审判程序和执行程序四个阶段组成。在侦查程序中，检察机关是侦查活动的领导者和指挥者，有权采取所有为侦查以及保证侦查程序顺利进行所必须的措施。但法律同时规定，检察机关采取某些侵犯犯罪嫌疑人人身自由和财产权益的侦查行为，如羁押、搜查、检查身体、扣押邮件，或对其住宅进行搜查或者进行技术监听，需要征得法院侦查法官的同意。侦查法官是基层法院的法官，他自己并不实施侦查行为，而是针对警察机关或检察机关的侦查活动，为保护公民的人身权利提供法律保护。侦查法官负责对侦查行为的合法性作出判断和决定，只需要审查申请采取的措施是否合乎比例原则，而不需要审查措施是否符合目的或是否具有可行性。在侦查程序结束后，当检察官决定正式起诉并向有管辖权的法院提交起诉书和卷宗时，就进入了中间程序。法庭将对检察官提交的起诉书和相关证据进行审理，以决定是否启动审判程序。法庭可依职权或依申请进行补充侦查，也可委托检察机关进行侦查。如果证据表明被指控人有足够的犯罪嫌疑，则法庭有责任启动审判程序；法庭也可以基于事实和法律的理由，例如嫌疑不够充分或者存在永久的诉讼障碍，决定不启动审判程序。如果法庭拒绝启动审判程序，检察机关可以立即提起抗告，如果抗告成功，接受抗告的法院可以启动审判程序。拒绝启动审判程序的决定具有有限的法律效力，只有基于新的事实或者证据才能重新提起诉讼。

四、司法案件管理

（一）法国的司法案件管理

法国刑事诉讼和民事诉讼中没有明确的关于案件管理的相关规定与做法，但在民事诉讼中设计的预审制度，事实上就起到案件管理的功能与作用。当民事案件分配到审判庭以后，由起诉法官审查并开展预审程序。起诉法官负责听取当事人及律师意见、审查所有的证据、对证据采取保全措施、传唤专家证人及有联系的第三人作证。其中一部分案件需要开庭审理，法官要求双方律师在规定的时间内陈述意见，交换对案件的看法，为案件的实质审理做准备。一部分案件不进入法庭审理，作不予审理退回处理。预审程序结束后，都有一个预审终结决定，对该决定一般情况下不可以上诉，但如果终结预审的决定会导致严重后果的，可以重新启动预审程序。

（二）德国的司法案件管理

德国的法院内部实行行政型的管理模式，审判事务完全由法官掌控，内部的行政管理事务则由行政部门决策和执行。每一个法院都设有一个主席团，主席团由院长或负有管理职责的法官以及一定数量的法官组成，主席团的主要任务是配置裁判机构、确定业务分配计划、合理分配业务和调配人力资源。法院的行政管理权由司法部任命的最高行政长官行使，负责法院的财务管理、法庭管理、安全保卫、资产购置、设备管理、书记员管理等行政性事务，以保证法院的正常运转和法官正常行使审判权。法院内部的双重组织属性和二元异质性结构，有利于法官个体独立，以实现司法公正。[1]德国法院在案件分流及分配制度上也具有一定特色。以德国州地区法院为例，每一个地区法

---

〔1〕梁三利：“德国行政型法院管理模式解析及其启示”，载《江苏科技大学学报（社会科学版）》2009年第1期。

院都被分为多个分庭,每一分庭由几名法官组成,其中一名被指定为分庭庭长,即主管法官;同时,法院受理的案件按案件题材被分为几组,不同类型的案件分配给不同的分庭。在每年年初的时候,法院及各个分庭都会制订一个一年期的事务分配计划,其中最重要的内容就是结合一定的标准,如法官擅长的专业、案件类型、受案日期、当事人姓氏首字母,等等,事先将可能受理的案件分配给各个分庭或者各个法官。这种事先的分配计划是为了避免人为因素操纵案件的审理。同时,德国法院为避免将法官限制在狭窄的专门化角色中,采取两种方案予以弥补:一是将案件混合编组分配给每一个分庭,防止法官对工作产生厌倦,每个法官的工作范围会相当广泛;二是逐渐、交错地将法官轮流分配到各分庭工作,例如,在一个由5名法官组成的分庭中,每年将1名至2名法官调换到其他分庭工作。[1]

第三节 域外司法管理评价

一、域外司法管理的特点

(一)英美法系国家司法管理的主要特点

1. 法院体系及法官管理特点

(1)法院体系的设置呈复杂性、多轨性和松散性。美国存在联邦和州双重法院组织体系,联邦法院和州法院之间没有上下隶属的审级关系,两者虽在管辖上有所交叉,但在组织上完全分离,联邦法院的组成与人员配置由联邦宪法和联邦议会决定,而州法院的构建及其人员配置则由各州依据各自的宪法和议会的意见决定。联邦法院主要审理与联邦法律相关联的法律纠纷,州法院主要是审理与州法律相关的法律纠纷,但两者之间又有一些交叉的地带。各个州根据自己的实际情况设置法院,名称不尽相同,特别是到了基层法院,设置更是五花八门,即便美国的本地居民也常常搞不清楚所发生的法律纠纷究竟由哪个法院进行审理。

英国司法体系历史比较悠久,保留着一些旧体制下司法系统设置理念与

---

[1] 参见最高人民法院司法改革小组编、韩苏琳编译:《美英德法四国司法制度概况》,人民法院出版社2002年版,第401页、第418~420页。

架构，显得既古老又凌乱。虽然20世纪以来，英国进行了一系列的改革，但仍然存在着种类繁多、机构重叠、交叉管理的问题。一方面，英国法院体系分为民事法院体系和刑事法院体系，民事法院和刑事法院有各自的诉讼审级关系，但之间又存在着交叉，比如说刑事法院中的治安法院又管辖着一部分民事案件，民事系统中的郡法院也管辖着部分刑事案件。另一方面，英国的司法权并非只赋予普通法院，作为议会的上议院也拥有部分刑事、民事案件的终审权。作为行政机关的审裁处，也承担了很大一部分的行政案件诉讼。而作为欧盟成员，[1]欧盟法院对涉及其他成员公民人身权利和财产权利的案件行使管辖权，使英国的司法体系变得更加复杂化和多元化。

(2) 基层的司法职能相当发达，法院的设置与地方区域关系不大。美国虽然有联邦法院系统和州法院系统，但就具体案件而言，几乎90%以上都是由州法院系统进行审理。特别是分布于城市和乡镇的享有普通管辖权和有限管辖权的初审法院，承担了大量的轻微刑事案件和普通民事纠纷案件，能够更好、更快地满足普通民众进行法律诉讼、解决法律纠纷的司法诉求。英国民事司法系统法院的初审法院——郡法院，承担着最为大量的基层民事法律纠纷。同时，位于郡法院之下，还设立了低级初审法院、少年法庭和小额诉讼法院，审理数额更小的基层案件。美国联邦系统法院的设置与地方区域没有关系，全美国50个州共设立了94个司法管辖区，设置了94个联邦地区法院。同时为了便于处理和减轻最高法院的负担，还将50个州和1个特区划为12个独立的司法巡回区，由巡回法院作为二审法院审理上诉案件。而英国的基层民事法院——郡法院是按照交通便利的原则进行划分的，郡法院的名称与郡法院的地理划分没有联系，这种划分可以由大法官作出修改。

(3) 法官的社会地位崇高，入职门槛高，职业保障全面而充分。美国和英国的法官在社会上拥有崇高的声望与地位，受到普遍尊重与信赖，法官也是一份令人羡慕的职业。由于英美法系实行判例原则，每位法官特别是最高法院的法官，在办理案件时都希望自己经办的案件能成为一个判例而名垂法史，因此，法官在审理案件时都会竭尽所能保持足够的专业与谨慎。美国对法官的任职资格没有明文规定，但实际中有较高的要求，需要经过严格选拔，

---

[1] 2020年1月31日，英国正式脱离欧盟，但是英国司法与欧盟法院的关系以及法律管辖问题尚未明确。

而且必须有多年的法律实务经验，包括律师、检察官或者法学工作者的任职经历。英国的法官大都是从资深的私人律师中挑选，然后通过任命制的方式产生的。在职业保障方面，美英两国为法官提供了全面、充分和长久的保障，足以让他们过上相当体面和优越的生活。两国的法官还有一个共同的特点，就是任命时年龄较大（一般 40 岁），退休年龄更大（一般 70 岁），这样能够保证法官有足够的社会阅历、丰富的实务经验和高尚的道德品格，以此来确保司法的公平与公正。

2. 检察体系及检察官管理特点

（1）检察机关的设置没有形成严密体系，检察职能简单。美国的检察系统同样存在着联邦和州两套系统，没有形成全国统一的独立检察系统，上下检察机关之间没有相应的隶属关系。在联邦甚至不能称为检察机关，检察职能由联邦司法部下属的检察长办公室、刑事司、民事司等几个部门和分布于各个联邦司法区的联邦检察署共同行使，联邦检察总长就是司法部长。各州普遍设立州检察长，但名称不一，职权大小也不一。基层检察机构可能就仅有一人至数人，甚至有可能是其他机构所兼职的，人员规模和业务分工多样化是美国检察机关组织形式的一大特点。英国在 1985 年之前还没有建立起现代意义上的检察机关，之前的检察职能由相应的行政机构履行。根据 1985 年《英国犯罪起诉法》建立起来的皇家检察署是英国最高检察机关和全国性的起诉机关，总检察长不是皇家检察署的工作人员，但他却是该机构的领导人，处于检察系统的最高层级。全国 43 个地方检察区每区设一位首席检察官，负责本地区的检察工作。美英两国的检察官职责主要有两项，第一项是作为地方政府的法律顾问为地方政府及官员提供法律咨询；第二项是刑事案件公诉权，包括是否提起公诉和对起诉指控内容的裁量。

（2）检察机关不是唯一的公诉机关，公诉权呈分散化配置。美英两国将检察机关定性为行政机关，也就是政府处理行政事务的一个机关，对公诉权没有垄断配置，而其他相应的机关也可以行使公诉权。比如说美国联邦司法部的民事司、刑事司、反托拉斯局，其在各自主管的领域内有权就重点打击的犯罪活动指示联邦调查机构进行调查，然后提起公诉。英国享有犯罪起诉权的主体，除以皇家检察署为代表的检察机关外，还包括严重欺诈局、国家关税与消费总局、社会保障部、健康与安全执行委员会等在内的其他主体。皇家检察署掌控大多数刑事案件的起诉权，其他有权起诉的部门对其职责范围内的案件提起公诉。可以看出，公诉权作为一种求刑权在各个行政机关中呈分散化配置，不利于统一标准与规则。

（3）检察官主要从律师中产生，选拔方式多样，任命带有强烈的政治色彩。美英两国的检察官主要从律师中选拔，在任职资格和条件上与法官相仿，但比法官相对宽松。很多从业多年的检察官，最后也成为一名法官。美国的联邦检察官并非终身制，其任命取决于总统的自由裁量权，具有强烈的政治色彩。州以下的检察官任命形式多样，可以是选举，也可以是任命，还可以是聘任，在市镇一级显得更加随意，有些检察职能还由其他部门兼理。英国总检察长和副总检察长，由首相从本党的下议院议员中提名推荐，由英王任命。皇家检察署的首脑检察长由英国首相根据总检察长的推荐任命。各地区的首席皇家检察官由检察长任命，辖区内的检察官则由皇家检察署进行选任与管理。英国检察官的任命是多层次分级选任管理的，显然与政治是密不可分的，具有较强的政治色彩。总体来讲，美英国家的检察官还具有专业化、精英化和职业化的特点。

3. 审判及检察权力运行管理特点

（1）法官与检察官拥有很大的裁决权。正如前文所论述的，在英美法系国家里面，法院的审判权是典型的司法裁判权，检察院本身是行政权，但又行使某种形式的司法裁决权。从某种意义上讲，法院和检察院就是对某种纠纷或者犯罪行为，根据所掌握的证据与事实，按照法律法规作出某种判断，这种判断既有终结性的，也有非终结性的。法官和检察官在这个过程中，拥有独立判断的权力，有些还拥有很大的裁量权，比如，美国法官的司法审查权和检察官的辩诉交易权。这两种权力使法官和检察官的权力感膨胀，在司法实践中弹赞参半，也时不时受到民众的诟病。

（2）大小陪审团是对法官、检察官行使权力的一个有效制约。为了加强对法官、检察官权力的制约，美英两国实施了陪审团制度，通过陪审员集体裁判来对法官、检察官的裁量权加以制约。大陪审团的职能是负责审查起诉，及时对检察官提交的证据进行审查，决定是否提起公诉，事实上就是对检察官公诉裁量权的制约。小陪审团负责审理案件中的事实问题，法官则决定法律问题，如果案件中的事实问题没有得到陪审团的认可或一致通过，法官对法律问题的判断就无从入手，这在民事和刑事案件中表现为不同的形式。虽然大小陪审团的审判范围在美英两国的司法实践中正逐步缩小，甚至英国已经取消了小陪审团的审判，但是从历史的眼光看，陪审团制度在司法审判中发挥了不可代替的重要作用。陪审团制度作为普通民众参与司法审判的手段，体现出了一个核心的原则，那就是在审判过程中引入民主的机制，以民主制约司法独裁和个人专断，保证司法公正，是民众参与司法的重要体现。"陪审团审判可以将普通公众带入法庭的专业世界，他们可以在司法程序的核心领域代表公众发出决定性的声音，这种参与会将对司法制度的信赖感在参与陪审团的人以及一般社会公众中逐渐传递。"[1]

4. 司法案件管理特点

案件管理主要体现在民事诉讼中，程序分流管理是案件管理的主要手段。美国和英国为了解决民事诉讼时间拖沓和诉讼成本高昂的问题，提高诉讼效率，减轻诉讼负担，开始对民事案件进行所谓的"案件管理"。案件管理的基本手段就是在案件受理初期，根据案件的实际情况分流到不同的诉讼程序，从而配备不同的司法人员、司法程序及相应的司法资源，以此加快案件审理的进度。在案件管理过程中，法官改变了过去中立消极的地位，而对案件及当事人进行积极的协调与干预，使案件的争议更加明确、案件的节奏更加可控、案件的审理更加快捷。在英国还出现了程序法官和审理法官的区分，前者负责审前程序中的案件分配和案件管理工作，而后者则负责主持审理程序或进行开庭审理并对案件作出裁决，案件通常由程序法官进行管理。[2]在刑事诉讼方面，美国、英国两国虽然没有案件管理的概念，但是事实上在办理刑事案件过程中设置了各种案件分流程序，以此来提高诉讼效率，这也是案件管理的一个方面。

(二) 大陆法系国家司法管理的主要特点

1. 法院体系及法官管理特点

(1) 法院体系设置类别多元化，体系较严密且上下贯通。法国的法院主要分为普通法院和行政法院两大系统，再加上特殊的宪法法院，总共有三个法院系统。其中，普通法院又分为民事法院系统和刑事法院系统，该系统机构设置基本一致，有些是在审理民事或刑事案件时被称为不同的名称，如小

---

[1] [英]麦高伟等主编：《英国刑事司法程序》，姚永吉等译，法律出版社2003年版，第347页。
[2] 参见卢静娟、周江："英国案件管理制度改革评析"，载《广西政法管理干部学院学报》2003年第6期。

审法院也称为治安法院，大审法院也称为轻罪法院。两者之间也有一些具体的区别，如重罪法院仅审理刑事案件。普通法院系统还包括一些专门的法院，如商事法院、劳动法院、社会保险法院、农村租约法庭，等等，普通法院虽然种类较多，但是都能形成一个上下贯通、统一管理的系统，而且各级职业法官统一由全国司法委员会任命。行政法院本身隶属于行政系统，是行政权的一部分，即把对行政行为的法律审查赋予行政权本身。宪法法院则主要体现在中央层面的宪法委员会，也叫宪法法院，其他两个高等法院和共和国法院是政治性的司法机构。德国是一个联邦制国家，在联邦层面设置了联邦宪法法院、联邦行政法院、联邦劳动法院、联邦社会法院和联邦财税法院等，在州以下层面对应设置了三级地方法院，共同组成了德国六大法院体系。联邦各法院与州以下法院之间没有直接的隶属或领导关系，但在诉讼程序上存在相应的衔接，形成了一个上下贯通、体系严密的全国法院系统。

（2）设置了完善的宪法审查诉讼体系和行政诉讼体系。法国和德国法院体系设置的一个突出特点，就是单独设立了宪法法院系统和行政法院系统。宪法法院对国家机关或国家公职人员的公务行为进行审查，是保障国家法律统一实施的一项重要制度保障。法国设置宪法委员会、高等法院和共和国法院三个宪法性法院，德国则在联邦与各个州设置了宪法法院，分层级行使审查权。行政法院是为了更好地限制公权力，从而保障公民的合法权益不受侵犯而设置的一个司法审查体系。法国行政法院设置于行政机关本身，自下而上形成一整套完整的组织体系和运作系统。德国的行政法院审理的对象不仅是政府的行政行为，而且是所有的"公法争议"，包括了一般的公权力活动。德国的社会法院和财税法院事实上也是行政法院的一种，只不过德国把它单列开来成为独立系统。总体而言，德国的行政法院系统及行政诉讼是较为发达和全面的，这对于限制公权力，保障公民私权利和建设一个法治国家[1]具有重大的意义。

（3）法官是以严格法律教育和职业训练的模式培养出来的，有单独而充

---

[1] 德国是西方国家中首次提出"法治国家"这一概念的国家，提出的时间大约是在19世纪初。由维尔克尔（Karl Theodor Welcker）在1813年首次使用这一概念，在1829年前后由封·摩尔（Rober von Mohl）将此概念引入国家法学和政治学的讨论中，赋予其学术概念的性质。

分的职业保障，同时存在大量的非职业法官。法国和德国的法官都要经过正规的法学教育，再经过严格的考试和职业训练，最后择优选拔出来。法国是经过一次考试和一次职业培训，而德国需要经过两次考试和一次职业培训，时间比较长，淘汰的比例相当高，这保证了法官的基本素质和专业水平。然而，在以上两个国家，法官被视为国家公务人员的一类，并没有特别地突出其崇高的社会地位。有的法官本身就是从行政系统中选拔出来，比如说法国的行政法院法官，并不是从国家司法系统选拔的，而是从国家行政学院培训的文官中选出的。为了保证法官的职业化和专业化，法国和德国都对法官给予较为优厚的待遇和较全面的保障，法官的工资待遇比一般普通的公务人员略高，同时法官的等级和晋升途径是单列的，实行单独的职务序列，与普通公务员区别开来，从而保障了法官职业的稳定性与长久性。法国和德国法官群体中还有一个特别突出的特点就是存在着大量的非职业法官，其作为参审人员参与案件的审理。特别是在专业法院里，比如说劳动法院、商事法院、社会法院、财税法院、少年法院，等等。非职业法官从相关领域中的专业人员中选出，在案件审理中与职业法官行使同样的职权，弥补了专业法官在某些领域的知识不足，有利于保障裁判的正确性和提高当事人对裁判的认可度。同时，非职业法官的加入解决了专业法官人员不足的问题，本身也是司法与民意相结合的具体表现，他们在审判中发挥了重要的作用。

2. 检察体系及检察官管理特点

（1）实行"审检合院"模式，检察院设置于法院内部独立行使检察职权，形成较为完善的组织体系。检察制度最早起源于法国，19世纪初被引入德国，两国的检察制度发展得较早，组织建设比较完善，形成了有共同特点又各具特色的检察制度。两国检察组织体系最大的共同点就是实行"审检合院"的模式，检察院设在普通法院里面，形式上与法院合署办公，但却是独立行使检察权，不受法院的管辖和干预。在基层的一些法院和专业法院中，则不专门设立检察院，而由上一级检察机关或其他行政官员行使检察职能。两国的检察机关名义上的首脑是该国的司法部长，但司法部长不具有检察院成员的身份，也不是检察官，不能针对具体案件对检察院作出具体的指令，而只是从宏观上进行政策指导，保证相关政策在全国执行时的统一性和协调性。

（2）检察机关是国家的守护者和公共利益代表人，拥有广泛的权力。法国和德国的检察制度，无论从设置检察机关的初衷，还是"检察院"在文字语言的表达方式上，都突出了检察机关的角色定位和职能设置，那就是"检察机关是国家的维护者、法律的守护者和公共利益的代表"。因此，法德两国的检察机关在刑事诉讼、民事诉讼、行政诉讼和社会治理中具有相当丰富的职能和广泛的权力，深入地介入维护国家以及公共利益的各种诉讼、纠纷和社会治理中，对国家的政治、经济和社会生活产生了较大的影响。特别是在刑事诉讼中，检察机关直接或间接地参与了刑事诉讼的全部过程和环节，主导了刑事案件的走向，是刑事诉讼中最主要的角色。

（3）检察官是一个行使司法权的行政官员，在法律定位上是一个矛盾体。由于法德两国在法学理论上固守国家权力分立的理论基础，一般认为法院属于司法权，检察院属于行政权，但检察院行使的权力很大一部分也是司法权的范畴。因此，在对检察官的定位上产生了很大的矛盾，不能自圆其说。法国把法官称为"坐席司法官"，把检察官称为"立席司法官"，共同以社会的名义执行法律，共同形成一个司法官的整体。德国则直接把检察官和法官并称为"司法官"。两国的检察官和法官的任职条件、任免程序、职业道路基本相同，实践中两者也经常互换岗位和职务。但是为了体现司法权与行政权的不一样，法国特别强调了检察院的行政属性，认为检察官是执行法律的司法机关，检察官要服从上级的命令，随时可以被调离，不适用终身制；德国则规定检察官行使职权时并不是独立的，必须服从上级检察机关及领导的指示，而把检察权列为行政权。这是理论上关于权力分类的混乱造成在司法实践中无所适从。

3. 审判及检察权力运行管理特点

（1）陪审制度是对法官裁判权力的制约，体现司法裁判的民主化。陪审制度主要是对法官权力的制约，其中一种模式是以法国、德国为代表的大陆法系的参审模式，其特点是专业法官与陪审员共同审理，共同决定案件的事实和法律。在此过程中，陪审员行使与法官完全一样的裁判权，并且在裁决评议的环节中引入民主机制，实行民主投票和多数决议的原则，以此来制约法官的权力。当然，陪审制度并不是在所有的案件审判中实施。在法国，刑事案件主要是在重罪法院审判中实行陪审团审判。在德国，除审理轻微的刑事案件和标的较低的民事案件时实行独任制外，其余的案件审理均实行合议制。合议制由若干名职业法官和若干名参审员组成合议庭共同审理。另外，在法国和德国的法院里,比如,商事法院、劳动法院、财税法院、少年法院等存在着大量的非职业法官,他们与职业法官一样行使裁决权,也是通过投票和多数决议规则进行最后裁决,这对职业法官的裁判权力起到很好的约束作用。

(2)检察官必须接受上级检察官及检察长的领导与指挥,检察权力受到法官的有力制约。法国和德国的检察官拥有广泛的权力,对检察官权力运行的制约体现在内部的"一致性"和外部的"审查性"。在检察机关内部实行"检察一体化"的领导体制,检察官在执行职务时必须遵守上级及检察长的指令。在法国,检察机关内部形成明显的层级关系,各级检察机关构成一个统一的整体行使检察职能。在德国,检察长可以对下辖的检察官办理的案件行使自行处理权和移交处理权,以此来确保检察机关执行政策的一致性。在外部制约方面,法国在预审程序中通过预审法官对检察官在刑事案件中的侦查指挥权和起诉裁量权作了权力限制和权力制约的制度安排。德国在侦查程序中,规定了检察机关采取涉及犯罪嫌疑人人身自由和财产权益的侦查行为,需征得侦查法官的同意;在中间程序中,法院有权对检察官提交的起诉书和相关证据进行审查,决定是否启动审判程序,这构成了对检察官起诉裁量权的有力制约。

4. 司法案件管理特点

法国的案件程序管理与德国的案件分配管理各具特色。法国没有关于案件管理的概念,也没有相关司法案件管理的具体规定。但刑事诉讼和民事诉讼中的预审制度,预审法官对案件材料进行审查后,使一部分案件进行审判程序,另一部分不予审理,从而在程序上对案件进行分流。特别是在民事审判前,预审法官为案件的实质审理所作的准备工作,从某种意义上讲也是司法案件管理的行为。德国的司法案件管理主要体现在对案件的计划分配制度上。根据这一制度,在每年年初,各法院内部以及法院的各个审判实体内部都会制订一个1年期的事务分配计划,按照一定的标准将可能受理的案件分配给各个审判实体或者各个法官。这表面上看是一个事务性的制度安排,但却反映了德国基本法中规定的法官法定和依法听审原则的要求,可以说该制度体现了法治国家诉讼组织形式的重要特征。

二、域外司法管理经验借鉴

英美法系和大陆法系国家的司法管理制度代表着当今世界上分布最为广泛、影响最为深远的两个法系的司法管理制度，两个法系国家之间的司法管理制度在理论、理念、概念方面表现出相同或相似的地方，如"法律至上""司法民主化""权力制约""案件管理"等。同时，在司法管理具体的制度设计与机制运行方面，也表现出不同的特点与特色，比如法院组织体系的多元化、检察机关职能定位的差异性、陪审制度的两种模式和案件程序管理及分配管理等。同一个法系中的国家，由于具有共同的法律传统，在司法管理方面具备更多的相同点，我们在论述特点的时候也把它们放在一起进行总结归纳。但是，事实上他们在某些具体的制度安排方面也表现出较大的差别。比如说，美国和英国的法官同样拥有很大的权力且社会地位崇高，但美国的法官拥有司法审查权，英国的法官就不具备；法国和德国的检察机关实行"审检合署"的设立模式，最基层的检察职能一般由上级检察机关履行，但法国还允许部分当地基层的行政机关代行检察职能，而德国由于实行起诉的国家主义，检察机关是唯一的国家起诉机关，从而排除了其他机关起诉的可能性。可以看出，每个国家的司法管理制度都是根据自己国家的历史发展、社会制度、政治制度、司法传统而形成相应的体系、制度及运行规则。德国莱布尼茨说过，"世界上没有两片完全相同的叶子"。每一个国家的司法管理都有每一个国家的特点，很难绝对作出优劣之分和先进与否的判断。只要这种司法管理能够适应该国家的具体国情和实际情况，就能够保证司法的公平与正义，促进社会经济的发展。当然，司法管理也是社会科学的一种，具有一定的规律性、客观性，对于某些具体的制度，我们可以从该制度的理论起源、历史发展、实际运行、社会评价等方面来考察，评价其是否科学与先进，能否成为我们借鉴的对象，这也是我们进行比较研究的目的和历史使命所在。

对于域外国家司法制度的考察研究，我们需要有一个正确的认识与客观的态度。从新中国成立后的司法改革发展历程来看，我国的司法管理经历了照搬苏联模式到比较借鉴大陆法系与英美法系，最后根据我国的实际情况不断探索与创新的发展历程。然而，经过对英美法系和大陆法系司法管理的深入研究，我们可以看出英美法系和大陆法系国家司法管理有科学、合理、先进的一面，特别某些结合该国实际情况的一些制度性创造，显示出其蓬勃生机和司法价值。在司法机关体系及职能设置方面，表现在设立跨区域法院防止地方干预，发达的基层法院解决大量基层案件，较为完善的行政法和宪法审查体系保障公民权利，等等；在司法官管理方面，表现在保障司法官的专业化、精英化、职业化，注重司法官的实务任职经历，司法官任职年龄大、退休年龄晚，大量的非职业法官解决基层及专业司法问题，等等；在司法权运行管理方面，表现在强调司法官办案不受干预，强调把民主机制引入司法裁判中，强调对司法官权力的制约而不是事后的监督，强调上下级法院的监督关系和上下级检察院的领导关系，等等；在司法案件管理方面，表现在对案件的程序分流和案件分配的管理，等等。这些制度凝结了人类司法文明和司法公正的精华，在其本国的司法实践中表现出很强的生命力与发展力。同时，我们也看到以上国家的司法管理制度存在不少不科学、不合理之处，甚至是落后的方面。比如，法院组织体系复杂多轨、松散零乱，职能设置重叠交叉；行政诉讼裁判权赋予行政机关不合理；检察机关的法律定位模糊，理论与实践存在矛盾，检察机关与司法部门的关系纠缠不清，起诉权力过于分散不利于统一标准规则；法官的司法审查权和检察官的辩诉交易权过度膨胀无法约束；司法案件管理的信息化和自动化落后，等等。对于这些制度我们要有足够清醒的认识，不能一味地认为这些国家的司法管理制度都是先进的。

在借鉴域外司法管理经验时，一方面，要研究清楚该制度的产生背景、发展脉络、实际效果，确定是否真的"先进"；另一方面，还要深入探讨我国现行的体制、机制是否真的存在问题，域外的经验是否真的适合我国的国情。总之，对于域外的司法管理，不能一研究发现我国与这些国家不同的地方，就按照这些国家的制度来完善甚至改造我国的司法制度，而应该是有选择性的借鉴。首先，我们要有制度自信。我国的司法管理制度经过七十多年的发展，已经形成符合我国国情、促进社会发展和得到人民认可的运行机制，虽然可能存在这样或那样的问题，但从长远看仍然焕发出勃勃生机与活力，反映出我国司法管理的时代性与先进性，这是我们应该有的制度自信。其次，我们要虚心学习。域外的某些司法管理制度经过多年的发展完善逐步成熟，表现出较好的合理性和规律性，是人类司法文明的精华与结晶，我们可以在谨慎比较后加以引进借鉴。最后，我们要有底线思维。凡是违背我国宪法原则和社会主义原则的不能学，凡是与我国现行国体、政体相抵触的不能学。特别是当前国内国际形势异常复杂，所有的制度构建与改革必须以保证我国的政治安全为前提和底线。当然,从我国社会主义制度和司法管理的发展历程来看,我国社会主义制度发展和社会建设有一个逐渐认识和发展的过程。总体来讲,只要是符合我国实际、促进司法公正且不违背社会主义总体原则的司法理念、机制或制度,我们可以采取开放与自信的心态去研究、学习与借鉴。同时,我们也不能妄自菲薄,丢弃原本好的传统与制度,要在立足自己国情的基础上,创造出符合实际的、行得通的、行之有效的司法管理制度。

第四章
我国司法管理现状

我国在司法实践中对于"司法管理"这一概念没有明确的界定,但对司法活动的管理行为从来没有停止过,因为这是司法机关正常开展司法活动的基本保障。本书将按照第二章对"司法管理"所下定义以及范围界定,即宏观司法管理—司法机关的设置及组织管理,包括审判机关的设置与组织管理和检察机关的设置与组织管理,中观司法管理—司法权力运行与决策管理,包括审判权的运行与决策管理和检察权的运行与决策管理,微观司法管理—司法官的选任及管理和司法案件的管理与质量控制等,从以上方面按照现时的研究方法,对我国当前司法管理的现状作具体阐述。

第一节 司法机关设置与组织管理

一、审判机关的设置与组织管理

(一)审判机关的发展演变

20世纪30年代,中国共产党在领导人民进行革命斗争的过程中,中华苏维埃政权就设立了临时最高法庭和最高法院。解放区时期,中国共产党在哈尔滨和吉林省分别设立了第一个省会城市法院和最早的省级法院。新中国成立前夕,毛泽东同志在西柏坡"九月会议"上对新中国的政权作出了明确阐述:"我们是人民民主专政,各级政府都要加上'人民'二字,各种政权机关都要加上'人民'二字,如法院叫'人民法院',军队叫'人民军队',以示与蒋介石政权不同。"[1]1948年起,各解放区法院统称为"人民法院",大部分地方法院是随着全国各地的陆续解放,并接管国民党政府的司法机关而先

---

[1]《毛泽东选集》(第五卷),人民出版社1977年版,第382页。

后建立起来的。1949年9月29日通过的起临时宪法作用的《中国人民政治协商会议共同纲领》第17条规定："废除国民党反动政府一切压迫人民的法律、法令和司法制度，制定保护人民的法律、法令，建立人民司法制度。"与此同时颁布的《中央人民政府组织法》第五章专章规定了最高人民法院及最高人民检察署的设置及职权等内容。1949年10月1日，根据《中国人民政治协商会议共同纲领》和《中央人民政府组织法》，中央人民政府委员会任命沈钧儒为中央人民政府最高人民法院院长，开始组建最高人民法院。1950年1月，中央人民政府委员会批准《最高人民法院试行组织条例》，规定最高人民法院设民事审判庭、刑事审判庭和办公厅、督导处、编撰处等单位。1952年4月，最高人民法院先后在沈阳、西安、上海、武汉、重庆、北京建立了东北、西北、华东、中南、西南、华北六个分院，为各大行政区最高审判机关。各大行政区于1954年底撤销，最高人民法院各大行政区分院也相应撤销。1954年9月，新中国《宪法》和《人民法院组织法》公布实施。1954年《宪法》明确规定了人民法院独立进行审判等司法原则，1954年《人民法院组织法》确定了人民法院的组织体系和各项审判工作制度，各级人民法院从隶属同级人民政府转为接受同级人民代表大会监督，并建立起合议制度、辩护制度、公开审判制度、人民陪审员制度、人民调解制度等基本制度。1979年9月，第五届全国人民代表大会第二次会议通过了新的《人民法院组织法》，规定"中华人民共和国设立最高人民法院、地方各级人民法院和军事法院等专门人民法院"，"人民法院依照法律规定独立行使审判权，不受行政机关、社会团体和个人的干涉"。1982年，新宪法公布实施，确立了我国政权组织形式及各国家机关的设置与职权。1983年9月，第六届全国人民代表大会常务委员会对《人民法院组织法》等相关法律进行修改完善，人民法院组织体系得到健全，司法机关之间的职权配置和诉讼程序得到规范，司法制度得到重建。20世纪90年代以来，随着国家改革开放进程的推进，国家各项政治法律制度不断完善，初步建立起了中国特色社会主义法律体系，人民法院审判工作空前发展，审判领域从原来的刑事、民事拓展到行政、经济、海事、知识产权等方面。人民法院按照中央关于司法改革的战略部署，从人民群众最不满意的突出问题和关键环节入手，积极稳妥地进行了司法体制改革和工作机制改革，取得了很大的成效。[1]

---

〔1〕 参见章晨编著：《中国司法制度》，中国民主法制出版社2017年版，第6~8页。

根据我国社会经济发展的形势和司法改革取得的成果，《人民法院组织法》于 2006 年 10 月 31 日经第十届全国人民代表大会常务委员会第二十四次会议第三次修改，于 2018 年 10 月 26 日经第十三届全国人民代表大会常务委员会第六次会议修订。至此，人民法院的组织体系进一步健全，职权设置进一步完善，工作程序进一步规范。

(二) 审判机关的性质与职权

1. 审判机关的性质

我国《宪法》第 128 条规定："中华人民共和国人民法院是国家的审判机关。"该规定在宪法的层面确定了人民法院的基本性质和职权。《人民法院组织法》作为一种宪法性基本法律，对宪法规定的基本精神作了进一步延伸，在第 2 条对人民法院的性质和任务作了具体规定："人民法院是国家的审判机关。人民法院通过审判刑事案件、民事案件、行政案件以及法律规定的其他案件，惩罚犯罪，保障无罪的人不受刑事追究，解决民事、行政纠纷，保护个人和组织的合法权益，监督行政机关依法行使职权，维护国家安全和社会秩序，维护社会公平正义，维护国家法制统一、尊严和权威，保障中国特色社会主义建设的顺利进行。"对于人民法院的性质可以作以下理解。

第一，人民法院是负责审判的国家专门机关。所谓审判指的是对矛盾和纠纷的审理和判决，而审判权是指对一切案件审理和判决的权力。在法治国家中，审判是由国家的专门机构代表国家利益，依照宪法和法律规定的程序，对特定案件进行的审理和判决。代表国家行使审判权的机构作出的判决具有最高的权威性，并由国家强制力来保证执行。在国家机构与公民个人和其他组织之间，在公民个人和各种社会组织彼此之间会产生各种各样的矛盾和纠纷，这种矛盾和纠纷的一部分可以由矛盾和纠纷的主体进行自我化解，或者由其他社会力量予以化解。但是，当这些矛盾和纠纷发展到比较激烈的程度时，只能以国家的名义和国家的力量予以审理和判决，并以国家强制力来保证判决的执行，才能维护国家的安全和社会的稳定。人民法院代表国家以国家的名义行使审判权，是法律范围内各种矛盾和纠纷可以诉诸解决的终局机构。

第二，人民法院代表国家行使审判权。人民法院的性质是国家的审判机关，因此各地人民法院不是地方的法院，而是国家在地方设置的代表国家行使审判权的法院。该条规定的内涵具体体现在：一是明确司法制度事项只能通过中央立法加以规制。这一点在我国法律中已经得到充分的认可。根据我国《立法法》的规定，涉及法院、检察院组织和职权、刑事、民事、仲裁、诉讼的内容必须纳入法律的范畴，同时严格排除了关于司法制度事项的授权立法。二是明确行使审判权力的依据是法律。宪法规定人民法院依照法律独立行使审判权，虽然法律之外的可能影响司法裁判的规范很多，如地方立法、规范性文件、风俗习惯等，但仅是司法过程中的"诉求""理由"而非"依据"，以法律为判决依据的法院享有对宪法、法律以外的规范是否与宪法、法律相符的评价权力。三是明确行使审判权的主体由国家设立。从目前的运作程序看，各地新设法院都必须经过最高人民法院、中央编制部门或最高国家权力机关的批准。

第三，国家的审判权只能由人民法院行使。人民法院以外的任何机构、团体和个人都无权行使审判权。审判权是国家权力的重要组成部分，体现了国家的强制力，作为一项专门的权力与公民的人身权利、民主权利和其他权利息息相关。审判权只能由人民法院行使，任何个人或者其他组织私设公堂、刑讯逼供都是非法的。虽然某些社会组织或者个人可以对矛盾和纠纷进行仲裁或者调解，但是通常涉及的只是平等主体之间发生的财产性纠纷，且都不是以国家的名义进行，并不是以国家强制力予以保障的。人民法院以外的权力机关作出的某种决定，虽然也可能带有裁判的性质，但也不是审判权，其行使的具有审判权性质的职能，都是派生或服务于其本身权力属性的。审判权由人民法院专门行使，有利于保障国家集体和个人的利益和权利，确保国家法律的权威性，维护国家社会主义法制的统一。[1]

2. 审判机关的职权

根据《法官法》第 8 条的规定，法官的职责包括以下三大项：一是依法参加合议庭审判或者独任审判刑事、民事、行政诉讼以及国家赔偿等案件；二是依法办理引渡、司法协助等案件；三是法律规定的其他职责。其中，第二项是 2019 年修订《法官法》时增加的内容，第三项作为兜底性规定包含较

---

〔1〕参见杨万明主编：《〈中华人民共和国人民法院组织法〉条文理解与适用》，人民法院出版社 2019 年版，第 41~44 页。

多的内容。法官是法院行使审判权的主体,法官的职责从某种意义上讲也是审判机关的职责,主要职权分述如下。

(1) 审判刑事案件。人民法院通过行使法律赋予的职权,审理刑事犯罪案件,及时查明案件事实,依照刑事诉讼法和刑法的规定,正确定罪量刑,做到事实清楚、证据确凿、定性准确、量刑适当、程序合法,使那些严重危害国家安全,扰乱社会正常秩序,破坏国家经济建设,侵犯公民人身权利、民主权利和其他权利的犯罪分子受到应有的惩罚,同时使无辜的人免受非法追究,维护正常的社会秩序。

(2) 审判民、商事案件。人民法院审判民事案件,主要是根据民事诉讼法、民法典以及其他有关法律规定,对婚姻家庭、债务纠纷、合同、金融、票据纠纷、知识产权纠纷、海事海商纠纷等进行审理,查明案件事实,分清责任,确认当事人之间的权利义务关系,制裁民事违法行为,调整公民之间、公民与法人之间、法人与法人之间的财产和人身关系以及信用和契约关系,保护各当事人的合法权益,维护和保障市场的公正公平竞争。

(3) 审判行政案件。人民法院审判行政案件,依据行政诉讼法以及其他有关法律规定,对具体行政行为是否合法进行审查,对违法的具体行政行为判决撤销或部分撤销,并可以判决行政机关重新作出具体行政行为,对行政处罚显失公正的还可以变更;对合法的具体行政行为判决维持,一方面保护公民、法人和其他组织的合法权益,另一方面维护行政机关依法行使职权。

(4) 依法审理国家赔偿案件。《国家赔偿法》通过法律形式确立了我国的国家赔偿制度。根据《国家赔偿法》的规定,我国国家赔偿分为行政赔偿、刑事赔偿、民事与行政诉讼中的司法赔偿三个部分。国家赔偿案件解决的是行政机关、司法机关与相对人之间因行政行为、司法行为是否侵权,应否赔偿而引发的纠纷争议问题。从案件性质而言,国家赔偿案件属于具有双方对抗性的特定主体的侵权型案件;从工作性质而言,国家赔偿工作属于人民法院的基础审判工作,与三大诉讼的性质地位相同。国家赔偿中的行政赔偿,根据法律规定,更是需要依托行政诉讼程序予以实现,司法赔偿部分只是由于侵权机关中有法院、检察院等审判及监督机关而设计为决定程序,但就其性质而言应定位于审判工作。因此《法官法》将国家赔偿案件与三大诉讼案件并列专门作出规定,国家赔偿案件是人民法院审判工作中的重要组成部分,也是法院的重要职能之一。

(5) 对判决、裁定的执行权。法院对判决、裁定的执行权包括了刑事案件、民事案件和行政案件三种类别。在我国，刑事案件的刑罚执行分别由法院、公安机关、司法行政机关负责。其中，法院负责执行刑事判决中的死刑立即执行、罚金、没收财产等事项；公安机关负责执行管制、拘役、六个月以下的有期徒刑、驱逐出境、剥夺政治权利和没收财产（会同法院共同执行）；司法行政机关负责执行死刑缓期执行、无期徒刑、六个月以上的有期徒刑和缓期。根据我国《民事诉讼法》和《行政诉讼法》的规定，民事判决、裁定发生法律效力的，由第一审人民法院执行，或者与第一审人民法院同级的被执行财产所在地的人民法院执行；行政判决、裁定、调解书和依法应当由人民法院执行的行政处罚决定、行政处理决定也由法院执行。由此可见，民事案件和行政案件的执行工作全部由法院负责。一般认为，对判决、裁定的执行权分为执行的裁决权和执行的实施权，执行裁决权实质上也是法院审判工作的一个重要体现，而执行实施权属于哪种权利，是否应该由法院来实施存在较大的争议。同时，伴随着司法改革的要求，执行裁决权与执行实施权相分离是必然的趋势。因此，2018 年《人民法院组织法》和 2019 年《法官法》修订时，都没有对执行权作出明确的规定，就是为将来的立法留有空间。

(6) 法律规定的其他职责。根据我国法律的规定，法官除依法审判案件外，还有一些与诉讼案件密切相关，但又不具有明显诉讼属性的司法工作职能，有的虽然可以说是广义的民事案件、刑事案件或者是行政案件，但与第一项中的民事诉讼、刑事诉讼、行政诉讼等诉讼性质的案件还是有区别的，不具有诉讼的两方对抗性质。根据《人民法院组织法》和三部诉讼法等现有法律规定，法院还有裁定减刑假释、确认调解协议、实施司法救助、依法办理引渡案件、仲裁裁决的撤销执行、审查决定行政行为强制执行等职责。

(三) 审判机关的组织体系

我国《宪法》规定，中华人民共和国设立最高人民法院，在各地设立地方各级人民法院，同时根据实际设立铁路法院、军事法院等专门人民法院。地方各级人民法院分为高级人民法院，中级人民法院和基层人民法院。除直辖市内设立的中级人民法院以及少数不按行政区划设置的法院外，绝大多数地方法院的设置与行政区划设置一致。

1. 最高人民法院

依照我国《宪法》和《人民法院组织法》的规定，最高人民法院是中华人民共和国最高审判机关，负责审理各类案件，制定司法解释，监督全国地方各级人民法院和专门人民法院的审判工作。最高人民法院的主要职权包括：

（1）最高人民法院负责法律规定由其审判的案件。除审判案件外，最高人民法院还负责全国法院执行工作的指导、管理与协调工作。

（2）司法解释权。司法解释是最高人民法院根据法律和有关立法精神，针对审判工作中具体应用法律的问题而作出的解释。审判工作的司法解释权由最高人民法院专属拥有。最高人民法院发布的司法解释具有法律效力。司法解释实施后，人民法院作为裁判依据的应当在司法文书中引用，法院同时引用法律和司法解释作为裁判依据的，应当先引用法律后引用司法解释。

（3）监督地方各级人民法院和专门人民法院的审判工作。我国《宪法》第127条规定，最高人民法院是国家最高审判机关，最高人民法院监督地方各级人民法院和专门人民法院的审判工作，上级人民法院监督下级人民法院的审判工作。人民法院上下级之间是监督关系而非领导关系，这是根据审判工作的特点，在法律上明确上下级之间的关系。这种监督关系结合我国的诉讼制度来讲，主要指审判业务中的审级关系，即因上诉、再审、死刑复核、减刑处罚核准等与审级结构相关的审判制度。在现实中，除程序上的审判监督关系外，上下级法院之间还存在着大量的审判业务指导关系、审判管理关系、政策主导或理念指引关系、督查督办关系、内部控制关系、协调联动关系、司法巡查关系等。[1]

（4）发布指导性案例。指导性案例是指裁判已经发生法律效力，事实认定清楚，法律适用正确，裁判说理充分，法律效果和社会效果良好，对审判同类案件具有普遍指导意义的案例。最高人民法院发布的指导性案例，各级人民法院审判类似案件时应当参照。我国的案例指导制度，是在以成文法为主的法律体系下运用案例对法律规定的准确理解和适用进行指导的一种制度，是最高人民法院在吸取我国传统法律制度合理因素和英美法系国家判例法有益成分的基础上，经过实践探索创造的一项独具中国特色的司法制度。[2]实

---

[1] 杜豫苏：《上下级法院审判业务关系研究》，北京大学出版社2015年版，第23~31页。
[2] 王文惠编著：《当代中国政治法律制度》，中国社会科学出版社2018年版，第196页。

践证明，案例指导制度促进了司法自由裁量权的规范行使，加强了法律适用的统一性。

根据现行法律规定，最高人民法院在全国几大区域设立巡回法庭，审理最高人民法院依法确定的案件。2014年12月，中央全面深化改革领导小组第七次会议审议通过了《最高人民法院设立巡回法庭试点方案》。我国的巡回法庭是最高人民法院本部在地方设立的常驻审判机构，目的是分解本部办案压力、加强对下监督指导、优化司法资源配置、破除司法地方化。[1]巡回法庭有两个特点：一是体现了机构的巡回，也体现了法官本人的巡回，即巡回法庭是最高人民法院在京外的常驻审判机构，主审法官在巡回区直接办案，就地审理；二是巡回法庭是最高人民法院的组成部分，巡回法庭的判决和裁定即最高人民法院的判决和裁定，其不是独立的法院，不构成独立的审级，巡回法庭的法官属于最高人民法院。[2]

2. 地方各级人民法院

（1）基层人民法院。基层人民法院主要包括县人民法院、市辖区人民法院。基层人民法院审判刑事和民事第一审案件。基层人民法院可以设立人民法庭，作为基层人民法院的派出机构。人民法庭制度是中国特色社会主义司法制度的重要组成部分，为有效解决我国基层社会纠纷，维护社会稳定发挥了独特的作用。[3]

（2）中级人民法院。中级人民法院主要包括在省、自治区内按地区设立的中级人民法院；在直辖市内设立的中级人民法院；省、自治区辖市的中级人民法院。中级人民法院审判下列案件：法律规定由其管辖的第一审案件；基层人民法院移送审判的第一审案件；对基层人民法院判决和裁定的上诉案件和抗诉案件；人民检察院按照审判监督程序提出的抗诉案件。

（3）高级人民法院。高级人民法院主要包括省级、自治区级、直辖市级高级人民法院。高级人民法院审判下列案件：法律规定由其管辖的第一审案件；下级人民法院移送审判的第一审案件；对下级人民法院审判和裁定的上诉案件和抗诉案件；人民检察院按照审判监督程序提出的抗诉案件。

---

[1] 参见胡云腾："为什么要设立巡回法庭？"，载《求是》2015年第12期。
[2] 刘贵祥："巡回法庭改革的理念与实践"，载《法律适用》2015年第7期。
[3] 杨万明主编：《〈中华人民共和国人民法院组织法〉条文理解与适用》，人民法院出版社2019年版，第181页。

3. 专门人民法院

1979年《人民法院组织法》以及1983年、1986年、2006年修改的《人民法院组织法》中，均对专门法院进行了规定。1979年《人民法院组织法》采取列举加概括的方式，规定专门人民法院包括军事法院、铁路运输法院和其他专门法院。1983年、1986年以及2006年修改的《人民法院组织法》则不再采取列举方式，只概括规定行使审判权的人民法院包括军事法院等专门人民法院。2018年新修订的《人民法院组织法》再次以列举加概括的方式对专门人民法院进行了规定，即专门人民法院包括军事法院、铁路运输法院、海事法院、知识产权法院和金融法院等。

（1）军事法院。我国的军事法院是国家在军队专门设立的国家审判机关，属于国家审判体系中的专门人民法院，受中央军委和中央军委政法委员会领导，受最高人民法院监督指导。我国的军事审判组织制度最早萌芽于土地革命战争时期，当时红军内部设有履行军事审判职能的军事法庭和军事法官。我国的军事法院与地方各级法院一般按照行政区划设置的方式不同，采取地域与系统相结合的方式设置。军事法院主要管辖以下案件：一是军人违反职权的犯罪。主要是我国《刑法》分则第十章规定的军人违反职责罪，包括了军人违反职责，危害国家军事利益，依照法律应当受刑罚处罚的行为。二是一定范围内的民事案件。根据最高人民法院相关规定，军事法院管辖下列民事案件：双方当事人均为军人或者是军队单位的案件，但法律另有规定的除外；涉及机密级以上军事秘密的案件；军队设立选举委员会的选民资格案件；认定营区内无主财产的案件。

（2）铁路运输法院。铁路运输法院始建于新中国成立初期，1953年在天津铁路管理局成立了第一个铁路沿线专门法院，随后很快推广，在全国各铁路管理局普遍设立。1954年《人民法院组织法》第一次以法律形式明确了铁路法院作为专门人民法院的法律地位。2009年中央下发关于铁路公检法管理体制改革的文件，要求铁路公检法整体纳入国家司法体系，铁路运输法院整体移交驻在地省、自治区、直辖市高级人民法院进行管理。截至2012年6月底，全国铁路运输法院完成管理体制改革，整体纳入国家司法体系。铁路运输法院管辖的案件范围包括，铁路运输法院受理同级铁路运输检察院依法提起公诉的刑事案件；涉及铁路运输、铁路安全、铁路财产的民事诉讼。2015年，中央再次对铁路运输法院的管理体制和案件管辖范围作出调整，明确将铁路运输法院改造为跨行政区划法院，主要审理跨行政区划案件，包括重大行政案件、环境资源案件、企业破产、食品药品安全等易受地方因素影响的案件、跨行政区划人民检察院提起公诉的案件和原铁路运输法院受理的刑事民事案件。各地原中级人民法院和基层人民法院的行政案件，也全部一律归由相对应的铁路运输法院受理审判。

（3）海事法院。海事法院是我国主管与海相通的可航水域发生的海事、海商案件，如船舶碰撞、共同海损、海难救助、船舶污染、船舶扣押和拍卖案件以及涉外海事、海商案件的专门人民法院。海事法院的前身为水上运输法院，1979年1月，《人民法院组织法》明确将水上运输法院列为专门法院，之后相关部门在广州、上海、武汉、青岛、天津、大连6个港口城市组建了水上运输法院。1984年5月，最高人民法院、交通部联合下发《关于设立海事法院的通知》，以上海等6个水上运输法院为基础，组建了上海、天津、青岛、大连、广州和武汉海事法院。1984年11月，第六届全国人大常委会通过《关于在沿海港口城市设立海事法院的决定》，正式在立法层面规定了海事法院的设立、管辖及人员任免。目前，我国共有10个海事法院，分别为北海、大连、广州、海口、宁波、青岛、上海、天津、武汉、厦门海事法院。至此，我国形成了全面覆盖18 000余公里海岸线、沿海沿江港口、通海可航水域和中华人民共和国管辖海域的海事审判格局。

（4）林业法院。1980年12月，林业部会同最高人民法院、最高人民检察院联合下发通知，要求建立健全林业公检法机构，在大面积国有林场的国营林业局、木材水运局所在地设立森林法院，在林业局所在地或国营森林集中连片地区设立森林中级法院，在森林资源较多且工作量大的地区，可以在当地法院内部增设林业审判庭。1983年后，最高人民法院先后同意吉林、黑龙江、甘肃等省设立专门的林业法院，受理有关林业保护、野生动植物资源、生态安全等方面的案件。2005年，中央要求按照国家司法体制改革的原则，理顺林业司法机构管理机制。2007年，中央对林业法院的编制核定、人员过渡、理顺管理体制等问题进行了明确，提出将林业法院从原来所属林业部门或企业中分离纳入国家司法管理体系，由地方法院进行属地管理。2009年，最高人民法院、最高人民检察院、国家林业局联合下发通知，明确林业法院纳入国家司法管理体系后的具体管理办法。2012年，林业审判体制改革全部完成，目前全国共有林业法院26个，其中中级法院4个，基层法院22个，分布在黑龙江、吉林、甘肃3个省份。[1]

（5）知识产权法院。知识产权案件具有复杂性、专业性、周期性长等特点，自20世纪60年代以来，一些国家和地区就开始探索成立知识产权法院。2014年8月，第十二届全国人民代表大会常务委员会通过《关于在北京、上海、广州设立知识产权法院的决定》，明确提出在北京、上海、广州设立知识产权法院，并规定知识产权法院管辖案件的范围：有关专利、植物新品种、集成电路布图设计、技术秘密等专业技术性较强的第一审知识产权民事和行政案件；知识产权所在市的基层人民法院第一审著作权、商标权等知识产权民事和行政案件裁定的上诉案件。知识产权法院第一审判决裁定的上诉案件，由知识产权法院所在地的高级人民法院审理，知识产权法院审判工作受最高人民法院和所在地的高级人民法院监督，并依法接受相对应人民检察院的法律监督。2014年11月6日，全国首家知识产权审判专业机构——北京知识产权法院挂牌并正式履职；12月16日，广州知识产权法院成立；12月28日，上海知识产权法院挂牌成立。我国知识产权法院的建立，不仅是顺应知识产权司法保护体制变革的国际潮流，更是深化我国司法体制改革的重要举措。[2]

（6）金融法院。为推进国家金融战略实施，健全完善金融审判体系，营造良好的金融法治环境，促进我国经济和金融的健康发展，2018年4月27日，第十三届全国人民代表大会常务委员会第二次会议作出《关于设立上海金融法院的决定》。2018年8月20日，上海金融法院正式挂牌成立，成为我国第一家金融法院。2018年7月31日，最高人民法院通过《关于上海金融法院案件管辖的规定》，明确上海金融法院管辖应由中级人民法院受理的金融民商事纠纷和涉金融行政案件，规定上海金融法院一审管辖的金融民商事案件，分别为传统金融民商事纠纷、新型金融民商事纠纷、以金融机构为债务人的破产纠纷、金融民商事纠纷的仲裁司法审查以及申请承认和执行外国金融民商事判决、裁定等五类案件。2021年3月18日，备受关注的北京金融法院正式成立。新设的北京金融法院专门管辖北京市应由中级人民法院管辖

---

[1] 参见杨万明主编：《〈中华人民共和国人民法院组织法〉条文理解与适用》，人民法院出版社2019年版，第54~55页。

[2] 王文惠编著：《当代中国政治法律制度》，中国社会科学出版社2018年版，第204~205页。

的金融民商事案件和涉金融行政案件。这也是继 2018 年设立上海金融法院后我国第二家金融法院，对完善金融审判体系，防控金融风险具有重要意义。

（7）互联网法院。2015 年 4 月，浙江省高级人民法院确定杭州市余杭区人民法院、西湖区人民法院、滨江区人民法院和杭州市中级人民法院作为电子商务网上法庭首批试点法院，分别审理网络交易纠纷、网络支付纠纷、网络著作权纠纷及其上诉案件。这一司法创新举措节省了司法资源，增加了诉讼透明度，提高了审案效率，方便了诉讼当事人，得到最高人民法院的肯定。为了加强国家网络安全信息化建设，在中央全面深化改革委员会办公室、最高人民法院、浙江省委、省政府的支持下，浙江省高级人民法院在网上法庭的基础上再次创新，依托杭州铁路运输法院成立杭州互联网法院，将涉网的五类民商事案件，从现有审判体系中剥离出来，依托互联网技术，构建专业、高效、便捷的司法体系，依法处理网络纠纷，以营造更安全、更干净、更具人性化的网络空间。2017 年 8 月 18 日，杭州互联网法院正式运行。2018 年 7 月 6 日，中央全面深化改革委员会第三次会议通过了《关于增设北京互联网法院、广州互联网法院的方案》。2018 年下半年，北京、上海、广州等多地互联网法院相继成立并开始受理案件。根据最高人民法院《关于互联网法院审理案件若干问题的规定》，我国的互联网法院集中管辖所在市的辖区内应当由基层人民法院受理的一审案件，目前的受案范围以互联网纠纷为主，包括网购纠纷、网络贷款纠纷、网上侵权等。若当事人决定上诉，则第二审程序仍按照互联网审判的形式进行。[1]增设互联网法院是司法主动适应互联网发展大趋势的一项重要举措。

二、检察机关的设置与组织管理

（一）检察机关的发展演变

我国的检察制度既是舶来品，又有一定的历史渊源，它的建立与发展体现了具有中国特色的司法制度发展道路。我国是在清末变法修律时，才把现代

---

[1] 朱玉玲、陈琨："我国互联网法院研究"，载《延边党校学报》2019 年第 6 期。

检察制度引入中国,[1]开创了近现代中国检察制度的先河。

新中国的检察制度要追溯到中华苏维埃时期。中华苏维埃时期实行"审检合署"体制,在最高法院设检察长、副检察长和检察员若干名,负责刑事案件的预审和公诉,这是新中国检察制度的最早探索。[2]新中国成立前夕,各边区、解放区相继成立了实行审检合署或审检分立的检察机构,为新中国检察制度的建立提供了宝贵的历史经验。新中国成立之初,根据《中国人民政治协商会议共同纲领》和《中央人民政府组织法》的规定,中央人民政府下设立最高人民检察署,实行检审分设的制度,明确"最高人民检察署对政府机关公务人员和全国国民之严格遵守法律负最高的检察责任",罗荣桓为第一任最高人民检察署检察长。1951年9月,中央人民政府颁布《中央人民政府最高人民检察署试行组织条例》,这是新中国第一部关于检察制度的单行法规,据此很快在五大行政区建立了检察分署,在省、直辖市和省一级行政区建立检察机构。1954年9月,根据新中国第一部《宪法》和《人民检察院组织法》的规定,改"人民检察署"为"人民检察院",确立了人民代表大会制度下的"一府两院"国家体制,确定了检察机关上级领导下级的领导体制。1979年7月第五届全国人民代表大会第二次会议通过《人民检察院组织法》,明确规定人民检察院是国家法律监督机关,最高人民检察院领导各级人民检察院和专门人民检察院工作,上级人民检察院领导下级人民检察院的工作,各级检察机关对同级人民代表大会及其常务委员会负责并报告工作。1982年《宪法》公布实施,《人民检察院组织法》等相关法律修改完善,1982年《宪法》规定国家行政机关、审判机关、检察机关都由人民代表大会产生,对它负责,受它监督,进一步明确了检察机关在国家机构中的地位及其与国家权力机关的关系。20世纪90年代以来,随着国家法治建设的进展,人民检察制度逐步进入正规、快速的发展道路,检察机关的法律监督范围从原来的刑事、民事领域逐步拓展到行政、执行、公益诉讼等新的领域,人民检察院的职能也在不断地调整变化。《人民检察院组织法》分别于1983年、1986年和2018年由全国人民代表大会常务委员会进行了三次修改,检察机关的组织体系逐

---

[1] 张培田、张华:《近现代中国审判检察制度的演变》,中国政法大学出版社2004年版,第237页。

[2] 林海主编:《中央苏区检察史》,中国检察出版社2001年版,第15页。

步建立健全，人民检察制度逐步走向完善。

(二) 检察机关的性质与职权

1. 检察机关的性质

一个国家检察机关的性质揭示了其检察机关的根本特性，决定了其检察机关的法律地位、职权范围、活动方式和社会功能。从世界各国的检察制度来看，各国对检察机关的性质有着不同的认识和规定，有的国家把检察机关定性为"法律守护者"和"公共利益代表"，有的国家把检察机关定性为"诉讼当事人"，有的国家则把检察机关定性为"法律监督机构"，等等。

我国《宪法》及《人民检察院组织法》规定，人民检察院是国家的法律监督机关。这是我国在宪法与法律层面对检察机关的性质定位。但是关于检察机关的性质，学术界也存在着以下几种不同的观点。第一种观点认为，检察机关是国家的法律监督机关，即从我国宪法和法律规定出发，认为检察机关是代表国家行使法律监督权的国家机关，而从检察权的内容和行使方式来看，检察权本身具有监督法律实施的特征;〔1〕第二种观点认为，检察机关是司法监督机关，即从我国的监督体制和检察机关行使检察权的实际状况出发，认为我国的检察机关不是一般的法律监督机关，检察机关的法律监督仅局限于司法领域，检察机关应当定性为国家的专门司法监督机关;〔2〕第三种观点认为，检察机关是国家的公诉机关，即从检察机关的起源和历史传统出发，认为检察机关的职能作用是通过刑事公诉来实现的，因而检察机关的性质应当为国家的公诉机关;〔3〕第四种观点认为，检察权是一种复合性质的权力，当代中国的检察权既不是所谓的司法权或者是单一的公诉权，也不是所谓的法律监督权，而是一种集司法性、行政性和监督性于一体的复合性国家权力。〔4〕

在我国，宪法和法律将检察机关定性为国家专门的法律监督机关，主要理由如下：首先，将检察机关定性为法律监督机关符合我国的历史传统。我

---

〔1〕 石少侠：“论我国检察权的性质——定位于法律监督权的检察权”，载《法制与社会发展》2005 年第 3 期。

〔2〕 蔡定剑：“司法改革中检察职能的转变”，载《政治与法律》1999 年第 1 期。

〔3〕 郝银钟：“检察权质疑”，载《中国人民大学学报》1999 年第 3 期。

〔4〕 胡勇：《复合型态的检察权能：中国检察改革再思考》，法律出版社 2014 年版，第 113 页。

国历来都有监督的思想与传统,历史上的御史台、都察院都有监督百官、维护国家统治的功能作用,将检察机关确定为法律监督机关,符合检察权本身所具有的法律监督属性。其次,检察权本身具有"检察、督查"等含义,同时检察权基本权力中的侦查监督权、审判监督权和执行监督权,具有明显的法律监督性质,因而将检察机关确定为法律监督机关,符合检察权本身所具有的法律监督属性。再次,将检察机关确认为国家法律监督机关符合我国的国家体制。我国实行在人民代表大会制度下的分权制约体制,将检察机关确定为国家法律监督机关符合我国的国家体制。最后,将检察机关确定为法律监督机关是保障国家法律统一正确实施的现实需要。国家法律的普适性、统一性和正确适用性,都需要法律监督予以保障,将检察机关确定为法律监督机关,有利于保障国家法律统一、正确实施。[1]

2. 检察机关的职权

我国检察机关的职权随着检察制度的发展而变化,从"一般监督权"到"法律监督权"再到"检察监督权",不同时期检察职权的变化反映出检察机关职能定位的变化,也反映出理论界与实务界对检察机关性质与职能的争议。根据《人民检察院组织法》第20条规定,人民检察院主要行使的职权分述如下:

(1) 依照法律规定对有关刑事案件行使侦查权。在国家监察体制改革以前,根据《人民检察院组织法》和《刑事诉讼法》的相关规定,人民检察院负有对贪污贿赂犯罪、国家工作人员的渎职犯罪、国家机关工作人员利用职权实施的非法拘禁等侵犯公民人身权利以及民主权利的犯罪进行直接侦查的职责。国家监察体制改革以后,检察机关的职权发生了较大的调整,并通过《监察法》《刑事诉讼法》和《人民检察院组织法》对改革的内容予以确认。2018年3月20日,第十三届全国人民代表大会第一次会议通过《监察法》,规定对于公职人员的职务犯罪由监察机关负责调查。2018年10月26日,第十三届全国人民代表大会常务委员会第六次会议通过《关于修改〈中华人民共和国刑事诉讼法〉的决定》,对人民检察院自行侦查的权力范围作出了相应调整,保留检察院在对诉讼活动实施执行法律监督中发现的司法工作人员利用职权实施的非法拘禁、刑讯逼供、非法搜查等侵犯公民权利、损害司法公

---

[1] 参见邓思清:《中国检察制度概览》,中国检察出版社2016年版,第31页。

正的犯罪的侦查权,同时删去人民检察院对贪污贿赂犯罪、国家工作人员渎职犯罪的直接立案侦查权。目前检察机关直接立案侦查的罪名包括刑讯逼供罪,暴力取证罪,虐待被监管人员罪,滥用职权罪,徇私枉法罪,民事行政违法裁判罪,行政判决、裁定失职罪等罪名。

(2) 对刑事案件进行审查,批准或者决定是否逮捕犯罪嫌疑人。逮捕是由法律规定的司法机关依照正当的法律程序审查或决定,并经法律规定的执法机关执行,针对可能判处一定刑罚的犯罪嫌疑人、被告人采取的具有一定时限的羁押、剥夺其人身自由的最严厉的刑事强制措施。审查逮捕实质上是一种司法审查权力。检察机关批准逮捕,是指检察机关对公安机关或国家安全机关在侦查过程中需要采取逮捕措施而提请逮捕犯罪嫌疑人的请求进行审查,并决定是否批准逮捕的权力;而决定逮捕是检察机关对自行侦查的相关犯罪案件在侦查过程中需要对犯罪嫌疑人采取逮捕措施时,依法决定对其予以逮捕的权力。对逮捕措施进行审查,对保证侦查和审判工作顺利进行,保障犯罪嫌疑人、被告人基本人权和保障国家刑罚权的实现具有重要作用。

(3) 对刑事案件进行审查,决定是否提起公诉,对决定提起公诉的案件支持公诉。此项职权可以概括为公诉权,是检察机关代表国家依法对刑事被告人提出控诉,要求人民法院追究其刑事责任,或者对错误的裁判依法提出抗诉要求人民法院对被告人重新作出裁判的一种权力。公诉权是检察机关的一项重要权力,也是人民检察院追究犯罪、保护公民和法人合法权利的重要手段。公诉权是最古老的一种权力,也是各国检察机关都享有的一种权力。我国检察机关享有的公诉权是一种复合性权力,具有广泛的内涵,具体来说,我国公诉权主要包括以下权力:①起诉权,即检察机关认为犯罪嫌疑人的行为已构成犯罪需要追究其刑事责任时,依法向人民法院提起公诉的权力。②支持公诉权,即检察机关派员出席法庭支持其公诉主张的权力。③公诉变更权,即检察机关提起公诉后,由于案件情况发生变化而改变原来公诉内容的权力。④量刑建议权,即检察机关提起公诉后,可以建议人民法院对被告人判处一定刑罚的权力。⑤不起诉权,即检察机关认为犯罪嫌疑人的罪行较轻不需要判处刑罚,而对其作出不起诉决定的权力。⑥抗诉权,即检察机关认为人民法院的裁判确有错误的,依法享有提请上一级人民法院重新审判的权力。[1]

(4) 依照法律规定提起公益诉讼。此项职权是近年来我国检察机关新增加的一项工作职权,是基于对检察官是公共利益代表的认识定位而不断扩展的一种职能。2017年6月27日,全国人民代表大会通过了修改《民事诉讼法》和《行政诉讼法》的决定,对检察机关提起公益诉讼的案件范围、具体程序等作出详细规定。之后,相关法律对公益诉讼又作了拓展性规定。目前检察机关开展公益诉讼的法定范围为"4+5",总共9种案件范围,包括生态环境和资源保护、食品药品安全、国有财产保护、国有土地使用权出让和英雄烈士权益保护、安全生产、未成年人保护、军人荣誉名誉权益保障、个人信息保护领域。检察机关开展公益诉讼的方式可以分为诉前行为督促、支持起诉和直接提起公诉三种。由于公益诉讼是法律赋予检察机关的一项新职能,随着全国各地检察机关不断积极稳妥地试点和推广,检察机关公益诉讼的范围将会不断扩大。

(5) 对刑事、民事、行政诉讼活动实行法律监督。检察机关是国家的法律监督机关,对诉讼活动享有专属的法律监督权力。我国《刑事诉讼法》《民事诉讼法》和《行政诉讼法》等对检察机关对诉讼活动的法律监督权作了明确规定。根据上述法律规定,诉讼监督的对象范围包括刑事诉讼领域、民事诉讼领域和行政诉讼领域,涵盖案件受理、开庭审理、审判执行等各环节。刑事诉讼还包括对立案监督、侦查活动监督、审判监督以及刑罚执行和刑罚变更执行监督。民事诉讼和行政诉讼也包括人民法院在民事、行政执行程序中执行不当或违法执行,人民法院拖延执行、执行不力或执行瑕疵及工作失误,人民法院执行工作人员在民事行政执行过程中涉嫌职务犯罪等情况。对三大诉讼活动的监督,是最能直接体现检察机关法律监督属性的一种权力,目前检察机关在内部设立了刑事检察、民事检察和行政检察等专门部门开展工作。

(6) 对监狱、看守所的执法活动实行法律监督。在我国,公安机关的执法行为以及司法行政机关(监狱)对被监管人或被执行人的监管活动是保障诉讼程序顺利进行的一种国家行为。检察机关作为法律监督机关,对监管活动进行监督彰显了检察机关专司诉讼监督的职责与职能定位。根据《监狱法》

---

[1] 参见邓思清:《中国检察制度概览》,中国检察出版社2016年版,第97~99页。

及其他相关法律的规定，监狱等监管机关对被执行人应当依法监管和执行刑罚。根据改造的需要，组织被执行人从事生产劳动，对其进行思想教育、文化教育和技术教育。检察机关对执行机关的监管活动进行监督的内容，包括执行机关是否按照法律的规定对被执行人进行分管分押；是否按照法律的规定对被执行人进行有效管理；是否组织被执行人劳动并对其进行教育改造；有无侵犯被执行人合法权益的现象；警戒设备、戒具及武器的使用是否合法适当；有无存在监管不严导致越狱行为发生的情况。

（三）检察机关的组织体系

我国政治制度的特殊性决定了我国检察机关的组织体系与设置具有自己的特色，同时也遵循一般国家共同的依法设置、按行政区划设置与审判机关对应设置以及根据检察工作需要设置的原则。[1]我国根据这些原则设置的检察机关分别为最高人民检察院、地方各级人民检察院和专门人民检察院。各级人民检察院在其行政区域内开展检察工作。人民检察院一般与人民法院对应设置，适应我国司法审判的特点，有利于诉讼活动及时、顺利进行。我国还根据行业区域单位的特点和检察工作的实际需要设置专门人民检察院、派出机构及派驻检察室，因地制宜地行使各项检察职能，有利于检察工作的开展，这也是我国检察机关组织设置的一大特点。

1. 最高人民检察院

最高人民检察院是我国的最高检察机关，由最高国家权力机关全国人民代表大会产生，对全国人民代表大会及其常务委员会负责并报告工作，其主要任务是领导地方各级人民检察院和专门人民检察院依法履行法律监督职责，保证国家法律的统一和正确实施。最高人民检察院依法行使下列职权：（1）检察权。最高人民检察院依法行使法律赋予检察机关的各项检察权。（2）死刑复核监督权。最高人民检察院对最高人民法院的死刑复核活动实行监督。（3）追诉核准权。对各级人民检察院报请的超过法定期限进行追诉的案件进行审查，决定是否追诉。（4）司法解释权。最高人民检察院可以对属于检察工作中具体应用法律的问题进行解释。（5）发布指导案例权。最高人民检察院根据检察办案的需要，可以向全国各级检察机关发布各类指导性案例，以

----

〔1〕 孙谦主编：《检察理论研究综述（1979—1989）》，中国检察出版社2000年版，第141页。

指导检察机关和引导侦查机关正确规范办案。（6）检察领导权。最高人民检察院领导全国各级人民检察院及专门检察院的工作，指导部署地方各级人民检察院的工作，有权制定检察工作条例规则和规范性文件。地方各级人民检察院和专门人民检察院既受最高人民检察院的领导，也受上级人民检察院的领导，上下级人民检察院之间是领导与被领导的关系。

2. 地方各级人民检察院

（1）地方各级人民检察院。地方各级人民检察院分为省级人民检察院、市级人民检察院和基层人民检察院。地方各级人民检察院由对应的人民代表大会产生对其负责并报告工作，在所属管辖行政区域内行使检察权、开展工作。

（2）派出人民检察院。省级人民检察院和设区的市级人民检察院根据检察工作需要，可以经批准在辖区内的特定区域如工矿区、农垦区、林区或监管场所相对集中地区的区域设立人民检察院，作为派出机构。实践中，随着各类开发区、自贸区等的出现以及监狱体制的改革，有的设区的市级人民检察院也在这些区域和场所设置了派出人民检察院，而县级人民检察院设置派出检察院的客观需求和必要性并不大。[1]因此，2018年修订的《人民检察院组织法》，从实际出发将原县级人民检察院的派出权限，上收到设区的市一级检察院，取消县级人民检察院设置派出机构的权限。

（3）派驻检察室。人民检察院可以在监狱、看守所等场所设立检察室，行使派出它的人民检察院的部分职权。目前检察机关的派驻检察室主要分为派驻监狱检察室、派驻看守所检察室、派驻乡镇检察室和派驻公安机关检察室。前两种检察室主要承担刑事执行及监管活动监督工作，目前比较成熟，已经被《人民检察院组织法》认可。派驻乡镇检察室主要承担受理举报、控告、申诉、开展法制宣传和法律咨询、参与社会综合治理等职能，[2]但由于该类检察室审批权限不清晰、越权失职现象频发、经费保障不健全等问题，目前该类检察室已经不再设立，已经设立的也在逐步收编与规范。派驻公安机关检察室是2019年全国政法领域全面深化改革推进会上正式提出的一项改革措施，由检察机关在同级的公安机关执法办案管理中心设立，主要职能是

---

[1] 万春："《人民检察院组织法》修改重点问题"，载《国家检察官学院学报》2017年第1期。
[2] 广东省广州市人民检察院课题组："检察机关派出机构体制研究"，载《人民检察》2010年第9期。

加强检察机关对公安机关侦查活动的监督,深入推进公安执法规范化建设,通过在公安机关办案系统嵌入检察监督软件,做到对公安机关立案、侦查信息日常查询,实现同步监督。[1]此类检察室目前正在全国部分地区试点,效果如何有待进一步验证。

3. 专门人民检察院

专门人民检察院是根据检察工作的需要,在特定的组织系统内设置的具有专属管辖性质的人民检察院。我国设置了军事检察院和铁路检察院两种专门检察院。由于专门人民检察院的特殊性,其设置与专门人民法院的设置并不完全一一对应,有些行业领域设置了专门法院,但并没有设置专门检察院,其法律监督工作由相应的人民检察院履行。

(1) 军事检察院。军事检察院是我国检察机关的组成部分,是专门检察院的一种,也是与军事保卫机关、军事法院并列的军队执法司法部门。目前我国按照地区设置和系统设置相结合的原则,与军事法院对应设置,把军事检察院分级设置。军事检察院受中央军事委员会、中央军事委员会政法委员会和最高人民检察院领导,战区以下的军事检察院受本级党委、政治部和上级军事检察院的领导。军事检察院按照专门管辖权的原则管辖现役军人、军内在编职工的犯罪案件以及军人与非军人共同实施的军队违反职责的犯罪案件。

(2) 铁路运输检察院。我国铁路运输检察院由铁路运输检察院分院、基层铁路运输检察院组成,由所在的省、自治区、直辖市人民检察院领导。其基本任务是按照法律规定行使检察权,打击和防范在铁路运输系统辖内包括铁路沿线、列车、车站、铁路企业事业单位中发生的各种违法犯罪活动和铁路工作人员危害交通运输的违法犯罪活动。2004年,中央提出要改革有关部门、企业管理公检法的体制,将铁路公检法纳入国家司法管理体系。2009年,中央印发《关于铁路公检法管理体制改革和核定政法专项编制的通知》,确立铁路检察院与铁路运输企业全部分离,一次性整体纳入国家司法管理体系,一次性移交驻在地省、自治区、直辖市党委和省级检察院实行属地管理的总原则。至2012年底,全国17个铁路运输分院和59个铁路运输基层检察院全

---

[1] 梁宏鑫:"宁夏检察机关全面推开派驻公安执法办案管理中心检察机制",载人民网,http://nx.people.com.cn/n2/2020/0404/c192493-33927177.html,最后访问日期:2020年5月20日。

部移交给 29 个省级人民检察院，实行属地管理。[1] 铁路运输检察系统纳入国家司法管理系统，有利于铁路运输机关依法独立行使检察权，实现国家司法的统一。2015 年，铁路运输法院被改造为跨行政区划法院，管辖的案件范围进一步扩大。作为铁路运输法院相对应的铁路运输检察分院，其相应的监督范围也随之扩大，而且部分专门法院的法律监督任务也由铁路运输检察分院承担，如广州铁路运输法院和广州知识产权法院的法律监督任务统一由广州铁路运输检察分院承担。

三、我国司法机关设置与组织管理检讨

(一) 主要特点

1. 实行"审检分立"模式，法院、检察院自成体系

新中国成立以后，我国审判机关与检察机关的设置没有延续之前"审检合署"的模式，而是分别设立审判机关和检察机关，审判机关专司司法审判职能，检察机关专司检察职能。法院与检察院各成体系，互不隶属，各自管理，互相配合。法院与检察院成为国家机关中两个独立的部门，自上而下在相应的县级以上地方政权中设置机构，形成四级司法体系。同时，法院系统根据社会经济发展的需求设置了军队、铁路、海事、林业、知识产权、金融、互联网等专门法院，进一步丰富了我国审判机关的体系。检察机关的设置与审判机关基本一致，在国家与地方各级政权中设置相应的人民检察院。但在专门检察院的设置中，检察机关主要设置军事、铁路运输等检察院，其他专门法院没有对应的检察院，其相关的法律监督业务由所在地区的同级检察院或专门检察院承担。检察机关还在特定的区域设置了派出检察院或派驻检察室，行使检察职责。近年来，根据司法改革的要求，法院和检察院分别设置了跨行政区域的法院和检察院，跨区域管辖相关的案件，但只是极个别地区的做法，不具有普遍性，也没有示范性。总而言之，我国的司法机关设置组织较严密、体系较完整、职能较齐全。

2. 法院是国家的专门审判机关，对审判权拥有专属权

在我国，法院是国家专门的审判机关，拥有对一切案件审理和判决的权

---

[1] 徐向春："铁路运输检察体制改革"，载《国家检察官学院学报》2015 年第 2 期。

力,包括对刑事案件、民商事案件、行政案件的审判权,也包括办理引渡案件、司法协助案件、国家赔偿案件、刑罚执行变更案件等职权。国家的审判权只能由法院行使,法院以外的任何机构、团体和个人无权行使审判权。实践中,虽然行政单位或者社会组织也可以对社会上的矛盾和纠纷进行调解、仲裁或裁决,但都不能称之为审判,其裁决结果的效力与法院的审判结果也不能相提并论。如行政机关作出的行政裁决、劳动争议机关作出的劳动争议裁决、仲裁机构针对民商事纠纷作出的仲裁决定,这些行为虽从形式上具备了对社会纠纷作出居中裁判的要件,但实质上没有国家的强制力作为后盾,不是审判权力的延伸。因此,我国实行的是一元审判体制,人民法院作为国家唯一的审判机构,对审判权力拥有专属权力。其他具有裁判行为要件及形式要件的机构不被认为是审判机构,如对其作出的裁决不服,可向法院提起诉讼,请求撤销裁决。

3. 检察机关实行"检察一体化"原则明显

"检察一体化"原则是世界各个国家和地区检察制度中普遍遵循的组织原则和活动原则,成为检察机关区别于行政机关和审判机关的一项独有原则。[1]我国的检察机关在这方面表现得更加明显。从机构设置上,检察机关自上而下设置四级检察机构,每一个机构相对应国家与地方的政权机构,与国家的政治体制结构保持一致;从领导体制上,检察机关上下级之间是领导与被领导的关系,上级检察机关可以要求下级检察院直接作出或者不作出某种司法行为,司法责任由上级检察院承担,这个与法院有很大的区别;从权力行使上,检察机关是作为一个整体来行使检察权力,上级检察机关可以指定下级检察机关办理案件,也可以将下级办理的案件移送其他检察机关办理,或者由上级检察机关办理;从干部使用上,除最高人民检察院外,其他每一层级检察院检察长的任命需要由上一级检察院提请同级人大常委会任命,上级检察院对下级检察院检察长的提名拥有较大的话语权,很大一部分检察长由上级检察院指派;从业务指导上,检察机关拥有最直接和最齐全的业务指导系统。2013年以后,全国检察机关建立了统一的业务系统,所有的案件在同一个平台上办理,所有的业务数据都可以在同一个平台上统计与展现,为上级检察院指导、指挥下级检察院开展业务提供了极大便利。近年来,最高人民检察

---

〔1〕 参见朱孝清、张智辉主编:《检察学》,中国检察出版社2010年版,第459页。

院经常通过视频会议的形式召集全国20多万检察干警同时开会、培训、学习、研讨,更加强化了检察机关上下一体化的原则。

(二) 存在的问题

1. 法院的组织体系尚不完善

我国一直强调法院系统专业化建议,近年来先后成立了知识产权、金融、互联网等专门法院,但这些法院涉及的范围仍然是民商事案件,并没有从根本上解决法院审判覆盖扩大到各种社会纠纷的问题。特别是互联网法院的成立,主要强调审理方式及审理范围的特殊性,解决对象本身也是民商事纠纷,它的成立是信息时代大数据背景下司法审判手段现代化的产物,其实质并没有拓宽法院受理案件、解决社会纠纷的范围。对于劳动争议纠纷,我国目前已经具有很成熟的劳动争议解决机制及一整套机构与人员,不过目前仍属于政府序列下设的事业性机构,没有列入法院系统,其与法院审判最为相仿,是最有条件改造成为法院系统的一个专门裁判机构。对于行政诉讼纠纷,目前我国通过对原来铁路运输法院的改造,将一个地区的行政诉讼全部由其审理审判,具有行政法院的雏形,但目前也没有形成成熟的行政法院系统,尚在探索与完善当中。

2. 法院的职权设置存在不合理之处

我国法院的职权主要表现为对各类案件的审判权,体现了一般裁判的中立性、被动性、终局性等特征。同时为了保证诉讼活动的顺利进行,法院也负责一些主动性的司法行为或活动,如实施证据保全、依法收集证据、采取强制措施、发布支付令、实施司法救助等,这些职权与裁判权的特征有一定出入,并非法院的主要职权,但这些职权的正确行使能促进法院更好地行使审判职权,是法院在审判过程中必不可少的司法辅助活动。然而,法院主动履行还有一项重要的职权即执行权,包括负责刑事执行的部分权力,如死刑立即执行、罚金、没收财产等事项;负责行政案件的大部分执行工作和民事案件的全部执行工作。这项工作在法院的工作中占有相当大的分量,牵涉法院以及法官的很多精力,但却一直备受理论界的争议与诟病。反对的主要理由有三点:一是法院兼具审判权和执行权,导致审执不分,违反权力制约原则。虽然法院建立有相对独立的执行机构,先有执行庭,后有执行局,但由于同一法院执行机构与审判在同一院长领导下开展工作,很多重大事项也由同一审判委员会作出决定,审判机构和执行机构的人员可以相互交流,包括岗位轮换,因此不可能实现真正意义上的"审执分离"。[1]尤其是在基层法庭,审判权与执行权基本上混为一体,都由同一主体实施,审判权与执行权之间的监督制约更无从谈起。二是法院兼具审判权与执行权,导致法院上下管理体制混乱,从而影响裁判的执行力度。根据我国宪法及法律规定,上下级法院之间的关系是监督与被监督的关系,上下级法院之间只能通过审级互相产生关系和影响。然而为了解决执行各自为政、执行率低下的问题,我国法院上下级执行部门之间是领导与被领导的关系,只有这样才能在全国建立起统一、高效、联动的执行机制。上下级执行局之间的这种领导关系与法院整体的监督关系产生了冲突,在实践中容易产生混乱的局面,如执行局在行动命令上是服从上级执行局还是服从本级法院,这显然是一个两难的选择。[2]三是法院兼具审判权与执行权,难以改变法院"重审判轻执行"的观念,导致执行难的问题层出不穷。一直以来,我国法院存在的"案多人少"的矛盾十分突出,法院将主要的人力资源大多集中在审判工作上,导致裁判执行的人力配置与司法资源配置严重不足,一些案件须调查被执行人的情况而未能调查,须及时执行的而未能及时执行,从而错过有效执行的最佳时机,导致许多判决(主要是民事或行政判决)执行不了,法院判决可能成为一纸空文。在每年全国人大或者是地方各级人大召开会议时,对法院提出意见最多的也是涉及法院的执行问题。基于以上理由,理论界对执行权的归属争论由来已久,有"法院说"[3]"行政机关说"[4]"检察机关说"[5]和"独立机关说"[6],总

---

[1] 谭世贵等:《中国司法体制改革研究》,中国人民公安大学出版社2013年版,第282页。

[2] 参见汤维建:"关于破解'执行难'的理性反思——以执行体制的独立化构建为中心",载《学习与探索》2007年第5期。

[3] 该观点认为执行机构仍应在法院,在法院内部实现权力适度分离与制约。参见高执办:"论执行局设置的理论基础",载《人民司法》2001年第2期。

[4] 该观点认为执行权是一种行政权,所以不应当由法院行使,而应当由司法行政部门统一行使。参见李明霞、万学忠:"建议执行工作交司法行政部门负责",载《法制日报》2003年3月13日,第2版。

[5] 该观点主要针对刑事执行权力,认为刑罚执行应当由检察机关来指挥执行,即由检察机关决定刑罚执行的顺序、决定停止执行自由刑等。参见杨兴培:"刑事执行制度一体化的构想",载《华东政法学院学报》2003年第4期。

[6] 该观点认为,执行权既不能像现在一样交由法院行使,也不能交由司法行政部门行使,而应当设立一个独立机构行使执行权。参见汤维建:"关于破解'执行难'的理性反思——以执行体制的独立化构建为中心",载《学习与探索》2007年第5期。

的来说，还是支持把执行权从法院分离出来，让法院成为一个单纯的审判机关。我国在最新一轮的司法改革中，已经明确提出要推动建立审判权与执行权相分离的机制，《人民法院组织法》和《法官法》在修改时也为执行权分离作出了铺垫。但我国法院系统一直没有有效推动此项改革工作，除理论上还没有完全论证清楚之外，还需要中央重点研究督促推进此项工作。

3. 检察机关的职能定位不断调整变化

我国检察机关自建立以来，其机关职能定位随着我国社会经济的发展不断发展与变化。在检察机关成立初期，检察机关定位为"一般监督机关"，最高人民检察署负责对政府机关、公务人员和全国人民严格遵守法律负有最高的检察责任。1954年《宪法》和《人民检察院组织法》对检察机关的职能定位作出了进一步阐述，规定检察机关对各级国家机关、机关工作人员和公民是否遵守法律行使检察权，事实上还是按照"一般监督"来定位检察机关，同时增加了对侦查机关的侦查活动监督、审判机关的审判监督以及刑事执行机关的执行监督，也就是所谓的"诉讼监督"职能。1979年制定的《人民检察院组织法》对原来作了规定但根据客观条件不成熟而无法执行的"一般监督"予以修改，把检察机关明确定性为"国家法律监督机关"，[1]并对检察机关的职能作了规定，包括重大犯罪的检察、职务犯罪侦查、公诉、侦查监督、审判监督和执行监督，等等。1982年《宪法》进一步明确了检察机关为国家法律监督机关的宪法定位。此后，检察机关一直坚持"法律监督机关"的职能定位，并以宪法规定的职权为基础阐述"法律监督"的内涵与外延。由于我国《宪法》和《人民检察院组织法》并没有对"法律监督"的具体内容与含义作出规定，且检察机关在实践过程中主要是针对诉讼活动进行监督，法律规定的"应然"与实践的"实然"之间存在出入，因此理论界对检察机关的"法律监督"定位一直存在较大的争议。一般认为，所谓"法律监督"特指人民检察院通过运用法律赋予的职务犯罪侦查权、公诉权和诉讼监督权，追诉犯罪和纠正法律适用中的违法行为来保证国家法律在全国范围内统一正确实施的专门工作。[2]职务犯罪侦查权、公诉权、诉讼监督权统一归为法律监督权的具体内容，但是对职务犯罪侦查权及公诉权如何被纳入法律监督权

---

[1] 樊崇义主编：《检察制度原理》，中国人民公安大学出版社2020年版，第86页。
[2] 谭世贵等：《中国司法体制改革研究》，中国人民公安大学出版社2013年版，第191页。

的范畴一直存在不同的看法。如检察机关负责的职务犯罪侦查权属于法律监督权，那为什么公安机关负责的对普通公民实施的一般犯罪侦查权就不属于法律监督权？还有同样是负责发现、证明和检举违法犯罪行为、提交法庭裁判的西方检察机关的活动为何就不是法律监督权？[1]面对上述质疑，我国的理论工作者目前还未找到合适的理论范式予以支撑。2018年监察体制改革以后，检察机关的职务犯罪侦查权划归监察机关行使，监察机关对所有国家公职人员逐步拥有了全方位的监察权，也就是对国家公职人员的行政违纪违法犯罪行为拥有全面的监督权。国家监察制度的构建，对检察机关的职能定位带来极大的挑战。2014年以来，检察机关探索试点的民事公益诉讼和行政公益诉讼获得成功并取得很大成效。我国检察机关除"法律监督"以外，加上"公共利益代表"的职能定位，使得原来的法律监督理论更加复杂。理论界与实务界一度将检察机关重新定位为"检察监督"，即为一种专门性监督而非"法律监督"。但是2018年《宪法》修正时，立法机关仍然坚持把检察机关定位为"国家法律监督机关"。2021年6月15日，中共中央正式印发《中共中央关于加强新时代检察机关法律监督工作的意见》，对检察机关作出了四个方面的定位，即人民检察院是国家的法律监督机关，是保障国家法律统一正确实施的司法机关，是保护国家利益和社会公共利益的重要力量，是国家监督体系的重要组成部分。该表述进一步明确了检察机关作为国家法律监督机关的定位，并指出检察机关是诉讼程序中履职的专门职能部门，在具体办案过程与环节中履行监督职责，是参与、跟进、融入式监督，实现"在办案中监督、在监督中办案"。为了使这种检察机关的宪法定位与检察工作实际相吻合，对"法律监督"不能作一般的理解，而是应当理解为带有专门性、具体性、专业性的法律监督。在我国的政权组织形式下，人民代表大会作为权力机关，具有最高的监督地位，政府履行行政管理职能，监察机关履行对国家公职人员的监察职能，法院履行司法裁判职能，检察院履行特殊的法律监督即"检察监督"职能。可以把检察机关定位为"国家利益和社会公共利益的维护者""国家法律统一实施的监督者"。检察机关作为国家利益和公共利益的代表，维护国家法律的统一和有效实施，对于行政机关（包括侦查机关、

---

[1] 陈卫东："我国检察权的反思与重构——以公诉权为核心的分析"，载《法学研究》2002年第2期。

司法行政机关)、监察机关和法院违反法律的行为,检察机关可以通过行使诉权的形式加以调查,并督促其予以纠正。检察机关的"检察监督"的地位,与政府的行政管理、监察机关的全方位监察和法院的司法裁判权处于同一法律层面上。[1]

4. 法律上的地位与实践中有差异

我国《宪法》规定,法院是国家的审判机关,检察院是国家的法律监督机关,赋予法院和检察院崇高的宪法地位。根据我国的政治体制,中国共产党是执政党,党政军民学,东西南北中,党是领导一切的。中国共产党统一领导国家政权和机关建设,人大常委会机关、政府机关、政协机关、监察机关、审判机关、检察机关等六大机关在执政党的领导下,统一开展各项工作。这种政治架构同样赋予法院、检察院在国家政治体制中的地位,即是与其他四个机关具有同等重要的地位。2020 年 1 月 7 日,中共中央政治局常委会第一次同时听取全国人大常委会、国务院、全国政协、最高人民法院、最高人民检察院党组工作汇报和听取中央书记处工作报告。这从一个侧面反映了法院、检察院在中央国家机关中的地位与重要性。

第二节　司法官选任与人员管理

我国的司法机关是审判机关和检察机关,司法官员即法官与检察官。司法官的管理制度,就是法官和检察官的管理制度,主要包括有关司法官的地位以及司法官的任职条件、选任程序培训、晋升、惩戒和职业保障等方面法律法规的总称。司法官是行使国家司法权的主体,司法官的素质修养在一定程度上反映一个国家的司法水平,而司法官制度是否完善,直接影响着司法官群体的素质与修养,并进一步影响到国家司法职能的发挥。[2]

由于我国的政治体制与司法传统,我国把检察官和法官放在几乎等同的位置来对待与管理。因此,法官、检察官的管理制度可以合并为司法官的管理制度来进行阐述。1995 年,全国人民代表大会常务委员会第十二次会议通过了第一部《法官法》和第一部《检察官法》,之后又分别于 2001 年、2017

---

〔1〕参见陈瑞华:《司法体制改革导论》,法律出版社 2018 年版,第 74~104 页。
〔2〕毕连芳:《北京民国政府司法官制度研究》,中国社会科学出版社 2009 年版,第 1 页。

年、2019年进行了三次修改，不断总结司法机关建设的经验并吸纳司法改革的最新成果，对司法官的任职条件、任免程序、任职回避、培训晋升、职业保障等方面逐步予以修改和完善，对建立健全具有中国特色的司法官制度，保障司法官依法履行职责，提高司法官队伍的整体素质，实现对司法官的科学管理具有重要的意义。

一、司法官管理

（一）司法官的选任与晋升

根据《法官法》和《检察官法》的规定，法官是指依法行使国家审判权的审判人员，检察官是指依法行使国家检察权的检察人员。法院、检察院内部从事司法行政工作的人员如行政人员、后勤人员，从事审判辅助工作的人员如法警、书记员等不属于司法官，以上类别的人员按照普通公务员管理或者是其他特殊类别人员进行单独管理。

司法官的任职条件包括：（1）具有中华人民共和国国籍。即规定司法官必须是中国公民，不能是外国人或无国籍人。该规定也是国际上对担任司法官资格的一个通例。（2）拥护中华人民共和国宪法，拥护中国共产党领导和社会主义制度。我国的司法官强调拥护中华人民共和国宪法，强调拥护中国共产党和社会主义制度，这是对司法官的根本要求。（3）具有良好的政治素养、业务素质和道德品行。司法官是行使国家司法权的国家机关工作人员，必须拥护宪法所规定的国家政治制度和基本原则，必须有较高的政治觉悟、敏锐的洞察力和较强的政治责任感，才能完成宪法和法律赋予的职责和使命。良好的业务素质，是指司法官必须精通业务，熟悉审判或检察工作，能够正确运用专业知识解决案件中的问题。司法官作为行使国家司法权的工作人员，应当具备良好的品德和言行，自觉维护社会公德，遵守职业道德等，才能担负起神圣的职责，坚守法律底线，严格公正廉洁办案，维护国家安全和社会的和谐稳定。（4）具有正常履行职责的身体条件。健康的身体条件和良好的心态是顺利完成各项工作的必备基础。我国的司法工作任务繁重，工作强度大，工作压力大，需要司法官的身心健康状况能够适应所承担的审判或检察工作。（5）具备普通高等学校法学类本科学历并获得学士及以上学位；或者普通高等学校非法学类本科及以上学历并获得法律硕士、法学硕士及以上学位；或者普通高等学校非法学类本科及以上学历，获得其他相应学位，并具有法律专业知识。本项规定是担任司法官的学历要求，从总体上讲学历要求有所提高，而且更加注重担任司法官的法学教育背景。但是由于我国幅员辽阔，情况千差万别，并且考虑到法律职业资格考试制度与原司法考试制度的衔接问题，对于学历和教育背景仍然没有采取"一刀切"的做法。在司法官的入口上，仍然不能提出过严的要求，这也说明我国司法官专业化、职业化的道路还有很长的路要走。（6）从事法律工作满五年。其中获得法律硕士、法学硕士学位，或者获得法学博士学位的，从事法律工作的年限可以分别放宽至四年、三年。这项规定主要考虑到学历和职业经历体现的是不同的专业能力和业务素质，不能相互折抵。法律职业既需要专业理论方面的知识学养，也需要法律应用能力方面的专业能力。参加国家统一法律职业资格考试并取得法律职业资格，这一条件仅可以解决司法官职业对于法律专业知识的要求，不能充分体现司法官从业者的法律实践能力。专业能力得以提高必须通过具体的法律职业实践才能获得，因此对法律工作年限条件作出了单独的规定，以此强调对担任司法官所需的法律实践能力的要求。[1]（7）初任司法官应当通过国家统一法律职业资格考试并取得法律职业资格。为了培养选拔高素质的专业法律人才，我国从2002年开始举行国家统一司法考试，考试合格者才有资格担任法官、检察官、律师、公证员。从2018年开始，国家司法考试改为国家统一法律职业资格考试，不只是律师、法官、检察官、公证员需要通过该考试，从事行政处罚决定审核、行政复议、行政裁决的工作人员，以及法律顾问、法律类仲裁员也需要参加并通过考试。国家统一法律职业资格考试为我国选拔包括司法官在内的高素质法律人才发挥了重要的作用。

我国对司法官的选任目前主要有两种途径：一种是正常选任。即采用考试、考核的办法，按照德才兼备的标准，从具备司法官条件的人员中择优提出人选。另一种是公开选拔。即从律师或者法学教学、研究人员等从事法律职业的人员中公开选拔法官。初任司法官一般到基层人民法院或人民检察院任职，上级人民法院或人民检察院的司法官一般要通过逐级遴选。为了加强与规范司法官的选任工作，我国设立了省级司法官遴选委员会，设置于各省

---

[1] 参见王爱立主编：《中华人民共和国检察官法解读》，中国法制出版社2019年版，第81页。

级司法机关内部，组成人员包括地方各级司法机关司法官代表、其他从事法律职业的人员和有关方面的代表，承担对初任司法官人选的专业能力进行审核的重要职责。为了推进司法官队伍的正规化、专业化、职业化，提高职业素养和专业水平，我国对司法官实行员额制管理。司法官员额制是司法机关按照案件数量、人口密度、机关设置等因素，对司法官人数设置一定比例，从而限制一定的司法官人数集中行使国家司法权的制度。员额制改革是司法人员分类管理的一项重要制度，这个制度的主要目的是实现司法官的精英化，让司法官重回司法办案一线，从而进一步提升司法效率，同时提升司法官的待遇水平。该制度包括员额比例、遴选机制和薪酬制度等配套制度。中央层面对司法官员额的比例并没有采取"一刀切"的方式，而是在一个省域内实行总体控制，即在总体编制人数的39%以下，各地方根据实际情况进行调整，实现总量控制和动态平衡。

司法官的任免则依照宪法和法律规定的任免程序权限和程序办理，即采取由同级人民代表大会选举和任命的方式。最高人民法院院长由全国人民代表大会选举和罢免。地方各级人民法院院长由本级人民代表大会选举和罢免。检察机关人员的程序与法院基本相当，但由于上下级检察机关是领导关系，因此地方各级人民检察院检察长的任免，须报上一级人民检察院检察长提请本级人民代表大会常务委员会批准。值得注意的是，为了强化司法机关的专业性，我国对司法机关领导人员的任职资格专门作了规定，即人民法院院长或人民检察院检察长，应当具有法学专业知识和法律职业经历，副院长或副检察长、审判委员会委员或检察委员会委员应当从法官、检察官或者其他具备法官检察官条件的人员中产生。

我国司法官实行单独职务序列管理，即司法官等级分为十二级，依次为首席大法官（检察官）、一至二级大法官（检察官）、一至四级高级法官（检察官）、一至五级法官（检察官）。最高人民法院院长为首席大法官，最高人民检察院检察长为首席大检察官。司法官等级的确定，以司法官德才表现、业务水平、业务工作实绩和工作年限等为依据。司法官等级晋升采取按期晋升和择优选升相结合的方式，特别优秀或者工作特殊需要的一线办案岗位的司法官可以特别选升。

(二) 司法官的培训与考核

我国对初任司法官实行统一岗前培训制度，并且有计划地进行政治理论和业务培训。对初任司法官举行岗前培训是基于我国司法实践中工作的现实需要。司法官作为依法行使国家司法权的工作人员，需要对案件的程序及实体作出独立的判断，并在其职责范围内对案件作出的决定终身负责，责任重大，任务艰巨。因此要防止出现初任司法官因专业技能不足、司法经验缺乏而影响办案质量和效率的问题。尤其是在近年来案件数量激增，新型案件不断涌现，公众对司法期待的要求不断提高的背景下，司法官不仅应当精通法律，而且应当善于洞察当事人的矛盾，熟悉社情民意，既保证案件的法律效果，又要实现社会效果。因此，对司法官尤其是初任司法官进行岗前培训显得尤为重要。实行"统一岗前培训"中的"统一"是指由国家指定的机构统一负责对初任司法官的培训事项，执行统一的标准，按照统一的程序执行。从实际情况看，目前承担法官培训主体任务的是最高人民法院主管的国家法官学院和地方各级法院主管的法官培训院校，承担检察官培训主体任务的是最高人民检察院主管的国家检察官学院和地方各级检察院主管的检察官培训院校。目前，最高人民法院、最高人民检察院和司法部等部门正在就法律职业人员统一职前培训制度的培训标准、实施机构等具体办法进行研究，将来有可能统一为国家司法官培训学院，统一实施对司法官的培训和教育任务。司法官培训内容紧密结合司法官的岗位需要及特点来设置，除公务员培训中的政治理论学习之外，培训的重点是司法官职业道德、职业规范、司法官业务实务和办案技能，等等。

司法官考核是我国司法机关人事管理中的一项重要内容，也是提高司法机关的管理水平、提升司法官职业素养的重要措施。对司法官的考核内容包括：司法工作实绩、职业道德、专业水平、工作能力、工作作风，重点考核司法工作实绩。司法工作实绩是指司法官从事司法工作中所取得的成绩，包括司法工作的质量、数量、效率以及所产生的政治效果、法律效果和社会效果等。将司法工作实绩作为考核的重点，体现了司法官工作的特点和考核的主要方向。职业道德是指司法官从事职业所必须遵守的基本行为准则，基本要求是忠诚司法事业，保证司法公正，确保司法廉洁，坚持司法为民，维护司法形象。目前我国法官职业道德的核心是"公正、廉洁、为民"，检察官职业道德的核心是"忠诚、公正、清廉、严明"。专业水平主要是指司法官从事具体司法工作应当掌握的法学基础专业理论与水平。工作能力是指司法官从事司法工作所需要具备的能力，尤其是查明案件事实和正确适用法律的能力。

对于法官来说，工作能力是从事审判的工作能力，包括主持指挥庭审活动、审核证据并提出审查意见、参与案件评议、依法决定程序性事项、依法作出合法合理裁判等。对于检察官来讲，工作能力是从事检察工作的能力，包括依法全面客观收集、审查和使用证据的能力、出庭指控罪犯的能力、排除非法证据保障无罪的人不受刑事追究的能力、判断并纠正司法活动中违法或不当行为的能力。工作作风是指司法官在办理案件的过程中，能否做到勤勉尽责、清正廉明，是否杜绝私下接触当事人及律师泄露或者为其打探案情、接受吃请或者收受其财物、为律师介绍代理或辩护业务等违法违纪行为，是否有办关系案、人情案、金钱案，是否有特权思想、衙门作风、霸道作风、粗暴执法、野蛮执法，等等。

司法机关在本单位内分别设立司法官考评委员会，负责对本单位司法官的考核工作。对司法官的考核，坚持全面、客观、公正的原则，实行平时考核和年度考核相结合。设立司法官考评委员会一方面可以吸收法院、检察院各方面的人员参加考评，有利于更加全面充分听取吸收各方面的意见；另一方面也可以在考评过程中贯彻民主公平原则，避免"一言堂"，违反客观公正原则的情况出现，保证考评的公平公正性，使考核更有公信力，更有利于司法官本人和社会各方面对考核结果的认同，提高司法的权威。

（三）司法官的惩戒与责任

司法官惩戒是指国家或者司法机关根据《法官法》《检察官法》或者其他有关规定，依照法定条件和程序，对司法官在司法工作中实施违反审判、检察职责的行为，给予精神、物质、纪律和刑事处罚的一种制度。该制度旨在通过设定禁止性行为规范及惩处措施，促使司法官遵守纪律，公正司法，恪尽职守，依法行使司法职权；通过对司法官违反职责或者违反职业道德行为的否定性评价和法律制裁规范，约束司法官行为，提高司法官遵纪守法的自觉性，警示司法官严格依法办事。[1] 2016年10月，"两高"印发《关于建立法官、检察官惩戒制度的意见（试行）》，对法官、检察官惩戒的主体、惩戒的行为、惩戒的种类、惩戒的权限和程序作了明确的规定。之后，2019年修订《法官法》和《检察官法》时把相关的制度及规定吸纳入法律，但原惩

---

[1] 参见邓思清：《中国检察制度概览》，中国检察出版社2016年版，第66页。

戒意见仍然有效。司法官惩戒的主体为司法官惩戒委员会。最高人民法院、最高人民检察院和省、自治区、直辖市设立相应的司法官惩戒委员会。惩戒委员会由司法官代表、其他从事法律职业的人员和有关方面代表组成，其中司法官代表不少于半数。其他从事法律职业的人员包括法官或检察官（相对应）、法学专家、律师等，有关方面的代表可以包括人大代表、政协委员，组织部门、监察部门以及其他社会各界的代表，这种人员组合主要考虑评断的专业性和委员的代表性。司法官惩戒委员会的职责是负责从专业角度审查认定司法官是否存在违反司法职责的行为，提出构成故意违反职责、存在重大过失、存在一般过失或者没有违反职责等审查意见。"故意违反职责"是指司法官故意违反法律及相关规定办理案件的行为，如违反规定应当回避而不回避，故意违反规定采取变更或者解除强制措施的，故意毁弃、隐匿、伪造证据或其他材料的，指使帮助他人作伪证或阻止他人作证，故意泄露司法工作秘密，故意违背事实和法律枉法裁判或使无罪的人受到法律追诉的；"存在重大过失"是指司法官因重大过失导致案件结果错误并造成严重后果的行为，如因重大过失违反法定程序或者证据规则造成严重后果的，因重大过失导致被羁押人员脱逃、自伤、自杀或者行凶杀人的，严重不负责任对明显可以注意到的事项或者可以避免发生的事项未尽到应有的注意义务；"存在一般过失"是指司法官因过失使办理的案件存在一些瑕疵、偏差、过错，但过失程度相对较轻的情况；"没有违反职责"是指司法官不存在故意违反法律法规办理案件，也没有因重大过失导致裁判结果错误或案件错误的行为。[1]司法官违反审判或检察职责的行为属实，司法官惩戒委员会认为构成故意或者因重大过失导致案件错误并造成严重后果的，司法机关应当依照有关规定作出惩戒决定，并给予相应处理：给予停职、延期晋升、免职等处理的，按照干部管理权限和程序依法办理；给予党内纪律处分的，依照党内有关规定和程序办理；如涉嫌犯罪的，应当将违法线索移送有关司法机关处理。

对司法官的处分或刑事追责包括贪污受贿、枉法裁判、徇私舞弊、拖延办案、故意违反法律法规办理案件、接受当事人及其代理人利益输送等多种行为，但列入司法官惩戒的主要是两种行为，即故意违反法律法规办理案件

---

〔1〕参见王爱立主编：《中华人民共和国法官法解读》，中国法制出版社2019年版，第251~252页。

的和因重大过失导致案件错误并造成严重后果的。因为这两种行为与履行审判或检察职责结合最紧密，同时又具有较强的专业性，需要通过专门惩戒的主体、惩戒的程序来完成惩戒的整个过程，保证惩戒的科学性和合理性。在我国，对司法官的处理同时存在党员纪律检查监察程序和刑事犯罪侦查程序，以上两种程序与司法官惩戒程序如何进行衔接和分工，目前法律法规并没有明确作出规定，这有待于在今后的司法实践中不断探索并进一步完善相关法律制度。

（四）司法官的职业保障

司法官职业保障是指国家为了保障司法官能够独立行使司法权而建立的有关身份保障、履职保障、经济保障和特权保障等一系列保障制度的总和。我国规定在司法机关内部设立司法官权益保障委员会，维护司法官合法权益，保障司法官依法履行职责。给司法官以良好的职业保障，让司法官没有后顾之忧，全身心投入司法工作，正确履行司法职责，这是现代法治国家的普遍做法和国际司法规律的一致要求。

司法官的身份保障是指司法官的身份或职位不得被随意改变的保障，即司法官非因法定事由非经法定程序不被免职、降职辞退或处分。根据《法官法》和《检察官法》等相关法律规定，除下列情形外，不得将司法官调离司法岗位：需要任职回避的；实行任职交流的；因机构调整、撤销、合并等需要调整工作的；因违纪违法不适合在司法岗位工作的；法律规定的其他情形，比如司法官因健康原因长期不能履行职务的，经考核确定为不称职的。

司法官的履职保障是指为了保障司法官依法独立行使司法权，赋予司法官与行使职权相适应的权力和提供必要的工作条件。现行《法官法》与《检察官法》吸纳了最新的司法改革成果，把相关的改革措施与成果写进法律。其一，任何单位或者个人不得要求司法官从事超出其法定职责范围的事务。司法官的职责是依法履行国家的审判和检察职责，法律已经明确给予司法官相关职权，但有些地方也会向法院、检察院以及司法官分派地方相关工作任务。对此类情形司法官可以拒绝，地方政府不得以任何名义安排司法官从事上述活动。其二，对任何干涉司法官办理案件的行为，司法官有权拒绝并予以全面如实记录和报告。为了保证司法官能够独立、公正、依法履行职责，中央专门通过了两个规定，分别是《领导干部干预司法活动、插手具体案件处理的记录、通报和责任追究规定》和《司法机关内部人员过问案件的记录和责任追究规定》，对领导干部等干预司法活动、插手具体案件处理，或者是司法机关内部人员过问案件的情况，司法官应当全面如实记录并报告，有违法违纪情形的，由有关机关根据情节轻重追究行为人的责任。其三，司法官的职业尊严和人身安全受法律保护。任何单位和个人不得对司法官及其近亲属打击报复。由于司法工作的特殊性，司法工作往往是社会矛盾的交织点和冲突点，司法官在履职过程中可能受到当事人或其他人员的侮辱、诽谤、辱骂、威胁、恐吓、滋事骚扰、跟踪尾随、殴打、偷窥、偷拍、窃听、散布隐私、住所受非法侵入、损坏、滋扰等情况。为了维护司法官的合法权益，保障司法官依法履职，法律专门对司法官的职业尊严和人身安全作了规定，对司法官及其近亲属实施报复陷害、侮辱诽谤、暴力侵害、威胁恐吓、滋事骚扰等违法犯罪行为的，应当依法从严惩治。

司法官的经济保障是指为司法官提供充足经济收入和物质与非物质待遇的保障，使司法官能够过上相对体面的生活，没有生活上的后顾之忧，从而更好地履行司法职责。其一，司法官实行单位职务序列与工资待遇。根据《法官法》与《检察官法》的规定，司法官实行与其职责相适应的工资制度，按照法官等级享有国家规定的工资待遇，并建立与公务员工资同步的调整机制。司法官实行定期增资制度，享受国家规定的津贴、补贴、奖金、保险和福利待遇。实践中，司法官的单独职务序列与工资待遇相挂钩在全国范围基本落实，但有的地方还没有完全执行到位。在具体制度方面，2015年人力资源和社会保障部、财政部出台《法官、检察官工资制度改革试点方案》，明确了法官、检察官的工资水平高于当地其他公务员工资收入一定比例的相关政策，并根据实际运行的情况又作出了适当调整。有些地方是按照司法官高于当地公务人员的50%，司法官助理和行政人员高于当地公务人员的20%执行，这在一定程度上提高了司法官的经济待遇。其二，司法官的退休制度。司法官退休制度包括司法官的退休条件、退休后的待遇保障和退休司法官的安置等内容。考虑到司法官是实行单独职务序列管理的，司法工作有其自身的规律与特点，司法官退休制度由国家另行规定。这种规定是考虑到司法官作为国家行使司法权的工作人员，其从事的审判工作或检察工作具有与其他岗位的公务员不同的特点。司法官从事相关的司法工作，需要准确查明案件事实，正确适用法律，要求具备扎实的法学知识、娴熟的司法技能和释理说法、化解矛盾等方面的素质，专业性和技术性都很强。有的达到普通公务员退休年龄的司法官，司法工作经验丰富，办案业绩良好，身体条件也符合继续在司法岗位上工作的条件，如果和普通公务员一样退休离开司法岗位，对司法事业和司法官个人都是损失。因此，需要针对司法官职业的特点，在退休条件、退休后的待遇保障等方面作出与普通公务员不同的特别规定。目前，有的地方在司法官退休制度方面探索了一些特别的做法，如一定级别的司法官适当延迟退休年龄，一些地方探索实行司法官返聘制度，这些探索为国家制定司法官退休制度的特别规定积累了经验，但目前在全国范围内还没有形成成熟的经验和做法。

司法官的特权保障是指为了保障司法官能够完全独立履行司法职责而赋予他们行使职责的一些特权，如司法官的特别保护权和司法豁免权。其一，特别保护权。司法官因依法履行职责，本人及其近亲属人身安全面临危险的，司法机关、公安机关应当对司法官及其近亲属采取人身保护、禁止特定人员接触等必要保护措施。实践中有的当事人因对司法官所办理的案件结果不满，恶意伤害司法官及其近亲属，有的为了获得对自己有利的案件结果，采取暴力威胁司法官及其近亲属的方式，这些行为不仅严重侵害了司法官及其近亲属的人身安全，也挑战了司法权威，构成对司法官职业的重大威胁。[1]2016年发布的《保护司法人员依法履行法定职责规定》，规定人民法院、人民检察院办理恐怖主义活动犯罪、黑社会性质组织犯罪、重大毒品犯罪、邪教组织犯罪等危险性高的案件，应当对法官、检察官及其近亲属采取必要的保护性措施。建立健全司法官依法履行法定职责保护机制，体现了国家对司法工作人员的高度重视和特殊关怀。其二，司法豁免权。为了确保司法官在处理案件的过程中能够独立自主地进行，一些国家法律允许司法官在一定的范围内享有对案件处理的权力与自由，这些特权包括司法官对其在司法工作中所实施的行为和发表的言论享有不受指控和法律追究的特权；司法官对其在执行

---

[1] 根据相关官方媒体报道，2021年1月12日，湖南省高级人民法院法官周某某拒绝同乡兼校友向某的请求向办案法官打招呼以达到胜诉目的，被向某在小区地下车库里用随身携带的尖刀连刺数刀致其死亡，2021年5月19日，长沙市中级人民法院以故意杀人罪判处被告人向某死刑，剥夺政治权利终身。2020年11月13日，哈尔滨市双城区人民法院法官郝某在审理案件的间歇，被另一起对因不服离婚判决的案件当事人吴某仁拖到收发室持刀捅刺，后经抢救无效死亡。2021年1月18日，被告人吴某仁被判故意杀人罪，判处死刑，剥夺政治权利终身。

司法职能方面的有关事务享有免于出庭作证义务的特权,其核心在于司法官享有司法的豁免权。[1]目前我国对司法官的司法豁免权没有作出相应规定。

二、我国司法官管理反思

(一) 我国司法官管理的主要特点

1. 对法官、检察官完全同等对待与管理

在我国,司法官就是指法官和检察官,他们是法律职业共同体的重要组成部分。在我国的干部体系中,当人们还为"法院与检察院是否同为司法机关"争论不止的时候,却把法官与检察官当作同一类干部来进行管理,也就是所谓的"政法干警"。当然"政法干警"还包括公安机关、司法行政机关的干警,而后两种"政法干警"显然与法院、检察院的"政法干警"不是同一类别和层次的。由于我国的政治体制与政治传统,加上受到大陆法系国家的影响,我国的法官、检察官虽然没有统称为司法官,但事实上就是把法官和检察官视为司法官,放在同一个平台上同等对待、同等管理。首先,体现在司法官的任职条件上。法官和检察官的任职条件虽然由《法官法》和《检察官法》分别规定,但究其内容,无论是从政治条件、业务条件、品德条件、身体条件,还是从学历条件、法律经历条件、法律职业资格等,几乎是如出一辙的。其次,体现在任命程序上。法官、检察官的任命基本上都由同级人民代表大会常务委员会负责。有区别的是法院的中层干部如庭长(副庭长)仍需要由同级人民代表大会常务委员会任命,而检察院的中层干部如处长(副处长)、科长(副科长)、主任(副主任)不需要同级人民代表大会常务委员会任命。由于检察机关上下级之间为领导关系,下级检察院检察长的任免须由上级检察院检察长提请同级人民代表大会常务委员会批准。而法院院长的任免则不存在这样的程序。再次,体现在培训与考核上。我国对司法官的培训分为岗前培训、在岗培训、专题培训和晋级培训等形式,法官和检察官虽然由不同的专门机构如法官学院或检察官学院培训,但培训的内容、形式、要求大体一致。近年来,更是出现关于同一专题的"法检同堂"培训,体现出法官、检察官培训一体化的趋势。最后,体现在法官与检察官相互转

---

[1] 参见赵小锁:《中国法官制度构架——法官职业化建设若干问题》,人民法院出版社2003年版,第169~170页。

任上。由于法官、检察官的入门门槛一样,法官、检察官的法律职业经历又极其相似,从事法官工作的人员也具备从事检察官工作的基本条件,反之亦然。实践中有法官到检察院直接被任命为检察官的,也有检察官到法院直接任命为法官的。近年来,法院的院长(副院长)或检察院的检察长(副检察长)之间相互转任较为频繁,也体现了法官与检察官职业一体化的特点。

2. 司法官管理逐步走上正规化和专业化

我国司法官管理也是从普通国家干部管理演进而来的。在新中国成立初期,法院、检察院的工作人员主要从军队里面选拔产生,当时法院、检察院工作人员选拔的标准注重政治素质、政治倾向,以确保法院、检察院作为维护国家政权稳定的国家机器的作用。法官、检察官与其他国家机关工作要求差别不大,甚至还没有"法官""检察官"的意识与概念。改革开放以后,我国法治建设逐步走上正轨,法院、检察院的恢复与建设被重新提上议程。当时国家建设百业待兴,法律人才极其匮乏,法院、检察院从社会上、从工厂中招录了大批人员充实到法院从事审判工作,到检察院从事检察工作,在经历多年的司法实践之后,逐步成为各个单位的业务骨干,为我国法治建设作出了重要贡献。20世纪90年代以后,随着我国社会经济的快速发展,大量复杂、疑难案件和新型案件涌入司法机关,人民群众对司法机关提出了更高更专业的要求。法官、检察官的正规化和专业化建设迫在眉睫。为了全面推进高素质司法官队伍建设,加强对司法官的管理和监督,维护司法官合法权益,保障人民法院依法独立行使审判权和人民检察院依法独立行使检察权,保障司法官依法履行职责,促进公正司法,全国人民代表大会常务委员会于1995年分别通过了《法官法》和《检察官法》,对担任司法官的资格、学历条件、专业条件等作出了具体明确的规定,要求初任司法官采用考试、考核的方法,按照德才兼备的标准,从通过国家统一司法考试取得法律职业资格并且具备司法官条件的人员中择优选拔。《法官法》和《检察官法》于2001年、2017年和2019年进行了三次修改,及时总结司法工作经验,吸纳司法改革成果,为我国司法官的正规化和专业化发展奠定了坚实的基础和制度保障。

当前,我国各大高校普遍设置了法学专业,培养了大批的法学科班出身的学生,为司法官培养了人才基础;国家统一法律职业资格考试逐步走入正轨,为司法官的准入设置了较高门槛;竞争激烈的国家统一公务员考试,为司法官的择优选拔创造了条件。司法官的准入机制是司法官正规化最重要的条件之一，为司法官的正规化管理奠定了基础。在成为一名司法官之后，开展专业化培训，经历司法办案磨砺，进行严格科学的考核，则是司法官专业化的必经之路。经过二十多年的努力，我国司法官的管理由泛国家干部化、非专业化正逐步走向正规化与专业化。

3. 司法官职业保障不断提升

20世纪八九十年代，我国一直将司法官等同于普通的国家公务员，按照国家管理公务员的方式方法管理司法官，司法官的职业保障问题没有得到充分的重视。对于这个问题，我国在理论上的认识有争议，实践中的操作又有反复。问题的核心是法官、检察官是否按照普通的公务员对待还是按照一种特殊的职业群体对待。1995年《法官法》《检察官法》公布之后，对这一问题予以明确，法官、检察官作为一种独立的国家职业，并不属于公务员的管理序列。2006年《公务员法》[1]实施以后，重新将法官、检察官纳入公务员的管理范围，同时又在第3条第2款规定："法律对公务员中领导成员的产生、任免、监督以及法官、检察官等的权利、义务和管理另有规定的，从其规定。"不过尽管法律上已经确定了这一特殊管理的原则，但社会上的共识度并不高，推动这一改革措施的难度依然较大。[2]由于对司法官的管理与公务员没有明确分开，对司法官的职业保障也就没能很好地展开。直到2014年最新一轮司法改革启动以后，司法官与普通公务员的分开管理再一次被提上了日程。十八届四中全会决议通过《关于全面推进依法治国若干重大问题的决定》以后，对司法官与普通公务员分开管理进入实质性的实施阶段。无论是从身份保障、履职保障、经济保障还是特权保障方面，都采取了一系列的改革措施，如单独职务序列改革、司法官员额制改革、工资待遇改革、司法人员人身保护规定，等等。特别是法院、检察院进行员额制改革之后，司法官的数量大幅减少，为司法官的特殊管理与职业保障腾出了空间。但是，由于司法官职业保障改革涉及国家整个公务员制度改革，需要在中央的统一领导下，与国家组织部门、编制部门、财政部门、人事部门等相关部门联合推进，目前有些问题还没有完全达成共识，有些改革措施虽然提出来，但没有真正

---

[1] 2018年12月29日，第十三届全国人民代表大会常务委员会第七次会议修订，自2019年6月1日起实施。
[2] 彭冬松：《检论拾篇》，中国检察出版社2019年版，第32页。

落地。司法官的职业保障虽然比以前有了很大提升,但仍需在今后的司法改革中进一步理顺关系。

(二) 我国司法官管理存在的问题

1. 司法官职业尊荣感不强

从20世纪90年代开始,我国开始着手进行司法官制度改革,通过二十多年的探索,司法官制度已经初具雏形。我国司法官制度改革的目的应当是通过各种制度设计和规范治理,建立高素质、高水平的司法官队伍,确保司法官公正、高效地运用司法手段处理各种司法案件,实现社会的公平与正义和国家的长治久安。在这个过程中,司法官的职业尊荣感非常重要,关系到司法官队伍的稳定,也关系到司法公信力的确定。但是,经过这么多年的改革,司法官的职业尊荣感依然没有完全建立,表现在以下几个方面:一是全社会没有形成对司法官普遍尊重的风气。长期以来,司法官作为普通公务员管理,社会上并没有把司法官作为一个专业性极强的职业来看待。在一些司法官的心中,也没有足够的尊荣感和自豪感。二是司法机关由于专业性强、人员流动少、干部基数大,干部晋升比较慢,许多优秀的司法官为了谋求职位的晋升,不得不流动到党政部门任职。虽然司法改革后司法官实行单独的职务序列,拓宽了司法官晋升的途径,但该职务序列主要是解决司法官的待遇问题,许多与职级相配套的措施没有落实,对于司法官交流或轮岗到党政部门如何确定职级并没有明确规定。三是不同时期出现过司法官"离职潮"。在新一轮司法改革初期,特别是员额制改革开始后,全国各级司法机关出现过一定范围内的离职"高潮"。这批离职司法官的人数量虽然不大,比例也不高,但反映了一定的问题,就是司法官的职业没能很好地留下优秀人才,也难以吸引更高端的人才加入司法官队伍。这几年司法机关试图从高校法学教授和优秀律师中选拔人才担任司法官,报名者也较少,正反映了这个问题。四是司法公信力仍然不高,影响社会对司法官的总体评价。司法公信力是指社会公众对司法制度和在该司法制度下的司法官履行其职责的信心与信任的程度。[1]司法官是影响司法公信力的主要因素,司法官的素质、行为、品行等均对司法公信力产生重大影响。只有社会公众对司法官的诸多方面认可时,

---

[1] 关玫:《司法公信力研究》,人民法院出版社2008年版,第44页。

其经办的案件才能被接受或认可。然而，司法官素质的提升需要一个较长的过程，一定程度上影响了司法公信力的提升，最后影响到了司法官职业的尊荣感。

2. 司法官的精英化程度不高

2017年10月，中央印发《关于加强法官检察官正规化专业化职业化建设全面落实司法责任制的意见》，对我国司法官制度建设提出了要求和建立了相应的制度保障。2019年1月，中央印发《关于政法领域全面深化改革的实施意见》，提出"推进政法队伍革命化正规化专业化职业化建设"，在原来"三化"的基础上增加了"革命化"。由此可见，中央对司法官建设的要求就是"革命化、正规化、专业化、职业化"。革命化是对司法官在政治上的要求，主要要求司法官牢固树立社会主义法治理念，坚决抵制西方错误的法治观念，坚持党对政法工作的绝对领导，坚定不移走中国特色社会主义法治道路。这是对司法官最重要和最核心的要求。正规化和专业化是人员准入与业务素质上的要求，经过多年来的改革与完善，对该项要求的水平逐步在提升，已基本上走入正轨。职业化则是职业规划和职业保障的要求。从目前的实际情况来看，职业化水平有一定的提升，但还达不到预设的要求与目标。司法官职业化水平的提高还需要一段较长的路要走。而与司法官的"四化"紧密相连的"精英化"，却没有在司法官队伍建设要求中提出来，因为"精英化"本身在我国存在着不同看法。综观世界各国对司法官的要求，普遍认为司法官从事的司法工作专业性很强，对司法官的选任有较为严格的条件与程序。司法官准入门槛较高，其主旨是实现优中选优，实现司法官的精英化。司法官选任的精英化，并不意味着司法官群体的特殊化。一方面精英化要求科学设置司法官选任机制，重视法律专业知识，重视法律职业培训和经历，以实现司法官选任的高标准，因为司法官要面对和处理纷繁复杂的社会问题；另一方面精英化意味着司法官要求的严格化，各国一般都通过严苛的规则体系来规范司法官的言行，重视法律职业伦理和个人能力，以确保司法官形象的正面化，提升司法的公信力。[1]从世界各国及地区的司法实践来观察，一个国家要真正树立法治权威，在国家统治与社会治理中发挥法治的作用，高素质的司法官和精英化的管理是必不可少的重要因素，因此司法官的精英化是

---

[1] 参见谭世贵等：《中国司法体制改革研究》，中国人民公安大学出版社2013年版，第304页。

必然的趋势。至于何为"精英化",精英化需要达到什么程度,应根据社会发展的状况来定义。而目前,由于主观上和客观上的种种原因,我国司法官的精英化程度显然不够,与我国的司法实践和社会发展存在差距。

3. 司法责任制落实尚有一定差距

长期以来,我国司法实践中采用以"层层审批、逐级把关"为特征的司法权运行模式,其结果是混淆了过错,分散了责任,又降低了司法的质量和效率。近年来,随着一系列冤假错案的曝光,进一步建立完善司法责任追究制度的呼声日益高涨。因此,在最新一轮司法改革中,司法责任制被置于基础性的地位,也被称为牵动司法体制改革全局的"牛鼻子"。从本质上讲,司法责任制首先是针对法官、检察官的司法行为所建立的一种办案权责统一机制和责任追究机制,其目的在于通过明确法官、检察官的权力和责任范围,对其滥权失职行为进行追究,督促其公正行使司法权。因此,对于法官、检察官而言,如果其不能严格按照法律规定行使司法权,就需要承担相应的不利后果,进而受到惩罚或制裁。[1]在此轮司法改革中,无论是中央政法委,还是最高司法机关,在司法责任制方面都不遗余力地制定颁布了多个改革文件,从机制层面推行司法责任制,但从目前司法责任制的落实情况来看尚有一定差距。

第三节 司法权力运行与决策管理

一、审判权的运行与决策管理

审判权的运行与决策管理是法院权力管理的核心重点,也是法院司法管理的重要内容之一。法院的审判组织主要包括独任庭、合议庭和审判委员会三种形式,其权力运行涉及院长、庭长、审判长、法官及人民陪审员之间的关系及权力制约。而对于审判权的管理与监督,经历了一个从严管到宽管再到相对从严的过程。特别是司法责任制改革之后,对审判权的运行与决策管理出现过争议与起伏。最高人民法院针对审判权运行及监督专门制定颁布过多个规范性文件,而各个文件之间出现的具体规定与措辞前后有一定的变化,

---

[1] 田幸主编:《当代中国的司法体制改革》,法律出版社2017年版,第21页。

反映出对审判权管理监督态度的不同与转变。

(一) 审判委员会与院长

我国审判委员会制度起源于新民主主义革命时期,早在 1932 年中华苏维埃共和国政府公布的《中华苏维埃共和国裁判部暂行组织及裁判条例》中就规定,省裁判部设裁判委员会,由省裁判部的部长和副部长组成;县裁判部也设裁判委员会,由县裁判部的部长、裁判员及民警所长等组成,此为以后审判委员会的雏形。[1] 1951 年中央人民政府通过的《人民法院暂行组织条例》第 15 条规定,省、县级人民法院设审判委员会,由院长、副院长、审判庭长及审判员组成。1954 年《人民法院组织法》规定,在法院内部组织体系上设立审判委员会,作为对审判工作的集体领导组织,从事总结审判经验、讨论重大疑难案件和其他有关审判工作。从此,审判委员会制度正式确立。1979 年《人民法院组织法》规定,各级人民法院设立审判委员会,1983 年、1986 年和 2006 年对《人民法院组织法》进行修改,但是关于审判委员会制度的规定一直没有作出调整或者变更。直到 2018 年,根据当时司法改革的要求,在对《人民法院组织法》再次修订时,对审判委员会的功能作用、人员组成、审判形式、审理程序等作出了重新调整,赋予审判委员会制度新的功能与生机。我国通过法律、法规和各项工作规定的形式不断规范与调整审判委员会的人员构成、组织程序和工作方式,从立法层面和实践层面肯定了这一制度存在的合理性,为审判委员会在审判体系中发挥其效能奠定了法律基础。

根据目前法律法规的规定,我国对审判委员会从以下几个方面进行规范。在职能定位上,明确审判委员会的主要职能是总结审判工作经验、讨论决定重大疑难复杂案件法律适用和其他有关审判工作的重大问题。在讨论案件范围上,明确应当提交案件的范围是敏感案件和重大疑难复杂案件、需要再审案件、抗诉案件、新类型案件、拟作无罪判决的案件以及法定刑以下判处刑罚或者免予刑事处罚的案件。明确可以提交审判委员会讨论决定案件的范围是合议庭分歧较大的案件、与类案裁判发生冲突的案件、审判监督程序案件、指令再审或者发回重审的案件。在机构建设上,增加了专业委员会的设置,

---

[1] 李军等:《中国司法制度》,法律出版社 2017 年版,第 103 页。

并分为刑事审判、民事行政审判等专业委员会会议。在审判回避方面，明确回避的人员及程序：审判委员会委员需要回避的应当自行回避，院长回避由审判委员会决定。在审理案件方式上，增加了亲历性的要求：提前审阅会议材料、调阅相关案卷、文件及庭审音频视频资料。在讨论规则方面，明确讨论案件时按照法官等级由低到高确定表决顺序，主持人最后表决。在讨论决定方面，明确决议表决方式为民主集中制原则，一般按照各自全体组成人员过半数的多数意见作出决定，少数委员的意见应当记录在卷。在责任承担方面，明确分担原则为合议庭对其汇报的事实负责，审判委员会委员对本人发表的意见和表决负责，审判委员会的决定合议庭应当执行。

我国的审判委员会制度在几十年的发展历史中，在保障审判权正常运行的过程中发挥了巨大的作用。但不可否认，我国的审判委员会制度在运行中也出现了不少与现在司法权力运行相矛盾和不和谐的地方。2019年，最高人民法院《关于健全完善人民法院审判委员会工作机制的意见》对审判委员会制度功能定位、案件范围、审判规则、责任分担等作出了重大调整，正式回应了理论界之前的种种质疑和合理建议。本书认为，审判委员会制度在当前我国的司法体制中仍然有其存在的必要性，该制度是我国特色社会主义司法制度的重要组成部分，应从促进审判权规范统一运行这一目标出发，解决微观制度运行中的实际问题，使其发挥应有的作用。

法院院长是法院管理体系中领导团队的核心成员，行使对法院党组领导、统筹全院行政管理和案件审判管理监督的职责，既是全院队伍的掌舵者，也是行政管理的领航者，更是案件审判质量的第一责任人。根据我国的政治体制与司法实践，法院院长兼具三重身份，分别为院长、首席法官和党组书记。作为法院院长，掌控全院的各项行政管理事务；作为全院的首席法官，参与合议庭庭审、审判委员会讨论，讨论决定案件判决，管理监督全院各项审判活动；作为党组书记，行使法院党组内的政治、思想、组织领导权，正是基于这三种身份，决定了法院院长管理职权的实现必须是全局的、综合的，而也只有定位好法院院长的主要工作职能，才能达到三种身份的有效平衡，完成法院整体目标的实现。[1]本章讨论的对象是审判权机制运行，主要涉及法院院长的第二项职能，即对全院审判活动的管理监督，其余行政管理及党内

---

〔1〕 卢上需、熊伟主编：《社会转型中的法院改革》，法律出版社2012年版，第222页。

管理的内容不在讨论范围之内。由于法院院长的管理权主要是在全院层面，与审判委员会是同一个层级，因此本部分把法院院长和审判委员会列在一起作为单独一个章节进行讨论。而在对具体案件的管理监督方面，法院院长与庭长又出现了很多类同的事项，只不过法院院长是在庭长上一个层级进行管理。为了避免重复论述，关于对案件审判管理监督方面的职能，在下一章节庭长职责时一并讨论。根据相关法律规定，法院院长除依照法律规定履行相关审判职责外，还应当从宏观上指导法院各项审判工作，组织研究相关重大问题和制定相关管理制度，综合负责审判管理工作，主持审判委员会讨论审判工作中的重大事项，依法主持法官考评委员会对法官进行评鉴，以及履行其他必要的审判管理和监督职责。副院长、审判委员会专职委员受法院院长委托，可以依照前款规定履行部分审判管理和监督职责。

（二）审判庭与庭长

我国各级人民法院一般分为刑事审判庭、民事审判庭、行政审判庭、立案庭、执行庭等业务部门，主要业务庭又分为一庭、二庭、三庭等，有的法院还将审判庭细分为涉外庭、少年庭、家事庭、金融庭、房产庭等，突出审判业务的专业化。一个法院多则有十几、二十个审判庭，少则有十个左右的审判庭。审判庭不仅是负责具体案件审理的、分门别类设立的审判机构，而且还是法院内部一个具体的行政单位。法院内部的具体行政管理、人员管理、党务管理都是以审判庭为单位开展，可以说审判庭是法院业务管理、行政管理和人员管理三者合一的基本组织单位。审判庭的业务审判和行政管理由庭长负责，上面还由相对应的副院长主管，构成了一般的行政组织管理结构体系。庭长除履行审判职责外，也要履行与其职务相适应的管理监督职责。过去一直以来，庭长对审判工作的组织、协调、指导、监督的职责在实践中往往被浓缩或异化为对案件的把关权和对审判文书的审核签发权，[1]也就是所谓的庭长审批案件制度。长期以来在司法实践中，合议庭或独任庭对审理的案件提出审判意见后，逐级层报副庭长、庭长、主管副院长甚至到达院长审批，形成逐级审批审判制度。这种做法事实上形成将庭长的管理监督权变成不具有法律依据的审批权，削弱乃至架空了合议庭或独任庭的审判职权，因

---

[1] 江必新："论合议庭职能的强化"，载《法律适用》2000年第1期。

此备受理论界的批评。[1]

近年来，各级法院在法官员额制改革完成后，要求严格执行司法责任制改革，确保"让审理者裁判，由裁判者负责"。除审判委员会讨论决定的案件外，庭长对其未直接参加审理案件的裁判文书不再进行审核签发，也不得以口头指示、旁听合议、文书送阅等方式变相审批案件。在改革过程中，有些学者也提出废除审判庭的建制，取消庭长和副庭长的职务，在全院范围内组建若干个审判团队，实行扁平化的管理，由院长（包括副院长）直接对这些审判团队进行管理。而原审判庭的司法行政管理职能被整体移交给专门的机构行使，如审判管理办公室、政治部等部门。[2]实践中，也有法院在取消审判庭的基础上组建若干个审判团队，所有法官都进入这些审判团队之中，享有独立的审判权。庭长（包括副庭长）在失去司法行政职务之后，都变成了带有行政职级的入额法官。[3]但是，这种扁平化的管理模式经过一段时间探索后，暴露出不少的管理与质量问题。一方面院长由于事务繁忙和业务繁重，根本无暇对扁平化审判团队进行有效管理，审判庭的管理基本上处于缺位状态；另一方面由于缺乏审判庭这一中间层级的把关，案件审判质量出现明显的下滑，甚至出现了不少同案不同判的问题，引起社会不良反响。问题出现后引起了中央的高度关注，在此后最高人民法院出台的若干个关于司法责任制和审判监督管理规定中，多次重提了院、庭长的管理监督职责，强调领导干部对案件质量和审判队伍的管理监督。特别是2019年7月在四川成都召开的政法领域全面深化改革推进会上，中央政法委再次强调领导干部的监督管理职责，确保"放权不放任、监督不缺位、到位不越位"。

庭长是审判庭的直接负责人，也是该庭行政管理的中枢，更是参与合议庭审判活动的主导人。庭长除依照法律规定履行相关审判职责外，还要履行以下审判管理和监督职责：指导本庭审判工作；确定各合议庭、审判团队的职责分工；指定分案；召集和主持专业法官会议；研究本庭审判工作运行态势；行使程序性事项审批权力；召集和主持部门考评会议提出意见；管理监督本庭其他审判执行工作。通过庭长履行以上职责，加强审判庭的业务管理

---

[1] 陈光中等：《司法改革问题研究》，法律出版社2018年版，第45页。
[2] 参见陈瑞华：《司法体制改革导论》，法律出版社2018年版，第268~269页。
[3] 参见赵志峰："法院更像法院，法官更像法官"，载《法制日报》2017年3月31日，第3版。

和人员管理，保证审判庭正常运作与审判组织正常的审判活动。

在审判业务管理上，审判庭实行的既不是过去的"逢案必审"的层级审批制，也不是后来改革的"不闻不问"机制，而是发挥院庭长的主动监督管理职能，特别是对重点案件实行报告监督制度，甚至要求重新实行逐级审批制。[1]院庭长有权要求独任法官或者合议庭报告案件进展和评议结果，比如涉及群体性纠纷且可能影响社会稳定的、疑难复杂且在社会上有重大影响的、与本院或者上级法院的类案判决可能发生冲突的、有关单位或者个人反映法官有违法审判行为的。但是，基于对法官审判的尊重，院庭长虽然可以进行个案监督，但对上述案件的审理过程或者评议结果有异议的，却不得要求合议庭或者独任法官接受自己的意见，或者直接改变独任法官、合议庭的意见，但可以决定将案件提交专业法官会议、审判委员会进行讨论，最后由审判委员会作出决定。院庭长应当通过特定类型个案监督、参加专业法官会议或者审判委员会、查看案件评查结果、分析改判发回案件、听取辖区法院意见、处理各类信访投诉等方式，及时发现并处理裁判标准、法律适用等方面不统一的问题。

在最新一轮的司法改革进程中，"专业法官会议"作为一个崭新的名词，被写入了相关的司法改革文件。专业法官会议是指由独任法官或审判长提请院庭长召集召开讨论案件审理过程中发现的重要法律适用问题或者其他重大疑难问题的一种法官联席会议。[2]人民法院在各个业务庭室分别建立了由民事、刑事、行政等审判领域法官组成的专业法官会议。专业法官会议由各审判业务庭室在本部门范围内召集，拟讨论案件涉及交叉领域的，可以在全院范围内邀请相关专业审判领域的资深法官参与讨论。专业法官会议主要讨论下列案件：合议庭（下含独任庭）处理意见分歧较大的案件；合议庭认为属于重大疑难复杂或新类型的案件；拟提交审判委员会讨论的案件；合议庭拟作出裁判结果与本院同类生效案件裁判尺度不一致的案件；合议庭拟作出答复或批复的请示案件；院长及其他院领导、庭长决定提交讨论的案件；合议庭认为需要提请讨论并经庭长同意的案件。专业法官会议的讨论意见供合议

---

[1]《最高人民法院司法责任制实施意见（试行）》第64条规定，院长及其他院领导、庭长可要求合议庭报告5类案件的进展情况和评议结果，并实行逐级审批制度。

[2] 孙海龙等：《审判权运行机制改革》，法律出版社2015年版，第164页。

庭复议时参考，采纳与否由合议庭决定，讨论记录应当入卷备查。专业法官会议除为法官提供咨询服务、统一裁判尺度外，还可以通过充分讨论和专业意见，减少案件提交审判委员会的概率，并且为审判委员会决策提供参考意见。

(三) 合议庭与审判长

合议庭作为法院最基本的审判组织，在审判活动中发挥着至关重要的作用，是司法审判的基本运行机制，并以平等参与、独立审判、集体决策、多数决定、禁止弃权为特征。[1]1954年《人民法院组织法》规定，由专业法官组成合议庭审理案件，审判案件以合议制为基本原则，以独任制为例外。随着我国法治建设的推进以及司法责任制的落实，合议庭在适用范围、职责内容、组成方式、工作机制、责任形式等方面都在不断地调整和变化，以适应现实司法实践的需要。根据相关法律法规规定，人民法院可以按照受理案件的类别，通过随机产生的方式，组建由法官或者法官与人民陪审员组成的合议庭，审理适用普通程序和依法由合议庭审理的简易程序的案件。因专业审判需要组建相对固定的审判团队和合议庭，人员应当定期交流调整，期限一般不应超过两年。合议庭一般由3人组成，[2]分别为1名审判长与2名审判员，在需要人民陪审员出庭的情况下，合议庭还需将人民陪审员作为合议庭的组成人员之一，参与审判活动。合议庭运行机制要求合议庭组成人员具有相同的权利义务，每一名合议庭法官都必须自始至终地参与案件的审判，中途不得无故退出或更换，同时还必须认真地参与案件的评议，如实充分地陈述对案件的裁判意见。

合议庭中的法官分为审判长、承办法官和其他法官。审判长作为合议庭的程序主导者，承担一定的管理权限，审判长除承担由合议庭成员共同承担的审判职责外，还应当履行以下主要审判职责：确定案件审理方案、庭审提纲、协调合议庭成员庭审分工；主持和指挥庭审活动；主持合议庭评议；将合议庭处理意见分歧较大的案件提交专业法官会议或建议提交审判委员会讨论。审判长一般由院庭长按权限指定合议庭中资历较深、庭审驾驭能力较强

---

[1] 卢上需、熊伟主编：《社会转型中的法院改革》，法律出版社2012年版，第200~203页。

[2] 我国《民事诉讼法》对于合议庭的组成人数没有规定上限，《刑事诉讼法》则明确规定基层人民法院和中级人民法院的一审合议庭由3人组成，高级人民法院和最高人民法院的一审合议庭由3人至7人组成，上诉或抗诉案件一律采用3人或5人组成的合议庭。实践中我国绝大多数采用合议庭审理的案件都是采用3人制。

的法官或者由承办法官担任审判长。承办法官是合议庭中具体负责案件审理的法官，承担办理案件的大部分事务性工作，主要包括以下职责：做好庭前会议、庭前调解、证据交换等工作；就管辖权异议及保全等事项提请合议庭评议；对当事人提交的证据进行全面审核；拟定庭审提纲并制作阅卷笔录；参与案件评议，并先行提出处理意见；起草制作裁判文书。合议庭审理案件时，合议庭其他法官应当认真履行审判职责，共同参与阅卷、庭审、评议等审判活动，独立发表意见，复核并在裁判文书上签名。

合议庭应当依照规定的权限，及时对评议意见一致或者形成多数意见的案件直接作出判决或者裁定。判决可能形成新的裁判标准或者改变上级人民法院、本院同类生效案件裁判标准的，合议庭应当提交专业法官会议或者审判委员会讨论。合议庭不采纳专业法官会议一致意见或者多数意见的，应当在办案系统中标注并说明理由，并提请庭长、院长予以监督。对制作的裁判文书，合议庭成员应当共同审核，确认无误后签名。合议庭审理的案件，合议庭成员对案件的事实认定和法律适用共同承担责任。经过审判委员会讨论决定的案件，审判委员会对讨论决定的事项负责，合议庭成员对所汇报的案件事实负责。

合议庭作为集体决策的一种形式，在评判决策中具有一定的优势。按照组织行为学原理，群体决策所解决的问题都比较复杂，需要群体成员将个人的知识经验、价值、目标、知觉、态度以及动机带到决策过程中。就解决复杂和困难的任务而言，大群体总比小群体做得更好。群体决策相比个人决策的优势，随着问题难度的加大而增加。[1]由于合议庭这种集体决策优势，加上我国对司法审判监督的要求与期望，合议庭审判作为我国审判制度的主要形式一直延续下来，是有一定的理论依据和合理性的。然而在司法实践中，理论界对合议庭制度一直存在着不少诟病和争议。对一般案件而言，合议庭在接到立案通知后，会指派一名法官作为承办法官。承办法官承担了绝大部分的审判工作和审判活动，从案件分配到作出裁判的整个过程，审判长和合议庭其他成员往往只是在庭审时和评议时参与。司法实践中的种种迹象及数据表明，合议庭制度运行的异化是当前法院"案多人少"矛盾突出、法官办

---

[1] 参见杨雷：《群体决策理论与应用——群体决策中的个体偏好集结方法研究》，经济科学出版社2004年版，第26~27页。

案压力巨大和案件繁简分流不当的一种妥协之举。尽管合议庭制度存在着这样或那样的问题,但从目前法院审判运行的情况来看,合议庭审判在审判活动中仍然占据主导地位,并在未来法庭审判活动中仍继续发挥重要的作用。如何从机制、流程、人员等方面完善合议庭的司法评判功能,使其成为实在的评议将是审判运行机制改革的重点与难点。

(四) 独任庭与独任法官

在我国,独任庭是基层法院审判的重要形式,其权力运作状况直接影响人民群众对整个司法个案的感观与评价,对司法公信力的提升、司法权威的树立有重要的影响。根据《刑事诉讼法》和《民事诉讼法》的规定,基层人民法院适用简易程序审理刑事案件或民事案件时,可以由审判员一人独任审判。适用独任审判的案件多是事实清楚、权利义务明确、争议不大的简单案件。法官独任审理案件时,应当履行以下主要审判职责:主持或者指导法官助理做好庭前会议、庭前调解、证据交换等工作;主持案件开庭、调解,依法作出裁判,制作裁判文书并直接签发裁判文书;依法决定案件审理中的程序性事项。独任法官审理案件形成的裁判文书,由独任法官直接签署,也就是说,在独任庭审判中审判权由独任法官个人行使,但同时必须接受庭长、院长以及审判委员会的监督和管理。近年来,在实行立案登记制之后,法院的案件骤增,给法官办案造成了很大的压力,而合议制审判又存在着"合而不议"形式化的问题。因此,越来越多的研究者主张适度扩大独任法官的审判范围,在基层人民法院负责审理的案件中,除那些法定的"重大、复杂、疑难"案件以外,一般案件都应由法官独任审判,而不再由合议庭负责审理。[1]这样既能够解决法院"案多人少"的问题,又能实际上避免合议庭中名为合议庭成员负责实为承办法官负责的问题。独任庭仅由一名法官组成,从某种意义上讲,要保证独任审判的质量,对法官的业务素养、职业操守和个人品德要求更高。但是,虽然当前我国法官的总体素质有很大的提高,但仍然有很多不尽如人意的地方。法官的职业门槛设置不高,法官队伍的整体年龄较年轻,这些年轻法官虽然受过专业的训练,具备专业的法学知识,但社会实践不足,职业经历偏短,司法经验不足,抗干扰的能力有所欠缺,无法保证

---

[1] 参见陈瑞华:《司法体制改革导论》,法律出版社 2018 年版,第 277 页。

准确适用法律行使审判权。因此在目前法官人员素质和现实司法状况下，扩大独任法官审理也是一件应慎之又慎的问题。

（五）人民陪审员制度与人民陪审员

人民陪审员制度是指法院在司法审判的过程中，通过一定的程序吸收社会中的普通民众担任陪审员，与法官共同行使审判权的制度。人民陪审制度在我国经历了一个曲折的发展过程，其间起起落落，屡次实施又屡次被抛弃。[1]然而，20世纪末以来，由于社会关系变化、利益格局调整、社会矛盾交织，人民法院审判工作面临着前所未有的复杂局面。人民群众对少数司法人员的腐败现象和裁判不公反应强烈，直接损害了党和国家的威信。在这一背景下，人民陪审员制度又开始受到了重视，并随着司法改革的启动和深入而快速发展。2004年全国人民代表大会常务委员会通过《关于完善人民陪审员制度的决定》，人民陪审员制度的发展进入了一个全新阶段。之后，最高人民法院先后公布了《关于人民陪审员参加审判活动若干问题的规定》等司法解释，对人民陪审员选任条件、选任程序、审判案件范围、参与审判机制等进一步探索和规范。2018年，全国人民代表大会常务委员会制定和公布《人民陪审员法》，标志着人民陪审员制度逐渐走向成熟。

根据我国现行法律规定，公民担任人民陪审员，应当具备下列条件：拥护中华人民共和国宪法；年满二十八周岁；遵纪守法、品行良好、公道正派；具有正常履行职责的身体条件。担任人民陪审员，一般应当具有高中以上文化程度。对人民陪审员学历要求的降低，体现了人民陪审员选任资格的大众化。人民陪审员的名额，由基层人民法院根据审判案件的需要，提请同级人民代表大会常务委员会确定。人民陪审员的名额数不低于本院法官数的三倍。人民陪审员名额数量的大幅增加，是为了保证陪审员来源更加广泛，结构更加合理。司法行政机关会同基层人民法院、公安机关，从辖区内的常住居民名单中随机抽选拟任命人民陪审员数五倍以上的人员作为人民陪审员候选人，然后从通过资格审查的人民陪审员候选人名单中随机抽选确定人民陪审员人选，由基层人民法院院长提请同级人民代表大会常务委员会任命。人民陪审员选任机制体现了人民陪审员的随机性，更加贴近普通群众。人民陪审员的

---

[1] 卢上需、熊伟主编：《社会转型中的法院改革》，法律出版社2012年版，第278页。

任期为五年，一般不得连任。人民陪审员和法官组成合议庭审判案件，由法官担任审判长，可以组成3人合议庭，也可以由3名法官与4名人民陪审员组成7人合议庭。人民陪审员在法庭审理过程中，享有与法官基本同等的权力，客观上来讲既是司法权力的民主化，也是对法官权力的一种制约。基层人民法院审判案件需要由人民陪审员参加合议庭审判的，应当在人民陪审员名单中随机抽取确定。中级人民法院、高级人民法院审判案件需要由人民陪审员参加合议庭审判的，在其辖区内的基层人民法院的人民陪审员名单中随机抽取确定。

为了提升人民陪审员制度的实际效果，我国对人民陪审员参与审判的案件范围作出了明确的规定。人民法院审判第一审刑事、民事、行政案件，有下列情形之一的，由人民陪审员和法官组成合议庭进行：涉及群体利益、公共利益的；人民群众广泛关注或者其他社会影响较大的；案情复杂或者有其他情形，需要由人民陪审员参加审判的。人民法院审判下列第一审案件，由人民陪审员和法官组成7人合议庭进行：可能判处10年以上有期徒刑、无期徒刑、死刑，社会影响重大的刑事案件；根据民事诉讼法、行政诉讼法提起的公益诉讼案件；涉及征地拆迁、生态环境保护、食品药品安全，社会影响重大的案件；其他社会影响重大的案件。同时，为了保障当事人的权利，法律规定也可由相关当事人启动适用人民陪审员制度，即第一审刑事案件被告人、民事案件原告或者被告、行政案件原告申请由人民陪审员参加合议庭审判的，人民法院可以决定由人民陪审员和法官组成合议庭审判。

人民陪审员参加审判活动，具有与法官基本同等的审判权力。鉴于人民陪审员对法律的熟悉程序不同，审判长应当履行与案件审判相关的指引、提示义务，但不得妨碍人民陪审员对案件的独立判断。人民陪审员参加3人合议庭审判案件，对事实认定、法律适用，独立发表意见，行使表决权。人民陪审员参加7人合议庭审判案件，对事实认定，独立发表意见，并与法官共同表决；对法律适用，可以发表意见，但不参加表决。合议庭评议案件，审判长应当对本案中涉及的事实认定、证据规则、法律规定等事项及应当注意的问题，向人民陪审员进行必要的解释和说明。合议庭评议案件，实行少数服从多数的原则。人民陪审员同合议庭其他组成人员意见分歧的，应当将其意见写入笔录。

我国的人民陪审员制度为公民直接参与司法提供了路径，也是对法官权力运行的一种有效监督机制。但是该制度在我国经历了艰辛而波折的过程，而且该制度还存在很多亟需完善的地方，比如，不少人民陪审员变相成为"编外法官"，人民陪审员是参与法律审还是事实审，人民陪审员"陪而不审""审而不议"和"议而不决"的现象仍然普遍存在。2018年公布的《人民陪审员法》正是针对以上问题作出了改进与完善，但实际运行效果如何有待实践进一步验证。不可否认的是，人民陪审员制度所彰显的民主精神、大众司法理念和权力制约原则是我国司法改革历程中不可或缺的一部分。

二、检察权的运行与决策管理

（一）检察委员会与检察长

我国检察制度的一大特色就是检察机关中设置了检察委员会，检察机关实行检察长和检察委员会双重领导体制，检察权内部分配时如何在检察长和检察委员会之间进行科学合理配置就成为检察机关高效运作的重要前提。"检察委员会"作为一个专有名词最早出现于1931年中华苏维埃政府《工农检察部的组织条例》，但是从其职能定位、工作形式和人员组成上来看，其实质是一种为了专门业务而成立的临时工作小组。1933年4月13日中华苏维埃政府《关于健全各级工农检察部组织事》规定的工农检察委员会已经类似于现在的检察委员会了。随后，山东省抗日民主政府于1941年4月22日通过并实施的《山东省改进司法工作纲要》和1941年4月23日通过并实施的《山东省各级检察委员会组织条例》中规定设置检察委员会，作为与行政委员会和法院平行的机关。以上两个规定对于检察委员会的人员组成、职权范围和工作方式等内容第一次作了详细的规定，以规范性文件的形式实现了检察委员会的制度化，检察委员会从此时初见雏形。[1]新中国成立以后，到1954年检察制度正式确立之前，我国曾经规定过一种名为"检察署委员会议"的组织形式，作为检察机关的最高决策机构。1954年通过的《人民检察院组织法》，规定了各级人民检察院设检察委员会，检察委员会在检察长的领导下，处理有关检察工作的重大问题。1954年《人民检察院组织法》的颁布，标志着中国特

---

[1] 参见苏志强：《检察委员会制度研究》，法律出版社2019年版，第17页。

色检察委员会制度的正式确立。1978年我国检察机关经过近二十年的中断后开始恢复重建。1979年通过的《人民检察院组织法》在恢复各级人民检察院及检察委员会设置的同时,首次明确将民主集中制作为检察委员会工作的基本原则,同时在领导体制上规定了检察委员会在检察长的主持下开展工作,在职能上明确规定了讨论决定重大案件和其他重大问题。检察长主持检察委员会实行少数服从多数的原则,如果检察长在重大问题上不同意多数人的决定,可以报请本级人民代表大会常务委员会决定。在之后《人民检察院组织法》的多次修改过程中,其职能范围与议事规则都有相应的调整和完善,但是关于检察委员会在检察长的领导下实行民主集中制的做法基本上延续下来,作为检察委员会运行的基本原则。改革开放以来,我国通过"一部法律、一个条例和五个文件"〔1〕逐步建立与完善检察委员会法律制度体系,形成了具有中国特色的检察委员会制度和检察权运行机制。我国检察委员会制度是植根于我国当代历史发展的一项司法制度,是我国检察制度中的一大创举,创造性地解决了检察机关中适用民主集中制的问题,解决了首长负责制与民主集中制之间的矛盾,对其他国家和地区也产生了一定的影响。〔2〕它的价值不仅体现在检察权独立行使的有效保障,也是司法民主决策的实现机制,还是检察权内部制约的有效途径。

　　根据目前的相关法律规定,检察委员会讨论的议题分为议事和议案,议事范围主要包括:在检察工作中贯彻执行国家法律、政策的重大问题;贯彻执行本级人民代表大会及其常务委员会决议,拟提交本级人民代表大会及其常务委员会的工作报告、专项工作报告和议案;贯彻执行上级人民检察院工作部署、决定的重大问题,总结检察工作经验,研究检察工作中的新情况、新问题;审议重大专项工作和重大业务工作部。议案的范围主要包括:有重

---

〔1〕 "一部法律"指的是《人民检察院组织法》(1983年);"一个条例"指的是《人民检察院检察委员会组织条例》;五个文件分别是《最高人民检察院关于改进和加强检察委员会工作的通知》(1999年)、《最高人民检察院检察委员会秘书处工作规则》(1999年)、《人民检察院检察委员会议事和工作规则》(2009年)、《人民检察院检察委员会议题标准(试行)》(2010年)、《人民检察院检察委员会专职委员选任及职责暂行条例规定》(2010年)。

〔2〕 苏联等国家原来都是实行检察长负责制,自20世纪50年代末开始也先后建立了检察委员会,这可以看作是我国检察制度在国际上的影响;越南检察制度中设立检察委员会,也被认为是受到我国检察委员会制度的影响。参见王桂五等:"关于检察制度改革的初步研究",载《中国法学》1989年第1期。

大社会影响或者重大意见分歧的案件,以及根据法律及其他规定应当提请检察委员会决定的案件;按照有关规定向上一级人民检察院请示的重大事项、提请抗诉的刑事案件和民事、行政案件,以及应当提请上一级人民检察院复议的事项或者案件。检察委员会审议的议题需经检察长同意,方可提请检察委员会进行讨论。检察委员会表决议题,可以采用口头方式或者举手方式,按照少数服从多数的原则,由检察委员会全体委员的过半数通过。少数委员的意见可以保留并记录在卷。必要时,在会议结束后可以就审议的事项和案件征求未出席会议的委员的意见。表决实行主持人末位表态制,表决结果由会议主持人当场宣布。检察长不同意多数检察委员会委员意见的,对案件可以报请上一级人民检察院决定;对事项可以报请上一级人民检察院或者本级人民代表大会常务委员会决定。报请本级人民代表大会常务委员会决定的,应当同时抄报上一级人民检察院。对于检察委员会的决定,承办部门和有关的下级人民检察院应当及时执行。

我国的检察委员会制度在检察司法实践中发挥了重要的作用,但随着司法体制改革的推进以及对司法规律认识的逐渐加深,检察委员会制度所表现出来的问题也逐渐显现出来。首先,检察委员会议题二元化与程序一元化之间的矛盾,削弱了检察委员会决策的权威性。检察委员会讨论的议题分为议事和议案两种类别,两者之间性质不同、要求不同、程序不同,但在检察委员会制度整个运行过程中都是采取同一个提起、讨论、表决和执行程序,不能很好地关注到议事和议案之间本质上的区别。特别是在议案方面,检察委员会人员组成的行政化、决策人员的非亲历性、议事程序的不规范性和不透明性,使检察委员会的议案职能与司法规律的要求不相适应。其次,责任追究机制的虚化。检察委员会实行集体领导,在问责机制上表现为"人人负责、人人又不负责"的集体负责制,一旦发生情况需要追究责任,很难将责任落实。最后,检察委员会决策机制可能成为检察官办案责任下承办检察官推卸责任的一个"避风港"。检察官办案责任下检察官承担的责任增大,承办检察官为了规避责任,有可能将一些争议案件、新型案件、有信访风险的案件一律作为"重大、疑难或者重大社会影响的案件"提交检察委员会讨论,致使检察委员会成为检察机关内部检察官推卸责任的"避风港"。[1]因此,如

---

[1] 苏志强:《检察委员会制度研究》,法律出版社2019年版,第172页。

何在最新一轮的司法改革中对检察委员会制度进行调整与改革，并在此基础上进行制度创新，是确保检察权正确行使的应有之义。

我国的检察长是人民检察院的主要负责人，统一领导人民检察院的工作，对人民检察院的一切工作负主要责任。检察长除对检察机关的整体工作享有组织领导权、决定权、任免权、提请任命权、代表权等权力外，在具体办案中也享有最充分、最完整的检察权。作为行使检察权的第一责任主体，检察长履行办案职权的方式既包括以承办检察官身份直接办案，也包括审查检察官办案处理意见后行使决定权的间接办案。依照法律和有关规定，检察长统一领导人民检察院的工作，履行以下主要职责：对案件处理的决定权；刑事强制措施决定；检察管理决定权；检察官考评决定权。副检察长、检察委员会专职委员受检察长委托，可以履行前款规定的相关职责。

检察长参加检察官办案组或独任承办案件的，可以在职权范围内对办案事项作出决定。根据各级检察院的检察官权力清单，检察长可以将属于检察官职权范围内的决定事项委托检察官行使，但重大、疑难、复杂案件中办案事项的决定权仍由检察长、副检察长或检察委员会行使。以人民检察院名义提出纠正违法意见、检察建议、终结审查、不支持监督申请或提出（提请）抗诉的，由检察长或检察委员会决定。检察官承办案件的办案事项决定权由检察长行使的，检察官提出处理意见供检察长参考，由检察长作出决定并负责。检察长有权对检察官承办的案件或决定的事项进行审核。检察长不同意检察官的处理意见，可以要求检察官补充相关材料或者对案件进行复核，也可以在职权范围内直接对案件作出决定，或者提请检察委员会讨论决定。要求复核的意见、决定应当以书面形式作出，归入案件卷宗。检察官执行检察长决定时，认为决定错误的，可以提出异议；检察长不改变该决定，或要求立即执行的，检察官应当执行，执行的后果由检察长负责，检察官不承担司法责任。但检察官执行检察长明显违法的决定的，应当承担相应的司法责任。

（二）业务部门与业务部门负责人

我国检察机关内设机构从性质上看可以分为决策部门、业务部门和行政管理保障机构三大类。决策部门包括检察长及检察委员会，是检察机关的领导机构，业务部门是行使具体检察职权的各职能部门，行政管理保障部门是保障检察业务部门正常履行检察职能的检察辅助机构。[1] 业务部门是检察机关的核心职能部门，也是检察机关行使检察权最重要的执行部门。在新中国成立以后，人民检察院内部的业务部门不断地发展、调整与变化，也从侧面反映了我国对检察权配置及其嬗变的路径。[2] 我国检察机关设立初期，在内部主要设置了执行法律法令检察（即一般检察）、普通刑事案件、监督监所改造事项、行政诉讼和民事案件、抗诉以及刑事申诉等业务部门；1954年《人民检察院组织法》通过后，各级检察机关业务机构由原来的按案件进行分工改变为按照各项法律监督职责进行分工，相应地设置了一般监督部门、侦查部门、侦查监督部门、审判监督部门、劳改监督部门等业务机构；1978年检察机关恢复重建，1979年修改的《人民检察院组织法》规定检察机关的业务部门可以设立为刑事检察部门、经济检察部门、法纪检察部门、监所检察部门和控告申诉检察部门，1987年又增设了民事行政检察部门；1996年检察机关进行机构改革，将刑事检察部门一分为二，分设为审查批捕部门和审查起诉部门，将经济检察部门统一更名为反贪污贿赂局；2001年检察机关完成新一轮机构改革，业务部门的名称再次进行修改，将审查批捕部门改为侦查监督部门，审查起诉部门改为公诉部门，法纪检察部门改称为渎职侵权检察部门，2002年增设了职务犯罪预防部门，2005年后各级检察机关逐步将渎职侵权检察部门升格为反渎职侵权局；2018年2月，全国检察机关反贪、反渎和预防部门职能、机构及检察干警全部转隶到相对应的监察委员会，检察机关业务部门再次面临重大的调整。

2018年12月，最高人民检察院按照"一类事项原则上由一个部门统筹，一件事情原则上由一个部门负责"的原则，根据案件类型和业务性质不同分别设置了10个业务检察厅。重新组建刑事办案机构，设立第一至第四检察厅，分别负责办理普通犯罪、重大犯罪、职务犯罪、经济犯罪案件；将原民事行政检察厅一分为三，组建民事、行政、公益诉讼3个检察厅；单独设立负责未成年人检察工作的第九检察厅；保留了刑事执行检察厅和控告申诉厅的建制，将司法人员利用职权实施的14个罪名犯罪案件的侦查放至第五检察厅（原刑事执行检察厅）。至此，最高人民检察院正式建立起"四大检察"

---

[1] 参见邓思清：《中国检察制度概览》，中国检察出版社2016年版，第52页。
[2] 罗堂庆主编：《检察工作规律与检察管理研究》，中国检察出版社2013年版，第89页。

"十大业务"新的检察业务机构体系。之后，全国检察机关按照最高人民检察院内设机构改革的样本，在 2019 年 3 月之前基本上完成了类似机构的组建。通过此次内设机构的重塑性变革，全国地方检察机关的主要业务机构设置基本保持一致，业务机构和专业化办案组与上级院的机构职能进行对应，同时按数序统一业务机构名称和业务机构负责人的称呼，从根本上理顺了长期以来检察机关业务机构上下不对应、名称不对应、沟通不畅通等弊端，确保了我国检察机关"检察一体化"的运行机制。

人民检察院各业务部门负责人原称呼为厅长、处长、科长，2019 年新的机构改革之后，最高人民检察院业务部门负责人的称呼仍为"厅长"，其他各级检察院包括省（区、市）、县（市、区）检察院业务部门负责人的称呼统一为"主任"。为了便于讨论，本书仍称其为业务部门负责人。业务部门负责人除作为检察官承办案件外，还应当履行以下主要职责：召集检察官联席会议，对重大疑难复杂案件进行讨论；组织研究涉及本部门业务的法律政策问题；组织对下级人民检察院相关业务部门办案工作的指导；负责本部门司法行政管理工作。

业务机构负责人对本部门的办案活动进行监督管理。对于应当由检察长批准、决定或者检察委员会讨论决定的办案事项，应当由业务部门负责人审核后报请检察长批准、决定或者由检察长提请检察委员会讨论决定。业务部门负责人审核案件时，可以要求独任检察官或者检察官办案组对案件进行复核或者补充相关材料，并就自己的意见与检察官沟通，但不得直接改变检察官意见或者要求检察官改变意见。需要报请检察长、检察委员会专职委员批准、决定或者检察委员会讨论决定的，应当将审核意见连同检察官的处理意见一并报送。业务机构负责人可以主持召开检察官联席会议进行讨论，也可以直接报请检察长决定或者向检察长报告。审核过程中召集检察官联席会议讨论的，讨论情况和意见应当一并报送。

与法官联席会议制度相对应，检察机关在最新一轮司法改革过程中新建立了检察官联席会议制度。检察院各业务部门建立由本部门检察官组成的检察官联席会议或者由本部门主任检察官组成的主任检察官联席会议，需要时也可以邀请其他部门检察官或者主任检察官参加会议。检察官联席会议和主任检察官联席会议讨论重大、疑难、复杂案件，为案件办理提供参考。检察官联席会议性质上是一个临时性的业务咨询会议机构，对检察官的办案事项没有决定权，但可以影响检察官对决定事项的判断。

（三）办案组织与主办（主任）检察官

我国检察机关在多年的司法实践中逐渐形成了"检察人员—业务部门负责人审批—检察长或者检察委员会决定"的"三级审批制"办案模式。这种典型的行政化办案体制强化了内部监督，保证了检察一体化，有利于降低办案风险和统一执法标准，但却面临行政化色彩偏重、办案效率低下、办案责任不明、错案责任追究制度难以落实等顽疾，难以满足现代国家检察制度和诉讼机制改革的需要。[1]从20世纪90年代开始，我国检察机关开始对办案组织进行改革与探索，检察机关办案组织改革经历了主诉检察官、主办检察官、主任检察官和独任检察官与主任检察官并行等阶段的发展过程，逐步形成了有中国特色的检察办案组织体系。

1999年后，最高人民检察院先后在上海、北京、广州、深圳等地检察机关审查起诉部门开展了主诉检察官办案责任制改革。所谓主诉检察官办案责任制，是指在检察长的领导下，在审查起诉部门实行以主诉检察官为主要负责人的检察官办案制度。主诉检察官承办案件时，除法律明确规定应当由检察长、检察委员会行使的职权以及检察长、检察委员会认为应当由其行使的职权外，都可以独立行使案件的决定权。主诉检察官改革的权力运行主要是公诉权在检察机关内部的自我微调，将检察长、部门负责人和检察官之间的诉讼权力重新配置，而配置的方向则是检察长、部门负责人对检察官的"放权行为"，将过去完全属于检察长或者是部门负责人批准权的一部分授权给主诉检察官。

主办检察官责任制改革是主诉检察官办案责任制全面推广之后，检察机关在其他检察业务部门进行探索的办案责任制改革，其目的在于形成责权统一、监督有力的检察官办案制度，以提高办案质量和效率。然而，主办检察官责任制与主诉检察官责任制并不一致，这种区别不仅表现在两者适用的业务范围不同，如主诉检察官责任制主要适用于公诉部门，而主办检察官责任制主要适用于其他检察业务部门。此外两者也是不同的办案主体，主诉检察官责任制以主诉检察官个人为基本办案单元，从根本上讲是独任制的，而主

---

[1] 张永进：《中外检察官办案责任制比较研究》，中国人民公安大学出版社2019年版，第5页。

办检察官办案责任制只是以主办检察官领导下的办案组织为基本办案单元，从根本上讲是协作制。[1]最高人民检察院并未对主办检察官办案责任制形成统一规定和认识，有关主办检察官责任制改革主要散见于各地的改革试点之中。主办检察官改革的实质，也是将检察长或检察委员会以及部门负责人的部分权力让渡于主办检察官，由主办检察官在规定的职权范围内作出决定。

2013 年底最高人民检察院重启检察官办案责任制改革，与主诉检察官类似的主任检察官制度被提上日程，主任检察官制度改革旨在突出检察官办案主体地位，建立权职明确、协作紧密、制约有效、运行高效的办案组织模式。由于最高人民检察院并没有对主任检察官作出明确的定义与规定，各地在试点中也出现不同的定位与做法。有的试点单位认为主任检察官组织作为一级办案组织，而主任检察官则是这一办案组织的领导者，对本办案组织内其他检察官的办案活动承担领导责任。同时将内设机构全部撤销，形成"检察长（检察委员会）—主任检察官—检察官"的权力运行体系，在全院实行扁平化管理；[2]有的试点单位则认为主任检察官是单独的办案主体，在检察长的授权下行使职权，对其他办案检察官的职务行为具有审核职责，不具有定案权；有的试点单位认为主任检察官是一种特殊的办案组织，在业务部门机构下设置主任检察官办公室，作为现行三级审批制度的一种补充形式，实行"检察官承办—主任检察官审核—业务部门负责人管理—检察长审批"的办案模式。[3]各试点单位关于主任检察官的性质与设置不一致，但关于主任检察官的权力运行基本一致，即主任检察官的授权范围由检察长决定，除法律规定必须由检察长或检察委员会行使的职权外，其他案件处理决定可以由主任检察官负责的办案组织独立作出。办案组织成员受主任检察官领导，对主任检察官的指挥、决定和命令必须服从。当然，为了贯彻"检察一体化"原则，检察长可以直接命令或改变主任检察官的决定，主任检察官必须执行。

2015 年，最高人民检察院在对全国各地改革试点进行总结的情况下，出台了《关于完善人民检察院司法责任制的若干意见》，对检察官办案组织重新作出了界定和分类，对检察权运行进行了规范。首先，明确了检察机关的办

---

[1] 张永进：《中外检察官办案责任制比较研究》，中国人民公安大学出版社 2019 年版，第 22 页。

[2] 参见赵方园："主任检察官制度研究"，河南大学 2018 年硕士学位论文。

[3] 参见谢佑平、潘祖全："主任检察官制度的探索与展望——以上海闵行区人民检察院试点探索为例"，载《法学评论》2014 年第 2 期。

案组织。根据履行职能需要、案件类型及复杂难易程度，实行独任检察官或检察官办案组两种办案组织形式。其次，规定了办案组织设立规则。审查逮捕、审查起诉案件，一般由独任检察官承办，重大、疑难、复杂案件也可以由检察官办案组承办；人民检察院直接受理立案侦查的案件，一般由检察官办案组承办，简单案件也可以由独任检察官承办。诉讼监督等其他法律监督案件，可以由独任检察官承办，也可以由检察官办案组承办。独任检察官、主任检察官对检察长负责，在职权范围内对办案事项作出决定。再次，明确主任检察官的地位与职权。主任检察官是检察官办案组的负责人，而不是办案组织本身，主任检察官与其他检察官是领导与被领导的关系。主任检察官除履行检察官职责外，应当负责办案组承办案件的组织、指挥、协调以及对办案组成员的管理工作，在职权范围内对办案事项作出处理决定或提出处理意见。同时作为例外情形，规定主任检察官、检察官可以作为独任检察官承办案件，主任检察官对组内其他检察官作为独任检察官承办的案件，不行使办案事项决定权和审核权。最后，明确了司法责任的分担原则。主任检察官作为检察官办案组的负责人，对检察官办案组承办的案件负总责。由于其他检察官行使法定办案职权受制于主任检察官的指令，根据权责对等原则，其他检察官应对除办案决定权之外的有关案件认定事实、程序适用正确及时与否负责，如因其他检察官的履职过程导致主任检察官作出错误办案决定时，其他检察官同样应承担办案司法责任，只不过在区分责任主次时，由主任检察官负主要责任，其他检察官负次要责任。〔1〕

(四) 人民监督员制度与人民监督员

人民监督员制度是由最高人民检察院提出并推行的一项旨在吸收民众对检察工作进行社会监督的制度创新。2003年，为了解决检察机关直接立案侦查案件权力过大的问题，最高人民检察院在全国部分省、市组织实施人民监督员试点工作，人民监督员监督的范围主要是人民检察院直接受理侦查案件的"三类案件"。〔2〕2004年，人民监督员制度在全国各级检察机关全面试行，

---

〔1〕 参见林竹静：《检察机关司法责任制改革研究》，中国政法大学出版社2018年版，第135页。

〔2〕 "三类案件"是指，检察机关拟对犯罪嫌疑人作出逮捕决定而犯罪嫌疑人不服逮捕决定的案件、拟撤销案件的案件、拟不起诉的案件。

人民监督员监督的范围进一步扩大为"五种情形"。[1]2010年，最高人民检察院正式印发《关于实行人民监督员制度的规定》，标志着人民监督员制度由探索试行阶段进入正式实施阶段，人民监督员制度由此正式确立。该规定把人民监督员对检察机关直接立案侦查案件行使监督权扩展为"七种情形"。[2]2016年，最高人民检察院重新印发《关于人民监督员监督工作的规定》，对人民监督员监督的范围再次拓展为"十一种情形"[3]，人民监督员监督的范围还是限于人民检察院办理直接立案侦查案件工作过程中的情形。人民监督员制度从产生的初衷到后面的发展与完善，一直是围绕着检察机关的自侦权，而且监督的范围在不断地扩大。

　　人民监督员制度试行初期，人民监督员的选任由检察机关自己负责。然而由检察机关自己选任的监督员对检察工作进行监督，客观上对人民监督员制度发挥应有的监督功能有一定的影响，同时降低了人民监督员的公信力。鉴于此，2014年最高人民检察院与司法部联合开展人民监督员选任管理方式改革试点工作。2016年，最高人民检察院与司法部联合下发《人民监督员选任管理办法》，对人民监督员的选任作出重大改革。人民监督员由司法行政机关负责选任，人民监督员人选中具有公务员或事业单位在编人员身份的人一般不超过50%，人民代表大会常务委员会组成人员、人民法院、人民检察院、公安机关、国家安全机关、司法行政机关的在职工作人员和人民陪审员不参加人民监督员选任。人民监督员的任职条件为：拥护中华人民共和国宪法、品行良好、公道正派、身体健康的年满23周岁的中国公民。人民监督员应当

---

〔1〕"五种情形"是指，应当立案而不立案或者不应当立案而立案的；超期羁押的；违法搜查、扣押、冻结的；应当给予刑事赔偿而不依法予以确认或者不执行刑事赔偿决定的；检察人员在办案中有徇私舞弊、贪赃枉法、刑讯逼供、暴力取证等违法违纪情况的。

〔2〕"七种情形"是指，应当立案而不立案或者不应当立案而立案；超期羁押或者犯罪嫌疑人不服检察机关延长羁押期限的决定；违法搜查、扣押、冻结或违法处理扣押、冻结款物；拟不起诉案件；拟撤销案件；应当给予刑事赔偿而不依法予以赔偿；检察人员在办案中有徇私舞弊、贪赃枉法、刑讯逼供、暴力取证等违法违纪情况。

〔3〕"十一种情形"是指，应当立案而不立案或者不应当立案而立案的；超期羁押或者延长羁押期限决定违法的；采取指定居所监视居住强制措施违法的；违法搜查、查封、扣押、冻结或者违法处理查封、扣押、冻结财物的；阻碍当事人及其辩护人、诉讼代理人依法行使诉讼权利的；应当退还取保候审保证金而不退还的；应当给予刑事赔偿而不依法予以赔偿的；检察人员在办案中有徇私舞弊、贪赃枉法、刑讯逼供、暴力取证等违法违纪情况的；拟撤销案件的；拟不起诉的；犯罪嫌疑人不服逮捕决定的。

具有高中以上文化学历。人民监督员的选任条件和选任对象体现了人民监督员制度逐步走向大众化异体监督的倾向。

与人民陪审员直接参与案件审判、行使法官的部分权力不同，人民监督员并不直接参与案件的审查或者决定，也不行使检察官的权力，其司法民主权利的行使方式表现为对检察机关办案过程中的部分活动进行直接的监督，以保证检察机关依法公正行使好检察权。[1]这项改革试点工作对规范检察机关的执法行为、制约职务犯罪侦查权力、促进公正文明执法、保障正确履行检察职能发挥了重要作用。但是作为一项探索性的全新制度，人民监督员制度在实践中反映出了一些问题，比如选任管理方式不够科学、监督范围需要拓展监督、评议案件不完善、监督效力偏弱等，这些问题的存在制约了人民监督员制度的价值与功能。特别是 2018 年 2 月，随着监察体制改革的推进，检察机关的反贪、反渎、预防等部门全部转隶到同级监察委员会，人民检察院仅保留很小一部分的自侦权力，人民监督员制度设计初衷的监督对象有了重大变化，在检察机关实行人民监督员制度的基础也发生重大改变。人民监督员制度是跟随监督对象转而对监察委员会行使民主监督权，还是继续留在检察机关对检察机关开展监督，是必须面对和解决的问题。

2019 年，最高人民检察院印发《人民检察院办案活动接受人民监督员监督的规定》，对人民监督员制度进行重新定位，将检察机关一大部分办案活动纳入人民监督员的监督范围。人民检察院下列工作可以安排人民监督员依法进行监督：案件公开审查、公开听证；检察官出庭支持公诉；巡回检察；检察建议的研究提出、督促落实等相关工作；法律文书宣告送达；案件质量评查；司法规范化检查；检察工作情况通报。人民检察院对不服检察机关处理决定的刑事申诉案件、拟决定不起诉的案件、羁押必要性审查案件等进行公开审查，或者对有重大影响的审查逮捕案件、行政诉讼监督案件等进行公开听证的，应当邀请人民监督员参加，听取人民监督员对案件事实、证据的认定和案件处理的意见。人民监督员通过其他方式对检察办案活动提出意见建议的，人民检察院人民监督员工作机构应当受理审查，及时转交办理案件的检察官办案组或者独任检察官审查处理。人民监督员监督检察办案活动，依法独立发表监督意见，人民检察院应当如实记录在案，列入检察案卷。人民

---

[1] 田幸主编：《当代中国的司法体制改革》，法律出版社 2017 年版，第 170 页。

检察院应当认真研究人民监督员的监督意见,依法作出处理。监督意见的采纳情况应当及时告知人民监督员。人民检察院经研究未采纳监督意见的,应当向人民监督员作出解释说明。人民监督员对于解释说明仍有异议的,相关部门或者检察官办案组、独任检察官应当报请检察长决定。以上规定说明,人民监督员的监督意见不具有强制的效力,特别是原人民监督员工作规定中所规定的复议程序在新的规定中也被取消了,这说明在新的人民监督员制度中监督的对象被泛化,而监督的力度被弱化。

人民监督员制度原来的用意是解决"谁来监督监督者"的问题,但同时具有一定的司法民主价值。正如人民法院人民陪审员工作机制被媒体称为"最具民主性的司法改革",[1]人民监督员制度的目的和内容表明其同人民陪审员制度一样,是公民有序参与司法的重要形式,体现了诉讼民主的要求,是继人民陪审员制度后我国司法民主化的一大进步。[2]人民监督员的本质是通过让非法律职业的普通公民参与国家的司法活动,使我国的社会主义司法制度更具有依靠人民群众的特性,更具司法民主的本质属性。[3]由于新的人民监督员工作规定刚颁布不久,人民监督员制度下一步如何发展与完善,各地检察机关也在不断地探索。

三、我国司法权力运行与决策管理检讨

(一) 我国司法权力运行与决策管理的主要特点

1. 审判权与检察权运行机制有较大区别

在我国,审判权与检察权被视为司法权的范畴,这不仅是对我国传统司法权理念的传承,也是对现实司法活动及司法权力运行的回应。本书在第一章已经对此问题作了详细的论述,此处不再赘述。然而,审判权本质是裁判权,裁判权具有中立性、被动性和终局性等明显特征;而检察权是一种复合性权力,既有传统检察机关的核心权力——公诉权,又有一定的侦查权,还

---

[1] 陈菲、杨维汉:"请人民陪审员:'最具民主性'改革",载《新华每日电讯》2008年3月11日,第6版。

[2] 童建明、万春、高景峰:"司法体制改革中强化检察机关法律监督职能的构想(下)",载《人民检察》2005年第4期。

[3] 秦前红等:《人民监督员制度的立法研究》,武汉大学出版社2010年版,第27页。

有具有特色的法律监督权（主要是诉讼监督权），这些权力表现出主动性、秘密性和非终结性的特征。两种权力表现出不同的特征，在权力运行机制方面也表现出明显差异。审判权力运行突出了法官个人对案件的事实和证据的认知与判别，强调法官内心的独立判断，更多体现为个人的权力，因此在权力运行内部机制上表现为院庭长对法官审理案件仅为监督关系，具体表现为院庭长对案件的审理过程或者评议结果有异议的，不得强令独任法官、合议庭接受自己的意见，或者直接改变独任法官、合议庭的意见，但可以决定将案件提交专业法官会议、审判委员会进行讨论，最后由审判委员会作出决定。在外部机制上表现为上下级法院之间的监督关系，具体表现为"四级法院两审终审"的审级关系。而检察权则相反，其天然就有"上命下从，上下一体"的特征。在检察权力运行中，除强调检察官的判断外，检察官还要听从检察长的指挥，下级检察院也要听从上级检察院的指挥，检察权更多地体现为集体或领导的权力。在检察院外部，上级检察院可以直接向下级检察院发出针对适用法律或者是政策实施的一般指令，也可以发出针对具体案件的个案指令。在检察院内部，检察长可以向检察官发出针对法律或政策适用方面的一般指令，也可以向检察官发出针对具体案件的个案指令，个案指令具体包括指挥监督权，职务收取权、转移权和继承权等具体权力。[1]具体表现为如果检察长不同意检察官的处理意见，可以要求检察官补充相关材料或者对案件进行复核，也可以在职权范围内直接对案件作出决定，或者提请检察委员会讨论决定。审判权与检察权存在较大的区别，在制度设计时不能把审判权与检察权完全同等对待，特别是在规范权力运行机制方面是需要有所区分的。

2. 司法权力运行制约机制是一个"收—放—收"的过程

我国对司法权力的运行制约机制有一个认识与变化的过程。在司法权力运行初期，由于司法人员普遍素质不高，为了保证司法权力公平公正行使，不论是法院还是检察院，都是采用了"三级审批"的办案模式，即法官、检察官对案件的事实与证据进行甄别与判断，提出初步的处理意见，然后呈报部门负责人审批，部门负责人审阅后提出意见，报送院长（副院长）或检察长（副检察长）审定，最后由院长（副院长）或检察长（副检察长）签发，但法律文书的署名仍然是经办的法官或检察官。这种典型的行政机关科层制

---

[1] 苏志强：《检察委员会制度研究》，法律出版社2019年版，第79页。

审批制度，对于司法机关的权力运行并不合适，与司法权运行的特征和规律格格不入，容易导致办案效率低下、办案责任不明、责权利不清等问题。于是，近年来开展的一系列司法改革，对司法权力运行机制进行变革，建立完善主审法官、合议庭、主办检察官办案责任制，把司法权力下放，划定主办法官、检察官权力清单，逐步落实了"谁办谁负责"的责任制度。但是，在此过程中过分地强调了主办法官、检察官的独立办案地位，弱化了对法官、检察官办案的管理监督。比如，法院系统规定，院庭长的审判管理和监督活动应当严格控制在职权和权限的范围内，院庭长除参加审判委员会、专业法官会议外，不得对其他没有参加审理的案件发表倾向性意见，也不得以口头指示、旁听会议、文书送阅等方式变相审批案件；检察系统则在把大量的权力下放的同时，突出了权力运行的扁平化管理，强调为了提高办案效率，由经办检察官直接对检察长负责，忽略了部门负责人的审批与监督作用，有的地方甚至把业务部门完全撤掉，直接建立多个办案组作为司法权力运行的基本单元。在司法权力改革运行一段时间后，虽然在司法责任与司法效率方面有积极的变化，但也出现了一些问题，如案件质量下滑，同案不同判的现象增加，司法官办案风险进一步增大，司法的公信力受到挑战等。中央重新调整了对司法权力运行机制改革的方向，在保证司法官独立办案的同时，仍然要求加强对司法权力运行的管理与监督，做到"放权不放任、监督不缺位"。在法院方面，要求发挥院庭长的主动监督管理职能，对涉及群体纠纷、重大疑难复杂的、与本院或者上级法院的类案判决可能发生冲突的、反映法官有违法审判行为的重点案件实行报告监督制度，对合议庭存在重大分歧或承办法官持少数意见的，二审案件改判、发回重审的，再审审理案件的，应当提交审判委员会的等案件提交专业法官会议讨论，并层报院庭长决定是否提交审判委员会，甚至要求重新实行逐级审批制。[1]检察机关则强化了检察长和业务部门负责人对办案活动的管理监督职能。检察长有权对检察官承办的所有案件或决定的事项进行复核，检察长不同意检察官意见的，可以要求检察官对案件进行复核或者补充相关材料，也可以在职权范围内直接对案件作出决定。对于由检察官办理的需要提请检察长审核的案件或办案事项，应当先

---

[1]《最高人民法院司法责任制实施意见（试行）》第64条规定，院长及其他院领导、庭长可要求合议庭报告5类案件的进展情况和评议结果，并实行逐级审批制度。

由部门负责人审核并提出意见,部门负责人不同意检察官意见的,也可以要求经办检察官对案件进行复核或补充材料,但不能直接改变检察官的决定。通过以上措施,在保证"让审理者(办理者)裁判、由裁判者(决定者)负责"的同时,加强了对司法权力运行的管理与监督。

3. 司法权力运行强调集体决策的重要性

我国司法权力运行机制中有一个突出的特点,就是强调司法集体决策,司法权力的集体决策机制在我国有悠久的历史传统,从秦朝的"庭议制"、唐朝的"三司推事"到明清时代的"三法司会审"等,都体现了集体决策在司法活动中的应用。而我国的传统思维模式也强调集体的重要性,认为集体决策能够更好地集思广益,避免个人独断所带来的知识偏见与廉政风险,[1]特别是针对一些重大、疑难、复杂案件,这种集体决策的优势体现得更加明显。首先,我国司法权力运行的集体决策体现在审判委员会和检察委员会的设置上。两个委员会的历史源远流长,在新中国成立之前就分别有相应的雏形。新中国成立后,两个委员会经过一系列的改革,业务流程不断优化,职能作用不断增加,主要讨论决定重大、疑难、复杂案件及重大业务问题,在保障法律统一实施、保证案件质量、加强内部制约、提升司法公信力方面发挥了重要作用。虽然在后来的多次司法改革中,两个委员会的存在也受到一些质疑,但终究保留下来,而且其职能进一步地加强与发展,说明了司法权力的集体决策机制符合我国的思维模式和法治传统,具有很强的合理性与生命力。其次,司法权力的集体决策体现在合议庭和检察官办案组上。我国真正意义上的合议庭制度产生于清末"修律"时期,北洋军阀时期和南京国民政府时期一直沿用该名称并加以完善。新中国成立之后,我国法院基本上以合议庭审理作为法院审理案件的主要形式。[2]合议庭审理机制就是集体决策的理念,而对于简单案件的集体决策并不比个体决策更有优势,只有在复杂案件上才会出现分享信息的讨论优势。[3]检察机关的检察官办案组主要针对职务犯罪的侦查和办理重大刑事案件,这种情况需要较多的人力、物力资源,检察官办案组能够更好地发挥集体办案的优势。最后,司法权力的集体决策体现在

---

[1] 庄锦英:《决策心理学》,上海教育出版社2006年版,第310页。
[2] 卢上需、熊伟主编:《社会转型中的法院改革》,法律出版社2012年版,第200页。
[3] 参见郑全全、朱华燕:"自由讨论条件下群体决策质量的影响因素",载《心理学报》2001年第3期。

法官、检察官联席会议制度上。法官、检察官联席会议是在一个部门内部成立的临时性业务咨询机构，由本部门的法官、检察官或邀请其他相关部门的法官、检察官组成，研究讨论本部门法官、检察官办理案件过程中的法律适用问题或其他重大疑难问题，提出专业咨询意见，供主办法官、检察官以及院长、检察长和审判委员会、检察委员会参考。法官、检察官联席会议对主办法官、检察官的办案没有决定权，但可以影响主办法官、检察官对案件事项的判断，是充分发挥集体决策优势的重要体现，也是中国特色司法权力运行的创新性制度。

（二）我国司法权力运行与决策管理存在的问题

1. 法官素质的总体状况和行使审判权的要求不相适应

在我国，人民法院是负责审判的国家专门机关，人民法院对审判拥有专属的权力。所谓审判是对社会矛盾和纠纷的审理和判决，而审判权则是对一切案件审理和判决的权力。从审判权力运行的机制来看，行使审判权的主体包括独任法官、合议庭和审判委员会，而后两种主体的构成也是法官，当然也包括行使部分审判权的人民陪审员。因此，法官是掌握审判权最主要的主体。现代社会充满了各种矛盾和纷争，解决这些矛盾和纷争的主要途径就是法院的审判。司法审判是社会稳定器，也是维护社会公平正义的最后一道防线，其重要性不言而喻。纪伯伦曾经说过："把手指放在善恶交界之处，可以触碰上帝的袍服。"善恶之间的定夺，本是上帝的权柄，因此法官所行本是上帝之事，是那"把手指放在善恶交界之处的人"——轻者，定分止争；中者，断人毁誉；重者，判人生死。[1]从审判权运行的机制来看，我国设计了合议制、审判委员会、人民陪审员等集体决策制度等加强对审判权的制约，又通过上下级法院审级管理、院庭长的个案监督、职能部门的流程管理加大对审判权及审判活动的监督力度，主要目的就是要保证审判权能够依法公正行使。但是，不管法律、法规和工作规定如何对法官的审判权进行规范和制约，只要是行使审判权，就必须给法官一个自由裁量的空间，法官才能按照对案件的事实与证据的甄别，依据内心独立判断作出正确而恰当的判决。这种自由裁量权对于法官行使审判权是必须的基本条件，其落实到每一个具体案件中，

---

〔1〕 陈长文、罗智强：《法律人，你为什么不争气？》，法律出版社2007年版，第211页。

更显示出审判权的重要性。基于审判权的重要性，依法公正行使审判权对法官的专业素质、职业操守和个人品德提出了很高的要求。然而，从我国法官历史与现状来看，一方面，我国法官的入门门槛仍然不高。法官的总体素质虽然已经有了较大的提高，但还达不到正规化、专业化要求，离职业化、精英化更有一段较大距离。另一方面，法官的能力仍然参差不齐。我国幅员辽阔，各地区经济社会发展水平差异较大，法官的能力与素质也是参差不齐。特别是在中西部地区，法官职业吸引不了高素质人才，甚至出现人才流失与青黄不接的现象，法官的职业状况不容乐观。法官作为社会上普通的一员，也有正常的社会交往，无法也不可能做到与世隔绝，就不可能完全抛开影响审判权的种种因素。近年来，我国反腐倡廉的力度不断加大，但法官司法腐败的案件仍时有发生，一定程度上影响了社会群众对司法公正的信心。2018年正式开始实施的认罪认罚从宽制度，强化了检察官的量刑建议权，并要求法官一般应当按照量刑建议作出判决，这个制度设计可认为是对审判权的制约。

2. 检察权行使方式的单一性与检察权的复合性之间存在矛盾

我国的检察权行使方式实行"上命下从、上下一体"的领导体制，检察长是领导体制的核心。检察官的权力来自检察长的授权，检察官必须听命于检察长的指令。上级检察长还可以对下级检察院直接发出指令，下级检察院必须按照指令执行。检察机关之所以采取这种权力行使方式，是因为这种领导体制与行使方式一方面可以克服不同地区间、不同检察官间在实施法律程度上的统一问题，另一方面可以克服单个检察官势单力薄的弊端，形成合力，有效追诉犯罪和排除外部干预，从而建立一个上下联通、统一高效的检察系统，有效保障法律的统一实施。这种检察权运行方式是世界各国检察机关基本组织与活动的原则，也是我国检察机关行使检察权的唯一方式。然而，纵观我国检察制度的发展历史，可以发现存在两条进路，呈现出检察发展轨迹的复杂性：一条是清末民国检察制度。该制度于1906年由日本学者引进，通过效仿日本、借鉴法国和德国检察制度而基本形成，后被民国政府延续。另一条是新中国检察制度，从1931年中华苏维埃政权建立到1949年新中国成立，在借鉴苏联检察制度的基础上构建，1978年恢复重建后开始借鉴大陆法系国家的检察制度，逐步形成具有中国特色的检察制度。[1]我国检察制度发

---

[1] 参见苏志强：《检察委员会制度研究》，法律出版社2019年版，第81页。

展历史的复杂性，使得我国检察权呈现较强的复合性，即检察机关不仅拥有大陆法系国家检察机关所拥有的公诉权、侦查权等权能，也拥有苏联检察机关的法律监督权能，同时还拥有中国特色的审查逮捕权。这几种权力之间不是平等关系，也不是包含关系，而是性质各异、特征不一、层级有别的不同权力。公诉权是检察机关代表国家向审判机关提起诉讼要求人民法院依法裁判的权力。公诉权既包括刑事公诉权，也包括行政公诉权和民事公诉权，后两种权力与检察机关定位为"国家和社会公共利益代表"有关。公诉权包括起诉权和不起诉权，起诉权是非终结性权力，而不起诉权则是终结性权力，检察官与法官一样需要根据对案件事实与证据的甄别作出独立判断。侦查权是检察机关对一定范围内职务犯罪侦查权和普通犯罪的补充侦查权，它具有明显的主动性特点，最吻合"上下一体"的权力运行方式。法律监督权主要是指诉讼监督权，是指检察机关对刑事诉讼、行政诉讼、民事诉讼中各类公权力的运行进行法律监督的权力，包括侦查监督、立案监督、审判监督、执行监督等形式，监督的主要方式包括提出抗诉、提出纠正意见、检察建议等，[1]具有主动性、进攻性的特点，采用"上下一体"运行方式可以增强监督的效力。审查逮捕权，是检察机关对公安机关、国家安全机关及监察机关提请批捕犯罪嫌疑人的案件，依法进行审查，分别作出批准逮捕或不批准逮捕的决定，它的本质是一种司法审查权，具有被动性的特点。无论是大陆法系国家还是英美法系国家，该权力一般由法院行使，而我国则由检察机关行使，这与检察机关的定位为司法机关有很大关系。由此可见，我国检察制度发展道路的复杂性，导致检察权呈现很强的复合性，而检察权行使方式固有的单一性，不能完全适应各种检察权能的各自特征与运行规律，使得检察官在行使职权时存在一定的矛盾和冲突，甚至是无所适从，这个问题归结到底还是要解决检察权的定位与职能问题。

3. 司法权力运行机制的大众化与民主化程度不够

英国著名的大法官柯克指出，法律是一门艺术，它需要长期的学习和实践才能掌握，在达到这一水平之前，任何人都不能从事审判（司法）工作。法律知识的专业性、法律技术的复杂性，使得法律工作者必须具备专业的知识结构，严密的逻辑思维能力，法律的专业化促成了司法的专业化和职业化，

---

[1] 参见张智辉主编：《检察权优化配置研究》，中国检察出版社2014年版，第33~34页。

司法活动逐渐成为少部分人的活动,而法律职业共同体的形成进一步促成了司法逐渐向精英化的方向发展。目前我国的法治建设正在推进之中,全民法律意识尚未完全普及,法律自身也尚存在很多亟待完善的地方,这些问题的解决都只能通过法律职业共同体才得以完成,司法的精英化和职业化是必然的选择。然而,司法是集中处理社会纠纷与矛盾的活动,本身具有很强的社会性,如果彻底将司法与普通大众进行隔绝,成为纯粹的法律职业共同体的行为,司法便脱离了民众,脱离了社会,只能在自我封闭的体系内运行,从而割裂了法律与社会的联系,丧失了司法存在的价值与功能。此外,过分的专业化可能会导致司法官的视野过于狭窄,容易被某种专业主义所遮蔽,而看不到社会中某些真正的需要和需求,因此需要大众的因素去加以缓和。[1]因此,司法的精英化与专业化必须与司法的大众化相结合。[2]环顾大陆法系国家和英美法系国家的司法权运行,主要是通过陪审制度来提升司法权运行的大众化程度。小陪审团主要是针对法官的审判权力,大陪审团主要针对检察院的公诉权力。这些国家试图通过陪审制度,让普通民众参与审判权与检察权的运行,以普通民众对事实的感性认知和朴素的法律正义观对案件进行判断,以此来弥补司法官长期的专业性判断所带来的职业偏见和知识缺陷,以获得更加接近真相的客观事实,实现真正的公平正义。同时,陪审团制度通过普通民众对审判权与公诉权的分享,以一种民众的普通权利对司法权力进行制约与监督,也是民众实现民主权利的新途径,有力地加强了司法权的民主基础。目前,我国在法院系统建立了人民陪审员制度,在检察系统建立了人民监督员制度,为公民直接参与司法审判提供了路径,但是该制度在运行过程中,存在着不少问题影响了该制度的实际效果。检察机关实行的人民监督员制度,最初的目的就是加强对职务犯罪侦查权的监督制约。检察机关大部分的职务犯罪侦查权转隶以后,人民监督员监督的对象变成检察机关的一部分司法活动。实践中,人民监督员的社会代表性不强、监督的案件及司法活动过窄、监督手段与方法过于简单、监督效力较弱等问题[3]困扰着人民监督员制度作用的发挥。特别要注意的是,我国在实施人民陪审员与人民监

---

〔1〕 北大法律评论编委会编:《北大法律评论》(第8卷第1辑),法律出版社2007年版,第12页。
〔2〕 参见卢上需、熊伟主编:《社会转型中的法院改革》,法律出版社2012年版,第277~282页。
〔3〕 参见田幸主编:《当代中国的司法体制改革》,法律出版社2017年版,第171~172页。

督员制度过程中，过于强调对权力的制约与监督，而不是制度本身所蕴含的大众司法与民主司法理念，影响了司法权力运行的大众化和民主化程度。比如说人民陪审员制度，除让人民陪审员参与审判活动，加强对审判权力的制约之外，重要的是让民众参与司法，增强司法的民主性，让司法的理念更好地通过人民陪审员在普通民众中加以传递，这种民众参与司法所带来的法治理念广泛传播的影响，甚至超越了对权力制约的意义。检察机关创设人民监督员制度的原本目的是要解决"谁来监督监督者"的问题，特别是解决检察机关职务犯罪侦查权过大的问题，当职务犯罪侦查权大部分转移到监察委员会之后，人民监督员监督的对象已经基本不复存在，人民监督员制度的价值就不能仅仅是对检察机关司法活动的监督，更重要的是通过该制度把民众带到检察机关的司法活动中来，扩大检察权的民主基础。而按照最新的人民监督员制度改革方案，人民监督员成为与人大代表监督类似的一种外部监督，其本身并不是对检察权的分享，而是以一种监督者的身份参与检察权的运行，这样对司法权力的监督有所加强，体现出来的司法权力运行的大众化与民主化却进一步弱化了。

第四节 司法案件管理与质量控制

一、法院的审判管理

（一）法院的审判管理及其发展历程

近年来，我国法院受理案件数量持续攀升，如何在资源有限的情况下，确保审判工作依法有序进行，确保案件公正高效处理，是摆在各级法院面前的突出问题，而审判管理恰恰能够破解这一司法难题。当前对审判管理的概念界定主要有以下三种视角：一是管理论的视角。这一视角的审判管理概念界定侧重于管理的角度，认为审判管理是按照司法规律的要求，通过对审判工作的分工、组织、协调、规范、监督和指导，科学合理地配置和使用审判资源，使审判权在法律规定的职责和权责范围内，充分发挥其维护社会公平正义的效能，确保审判质量和效率的特定管理活动，其实质或目的就是对审判质量和司法效率的控制。[1]从管理视角进行界定，突出了审判管理不同于

---

〔1〕 董治良："论审判管理体系的构建和完善"，载《法律适用》2010年第11期。

审判的管理属性，但是其不足之处是没有阐明审判管理与一般管理的不同之处。二是司法论的视角。这一视角的审判管理概念界定侧重于司法的角度，认为审判管理是基于对审判规律的正确认识和把握，对审判行为与过程实施调控、评价、引导的一种重要的司法工作机制。[1]从司法角度进行的界定强调了审判管理有别于一般管理的司法属性，但是不足之处是模糊了审判管理与作为司法工作主要组成部分的审判活动之间的区别。三是构成论的视角。这一视角的审判管理概念侧重于审判管理的内容构成，认为审判管理是运用组织、领导、指导、评价、监督、制约等方法安排审判工作，规范审判过程、考评审判绩效、整合审判资源的过程。[2]从构成视角进行的界定，避免了前两种界定可能带来的不足，转而从审判管理自身的过程出发，对审判管理进行了更为准确的界定。这一概念也是目前官方关于审判管理较为认可的概念，时任最高人民法院院长王胜俊对此进行了总结：审判管理就是人民法院通过组织、领导、指导、评价、监督、制约等方法，对审判工作进行合理安排，对司法过程进行严格规范，对审判质效进行科学考评，对司法资源进行有效整合，确保司法公正、廉洁、高效。[3]审判管理权是与审判权相对应的一项权力，其在理论与实践上也曾引起较大的争论。审判管理是一种类行政化的管理，可以被认为是司法管理的下属概念。客观上讲，审判管理在运行方式上具有主动性、非裁决性、综合性、责任性等行政权特有的属性，特别是从管理角度上而言，审判管理与行政管理事实上都是通过计划、组织、指挥、控制等活动，确保管理目标的有效实现。所以说从管理的共性来看，审判管理具有行政化的属性。然而审判管理是对审判权的管理，审判权作为一种司法权，其运行与行政权力并不相同，具有自身独特的属性。因此从审判权的特性来看，审判管理必须符合司法的本质和规律，不能是完全意义上的命令和服从式的行政管理。[4]

我国传统的司法模式是审判与管理不分的司法权行政化模式，其中并没

---

[1] 公丕祥主编：《审判管理理论与实务》，法律出版社2010年版，第1页。
[2] 江必新："审判管理与审判规律抉微"，载《法学杂志》2011年第5期。
[3] 王胜俊："创新和加强审判管理 确保司法公正高效——在全国大法官专题研讨班上的讲话"，载《人民司法》2010年第17期。
[4] 荣明潇："审判管理在推进中的阻抗及其应对——以探索和谐化的审判管理路径为视角"，载崔永东主编：《审判管理研究》，人民出版社2015年版，第258页。

有专门的审判管理活动。20世纪90年代中后期，一些法院基于自身法院管理制度建设的需要，对审判工作管理模式进行了有益的探索，积极推行案件审理流程管理制度，开启了法院审判管理制度改革的先河。审判管理与法院的改革是息息相关的，可以法院的"改革纲要"为分界点分为以下三个阶段。其一，初始创设阶段。1999年人民法院"一五改革纲要"提出了建立符合审判工作特点和规律的审判管理机制，开始对传统的行政化审判管理机制进行探索。2003年，最高人民法院首次将审判管理中的流程管理职能明确由立案庭行使，审判管理仅限于对案件流程的管理，即对立案、受理、审理程序的管控，审判权运行尚未进入审判管理的视野。其二，探索试点阶段。2004年人民法院"二五改革纲要"提出了建立健全审判管理组织制度，建立规范审判管理权行使及其审判权之间的协调机制等改革目标。一些法院成立了审判管理机构，并通过对案件流程、案件质量评查、审判质效评估等内容的动态管理，提出对审判权的控制，并由此引发了理论界与实务界对审判管理是否影响或者剥夺法官独立行使审判权的大讨论。在此阶段，"绩效评估""绩效管理"等技术性考评管理模式甚为流行。[1]其三，发展创新阶段。2009年，人民法院"三五改革纲要"提出改革和完善审判管理制度，健全职权明确、相互配合、高效运转的审判管理工作机制，全国各地的审判机构迅速建立起来。2010年是全国法院"审判管理年"，全国第一次审判管理工作座谈会召开，就新形势下如何加强审判管理、破解发展难题进行探讨。2010年8月，时任最高人民法院院长王胜俊在全国大法官审判管理专题研讨班上提出了审判管理的基本理论框架，标志着审判管理理论的初步形成。2010年11月23日，最高人民法院正式成立审判管理办公室。审判管理办公室的设立表明全国各级人民法院审判管理工作将在一个崭新的平台上进行，并由一个权威、系统的机构进行统筹与管理。2011年，最高人民法院印发《关于加强人民法院审判管理工作的若干意见》，对审判管理的概念、目标、方法、手段作了全面的总结和规定。2012年，最高人民法院召开第二次全国法院审判管理工作座谈会，对创新审判管理方式方法，促进审判管理工作科学发展提出了新的要求，人民法院审判管理工作进入一个全新的、规范的发展阶段。

按照《关于加强人民法院审判管理工作的若干意见》的规定，法院审判

---

[1] 孙海龙等：《审判权运行机制改革》，法律出版社2015年版，第179页。

管理还包括审判委员会、院长对审判工作的宏观管理、个案监督以及庭长、审判长在职责范围内的指导监督，也包括上级法院加强对下级法院的审级管理，对于这个问题理论上存在着争议。有论者认为上级法院、审判委员会或院庭长的审判指导监督体现为监督与被监督、指导与被指导的关系，既充分尊重审判组织或审级的独立裁判权，鼓励和引导独立裁判，又严格按照合理规范的程序及方式指导监督案件裁判，并不是行政式的命令与服从，具有鲜明的司法性。[1]这种审判指导监督与专门性的审判管理活动的性质不同，不应当混为一谈，其本身与审判权密不可分，有些甚至是行使审判权的应有之义。因此建议将以上审判指导监督权从审判管理体系中剥离，使审判管理成为专门的审判管理活动。目前，法院的审判管理主要包括审判流程管理、审判质量管理、审判效率管理、审判绩效考评管理四方面内容。这四方面内容与司法案件的管理都有着密切的联系，前两项主要是针对案件的管理，而后两项还囊括了对法官本身的管理，具有一定的管理复合性。

（二）法院的审判管理主要职能及实践

1. 审判流程管理

法院为了促进司法公正，提高司法效率，通过专门的审判管理机构，以案件审理流程管理制度为依据，对案件审判流程中的立案、分案、开庭、裁判、送达、执行、结案、归档等流程进行集中统一管理和节点监控，以确保审判工作公正、公开、高效、有序运转的一种管理方式。审判流程管理是审判管理的核心内容，对我国法院管理机制改革有着积极的推动作用。目前，法院开展审判流程管理主要依托计算机信息技术，通过建立信息化办案平台，将所有案件在同一个平台上办理，对案件办理的节点进行数据化处理，使流程管理与监控变为可能。但是法院还没有在全国建立起统一的案件办理平台，法院的流程管理还只是区域性或以本单位内部管理为主。各级法院基本上单独成立了审判管理办公室，作为专司审判管理的专门机构，承担案件办理过程中的节点管理、审限监控、程序监督等管理任务，重点监控"一头（规范立案）一尾（规范结案标准，实行扎口结案）一中间（严格审限变更）和一上诉（规范上诉案件移送）"四个环节。通过实行较为细致和严格的流程管

---

[1] 孙海龙、高翔："深化审判管理若干问题的思考"，载崔永东主编：《审判管理研究》，人民出版社2015年版，第45页。

理，有效地避免办案拖延，特别是减少"隐性超审限案件"和长期未结案件。法院的审判流程管理，不仅有利于保证案件审判程序公正，而且能够提高审判效率，真正实现审判的均衡化和审判资源的优化使用。

2. 审判效率管理

在当前法院审判管理的范畴中，出现了一个审判效率管理的概念，把期限预警、审限管理、案件繁简分流和案件分配作为主要职能。本书认为，期限预警和审限管理可以一并列入审判流程管理，作为办案过程的管理监控内容。而案件繁简分流和案件分配是案件受理后在法院内部的走向，应当作为审判管理一项独立的职能。从其他国家的司法实践来看，案件繁简分流和案件分配本来就是审判管理的应有之义。目前，法院立案时的繁简分流管理由立案庭承担，案件分到业务庭后如何分流到具体经办法官（即分案制度）则由各业务庭承担。

从近年来我国法院的审判实践来看，加强与促进案件繁简分流成为一种新的改革趋势。2016 年 9 月 12 日，最高人民法院发布的《关于进一步推进案件繁简分流优化司法资源配置的若干意见》第 1 条、第 2 条规定要遵循司法规律推进繁简分流。科学调配和高效运用审判资源，依法快速审理简单案件，严格规范审理复杂案件，实现简案快审、繁案精审。根据案件事实、法律适用、社会影响等因素，选择适用适当的审理程序，规范完善不同程序之间的转换衔接，做到当繁则繁，当简则简，繁简得当，努力以较小的司法成本取得较好的法律效果；推进立案环节案件的甄别分流。地方各级人民法院根据法律规定，科学制定简单案件与复杂案件的区分标准和分流规则，采取随机分案为主、指定分案为辅的方式，确保简单案件由人民法庭、速裁团队及时审理，系列性、群体性或关联性案件原则上由同一审判组织审理。对于繁简程度难以及时准确判断的案件，立案、审判及审判管理部门应当及时会商沟通，实现分案工作的有序高效。[1]2020 年 1 月 15 日，最高人民法院印发《民事诉讼程序繁简分流改革试点实施办法》，要求积极优化司法确认程序、小额诉讼程序和简易程序，推进案件繁简分流、轻重分离、快慢分道，进一步优化司法资源配置，提升司法效能，全面促进司法公正。2021 年 12 月 24

---

〔1〕 参见"最高人民法院关于进一步推进案件繁简分流优化司法资源配置的若干意见"，载《人民法院报》2016 年 9 月 14 日，第 4 版。

日,第十三届全国人民代表大会常务委员会通过《全国人民代表大会常务委员会关于修改〈中华人民共和国民事诉讼法〉的决定》,对法院关于民事诉讼程序繁简分流改革的成果予以确认,进一步明确了简易程序与小额程序适用的范围与规则。从法院的实践来看,案件繁简分流取得了较大成效。甚至有的法院在立案庭设置速裁组,对法院立案的简单案件进行类案归口由速裁组统一、集中、分类进行裁决,有效地提高了司法的效率。[1]

案件分流制度在我国法院系统已经进行了多年的探索,已是较成熟的做法和经验,特别是分案制度,即案件由法院受理后如何分配到法官手中的机制。目前,法院普遍实行的是随机、轮流、指定相结合的分案制度。该制度主要指业务庭签收立案庭移送的案件后,先通过电脑软件随机分案(也可由审判人员随机抽取),或者以新收案件的案号轮流分案,在平衡各法官承办案件数量的基础上,庭长视具体情况给法官指定分案,由庭长享有少部分机动性的分案权(决定多分或少分案件)。随机、轮流分案为每一个法官提供了承办各类案件的机会,实现了对分案权的制衡,可最大限度地防范分案环节引发的司法不公。而在随机、轮流分案基础上的指定分案不仅可避免法官之间出现忙闲对立的极端情况,还能最大限度地挖掘法官的潜力,激发法官的工作热情,优化配置庭室的审判资源,进而提高整个法院的审判质效。

3. 审判质量管理

案件质量评查制度是法院内部监督和管理案件的重要手段,主要通过事后对案件的评查进行质量控制,案件质量评查的结果对案件裁判的法律效力不产生影响。一般来讲,法院成立案件质量评查委员会,作为评查工作的领导决策机构,并建立一支专兼职相结合的评查队伍,依据统一案件质量评查标准,以定期评查、专项评查和重点评查三种方式,对案件从立案审查、实体裁判、诉讼程序、法律文书等方面进行全方位评查。评查后将案件按质量划分为优秀、合格、基本合格、不合格四个档次,对发现的差错通报整改,对评查出的基本合格案件和不合格案件,明确责任承担,并在一定范围内通报,对评查发现的优秀案件和优秀裁判文书进行表彰。案件质量评查制度是审判管理中对案件实体和程序的全面考核与评价,有利于规范裁判文书制作,提高裁判文书质量;有利于引导法官正确办案,提高法官业务素养;有利于

---

[1] 参见兰世民、兰馨、缪新森:"法院分案若干问题研究",载《法律适用》2012年第6期。

提高案件质量,维护司法公正。

4. 审判绩效考评管理

审判绩效考评管理是根据审判绩效指标体系等多个方面的综合情况,对审判工作及其效果进行分析和评价的审判管理方式,通过设定审判绩效考核指标,引导法官注重审判质量和效率、注重廉洁文明司法、注重办案的法律效果和社会效果。在审判绩效考核指标设计中,既有客观性指标,如收案数、上诉率、申诉率;又有主观性指标,如调解率、一审案件陪审率、法定审限内结案率、一审服判息诉率等;既有效率指标,如法定正常期限内结案率、结案均衡度、结收比;又有质量与公正指标,如一审判决案件改判发回重审率、调解案件申请执行率;还有效果指标,如诉前调解成功数与民事一审案件收案数比、调解率、一审服判息诉率、实际执行率、再审审查率等。[1]审判绩效考评既是对案件的评判,也是对法官的管理与评判,同时还是对一个法院、一个业务庭整体的评价。因此审判绩效考核结果可以作为法官晋职晋级或法院评先评优的主要依据,并发挥以管人促管案、管案与管人相结合的综合效应。审判绩效指标考核作为现代目标管理和绩效考核制度的有效结合,有助于上级法院和本级法院领导及时有效地获取辖区内法院、法庭和法官的审判行为信息,有利于客观公正有效地评估评价各层级主体的审判业绩,可以进一步优化审判资源配置,从根本上促进法院审判工作的良性循环和可持续发展。

二、检察院的案件管理[2]

(一) 检察院的案件管理及其发展历程

近年来,全国各地检察机关在最高人民检察院的统一部署下,不断推进检察机关内部案件管理机制改革,这场改革被时任最高人民检察院检察长曹建明称为"检察机关最具有革命性意义的改革"。检察机关的案件管理有广义和狭义之分。广义的案件管理泛指检察机关为规范执法办案行为、保障案件

---

[1] 参见刘红兵、陈宇:"关于优化人民法院审判绩效考核机制的若干思考",载崔永东主编:《审判管理研究》,人民出版社2015年版,第145页。

[2] 本节内容主要参见彭冬松:"司法改革视野下的检察机关案件管理工作改革与发展",载《法治社会》2017年4期。

质量和效率、维护司法公正,一切具有管理职权的部门和个人依照有关法律和规定,对检察机关办理的案件进行有效管理,既包括上级检察机关对下级检察机关案件的管理、检察长对全院案件的管理、各业务部门对本部门案件的管理,也包括综合性业务管理部门对全院及相应下级部门案件的统一集中管理。[1]狭义的案件管理仅指案件的统一集中管理,这也是本书讨论的对象。目前学界对检察机关案件管理较有代表性的概念为罗昌平提出的"检察机关案件管理是指检察机关为规范检察人员的执法行为,确保案件质量和效率,满足公平正义的要求,建立的以案件质量管理为核心、以科学决策与有效执行为手段,由案件管理部门对动态的办案过程、静态的案件质量进行全过程、全方位的有效监控,以及强化办案质量考核评估、协调监控各项机制而构成的有机系统"。[2]也有从实务部门角度给出的定义,"案件管理是指检察机关依照法律和检察工作规律对办案工作进行专业、统一、归口管理,加强流程控制、过程控制的活动"。[3]本书认为,检察机关案件管理是指设置专门的机构,通过信息化手段和合理化机制,对检察机关所有办理的案件及相关执法司法行为统一进行管理、监督、分析、评价的过程,以此来规范执法办案行为,提高案件质量,最终达到实现司法公正与效率的目标。

为了适应我国经济社会发展的需要和人民群众的司法诉求,各级检察机关不断探索检察案件管理工作的新体制和管理模式。2003年,最高人民检察院下发了《关于加强案件管理的规定》,首次以文件的形式提出案件管理的概念,明确通过实施对案件的专业化管理监督,加强案件办理流程控制、过程监督、质量评查和错案追责,以达到执法办案进一步规范,质量效率大幅度提升的初衷和目标,从而启动了自上而下的案件管理制度改革的序幕。从此以后,全国检察机关开始了以基层探索为主的实践,从业务事务的管理、流程的监控、案件质量的评查、检察业务的评价等不同角度出发,形成了不同形式、不同模式的案件管理机制。早在2002年7月,河南省郑州市金水区人民检察院率先在全国成立了案件监督管理中心,建立了统一受案、全程管理、

---

[1] 参见任萍等:"案件管理的基本理论与机制构建",载王晋主编:《检察机关案件管理工作理论与实务》,法律出版社2013年版,第35页。

[2] 罗昌平、顾文虎:"检察机关案件管理的要素与构成",载《法学》2010年第5期。

[3] 湖北省人民检察院检察发展研究中心:"实行'两个适当分离'优化检察职能配置——湖北省检察机关在法律制度框架内的实践探索",载《人民检察》2010年第24期。

动态监督、案后评查、综合考评的案件监督管理新机制。[1]2010年，河南省郑州市人民检察院在全市推广建立案件质量评查长效机制经验。2006年1月，深圳市人民检察院正式设立案件管理处，并开发了案件管理软件对案件进行全程管理与监督，这成为后来全国检察机关统一业务系统的雏形。2006年12月，重庆市人民检察院在全市推行检察业务集中管理。2010年4月，山西省人民检察院成立全国首家省级案件管理中心。2011年3月，最高人民检察院在第十一届全国人民代表大会第四次会议上的工作报告中指出，要"推行案件集中管理，建立统一受案、全程管理、动态监督、综合考评的执法办案管理监督机制"。这实际上提出了案件管理的基本思想和目标模式。2011年7月，时任最高人民检察院检察长曹建明在第十三次全国检察工作会议上专门部署案件管理工作，进一步推动了案件管理的实施。同年9月，最高人民检察院印发《"十二五"时期检察工作发展规划纲要》，要求设立案件管理机构，构建统一受案、全程管理、动态监督、案后评查、综合考评的办案管理新机制。2011年10月，经报中央编办批准，最高人民检察院正式成立案件管理办公室，并于2012年1月开始对一部分案件实行统一的集中管理，成为案件管理推行过程中的里程碑，大大推动了案件管理工作的全面开展。2012年，最高人民检察院通过《关于案件管理工作的暂行办法》，对案件管理的工作原则、方法、措施等作出规定，推动了各地案件管理工作的快速发展。2012年通过的《刑事诉讼规则》和2013年通过的《执法工作基本规范》，均对检察机关案件管理工作的相关内容进行了规定，全国检察机关开展案件管理工作有了法律依据。截至2013年底，随着全国检察机关统一业务应用系统的上线，全国检察机关全部设立了案件管理工作机构，检察机关的案件管理工作全面有序开展，并取得了初步成效。

从检察机关案件管理的发展历程来看，可以最高人民检察院2003年6月下发《关于加强案件管理的规定》和2011年10月成立案件管理办公室作为两个节点，将检察机关案件管理划分为三个阶段：一是2003年6月以前，属于条条管理阶段。检察机关以办理业务的种类为划分依据，各业务部门按照经办人—部门领导—主管检察长—检察长或检察委员会为模式进行管理，各

---

[1] 参见何永刚：“金水检察院创新 案件管理监督制”，载《郑州日报》2011年10月29日，第2版。

部门之间的案件管理相对独立，各自为政，缺乏有效的规划和衔接。二是2003年6月至2011年10月，属于条块结合阶段。随着案件数量和办案压力的不断增加，办案过程中存在的司法不公和司法效率不高现象逐渐突出，最高人民检察院及全国各级检察机关重新审视现行的案件管理机制，着手案件统一管理的探索。这个阶段既有部门自上而下的条条管理，也有部分检察院成立案件管理部门的统一管理，当然这种统一管理仍属于初级、分散的管理。三是2011年10月以后，属于统一管理阶段。最高人民检察院经过长时间的调研与探索，成立了案件管理办公室，并要求全国检察机关全部成立机构，自上而下推动案件管理的发展。同时通过《刑事诉讼规则》和《执法工作基本规范》，明确了案件管理的职能定位、工作职责以及工作的重点环节和要求，为检察机关统一开展案件管理奠定了扎实的基础。实践中仍然存在业务部门对案件的管理，这是业务管理的一部分，也是案件统一管理职能履行不充分的必要补充。2013年10月，全国统一业务系统上线后，对案件的统一集中管理变成可能，统一集中管理成为检察机关案件管理的基本趋势。

我国检察机关案件管理工作经过多年的发展，初步建立了"管理、监督、参谋、服务、评价"五位一体的案件管理机制，案件管理部门的职能定位从原来业务部门的"大内勤""大总管"逐步发展为检察业务流转的"枢纽中心"和检察业务管理的"参谋部"。案件管理部门的职能定位包括案件受理、案件分流、流程监控、案件质量评查、业务考核、案件信息公开、业务系统管理和律师接待等工作，其中与司法案件管理密切相关的是案件受理、案件分流、流程监控、案件质量评查、业务考核等工作。从以上职能可以看出，与法院相比较，检察机关案件管理部门包含了审判管理办公室的全部职能和立案庭的部分职能，具有更加全面的司法案件管理职能，是名副其实的案件管理"枢纽中心"。

(二) 检察院的案件管理主要职能及实践

1. 案件受理及移送

案件管理的第一项职责就是统一案件的进出口程序，保证案件符合受理条件后才能进入检察诉讼环节，确保案件不会因受理存在瑕疵而影响案件的正常办理。在案件受理时，如果经审查发现存在案卷文书材料缺失、强制措施表述有误、卷宗装订不符合要求等情况时，案件就会因为不符合受案标准而被挡在"进口"外；在案件办结移送时，对有明显瑕疵的法律文书，以及装订不规范的案卷，及时建议相关办案部门予以纠正，把失误堵在"出口"内。案件管理部门在受理案件时仅对程序性的内容进行审查，不对实质内容进行审查。而结案审查只审查显性的程序性问题，不涉及其他程序或实体问题，确保检察官办案的独立性不受影响。

2. 案件分配管理

检察机关的案件分配是指案件管理部门统一受理和流转的侦查监督类、公诉类等检察机关管辖的案件，按照一定的轮案顺序及规则将案件直接分配给业务部门承办人的过程，[1]是案与人最终结合的过程与方式。最高人民检察院颁布的《案件承办确定工作管理办法（试行）》，对分案机制作出了具体规定，也是目前检察机关开展分案的政策依据。2013年10月，全国检察机关统一业务系统上线运行之后，案件通过电脑随机分案变为可能。目前主要实行随机分案为主、指定分案为辅的"自动轮案"机制。案件管理部门受理案件后，依据已经设定的承办人轮案规则，通过统一业务应用系统"自动轮案"功能直接将案件分配给承办检察官。对于部分特殊案件，如重大复杂案件、特殊职务犯罪案件、违法所得没收申请案件等，案件管理部门在"自动轮案"前征求业务部门意见并经主管检察长审批决定，以"指定分案"的方式确定案件承办人进行单独分案。2017年6月，全国检察机关统一业务应用系统司改责任制版上线以后，系统内电脑分案变得更加灵活与成熟。

3. 涉案财物管理

涉案财物的监管是案件管理部门加强办案流程管理的另一项重要内容。执法办案中所有涉案财物，都是案件的相关利益或者证据的载体，是执法行为的信息反映。案件管理部门依法严格执行进出库的登记、核查，既能够反映案件的进展与处理结果，又能够避免对案件当事人财产权利的不当处理。对办案部门移送的涉案财物，经案件管理部门审查登记后，进行出入库管理。涉案财物入库和出库过程中，案件管理部门和办案部门、纪检监察部门、计财部门相互配合，相互制约，履行监管手续，强化基础台账管理，对涉案财物实施有效的管理。针对公安等其他侦查部门移送的财物，由于实践中公、检、法部门之间暂未取得共识，对其涉案财物暂没有列入管理范围。

---

[1] 边疆、马杰："浅谈检察机关案件管理部门分案到人机制"，载《法制与社会》2016年第11期。

4. 办案流程监控

检察机关办案的每一个环节每一个程序都有相应的规定进行规范。统一业务系统正是利用这种特点，设计出每一个案件办理的流程节点，每一个流程节点具有前后的递进关系，前面一个流程没有按规定执行，后面的流程就走不通。案件管理部门利用这个流程的功能，对办案的流程性工作进行监督，确保办案流程的规范性。办案部门违反办案流程，案件管理部门可以发流程监督通知书予以纠正，办案部门因特殊原因需要改变流程，由案件管理部门审批后方能执行。办案流程监控还有一个重要职能就是对办案期限及羁押期限的监督。办案期限及羁押期限是检察机关办案中两个重要的时间限制，相关法律和法规对每一个办案阶段都有明确的规定。案件管理部门可以通过统一业务系统对可能超期违法的情形及时预警，对已经发生超期或者违法的情形应及时通知纠正，促进程序公正，规范执法行为。

5. 案件质量评查

案件质量评查是案件管理工作的核心职能，也是司法改革后落实检察官司法责任制主要的配套制度。案件管理部门对检察机关相关业务部门办理的案件从实体、程序、质量、效率等方面开展全方位的评查，重点评查撤销、不起诉、无罪的司法人员职务犯罪侦查案件，不捕或者捕后撤销、不起诉的侦查监督案件，撤回起诉、撤回抗诉、无罪的公诉案件，民事行政案件提出抗诉后法院没有改判的案件。案件管理部门还可以依据一定时段的检察工作动态抽查一定比例的案件进行评查，或者是根据执法检查重点对法律文书、强制措施、涉案财物管理、案件归档等事项作专项的评查。案件质量评查是案件管理部门唯一对案件的实体及内容产生实质性影响的工作机制，评查的结果直接记入检察官个人执法档案，作为个人业务考评和晋升的重要依据，这对提高执法办案质量和检察官业务能力将产生重大的影响。

6. 业务综合考评

业务综合考评全面反映检察机关业务建设的工作成效，是案件管理部门推进业务建设的重要抓手，它与案件质量评查是点与面的关系，共同构建起检察业务评价机制。在考核体系上，结合检察机关的核心业务及数据，建立了刑事检察、民事检察、行政检察、公益检察"四大检察、十大业务"的检察业务考核体系，特别是将不易量化的指标尽量量化，优化业务考核权重，合理配置加减分调控尺度，使考核内容符合客观实际；在考核体系上，既对考核对象划分不同类别进行考核，又体现各业务之间的相互制约，形成一个完整统一的、前后呼应的体系；在考评形式上，充分利用统一业务系统的功能，对考核指标自动统计和生成，形成相应的考核基础数据。既提高考核的效率和准确性，又避免考核中的虚假行为。

7. 业务数据分析研判

2018年以后，业务数据分析研判作为案件管理部门的中心工作及引领其他案件管理工作的重要抓手，逐步受到检察机关各级领导的重视，并发展成为案件管理部门的"品牌产品"。业务数据分析研判是指根据实事求是、客观准确、问题导向、突出重点、及时有效的原则，借助检察业务统一应用系统及相关平台，运用大数据分析理念与方法，全面分析检察业务数据变化背后反映的问题，重点研究业务运行中的特点规律、趋势影响、问题原因以及预警提醒，并提出相应的对策建议。除常规业务研判外，分析研判还可以围绕国家安全、社会稳定、经济高质量发展、民生保障、社会治理现代化等党和国家中心工作，围绕落实认罪认罚从宽制度、少捕慎诉慎押刑事司法政策、企业合规试点、公开听证等检察重点工作来开展。分析研判的目标在于提高办案质效，精准发现问题并实实在在地解决问题，研判以后还要跟踪、督促意见的落实，促进检察业务全面、充分、可持续地发展。

三、我国司法案件管理与质量控制检讨

（一）我国司法案件管理的主要特点

1. 司法案件管理的主要形式体现为案件的统一管理

我国法院的审判管理和检察院的案件管理是近十几年才出现的概念，并逐步发展起来的一项工作，而司法案件的管理自从有司法活动之后就已经存在，只不过这种管理往往是强调司法官个体对案件的管理，而忽视了在宏观层面对案件的管理。审判管理与案件管理在内涵上有一些区别，在管理形式上有相似之处，就是对司法案件的统一管理。在司法活动中，对案件进行统一管理是我国司法领域提高诉讼效率、保证案件质量和确保司法公正的有力措施，也是相比其他国家及地区在司法管理方面的先进之处。目前，法院的审判管理主要包括审判流程管理、审判效率管理、审判质量管理、审判绩效考评管理四个方面的内容，这些管理内容强调从宏观的层面对案件的流程、

进度、期限、效率、质量等方面进行规范和管理。而院庭长对案件进行的指导管理、上下法院之间的审级管理和法官本身在办案过程中对案件的管理，这些司法活动本身与审判权密不可分，有些甚至是审判权的应有之义，具有鲜明的司法特性，一般不列入审判管理之范畴。检察院的案件管理范围更加广泛，包括案件分流、流程监控、案件质量评查、业务考评等核心职能，也包括案件信息公开、业务系统管理、律师接待等非案件管理职能，这种管理也是建立在统一业务平台上而进行的管理。上级检察院对下级检察院的办案指导、检察长对所辖单位案件的管理和检察官对自己所办案件的管理，一般也不列入案件管理之列。因此，我们可以看出，法院的审判管理和检察院的案件管理强调的是在全院层面从宏观上对案件的统一管理、监督和评价，这与其他国家及地区所强调的司法官个体对案件进行管理有很大的区别。这种统一管理在有大量案件出现或"案多人少"的时候，优势就能充分显露，从而有力地提高办案的效率与质量。

2. 充分利用网络信息等技术手段，司法案件管理集约化程度高

当前，我国的信息化时代已经来临，网络信息技术改变了司法行为的习惯、司法活动的时空和司法案件管理的模式。目前，我国法院的审判管理主要依托计算机信息技术建立了一个统一的审判业务平台，将案件办理的各环节进行数据化处理，如案件的立案排期、开庭审理、送达审限、移送上诉等不同诉讼阶段的流程信息，无论是审判流程管理、案件分流管理、案件质量管理还是案件绩效管理，都可以通过审判业务平台对案件信息和流程进行管理。上级法院对下级法院的监督，院庭长对普通法官办理案件的监督管理也可以通过该平台进行。虽然在全国范围内还没有形成一个统一的审判业务平台，对于某一个单位或某一个地区来讲，通过这个平台已经能够较好地进行统一的管理。检察机关自2012年正式开展案件管理制度改革之后，就下大力气开发统一业务管理平台，在充分吸取地方有关单位试点经验的基础上，于2014年10月正式上线全国检察机关统一业务系统，该系统将全国四级检察院共3600多个检察院的案件办理全部统一管理，这是迄今为止我国甚至是全世界最大的司法办案平台，它将全国检察机关统一贯通起来，能够及时有效地对案件进行管理、监督、统计和分析等，最大限度提升司法案件管理的统一化、规模化和集约化。2016年7月，统一业务系统根据司法责任制改革又作了较大规模的修改。2020年初，为了适应"四大检察"和"十大业务"的发

展,统一业务系统进一步升级为 2.0 版本,使得统一业务系统的功能更加强大、管理更加科学。总而言之,我国的司法案件管理的信息化、自动化和集约化走在了世界的前列。

3. 案件质量管理包含事前的监控和事后的评查

司法案件管理的目的是提高司法效率、提升案件质量和确保公正司法,案件质量管理是司法案件的重要内容之一。我国十分重视案件质量管理,由于有了信息化手段和统一办案平台,案件质量管理更加便捷与高效。我国司法机关均把案件质量管理分为事前的监控和事后的评查。事前的监控是把管理学的"过程控制理论"引入司法办案中,它要求合理设置过程,紧密衔接过程,有效控制过程,在设计具体步骤时,要建立前后衔接、有序进行的流程控制。[1]司法机关办案就像生产一个产品,案件大致经过举报(或控申)—受理—侦查—批捕—起诉—受理(法院)—开庭—审判—刑罚执行等环节,最后以法律文书的形式做成一个成品。在这个流程中,可以通过在各个主要节点上设置监控,对案件办理中的各种程序实施全程管理,事前监控解决的主要是程序问题,以此来规范执法办案行为,促进办案效率,提高办案质量。事后的评查则是组织相关人员专门对业务部门办理的各类案件,从实体、程序、质量、效率等方面开展全方位的评查,评查的结果直接记入司法官个人司法档案,作为个人业务考评和晋升的重要依据。[2]这是落实司法官责任制的主要配套制度,也是对司法官产生重大影响的司法案件管理行为之一。案件质量管理与司法绩效考核结合起来,可以形成一个业务考评的指挥棒,对一个单位或一个地区的司法案件有重大的促进与推动作用。

(二)我国司法案件管理存在的问题

1. 法院的审判管理权与审判权之间长期存在冲突

法院的审判管理权和审判权之间的关系一直存在争议:有的观点对审判管理权持否定态度,认为审判管理主要是服务于审判;有的观点把审判管理权作为审判权的下位概念,即审判权可以分为法官的审判权与审判管理权,或者把审判管理权作为审判权的衍生权力;还有的观点主张审判管理权是对

---

[1] 吴照云等:《管理学通论》,中国社会科学出版社 2007 年版,第 283 页。
[2] 彭冬松:"司法改革视野下的检察机关案件管理工作改革与发展",载《法治社会》2017 年第 4 期。

审判组织和审判人员的行为正当性和产品质量的控制权以及审判活动的协调权。审判管理权与审判权的"两权改革"之争一直没有停歇,并伴随着司法改革的全过程,如何平衡两者之间的冲突,正是开展审判管理工作的关键。审判管理权与审判权的冲突主要表现在两个方面:一种为积极冲突,即审判管理权侵犯审判权行使或侵入审判权行使的过程,表现为过度地束缚审判权的"手脚",把部分审判权分割,如院庭长利用对案件管理监督的权力或分配司法资源的权力,直接或者通过其他方式间接向法官(包括合议庭、独任庭)施加影响,使得法官无法正常正当行使审判权;一种为消极冲突,即审判管理权过度放纵审判权,未能完成其分内职责而留下审判管理的空白,不能有效地发挥对审判的辅助、保障的作用,如审判辅助事务办理过分地挤占案件审判时间,或者各业务庭室之间人员内部协调不足导致审判环节不能有效对接。[1] 实践中,对审判事务的管理发生积极冲突的可能性大并且冲突明显;而对辅助性事务的管理,如审判流程管理,冲突机会少且通常表现为消极冲突;审判绩效考评管理和审判质量管理,由于其本身是在审判权之外的管理行为,两者存在冲突的可能性较小。从权力的属性来看,审判管理权和审判权冲突是不可避免的。因为审判管理权作为一种管理权,具有天然主动性的特征,在审判活动中能够积极地介入,也能消极地退缩;而审判权的基本属性是判断权力,并且是一种"主"权力,有排除其他权力对其干预和要求其他权力给予服务的必然趋势。这使得审判权与审判管理权在审判活动运行过程中不断地博弈和碰撞,并不可避免地产生冲突。

2. 检察机关案件管理部门的职能定位及业务属性不明确

检察院的案件管理在历史发展过程中曾出现过四种模式,即事务管理模式、流程监控模式、监督评查模式和综合管理模式。每一个发展阶段由于对案件管理的认识不同,对案件管理部门的职能定位就出现很大的差异,于是在长期的工作实践中就出现了不同的工作模式。综合管理模式是当前采取的主要管理模式,该模式在案件管理过程中包括案件受理、法律文书管理等事务性管理工作,也有对各个办案节点的流程监控,以及办案之后对案件的质量评查和业务考评。该模式对办案活动的行为全过程进行监督管理,较好地

---

[1] 参见翁秀明、邵金芳:"审判管理权与审判权的冲突与协调——兼论审判管理体系的建构",载《山东审判》2012年第4期。

满足了现阶段提高案件质量和办案效率的需要,与业务部门形成了统筹促进和资源整合的关系,避免因案件管理影响到业务部门的正常工作。但是,由于在理论上对案件办理与案件管理职能没有分开,导致案件管理部门定位不准。一般认为,案件办理是检察机关相关业务部门依据法律法规对案件从程序、实体方面作出判断和处理决定的专门活动。而案件管理则是案件管理部门对案件及执法办案活动进行控制、组织、协调和处理,以保证案件质量和办案效率的活动。在两者的关系上,一般主张案件办理与案件管理相分离,业务部门从事的是案件办理活动,案件管理部门从事的是案件管理行为,两者之间泾渭分明,从而达到异体监督的目的。[1]但是,单从案件办理的概念上分析,案件管理部门同样从事案件办理的活动,最典型的办案活动就是案件受理。案件受理通过对案件的程序、实体及法律文书齐备性进行审查,决定是否受理案件,这一行为决定案件程序的走向,是对案件程序或实体方面作出的处理决定,是一种案件办理行为。实践中案件管理部门履行的案件办理行为包括涉案财物的统一管理、接待辩护人诉讼代理人、案件信息公开等,这些职能从本质上讲是案件管理部门与业务部门共同行使相应的案件办理职能。而流程监控、统计分析、质量评查、业务考评等行为是典型的案件管理行为,对案件从宏观和微观的角度进行管理,管理行为不涉及案件本身,也不构成办理案件的一个基本环节。但实践中把以上行为全部定位为案件管理,既不能客观反映案件管理部门从事案件办理的事实,也不能科学地对案件管理部门的职能进行准确定位及分类管理。[2]

3. 司法案件管理的职能分配不合理与职能履行不充分

抛开理论上的争议和认识层面的模糊,我们回到实践层面来看司法案件管理存在的问题与症结。法院的审判管理目前的突出问题在于审判管理职能分配不合理,呈现分散化特征。当前大部分法院专门设立了审判管理办公室,把审判管理的大部分职能划归其统一行使,但是案件分流、案件分配、审判事务性管理等方面仍然没有纳入审判管理办公室管辖的范围。而有的法院没有单独设立审判管理办公室,而是与审监庭等其他机构合署办公,审判管理

---

[1] 参见申云天:"检察机关案件管理工作中的十个关系",载《人民检察》2012年第10期。
[2] 彭冬松:"司法改革视野下的检察机关案件管理工作改革与发展",载《法治社会》2017年第4期。

工作则由立案庭、审监庭、研究室、办公室等部门共同承担，使得对组织目标的整体把握、组织职能的分解和组织的协调存在偏差，完整的审判管理工作被强行分隔开来，造成了职能分散、多头管理，不能形成整体合力，难以最大限度地发挥审判管理的作用。[1]检察院案件管理存在的突出问题是案件管理职能履行不充分。检察机关的案件管理包含案件受理、案件分流、流程监控、案件评查等多项内容，案件分流本是案件管理的应有之义，对合理利用司法资源、提高司法效率、促进公平正义有着重要的推动作用。但在最高人民检察院规定的案件管理工作的十项工作职能中，案件分流不是一项单独的职能，只是在"案件受理与流转"中作出规定。"案件流转"只体现了案件管理部门的工作流程，并没有体现出案件管理的能动性。案件分流是案件受理后进入司法机关的第一道程序，是司法机关根据一定的规则对案件进行管辖和分配的司法行为，包括案件与司法官的结合方式以及案件的办理方式。[2]从刑事诉讼程序来看，普通刑事案件在侦查机关采取强制措施或侦查终结以后，移送到检察机关，由检察机关案件管理部门接收，审查受理后通过一定机制把案件流转到适合管辖的单位，然后分流到不同程序，并按一定规则分配到不同经办人手中，从而完成案件分流的过程。案件分流是检察机关案件管理的重要内容及核心职能，而在当前的工作职能定位中并无明确涉及，在实践中由于观念上的保守和认识上的偏差，也没有相关单位进行探索试点。检察机关案件管理部门目前承担的仅是案件分流环节中的经办分流职能，对于管辖识别分流、繁简程序分流均无明确涉猎，没有承担起在案件进入检察机关之初即分流案件的职能，导致程序性审查的改变管辖案件与实质性审查起诉案件共同占用优质司法资源，繁案与简案共同占用相同司法资源，从而可能造成案件分流不合理，案件分布不均衡，司法资源配置不合理，这样对于案件总量与人均办案量大的单位而言，会进一步加剧"案多人少"的矛盾，不利于检察机关办案的公正与效率。

---

〔1〕 易承志、闵振华："法院审判管理的优化思考"，载崔永东主编：《审判管理研究》，人民出版社2015年版，第64页。

〔2〕 参见 ［荷］ Philip M. Langbroek、［意］ Marco Fabri 编：《法院案件管辖与案件分配：奥英意荷挪葡加七国的比较》，范明志、张传毅、曲国建译，法律出版社2007年版，第3页。

第五章

我国司法管理改革构想

我国司法管理与我国政治体制、法治传统和文化理念等紧密联系在一起，是中国特色社会主义制度的一部分。我国的司法管理具有历史的继承性，在新中国成立后的发展又有自身的特殊性。与其他国家及地区的司法管理既有一般规律上的联系，在实际操作中又有较大的区别。对于我国司法管理的历史考察和其他国家及地区司法管理的比较借鉴，最终的目的是对当前我国司法管理进行反思与检讨，从而有针对性地提出改进的思路与措施。古人云："苟日新，日日新，又日新。"一个国家必须不断地改革与创新，才能保持生机与活力，社会才会不断地进步。对于司法管理而言，根据社会经济的发展情况进行改革与创新，是司法管理本身应有之义，也是推进司法进步、实现公平正义的必经途径。

第一节 我国司法管理改革的回顾

一、司法管理改革的概念界定

司法管理是指司法机关在司法活动中为了保证司法活动价值的实现而从事的与司法活动紧密相关的具有管理性特征的事项和活动，具体包括司法机关的设置及组织管理、司法权力的运行与决策管理、司法官的选任与保障管理以及司法案件的流程与质量管理等方面的内容。按照以上观点推论，司法管理改革就是有关司法机关的设置及组织管理、司法权力的运行与决策管理、司法官的选任与保障管理和司法案件的流程与质量管理等制度的创新、变革、改进等社会活动。当然，一般的司法改革文件及行文并没有出现"司法管理改革"的字眼，出现的是"司法改革""司法体制改革""司法工作机制改革""诉讼制度改革"等字眼及概念。为了更加准确地理解司法管理改革的内涵，必须把以上相关概念进行解释及辨析，厘清它们相互之间的关系，才能更有针对性地进行讨论与研究。

司法改革，也即司法制度的改革。司法制度是指一个国家的司法机关和行使部分司法权的机关或法律授权组织的性质任务、组织体系、活动原则及工作制度的总称，具体来讲就是指审判制度、检察制度、侦查制度、监狱制度以及司法行政制度、律师制度、调解制度、仲裁制度和公证制度。[1]司法改革是范围最为广泛的改革，正如本书第一章所讨论到的，司法权有广义、中义、狭义之分，中国语境下的司法权是指法院、检察院。但在司法制度改革中，一般是作广义理解，即把司法权和与司法权密切相关的其他制度也纳入司法改革的范畴。党的十五大报告中第一次提出了"司法改革"的概念，主要是指司法及和司法活动紧密相关的制度改革，改革的主体包含司法机关即审判机关、检察机关，而其他司法机关或组织，即公安机关（国家安全机关）、监狱机构、司法行政机构和仲裁组织、法律援助组织、律师组织、公证组织等也是改革主体。改革的对象分别为审判制度、检察制度、侦查制度、监狱制度、执行制度、仲裁制度、法律援助制度、律师制度和公证制度等。当然，改革的重点放在了"审判制度和检察制度"上。

司法体制改革，也就是司法体制的改革，是指司法机关及行使部分司法权的机关的机构设置、领导隶属关系和管理权限划分等方面的体系、制度、方法、形式的创新、变革、改进的活动。实践中，主要包括法院、检察院、公安机关（国家安全机关）、司法行政机关（监狱）的体制改革，重点仍然在于法院及检察院。司法体制改革从改革的主体来说，仍然保持了"司法改革"中所作的广义解释，即主要包括但不限于法院、检察院、公安机关（国家安全机关）和司法行政机关（监狱）。从改革的内容来说，作了相应的缩小，主要体现在机构性质、职权配置、组织关系、管理权限等宏观方面。司法体制是司法制度的下位概念。司法体制与司法制度之间，应当是种属的关系，即司法制度是种概念，司法体制是属概念，司法体制包含在司法制度之内，是司法制度的一个最重要的组成部分。除司法体制以外，司法制度还包括工作制度、工作规则、工作程序、工作标准等，因而司法制度的范畴要比司法体制宽泛得多。党的十七大报告第一次提出了"司法体制改革"的概念，

---

[1] 参见熊先觉：《司法制度与司法改革》，中国法制出版社2003年版，第5页。

要求通过"深化司法体制改革，优化司法职权配置，规范司法行为，建设公正高效社会主义司法制度"。可见，司法体制改革只是司法改革的一个方面，要实现"建设公正高效社会主义司法制度"的目标，还必须进行诉讼制度、证据制度、工作制度等其他方面的改革。

司法工作机制改革是后来才出现的概念。司法工作机制是指某项司法工作的结构功能和相互关系，也可以指某项司法工作的结构原理和规则。司法工作机制也是司法制度的下位概念，与司法体制属于平行概念。如果司法体制改革是宏观上的变革，司法工作机制就是从微观层面进行的创新。2004年中共中央转发的《中央司法体制改革领导小组关于司法体制和工作机制改革的初步意见》第一次使用了"司法工作机制"这一概念。之后，最高人民法院出台的改革纲要和最高人民检察院出台的实施意见中，大量使用了"工作机制"和"机制"的概念，如未成年人案件办理机制、轻微刑事案件工作机制、宽严相济刑事政策监督机制和执法绩效考评机制，等等。[1]

诉讼制度改革，是指针对司法机关办理各类案件所应当遵守的程序、方式和步骤而作出的改进、完善和变革。按照案件类型的不同，诉讼制度可分为刑事诉讼制度、民事诉讼制度和行政诉讼制度。按照司法程序的不同，诉讼制度可分为一审程序、二审程序、再审程序、执行程序、审判监督程序和各类特别程序，如刑事诉讼中的未成年人特别程序、当事人和解的公诉案件程序、违法所得没收程序、依法强制医疗程序，民事诉讼中的宣告失踪和宣告死亡程序、督促程序、公示催告程序、企业破产程序等。诉讼制度是司法制度中的重要组成部分，大部分的诉讼制度通过法律、法规的形式表现出来，具有一定的强制力。对内规制司法机关及其工作人员，对外规制诉讼参与人，包括当事人、证人、鉴定人、辩护人、诉讼代理人等。诉讼制度与司法体制一般没有交集，与司法工作机制有交集，某些诉讼制度也表现或具体落实为某项工作机制，如人民陪审员工作制度、证人出庭保护制度。

综上，司法改革，也即司法制度改革是最上位的概念，包括了司法体制改革、司法工作机制改革和诉讼制度改革。司法改革范畴最大，以上三类改革的内容都属于其范畴。改革的主体最宽泛，除法院、检察院以外，还包括行使部分司法权的公安机关（国家安全机关）、监狱机关和与司法权行使有密

---

〔1〕 谭世贵等：《中国司法体制改革研究》，中国人民公安大学出版社2013年版，第15页。

切关系的司法行政机关等机关或组织。司法体制改革是司法改革的下位概念，着眼于宏观层面的改革，涉及司法机关的外部关系及内部关系。改革的主体进一步收紧，主要集中在法院、检察院及侦查机关、司法行政机关（监狱）。司法工作机制改革也是司法改革的下位概念，着眼于中观及微观层面的部分，主要涉及司法机关的内部关系。改革的主体与司法体制改革类同。司法体制改革与司法工作机制改革一般没有交集，可以说是平行的关系。诉讼制度改革同样是司法改革的下位概念，改革的主体更加多元化，除以上四个机关，还涉及与诉讼有关的相关当事人。改革内容既有宏观层面的，也有中观层面的，更有微观层面的，但集中在诉讼及程序本身。规制的对象有内部人员，也有外部人员。本书所讲的司法管理改革也是在司法改革范畴里面的，在改革主体上仅限于司法机关，即法院、检察院，不包括其他机关或组织；在内容上主要针对司法活动中有管理性质的活动进行的改革，主要包括司法体制的内容，如司法机关的设置及组织管理、司法官的选任与保障管理；也有司法工作机制的内容，如司法权力的运行与决策管理（部分也可归入司法体制内容）、司法案件的流程与质量管理；一般不包括诉讼制度的内容，因为诉讼制度改革涉及司法活动和司法案件本身，不在司法管理范畴之内。可以看出，司法管理改革属于司法改革的范围，与司法体制改革有很大一部分重叠，与司法工作机制改革有重复，与诉讼制度改革一般不产生交集。

在我国，研究与讨论司法管理改革，对研究对象的概念界定及范围的划分相当重要。我国官方文件中对于司法、司法权并没有明确的界定，理论界对此也是众说纷纭。正如本书第一章所讨论的，司法权可以分为广义、中义和狭义，从学说上也可分为"大司法权""三权说""两权说""单一说""多义说"等理论。学者们在讨论司法改革时，经常是以不同的学说理论为背景，站在不同的角度上，从不同范围来讨论司法改革。比如说，讨论司法权的特征时，认为司法权具有被动性、独立性、公开性、透明性、多方参与性、亲历性、中立性和终结性，[1]这明显是把司法权仅限于裁判权，也就是审判权。如果把司法权认定为审判权和检察权，那么就不可能共同存在被动性、中立

---

[1] 参见陈瑞华：《司法体制改革导论》，法律出版社2018年版，第17~33页；陈国庆、王佳编著：《司法制度》，江苏人民出版社2015年版，第4~7页；徐汉明等："深化司法体制改革的理念、制度与方法"，载《法学评论》2014年第4期。

性和终结性等特征。但是，在此基础上讨论司法改革时，又不得不讨论检察改革，甚至公安改革和司法行政机关改革也在讨论范围之列。我国官方观点认为司法机关为法院、检察院，在制定司法改革有关文件时也主要是针对司法机关，即法院和检察院的改革。但在实际执行过程中，又经常涉及行使部分司法权的机关，包括公安机关和司法行政机关（监狱）的改革，有时也牵涉与司法活动有关的改革，即广义司法权的含义，包括律师、公证、仲裁、法律援助制度，等等。这种情况使得讨论者经常就同一个主题在不同的范围内讨论不同的对象，显得无所适从。党委政法委作为主导司法改革的职能部门，在制定司法改革文件中提出"政法机关"的概念，把政法委指导下的公安机关、检察院、法院、国家安全机关等部门以及民政部门和仲裁部门也列入其中，更加令讨论者难以讲清以上概念及相互之间的关系。为了便于讨论，本书在论述司法管理改革时，限于法院和检察院的改革；在讨论司法改革或司法体制改革时，即便原来相关改革文件的范围包括了其他行使部分司法权的机关改革，本书仍然主要限于对法院、检察院改革的讨论；为了与原文件相对应，在论述时采用原文件的提法，即"司法改革""司法体制改革"或"司法工作机制改革"，但讨论的对象主要针对法院、检察院而言。

二、我国司法管理改革的历程

我国司法管理制度是司法制度的重要组成部分，司法管理改革的历程也是司法改革历程的一部分。因此，我们可以从司法改革的历程来考察司法管理改革的历史演变。我国司法改革是作为政治体制改革的一部分来推进的。1997年9月12日，党的十五大报告第一次正式提出司法改革："推进司法改革，从制度上保证司法机关依法独立公正地行使审判权和检察权，建立冤案、错案责任追究制度。加强执法和司法队伍建设。"之后，最高人民法院于1999年10月20日出台并实施了《人民法院五年改革纲要》，即法院改革一五纲要，内容包含了人民法院的组织体系、经费管理体制、审判工作机制、法官队伍建设等方面改革措施；最高人民检察院于2000年也出台了《检察改革三年实施意见》，内容包含了强化法律监督的职能和作用、全面建立主诉主办检察官办案责任制、加强上级检察机关对下级检察机关的领导、改革检察机关内外部监督制约机制、改革检察机关干部人事制度、改革检察机关经费管理机制等改革目标。各地司法机关纷纷出台细化司法改革的各项措施与制度，学术界对司法改革的目标也各有主张。2004 年之前司法改革的突出特点是，两个最高司法机关在各自系统内提出措施或制定制度，改革的效果大打折扣。

2002 年 11 月 8 日，党的十六大报告提出推进司法体制改革的要求："按照公正司法和严格执法的要求，完善司法机关的机构设置、职权划分和管理制度，进一步健全权责明确、相互配合、相互制约、高效运行的司法体制。从制度上保证审判机关和检察机关依法独立公正地行使审判权和检察权。"2003 年 5 月，中共中央决定成立全国司法改革领导小组，以指导全国司法体制改革工作的进行。这一决定标志着主导中国司法改革进程的核心机构的出现，以及一种全新的、自上而下的改革策略和模式的最终确立，因而具有里程碑的意义。[1] 我国的司法改革进入由最高层主导的统一规划部署和组织实施的阶段。对我国司法改革历程的考察可以以此为起点，不代表我国的司法改革从这里才开始。

从党的十五大后，每一次全国代表大会都对司法改革提出新的要求，进行新的部署。从某种意义上讲，每一次全国代表大会召开的时间就是前一轮司法改革的终点，也是后一轮司法改革的起点。为了更加精细地呈现中国司法改革的历程，本书以中央政法委或中央改革领导小组制定的文件出台时间作为每一轮司法改革的起始时间，以"两高"发布关于司法改革的总结报告时间为每一轮司法改革的结束时间，并且将起始时间精确到月份，对于前后相关的重要性标志性文件也相应罗列并作说明。

（一）第一轮司法改革（2004 年 12 月至 2008 年 3 月）

在党的十六大报告提出司法体制改革的要求之后，2004 年底，中共中央转发了中央政法委牵头提出的《中央司法体制改革领导小组关于司法体制和工作机制改革的初步意见》，就诉讼程序、司法干部管理、律师制度、司法机关经费和司法机关的保障制度等作出了较为完善的规定。[2] 2005 年 8 月 24 日，最高人民检察院通过了《关于进一步深化检察改革的三年实施意见》，明确了改革和完善对诉讼活动的法律监督制度、创新检察工作机制和规范执法行为、完善检察机关组织体系、改革和完善检察干部管理体制、改革和完善

---

[1] 万毅："转折与展望：评中央成立司法改革领导小组"，载《法学》2003 年第 8 期。
[2] 黄新根："新中国成立以来司法体制改革的演变、方向与路径"，载《大连干部学刊》2019 年第 9 期。

检察机关经费保障体制、完善检察机关接受监督和内部制约制度等六个方面共36项具体的改革任务。2005年10月26日，最高人民法院印发并实施了《人民法院第二个五年改革纲要（2004—2008）》，明确了实现司法公正，提高司法效率，维护司法权威的改革目标。该纲要提出了改革与完善执行体制和工作机制、改革和完善审判组织和审判机构、改革和完善诉讼程序制度、改革和完善司法审判管理和司法政务管理制度、完善对审判权的监督机制等方面的改革任务。[1]

经过近三年时间的司法体制改革，本轮改革进入收尾阶段。2008年3月10日，最高人民法院在提交第十一届全国人民代表大会第一次会议的报告中提到："五年来，最高人民法院积极稳妥地推进司法改革，比较圆满地完成了中央确定由最高人民法院牵头的9项改革任务，人民法院第二个五年改革纲要确定的50项改革项目也基本完成。"最高人民检察院在提交审议的报告中也提到了司法改革："认真抓好中央确定由最高人民检察院牵头的改革任务，以解决制约司法公正和人民群众反映突出的问题为重点，以强化法律监督职能和加强对自身执法活动的监督制约为主线，积极稳妥地推进检察体制和工作机制改革。"2008年，"两高"提交本届全国人大会议审议的报告是以五年作为时间段计算的，也就是报告2003年以来的工作情况与改革成果。之后进行了新一轮的工作部署和改革。

本轮司法改革从民众反映强烈的突出问题和影响司法公正的关键环节入手，以维护司法公正为目标，以加强权力制约和监督为重点，优化司法职权配置，规范司法行为，推进司法民主和司法公开，努力建设公正高效权威的社会主义司法制度。法院方面的改革包括改革和完善死刑核准制度，统一由最高人民法院行使死刑案件核准权；改革完善民事再审制度，解决多头申诉和重复申诉的问题；改革和完善民事执行制度，完善执行强制措施、建立财产报告制度、实行执行联动机制；完善人民陪审员工作机制；完善审判管理制度，形成结构合理、配置科学、程序严密、制约有效的审判权和执行权运行机制；完善法官管理和职业保障体制，严格职业准入，加强教育培训，加强廉政建设和监督制约工作。检察院方面的改革包括改革和完善对诉讼活动的法律监督制度，如健全对刑讯逼供等违法行为的监督机制、健全对减刑、

---

[1] 高一飞、陈恋："中国司法改革四十年变迁及其时代特征"，载《东南法学》2019年第1期。

假释、暂予监外执行的同步监督机制；规范和完善执法办案工作机制，修改审查逮捕、审查起诉案件质量标准、建立全国统一的主要业务工作考评机制与办法；改革和完善检察机关内部制约机制，如规定案件受理、立案侦查、审查逮捕、审查起诉必须由不同内设机构承办、建立并推行讯问职务犯罪嫌疑人全程同步录音录像制度；改革和完善检察机关接受监督的机制，如人民监督员制度试点工作、深化检务公开制度。

本轮司法改革在一定程度上优化司法机关职权的配置，进一步规范司法行为、加强对司法权运行的监督与制约，大力推进司法公开程度与力度，取得了一定的改革效果。但是，从司法改革的措施与成效看，法检之间的联动与配合不足，改革主要是停留在工作机制层面的改革，深层次的问题特别是涉及宏观层面的问题没有触及。

(二) 第二轮司法改革 (2008年5月至2012年10月)

2007年10月15日，党的十七大报告再次提出司法改革："深化司法体制改革，优化司法职权配置，规范司法行为，建设公正高效权威的社会主义司法制度，保证审判机关、检察机关依法独立公正地行使审判权、检察权。"从党的十七大提出的政策来看，与十六大提出的思路基本相同，主要是解决司法职权配置、规范司法行为和解决司法公正的问题。为了落实党的十七大的总体要求，中央政法委员会会同中央和国家机关17个部门共同研究起草，并以中央司法体制改革领导小组的名义于2008年5月出台并实施了《关于深化司法体制和工作机制改革若干问题的意见》。该意见要求以加强权力监督制约为重点，紧抓影响司法公正、制约司法能力的关键环节，强调解决体制性、机制性、保障性障碍，建设公正、高效、权威的社会主义司法制度。为贯彻落实中央司法改革任务，最高人民法院于2009年3月17日印发并实施了《人民法院第三个五年改革纲要 (2009—2013)》，其内容包括优化人民法院职权配置、落实宽严相济的刑事政策、加强人民法院队伍建设、加强人民法院经费保障、健全司法为民工作机制五个方面的改革任务，涵盖了人民法院审判、执行、人事管理、经费保障等各个层面；2009年3月1日，最高人民检察院实施了《关于深化检察改革2009—2012年工作规划》，提出了五个方面的要求：优化检察职权配置，完善法律监督的范围、程序和措施；健全对检察权行使的监督制约；完善检察工作中贯彻落实宽严相济刑事政策的制度和措施；改革完善检察组织体系和干部管理制度；改革和完善政法经费保障体制。该轮司法改革的重点依然是解决司法行为不规范、司法监督缺位以及司法腐败的问题，对于人员管理、经费保障等问题也部分涉及。

经过三年时间的集中推进，本轮司法改革暂告一段落。2012年10月9日，国务院新闻办公室发表《中国的司法改革》白皮书，对本轮司法改革进行了总结，认为中国的司法改革进入重点深化、系统推进的新阶段。目前，本轮司法改革的任务已基本完成，并把改革成果体现在修订完善的相关法律中。2013年3月10日，最高人民法院在提交十二届全国人民代表大会一次会议的报告中提到："切实推进司法改革，完成中央部署的司法改革任务12项，完成人民法院'三五'改革纲要确定的司法改革任务113项。"最高人民检察院在本次大会上的报告中没有对司法改革作专门论述，而是分别提及了司法改革若干内容，如"强化内部监督制约、建立案件集中管理机制、加强对职务犯罪侦查的监督"，等等。

本轮改革从民众司法需求出发，以维护人民共同利益为根本，以促进社会和谐为主线，以加强权力监督制约为重点，抓住影响司法公正、制约司法能力的关键环节，解决体制性、机制性、保障性障碍，从优化司法职权配置、落实宽严相济刑事政策、加强司法队伍建设、加强司法经费保障等方面提出具体改革任务。法院方面的改革主要包括全面推进立案、庭审、执行、听证、文书、审务公开；推进司法便民工作，推行网上预约立案、送达、庭审等方式；开展巡回审判，为群众诉讼提供便利；加强司法救助工作，加强监督指导和审判管理。特别需要注意的是，本轮改革中法院着重提出了司法的"人民性与大众化"，审判工作在新的形势下实现"司法能动"，突破司法的被动性和保守性，要求法官走出法庭、走近群众，将矛盾纠纷化解在基层、消除在萌芽阶段。[1] 检察院方面的改革主要包括强化深入推进执法规范化建设，建立和完善案例指导制度，建立案件集中管理机制；重点加强对查办职务犯罪工作的监督制约，推行和完善讯问职务犯罪嫌疑人全程同步录音录像制度，实行职务犯罪案件审查逮捕上提一级、抗诉权与侦查权由不同部门行使等改革。

---

[1] 季焕爽、王琳："回顾与展望：关于我国第三轮司法改革的思考"，载《领导科学论坛（理论）》2014年第7期。

本轮改革是第二轮司法改革,从当初制定的改革目标来看,与第一轮改革相类似,主要是解决司法不公、监督不力的问题,通过规范司法行为、加强制约监督以达到司法公正的目的,主要动力在于解决第一轮改革中仍然没有解决的问题。本轮改革的成效主要表现在:司法组织体系进一步健全,司法职权进一步优化,司法权力监督进一步加强,司法人员素质能力进一步提升,司法民主公开进一步增强,诉讼程序制度进一步完善。但是,本轮改革仍然主要是法院、检察院内部性的改革,一些涉及司法职能配置、司法权力运行、司法人员保障的体制性、机制性、保障性障碍并没有太多触及,更没有在本轮改革中解决。司法机关依法独立行使职权受到诸多掣肘,司法的公正性、公信力也没有得到人民群众的普遍认可,司法效率远远不能满足现代社会解决纠纷的需要。法院方面确保人民法院依法独立公正行使审判权的体制还不够健全;推进司法公开、弘扬司法民主、确保司法公正等方面与人民群众的要求还有差距;一些法官处理新类型及复杂疑难案件的水平不高;极少数法官徇私舞弊,贪赃枉法,严重损害人民法院的形象和司法公信力。[1] 检察院的职能定位、检察机关与纪委在反腐中的合作与衔接、检察权监督制约、检察官职业保障等问题还有待进一步解决。

(三) 第三轮司法改革(第一阶段)(2014年6月至2017年11月)

党的十八大前夕,中国改革又到了一个关键时期和十字路口。一方面,我国正面临着全方位崛起的重大战略机遇,如能把握住这一机遇,必定会深刻影响世界政治经济的未来格局。另一方面,我国所面临的国际环境更加严峻复杂,世界多极化与经济全球化在曲折中发展,自身内部诸多经济、政治、社会、文化和生态领域的深层次问题和矛盾也亟待解决。越来越多的有识之士认识到,中国改革已不单单是一个简单命题,而是一个需要联动经济体制、政治体制、社会体制、文化体制、生态体制的全面改革的综合治理命题,需要从制度建设层面上解决问题。[2] 司法改革作为政治改革的重要组成部分,受到国人的高度关注与期待。司法可作为社会的稳定器,司法改革也适合作

---

[1] 王胜俊:"最高人民法院工作报告——2013年3月10日在第十二届全国人民代表大会第一次会议上",载最高人民法院网,http://www.court.gov.cn/zixun-xiangqing-82552.html,最后访问日期:2020年3月15日。

[2] 参见田国强:"十八大与中国改革的未来之路",载《经济研究》2013年第3期。

为政治改革的切入点之一，因为其带来的震荡可能是最小的，同时还能解决许多问题。[1]

2012年11月8日，党的十八大报告中"改革"一词一共被提到86次，其中有2次提到"全面改革"，有5次提到"深化改革"，表明了我国全面深化改革的决心与信心。报告中提出推进政治建设和政治体制改革要抓好七项重要任务，第四项重要任务是推进全面依法治国。其中，"进一步深化司法体制改革，坚持和完善中国特色社会主义司法制度，确保审判机关、检察机关依法独立公正行使审判权、检察权"[2]是该重要任务中的一个具体指标。

党的十八大确定继续全面深化改革的大政方针在一年之后得到具体细化。2013年11月12日，十八届三中全会通过了《中共中央关于全面深化改革若干重大问题的决定》，在第九点"推进法治中国建设"中提出了司法改革的主要方向与内容：其一，确保依法独立公正行使审判权、检察权。改革司法管理体制，推动省以下地方法院、检察院人财物统一管理，探索建立与行政区划适当分离的司法管辖制度，保证国家法律统一正确实施。其二，建立符合职业特点的司法人员管理制度，健全法官、检察官、人民警察统一招录、有序交流、逐级遴选机制，完善司法人员分类管理制度，健全法官、检察官、人民警察职业保障制度。其三，健全司法权力运行机制。优化司法职权配置，健全司法权力分工负责、互相配合、互相制约机制，加强和规范对司法活动的法律监督和社会监督。改革审判委员会制度，完善主审法官、合议庭办案责任制，让审理者裁判、由裁判者负责。明确各级法院职能定位，规范上下级法院审级监督关系。推进审判公开、检务公开，录制并保留全程庭审资料。增强法律文书说理性，推动公开法院生效裁判文书。严格规范减刑、假释、保外就医程序，强化监督制度。广泛实行人民陪审员、人民监督员制度，拓宽人民群众有序参与司法渠道。[3]

---

[1] 徐昕：" 中国司法改革的现实与未来——兼谈2009、2010、2011民间司法改革年度报告"，载《哈尔滨工业大学学报（社会科学版）》2012年第3期。

[2] 胡锦涛："在中国共产党第十八次全国代表大会上的报告（2012年11月8日）"，载人民网，http://cpc.people.com.cn/n/2012/1118/c64094-19612151.html，最后访问日期：2020年3月15日。

[3] "中共中央关于全面深化改革若干重大问题的决定"，载人民网，http://cpc.people.com.cn/n/2013/1115/c64094-23559163.html，最后访问日期：2020年4月27日。

第五章　我国司法管理改革构想

2014年2月，中央全面深化改革领导小组第二次会议审议通过了《关于深化司法体制和社会体制改革的意见及贯彻实施分工方案》，明确了深化司法体制改革的目标、原则，制定了各项改革任务的路线图和时间表；6月，第三次会议审议通过《关于司法体制改革试点若干问题的框架意见》和《上海市司法改革试点工作方案》，对若干重点难点问题确定了政策导向，包括法官和检察官实行有别于普通公务员的管理制度、建立法官和检察官员额制、完善法官和检察官选任条件和程序、完善办案责任制、强化监督制约机制、健全法官和检察官职业保障制度、推动省以下地方法院和检察院人财物统一管理、完善人民警察人员分类管理制度。

由于司法改革涉及面广、政策性强，而完善司法人员分类管理、完善司法责任制、健全司法人员职业保障、推动省以下地方法院和检察院人财物统一管理四项改革是司法改革的基础性、制度性措施，具有牵一发动全身的作用。根据中央关于重大改革事项先行试点的要求，考虑到各地经济社会发展不平衡，中央决定就这四项改革在东、中、西部选择上海、广东、吉林、湖北、海南、青海6个省市先行试点，为全面推进司法改革积累经验。从某种意义上讲，本轮司法改革轰轰烈烈地从此开始正式启动。

2014年10月23日，十八届四中全会通过了《中共中央关于全面推进依法治国若干重大问题的决定》，在第四部分专门对司法改革作了较详细的部署，是对十八大和十八届三中全会提出司法改革的具体细化举措，也是十八大以来一系列改革试点工作的提升与确定。该决定提出，公正是法治的生命线。司法公正对社会公正具有重要的引领作用，司法不公对社会公正具有致命的破坏作用。必须完善司法管理体制和司法权力运行机制，规范司法行为，加强对司法活动的监督，努力让人民群众在每一个司法案件中感受到公平正义。这是首次以人民群众的主观评价作为司法改革成效的主要评价指标。主要内容包括七个方面：其一，完善确保依法独立公正行使审判权和检察权的制度，建立健全司法人员履行法定职责保护机制；其二，优化司法职权配置，健全公安机关、检察机关、审判机关、司法行政机关各司其职、相互配合、相互制约的体制机制；其三，严格司法程序，推进以审判为中心的诉讼制度改革；其四，保障人民群众参与司法，推进审判公开、检务公开、警务公开、狱务公开；其五，加强人权司法保障，强化诉讼过程中当事人的知情权、陈述权、辩护辩论权、申请权、申诉权的制度保障；其六，加强对司法活动的监督，加强对刑事诉讼、民事诉讼、行政诉讼的法律监督；其七，推进司法官队伍的正规化、专业化、职业化，建立和完善法官、检察官、人民警察职业保障体系。[1]该决定是迄今为止我国对司法改革作出的最全面、最权威和最详尽的政治宣言与行动纲领，既明确了改革目标、价值追求、具体举措，也涵盖了司法权保障、司法职权配置、司法权力运行、司法监督制约、司法人员管理、诉讼制度改革等内容，几乎涉及司法改革的方方面面，对推进全面依法治国和建设法治中国具有重大的意义。

在我国司法改革推进过程中，参与主体除最高人民法院和最高人民检察院本身之外，还有一个重要部门就是中央政法委。中央政法委作为执政党领导、统筹全国政法工作的职能部门，在推进司法改革过程中起着重要的作用。自2015年以来，中央政法委每年7月召开全国司法体制改革推进会，每年的会议成为我国司法改革的"风向标"与"助推器"。2015年7月，首次全国司法体制改革试点工作推进会在上海召开。会议的主题是"坚定信心与决心，深入推进改革试点，为完善具有中国特色符合司法规律的司法体制创造经验"。会议要求坚持员额制改革不动摇，规范遴选程序和标准，确保挑选最优秀的人才到一线办案；坚持法官、检察官权责统一，完善落实司法责任制，真正让审理者裁判、由裁判者负责；主动回应人民群众关切，充分调动广大司法人员的积极性，推动提高司法质量和效率。[2]2016年7月，全国司法体制改革推进会在吉林长春召开。会议名称将"试点工作"去掉，表明改革已经全面推开。会议的主题是"统一思想，增强信心，攻坚克难，坚定不移推动司法责任制全面开展"，会上对司法改革各项具体措施如员额制、入额领导办案、司法官单独职务序列、人财物统一管理、司法责任追究、内设机构改革、司法业务管理监督等进行具体部署，同时强调司法责任制改革作为司法体制改革的基石，对提高司法质量、效率和公信力具有重要意义，被视为司法改革的"牛鼻子"。会上同时指出，随着试点工作逐步深入，也暴露出一些问题，改革的难度加大。在这样的情况下，不仅需要增强推进改革的政治责

---

[1] "中共中央关于全面推进依法治国若干重大问题的决定"，载人民网，http://cpc.people.com.cn/n/2014/1029/c64387-25927606.html，最后访问日期：2020年4月27日访问。

[2] 孟建柱："为完善具有中国特色符合司法规律的司法体制创造经验"，载中国新闻网，http://www.chinanews.com/gn/2015/07-25/7426727.shtml，最后访问日期：2020年3月22日。

任感和历史使命感,而且需要知难而进、攻坚克难的胆识和勇气。[1]2017年7月,第二次冠名为"全国司法体制改革推进会"的会议在贵州贵阳召开。会议的主题是"主动拥抱新一轮科技革命 全面深化司法体制改革 努力创造更高水平的社会主义司法文明",会上对全国各政法单位提出要求:全面落实司法责任制,加快构建权责明晰、监管有效、保障有力的司法权运行新机制;深入推进内设机构改革,构建扁平化管理和专业化建设相结合的司法组织机构新体系;推广应用智能辅助系统,探索构建人力和科技深度融合的司法运行新机制。[2]本次会议第一次对科学技术在司法办案中的应用提出了具体要求。

经过三年时间高强度、大密度、快节奏的强力推进,本轮第一阶段的司法改革也进入收官阶段。在党的十九大前夕,最高人民法院和最高人民检察院分别向全国人民代表大会常务委员会作司法改革的专门报告:截至2017年9月,党的十八届三中、四中全会确定由最高人民法院牵头的18项改革任务已经完成,《最高人民法院关于全面深化人民法院改革的意见》提出的65项改革举措已全面推开,审判质量效率、队伍能力素质和司法公信力进一步提高,人民群众的获得感不断增强。[3]至2017年9月,中央部署由最高人民检察院承担的29项改革任务已基本完成或结项;检察改革规划提出的91项具体改革举措中的82项已出台改革意见或结项。[4]以上报告表明了本轮本阶段的司法改革已经完成阶段性任务。当然,改革的成效还有待实践的检验与人民群众的认可。

(四)第三轮司法改革(第二阶段)(2019年1月至今)

2017年10月18日,党的十九大报告中提出:"深化司法体制综合配套改

---

[1] 孟建柱:"坚定不移推动司法责任制改革全面开展",载《中国应用法学》2017年第1期。

[2] 孟建柱:"主动拥抱新一轮科技革命 全面深化司法体制改革 努力创造更高水平的社会主义司法文明",载中国政府网,http://www.gov.cn/xinwen/2017-07/11/content_5209634.htm,最后访问日期:2020年3月22日。

[3] 周强:"最高人民法院关于人民法院全面深化司法改革情况的报告(2017年11月1日)",载中国新闻网,http://www.chinanews.com/gn/2017/ll-01/8365961.shtml,最后访问日期:2020年5月1日。

[4] 曹建明:"最高人民检察院关于人民检察院全面深化司法改革情况的报告(2017年11月1日)",载人民网,http://npc.people.con.cn/nl/2017m02/c.4576-2962262.html,最后访问日期:2020年5月1日。

革,全面落实司法责任制,努力让人民群众在每一个司法案件中感受到公平正义。"这是党中央在搭建起我国司法体制"四梁八柱"之后,对司法体制改革下一阶段的任务作出的部署,也同时标志着第三轮司法改革的第二阶段正式拉开帷幕。自2014年11月党的十八届三中全会到2017年7月全国法院、检察院员额制改革全面落实,近三年的时间里,全国司法系统以"壮士断腕"的勇气全面推进本轮司法改革。本轮司法改革还涉及党政机关管理体制的配套改革,无论是阻力还是难度都远超过往的改革。这一阶段的司法改革真正进入了"深水区",司法体制改革所存在的问题逐步露出"水面",而且都是"硬骨头",综合配套改革也将面临前所未有的压力。[1]由于本次司法改革与十八大以来的各项改革紧密相关,很多措施是对前一阶段改革的深化与细化,因此十九大后的改革与十八大以来的改革一脉相承,被视为同一轮司法改革。

对于司法体制综合配套改革,早在十九大前中央已经部署在上海开始进行试点。2017年8月29日,中央全面深化改革领导小组审议通过了《关于上海市开展司法体制综合配套改革试点的框架意见》,一个月后,上海市委召开推进会,正式启动上海司法体制综合配套改革。该框架意见从规范权力运行、深化科技应用、完善分类管理、维护司法权威四个方面提出了25项改革举措。上海把25项改革举措细化分解为117项具体改革任务,明确于2019年全面完成改革。上海是全国唯一开展司法体制综合配套改革试点的地区。

2018年7月24日,党的十九大后第一次全面深化司法体制改革推进会在深圳召开。会议由中央政法委主持召开,最高人民法院、最高人民检察院、公安部、国安部、司法部等政法部门主要领导出席会议。会议的主题是"坚持党的绝对领导、坚持以人民为中心,积极探索组织科学化、运行高效化、履职专业化、保障现代化,加快构建中国特色社会主义司法制度体系",会议提出了要准确把握新时代、新阶段、新任务,科学谋划、统筹推进司法体制改革,加快构建六大体系:总揽全局、协调各方的党领导的政法工作体系;系统完备、科学合理的司法机构职能体系;权责统一、规范有序的司法权运行体系;多元精细、公正高效的诉讼制度体系;联动融合、实战实用的维护安全稳定工作机制体系;普惠均等、便民利民的司法公共服务体系;约束有

---

〔1〕殷兴东:"司法体制改革'三大'误区及综合配套改革八个方向——司法体制综合配套改革研究之一",载《甘肃政法学院学报》2018年第4期。

力、激励有效的职业制度体系。根据中央决策部署，本阶段司法改革主要包括司法机构改革、司法体制综合配套改革和政法各单位改革三项任务。[1]这次推进会在充分分析党的十八大以来的司法成绩后，立足于已有的改革成绩，提出了今后司法改革的具体要求、具体任务，为接下来的改革工作指出了方向。

2019年1月，中央全面深化改革领导小组审议并通过《关于政法领域全面深化改革的实施意见》，该意见是本阶段司法改革的纲领性文件，意见通过的时间也可作为本阶段司法改革的真正起始点。其中提出推进政法领域改革，要坚持党的绝对领导，加强统筹谋划和协调推进，加快构建优化协同高效的政法机构职能体系，优化政法机关职权配置，深化司法体制综合配套改革，全面落实司法责任制，深化诉讼制度改革，完善维护安全稳定工作机制，构建普惠均等、便民利民的政法公共服务体系，推进政法队伍革命化正规化专业化职业化建设，推动科技创新成果同政法工作深度融合，抓紧完善权力运行监督和制约机制。

2019年7月，全国政法领域全面深化改革推进会在四川成都召开。此次会议对标题作了更改，从"全面深化司法体制改革推进会"改为"政法领域全面深化改革推进会"，会议主题范围从"司法体制改革"变为"政法领域改革"，这表明改革的范围在扩大，改革的重点也在变化。此次会议主题是"坚持以习近平新时代中国特色社会主义思想为指导，坚持以人民为中心，把增强'四个意识'、坚定'四个自信'、做到'两个维护'体现在落实党中央决策部署的实际行动中，奋力推动政法领域改革在新的起点上再上新台阶"。会议提出，要聚焦加强党对政法工作的绝对领导，深入推进司法体制综合配套改革，着眼于破解责任落实难、监督制约难和案多人少难题，建立权责一致的司法权运行机制，完善科学有力的监督制约机制，构建中国特色案件处理模式，进一步提高执法司法质量、效率和公信力。[2]

2020年2月，中央全面依法治国委员会召开会议，审议通过了《关于深化司法责任制综合配套改革的意见》，这是我国在更高层面审议司法改革问

---

[1] 郭声琨：：《奋力开创新时代司法体制改革新局面》，载人民网，http://cpc.people.com.cn/n1/2018/0725/c64094-30168779.html，最后访问日期：2020年3月22日。

[2] 郭声琨：：《推动政法领域全面深化改革再上新台阶》，载人民网，http://cpc.people.com.cn/BIG5/n1/2019/0719/c64094-31245659.html，最后访问日期：2020年3月23日。

题，可见对司法改革的重视程度在不断加强。该意见提出司法责任制综合配套改革是司法体制改革的重要内容，事关司法公正、高效、权威。抓好改革任务落地见效，真正"让审理者裁判、由裁判者负责"，提高司法公信力，努力让人民群众在每一个司法案件中感受到公平正义。

2020年8月，全国召开政法领域全面深化改革推进视频会，会上进一步强调"加快推进执法司法制约监督体系改革和建设，全面提升执法司法公信力"，提出了完善"五个监督"的要求：一是完善党对各政法部门的领导监督；二是完善各政法部门之间的外部制约监督；三是完善政法各系统的内部制约监督；四是完善当事人及其律师、群众、舆论等社会监督；五是完善智能化管理监督机制。[1]

2021年7月24日，政法领域全面深化改革推进会在北京召开。此次会议重点强调了执法司法责任体系是一项基础性和具有牵引作用的重大改革举措。会议提出，要通过科学界定执法司法责任、严格落实执法司法责任、全面加强执法司法责任保障等措施，加快构建权责清晰、权责统一、监管有效、保障有力的执法司法责任体系，进一步提升执法司法质效和公信力，推动新时代政法工作高质量发展，为实现全面建成社会主义现代化强国目标提供有力的执法司法保障。可以看出，此次会议的改革主题聚焦在司法机关内部机制完善及司法权力运行监督，执法机关包括公安机关、司法行政机关的改革也被列入其中，但对于司法机关的设置优化及职权调整等重大改革并没有涉及。

本轮司法改革从2012年党的十八大开始提出，经过2013年的讨论与酝酿，在2014年初正式实施，至2017年下半年党的十九大召开前夕，基本结束第一阶段的改革任务。第二阶段在2017年党的十九大前就开始筹划，十九大正式提出改革目标，经过两年时间对之前改革措施的校验，于2019年初提出总体改革方案，在2020年初确定具体的目标与措施，全部改革将在2023年完成。本轮司法改革无论是力度、广度还是深度都是空前的，超过了以往任何一轮改革。据不完全统计，自2012年党的十八大召开以来，中央出台与司法改革有关的文件超过80件，内容全面、详尽、权威。本轮改革到目前为

---

[1] "郭声琨在政法领域全面深化改革推进视频会上强调　加快推进执法司法制约监督体系改革和建设　全面提升执法司法公信力"，载中国日报网，http://cn.chinadaily.com.cn/a/202008/27/WS5f47a106a310084978421b02.html，最后访问日期：2020年9月29日。

止，改革的成绩与取得的成效是有目共睹的，解决了许多长期想解决而没有解决的难题，办成了许多过去想办而没办成的大事。司法改革的重点从规范司法行为，强化内部监督的内生性改革，逐步转向去行政化、去地方化的外生性改革。在司法职权配置方面，推行从检察权分离出职务犯罪侦查权到监察机关等带有政治性质的改革，构建国家统一的反腐监督机构，同时又赋予检察机关公益诉讼的职权，使检察机关的职能由刑事、民事两端发展成为刑事、民事、行政和公益诉讼等"四大检察""十大业务"。在司法管理体制方面，探索省以下法院、检察院统一管理体制和设立跨区的法院、检察院，着力摆脱地方对司法权的影响；在司法权力运行机制方面，出台了以司法责任为核心的多项改革措施与文件，规范院长、庭长、审判委员会与法官的关系及职权分工，规范检察长、科（处、厅）长（主任）、检察委员会与检察官的关系与职权分工。在司法官职务保障方面，实行法官、检察官单独职务序列及工资试点的改革，逐步实行司法的正规化、专业化与职业化；在司法监督方面，制定并完善法官、检察官惩戒委员会制度和人民陪审员制度、人民监督员制度，强调司法官对案件的终身负责制与对司法腐败零容忍。

  本轮司法改革总体上呈现良好的发展趋势，但是也出现了一些问题不得不引起重视。司法理念、司法能力、工作机制等与新时代形势发展和人民群众需求相比仍有不小差距；一些关联度高、相互配套的改革举措推进不同步，改革的系统性、整体性、协同性有待进一步增强；[1]涉及司法宏观层面体制及司法职能配置的改革措施阻力很大；司法改革仍旧局限在司法领域中，与司法改革紧密相关的政治改革不能相互呼应；司法权力制约监督机制尚待进一步健全，等等。[2]这些问题也是在接下来的司法改革过程中亟待解决的。

  按照中央的部署，司法改革进入新的阶段，也就是进入系统性、整体性变革的全面深化司法体制改革新阶段，改革的内涵外延、目标任务、模式方法等发生重大变化。从改革广度看，已从法院、检察院拓展到党委政法委、公安机关、国家安全机关、司法行政机关；从改革深度看，已从破解影响司法公正、制约司法效能的体制机制问题，推进到构建中国特色社会主义司法

---

[1] 周强："最高人民法院工作报告（2018年3月9日）"，载中国网，http://www.china.com.cn/lianghui/news/2018-03/09/content_50693317.shtml，最后访问日期：2020年5月1日。

[2] 曹建明："最高人民检察院工作报告（2018年3月9日）"，载中国网，http://www.china.com.cn/lignghui/news/2018-03/09/contem_50693318.shtml，最后访问日期：2020年5月1日。

制度体系；从改革方法看，已从主要由各单位分别部署推进，向更加注重统筹部署、一体推进转变；从改革的内容来看，既涉及司法权力的优化配置，又涉及司法管理体制的调整，既涉及司法权力运行机制的完善，又涉及人财物等配套措施的跟进；从改革难度来看，既涉及党和国家工作大局，又涉及许多重大理论和实践问题，是一个复杂的系统工程。随着司法改革的深入，将不可避免触及深层次社会关系和利益矛盾，牵动既有利益格局调整，改革的复杂性、敏感性、艰巨性更加突出。司法改革要有序推进，取得实效，将面临更大的困难。所以必须深入分析把握新阶段司法改革的规律特点，敢于"啃硬骨头、涉险滩、闯难关"，善于打攻坚战、歼灭战、持久战，推动司法改革不断取得突破性进展。〔1〕

第二节 全面深化司法管理改革的总体思路

党的十九大提出："深化司法体制综合配套改革，全面落实司法责任制，努力让人民群众在每一个司法案件中感受到公平正义。"理论界与实务界纷纷判断党的十九大之后司法体制改革所处的阶段就是"深化司法体制综合配套改革"。按照当前的说法是，我国司法体制改革"四梁八柱"主体框架已经确立，现在到了"内部精装"阶段。党的十九大之前所实施的司法体制改革最为详细的宏观性规划莫过于十八届四中全会通过的《中共中央关于全面推进依法治国若干重大问题的决定》。据统计，该决定提出的改革措施总共8项43条。截至2021年3月，中央已经制定出台相关文件的39条，占90%；尚未制定的4条，占10%。从文件数量上看，大部分的改革措施已经出台，但尚未出台文件的改革措施却是较为重要的司法权力配置问题，此类问题已经不是司法机关本身能够解决的，而需要牵涉政治体制改革层面的调整，也就是"啃硬骨头、涉险滩、闯难关"。从改革措施的成效来看，成效明显的改革措施比例不是很高，有些改革措施因为配套不到位或本身设计存在问题，难以达到理想的效果。因此，如果将当前司法体制改革的阶段定位为"深化司法体制综合配套改革"并不完全妥当，因为一旦这样定位，将会影响今后司法

---

〔1〕 郭声琨："推动形成全方位深层次司改新格局"，载中央政法委长安剑，https://mp.weixin.qq.com/s/1pUDeP7sE17GjRzQ0pSWYw，最后访问日期：2020年3月22日。

体制改革的工作重点与推进力度。实务界有同志认为，从改革的过程来看，综合配套改革往往是以全面制度体制建设的方式推进改革的系统进程。"综合配套"是对主体结构的辅助性、协调性的完善措施。这说明我国司法改革的主要方向已经确定，甚至主体工程即将完成。在具体改革措施落实上，有同志认为重点是以下工作：一是围绕司法权运行新机制深化配套改革；二是围绕化解社会纠纷的司法功能深化配套改革；三是围绕建设高素质司法队伍深化配套改革；四是围绕维护司法权威深化配套改革。[1]以上的说法把接下来司法改革两个重要的内容忽略了，这就是司法权力的配置和司法组织体系的构建。这两个内容是党的十九大前司法体制改革推进力度不大或根本没有涉及的内容，应当作为当前司法体制改革的重要突破口和重点攻关项目。中央对此一直有清醒的认识和准确的判断。在2018年7月24日召开的全面深化司法体制改革推进会上，中央明确提出本阶段司法体制改革主要包括司法机构改革、司法体制综合配套改革和政法各单位改革三项任务。2019年7月召开了全国政法领域全面深化改革推进会，会议的标题从"全面深化司法体制改革推进会"改为"政法领域全面深化改革推进会"，会议主题范围从"司法体制改革"变为"政法领域改革"。由此看出，中央已经意识到，由于司法权运行要求具有很强的综合性、配套性，单兵突进式的改革往往难以奏效，接下来的改革由法院、检察院分头进行的单一试点发展为不限于司法、立法、行政机关，多元社会主体共同参与，协同配合的配套改革。综上，本书认为对当前所处阶段的判断应当为"全面深化司法改革"阶段更为恰当，包含对已经出台改革措施的综合配套，也包含对未涉及的改革措施的拓展，特别是政法各单位改革，这部分改革已经不限于法院、检察院，甚至涉及相关的社会改革。司法管理改革作为司法改革的下位概念，与司法体制改革既有联系又有区别，对其改革所处阶段的总体判断与司法改革基本一致，而且当前需要重点推进司法权力的配置和司法组织体系的构建，这正是司法管理改革重点关注的内容。司法管理改革与司法体制改革在内容上有交叉重叠的部分，司法体制改革的内容大部分也是司法管理改革的内容，司法管理中有关微观方面的工作管理制度严格来讲不在司法体制改革之中。中央文件一般是以"司法改革"或"司法体制改革"的词语出现，司法管理改革的大部分内容

---

[1] 张鸣起等："学习十九大报告重要法治论述笔谈"，载《中国法学》2017年第6期。

与二者具有一致性，为了与当前中央有关文件保持一致，本章节关于司法改革或司法体制改革的讨论同样适用于司法管理改革。因此，本书把接下来的司法改革称为"全面深化司法管理改革"。

表 5-1　十八届四中全会决定关于司法改革措施的分解

序号	改革目标	具体措施	是否出台相关文件	备注
一	保障独立行使审判权、检察权	1. 党政部门支持保障依法公正行使职权	有	
		2. 建立领导干部过问、干预司法活动记录、通报和责任追究制度	有	
		3. 健全行政机关依法出庭应诉制度	有	
		4. 建立健全法官、检察官职务保障制度	有	
		5. 建立司法机关内部人员过问案件的记录制度和责任追究制度	有	此条原列在第二项中
二	优化司法职权配置	1. 省以下法院、检察院人财物统一管理	有	
		2. 审判权与执行权相分离	无	
		3. 完善执行制度，切实解决执行难问题	有	此条原列在第六项中
		4. 司法行政事务管理权与审判权、检察权相分离	无	
		5. 统一刑罚执行制度	无	
		6. 设立跨区法院、检察院及巡回法院	有	
		7. 完善行政诉讼管辖机制及范围	有	
		8. 改变立案审查制为立案登记制	有	
		9. 明确四级法院职能分工	有	
		10. 建立行政强制措施的司法监督	有	
		11. 加强检察机关对行政机关违法行使职权或者不行使职权的监督	无	
		12. 探索建立检察公益诉讼制度	有	
		13. 明确纪检监察和刑事司法办案标准和程序衔接	有	

续表

序号	改革目标	具体措施	是否出台相关文件	备注
三	完善司法权力运行机制	1. 建立司法责任制	有	此条系梳理后单列出来
		2. 明确司法机关内部各层级人员权限	有	
		3. 明确法官、检察官权力清单	有	此条系根据实际执行增加
四	推进严格司法	1. 加强和规范司法解释和案例指导	有	
		2. 以审判为中心的诉讼制度改革	有	
		3. 完善刑事诉讼中认罪认罚从宽制度	有	
		4. 全面贯彻证据裁判规则	有	
		5. 实行办案质量终身负责制和错案责任倒查问责制	有	
五	保障人民群众参与司法	1. 完善人民陪审员制度	有	
		2. 完善人民监督员制度	有	此条原列在第七项中，重点监督检察机关查办职务犯罪
		3. 大力推进司法公开	有	
		4. 加强法律文书释法说理	有	
六	加强人权保障	1. 加强对诉讼参与人的权利保障	有	
		2. 健全落实罪刑法定、疑罪从无、非法证据排除等法律原则的法律制度	有	
		3. 落实终审和诉讼终结制度，实行诉访分离	有	
		4. 规范对司法强制措施的司法监督程序	有	

续表

序号	改革目标	具体措施	是否出台相关文件	备注
七	加强司法活动监督	1. 加强检察机关对诉讼活动的监督	有	
		2. 规范司法人员与相关当事人的关系	有	
		3. 绝不允许办关系案、人情案、金钱案，坚决防止司法腐败	有	
八	司法人员管理	1. 司法人员分类管理（法官、检察官员额制）	有	此条系根据实际执行增加
		2. 健全国家统一法律职业资格考试制度	有	
		3. 法官、检察官统一招录、逐级遴选	有	
		4. 从律师、法学专家等择优选拔法官、检察官	有	
		5. 建立法官、检察官单独职务序列及工资待遇	有	
		6. 建立法官、检察官惩戒制度	有	

注：据统计，十八届四种全会决定提出的改革措施总共 8 项 43 条。截至 2021 年 3 月，中央已经制定出台相关文件的 39 条，占 90%；尚未制定的 4 条，占 10%。

一、全面深化司法管理改革的目标

司法管理改革是一项规模宏大的社会变革活动。为了使这种社会变革活动有明确的方向和价值追求，必须确立改革的目标，作为所有改革活动与改革措施的方向指引，否则就会陷入"头痛医头、脚痛医脚"的困境，难以达到预期的效果。中国共产党作为我国司法管理改革的领导者与决策者，在多次党代会上对司法改革提出明确的目标，而提出的目标既有连续性和一贯性，又根据形势的变化逐步地深化和提高。党的十五大提出的目标是："推进司法改革，从制度上保证司法机关依法独立公正地行使审判权和检察权。"党的十六大提出的目标依旧是："从制度上保证司法机关依法独立公正地行使审判权和检察权。"党的十七大对司法改革的目标有了新的提法，提出"建设公正高效权威的社会主义司法制度,保证审判机关、检察机关依法独立公正地行使审判权、检察权",增加了"建设公正高效权威的社会主义司法制度"的目标。党的十八大进而提出"坚持和完善中国特色社会主义司法制度,确保审判机关、检察机关依法独立行使审判权、检察权",在对审判权、检察权的文字表述上,把"制度上保证"中的"保证"修改为"确保",表明了中央对解决该问题的决心。党的十八届四中全会决定中首次提出"努力让人民群众在每一个司法案件中感受到公平正义",这是我国首次以人民群众的主观评价作为司法改革成效的主要评价指标。党的十九大报告提出:"深化司法体制综合配套改革,全面落实司法责任制,努力让人民群众在每一个司法案件中感受到公平正义。"此时,把十八届四中全会提出来的评价指标直接升级为司法改革的目标。从近五届的党代会报告或决议中,可以看出中央对司法改革目标有一个逐步认识和逐渐提升的过程。总体而言,我国司法改革的目标有三个:一是建立确保审判机关、检察机关依法独立公正行使审判权、检察权的制度,可以称为制度目标;二是构建公正高效权威的社会主义司法制度体系,可以称为体系目标;三是努力让人民群众在每一个司法案件中感受到公平正义,可以称为治理目标。以上三个目标是相互联系、相互促进的,具有内在的层次性和耦合性。"建立确保审判机关、检察机关依法独立公正行使审判权、检察权的制度",是司法改革首先要达到的目标,也是我国司法活动中存在的难点与痛点。如果不解决审判权、检察权依法独立公正行使的问题,司法制度的公正高效权威将无从谈起。"构建公正高效权威的社会主义司法制度"是司法改革的第二层目标。单纯解决审判权和检察权的问题是不够的,仍然需要相关制度的配套和相关部门的配合,才能在更高的层面构建起更完善的司法制度。此时的目标已经超出法院、检察院两家,应放在更宏观的社会体制变革当中,关注的改革主体不仅限于法院、检察院,可能包括侦查机关、司法行政机关(监狱),也可能包括司法活动涉及的其他机关与组织,例如仲裁组织、律师组织、法律援助组织等。体系目标是制度目标的进一步提升和深化,制度目标是体系目标最重要和最核心的内容。"努力让人民群众在每一个司法案件中感受到公平正义"是司法改革第三层次的目标,该目标从人民群众的主观感受来评价司法体制改革,更加注重司法改革的实际效果,更加突显人民群众对司法改革的情感诉求,更加体现我国"以人民为中心"的执政理念,更加完整地反映了司法改革的价值追求,是最高层次的目标,也是制度目标和体系目标达到后所追求的终极目标。

(一) 制度目标

制度目标，是指通过一定的社会活动或社会变革致力于建立各项制度确保达到既定目标的形态。[1]我国司法管理改革的制度目标就是"建立确保审判机关、检察机关依法独立公正行使审判权、检察权的制度"，审判机关和检察机关作为我国的司法机关，因此也可以认为是依法独立公正行使司法权。该目标的含义就是要建立起相关的制度，保证两个司法机关依法独立行使司法权。目标中的关键词是"依法""独立""公正"。

"依法"，就是严格依照法律的规定行使职权。依法既包括按照法律授权的范围来履行职责，也包括按照法律规定的标准和程序来适用法律。依法是司法机关的行为准则，是社会主义法治的基本要求。司法机关本身是适用法律的机关，是法律实施的重要主体。[2]国家通过司法机关来处理案件，解决诉讼，惩治犯罪，实施法律。[3]因此严格依法行使职权，是对司法机关最起码的要求。"实行依法治国，建设社会主义法治国家"，已经成为我们国家的一项重要的宪法原则，而实行依法治国，在很大程度上又依靠司法机关严格依照法律的规定来处理具体案件。通过对具体案件的处理来制裁违法者，保护守法者，从而把法律的规定变成现实的行为规范。司法机关能否严格依法处理具体案件，直接关系到建设社会主义法治国家的目标能否实现。司法机关严格依法处理案件，是司法机关实现其存在价值的具体体现。在建设社会主义法治国家的进程中，司法机关严格依法行使审判权、检察权显得尤为重要。[4]

"独立"是指司法机关在办理案件的过程中，在法律授权的范围内，根据自己对法律的理解和事实的判断独立自主地作出法律适用的决定，不受其他机关、团体和个人的不法或不当干预。独立行使司法职权是防止法律以外的因素干预法律适用的制度保障，是司法公正的先决条件。[5]司法的基本功能

---

[1] 参见［澳］欧文·E.休斯：《公共管理导论》，中国人民大学出版社2007年版，第183页。
[2] 徐静村：《徐静村法学文集》，中国检察出版社2010年版，第337页。
[3] 陈光中：《陈光中法学文选》（第一卷），中国政法大学出版社2010年版，第436页。
[4] 参见张智辉主编：《司法体制改革研究》，湖南大学出版社2015年版，第4~5页。
[5] 陈光中：《陈光中法学文选》（第一卷），中国政法大学出版社2010年版，第506页。

是通过在办理具体案件中适用法律来维护社会的公平和正义,司法机关只有根据对证据的分析和对事实情况的判断,才能认定案件的是非曲直,据此作出的决定才能具有客观性和公正性。

"公正",是指按照法律的规定和精神,公平正确地对待每一个案件、每一个当事人,根据客观事实及认定的证据作出合法、合情、合理的决定。公正是司法的根本价值,也是司法管理改革所追求的效果。司法以公正为灵魂和生命,乃是因为司法和公正本身同出一源,民众冀期通过司法获得自己所诉求的具体公正。[1]在一个法治社会当中,当公民与公民之间出现纠纷或者国家与公民之间出现冲突后,可能由第三方出面解决,但最终可能诉诸国家的司法机关解决,因为国家的公力救济是解决所有纠纷和冲突的最后方式。国家司法机关对其所作出的决定固然有国家的强制力作为后盾,而更重要的原因在于国家司法机关所作出的决定具有天然的公正性,当然这种公正性必须得到民众的信赖才能产生应有的结果。因此,公正是司法机关所追求的目标,也是司法管理改革所要达到的目标所在。

(二)体系目标

"构建公正高效权威的社会主义司法制度"是司法体制改革的第二层目标,也是司法管理改革的体系目标。该目标首次出现在党的十七大报告之中,是在提出"确保依法独立公正行使审判权、检察权"目标之后提出来的。中央已经意识到,在司法领域中单纯解决审判权和检察权的依法独立行使问题显然是不够的,应当构建起更大的范围、更高的层面、更全的体系的司法制度,这个体系包括审判制度、检察制度、侦查制度、监狱制度、律师制度、公证制度、调解制度、仲裁制度等,其中最核心的制度仍然是审判制度与检察制度,其他制度的建立与完善也是为了更好地构建这两种代表国家行使司法权的制度。这种解读与我国对司法制度的一贯理解是完全一致的。在当前开展的司法改革中,事实上除了法院、检察院的改革,也逐步推进到以上相关部门的改革,这充分说明了当时确立改革目标的初衷。在体系目标中,关键词为"公正""高效""权威"。

"公正",该含义与制度目标中的公正基本相同,在实现公正的过程中,

---

[1] 参见陈光中:《陈光中法学文选》(第一卷),中国政法大学出版社2010年版,第440页。

更加强调司法制度中多种制度之间的配合与联动。比如，在认罪认罚从宽制度中，就存在侦查人员、检察人员、审判人员和律师之间的互相配合，才能更好更快地办理该类案件，因此需要建立和完善目标一致、相互配合、分工合作的侦查制度、检察制度、审判制度和律师制度。公正包含了实体公正和程序公正，实体公正是由诉讼所实现的个别公正，注重诉讼的结果，而程序公正重视的是诉讼过程中的公正，强调以看得见的方式实现正义。[1]实体公正和程序公正是辩证统一的整体，不存在孰先孰后的区别。司法机关在办案过程中既要坚持实体公正，也要坚持程序公正，只有把两种公正紧密结合起来，才能实现真正的公正，才能实现司法在国家及社会治理中的真正价值。

"高效"，即司法机关依照法定程序，在法定期限内及时有效地处理案件。随着经济社会的发展，人民群众的法律意识不断提升，对解决纠纷的需求不断增强，导致大量的案件涌向了司法机关。无论是刑事案件、民商事案件，还是行政案件，从案件数量来看都呈大幅度增长的态势，[2]一些地区的司法机关"案多人少"的矛盾十分突出，案件办理迟延、久拖不决的现象时有发生，人民群众的意见较大，已经严重影响了司法的公正，影响了人民群众对司法的信任。因此，如何提高诉讼效率、降低诉讼成本、节约诉讼资源、减小司法压力是司法管理改革必须面对和解决的重大问题，而实现司法高效运作也成为迫在眉睫的目标。

"权威"，司法权威是法律权威的体现，是国家法律得以被信仰和遵守的条件。惩治犯罪、化解纠纷是司法最基本的功能，司法能否发挥其应有的作用和功能，使其价值最大化，很大程度上取决于司法的权威性如何，司法是否具有公信力。近年来，随着社会转型期的各类矛盾纠纷不断凸显，疑难复杂案件日益增多，矛盾化解难度逐渐加强，司法机关的工作面临巨大挑战，其中司法权威不足的问题日益突出。因此，加强司法公信力建设，树立司法权威显得更加重要和紧迫。司法的权威，就是在全社会形成崇尚法治的风尚，形成尊重司法的习惯，形成对法律的信仰，形成对司法机关的信赖，司法因公众认同而权威。

---

〔1〕 胡云腾、袁春湘："转型中的司法改革与改革中的司法转型"，载《法律科学》2009年第3期。

〔2〕 2018年全国各级法院受理案件2800万件，2019年全国各级法院受理案件3156.7万件，2020年全国各级法院受理案件3080.5万件，出现了2004年以来的首次下降，数据来源为最高人民法院网站。

(三) 治理目标

司法作为社会治理的一种方式和手段，一般有两种目标类型，一种是以政策实施为目标，另一种则是以纠纷解决为目标。大陆法系国家司法倾向于前者，英美法系国家的司法倾向于后者。[1]我国对司法的社会功能一向十分重视。随着依法治国进程的推进，国家希望通过司法维护社会稳定，解决社会纠纷，促进经济社会发展，保障人民基本权利。司法被赋予了新的功能，对司法机关和司法活动提出了更高的要求。中国共产党的执政理念是"以人民为中心"，在推进依法治国的进程中，坚持法治建设为了人民、依靠人民，保证人民依法享有广泛的权利和自由、承担应尽的义务，引导全体人民做社会主义法治的忠实崇尚者、自觉遵守者、坚定捍卫者。中央提出在司法活动中要依法公正对待人民群众的诉求，努力让人民群众在每一个司法案件中都能感受到公平正义，不能让不公正的司法伤害人民群众感情、损害人民群众权益。该目标的关键词是"人民群众""公平正义"。

马克思主义认为，人民群众是实践的主体，是历史的创造者，也是社会变革的决定性力量。我国历来尊重人民群众的主体地位，将实现人民群众的主体地位作为一以贯之的执政理念和执着追求，并把人民群众创造历史的观点运用于革命、建设和改革的实践中，形成了中国共产党的群众观点。纵观人类社会的历史，人民群众是社会变革的决定力量，是真正的英雄。中华民族5000年的文明史，是由中华民族在变革和创新中不断创造的。近代以来，中华民族从站起来、富起来到强起来的伟大飞跃是中国人民在变革发展中奋斗出来的。在中国革命、建设和改革发展中，人民群众是投身社会革命、促进改革创新的主体力量，是社会历史进步的推动者。人民群众从来不是历史的旁观者，而是推动历史的主要力量，在全面深化司法管理改革中，除要充分发挥人民群众的聪明才智之外，还要把人民群众的主观感受作为评价司法管理改革成效的主要指标，这是对人民群众负责，对历史负责，也是中国共产党执政理念的充分体现。今天，站在新的历史起点上，特别是在全面深化司法管理改革的时代大背景下，我们必须紧紧依靠人民群众全面深化改革，坚持把实现好、维护好、发展好最广大人民的根本利益作为推进全面深化改

---

[1] [美]达玛什卡：《司法和国家权力的多种面孔：比较视野中的法律程序》，郑戈译，中国政法大学出版社2004版，第200页。

革的出发点和落脚点,让发展成果更多更公平地惠及全体人民,激发人民群众变革和创新的热情,投入到社会大变革大发展的热潮中,为实现更加美好的生活而奋斗。[1]

公平正义是人们衡量一个国家或社会文明发展程度的重要标准,是人类社会发展进步的重要表现,也是中国特色社会主义的内在要求,更是司法的生命和灵魂。我国最早的字书《说文解字》中是这样解释"法"的:"平之如水,从水。"可见在中国传统文化中,"法"就是要追求像水那样平,其中就蕴含着司法公平的意思。英国哲学家培根有一句名言:"一次不公正的审判,其恶果甚至超过十次犯罪。因为犯罪虽是无视法律——好比污染了水流,而不公正的审判则毁坏法律——好比污染了水源。"[2]实际上,司法公正对社会公正具有重要引领作用,而司法不公对社会公正具有致命破坏作用。司法只有坚持了公正,主持了正义,维护了公平,才能得到人民群众的拥护和支持。相反,如果一个司法案件得不到公平正义的裁决,就会损害法治的权威,甚至导致人民群众对社会公正质疑。说到底,人民群众对司法的要求,就是公平正义,就是希望在每一个司法案件中都能感受到公平正义。美国法学家伯尔曼说过:"法律必须被信仰,否则它便形同虚设。"[3]法律之所以被群众信仰,是因为法律是公正的化身,一旦失去公正这个神圣的光环,法律也就失去了权威。

公平正义作为人民群众感知法治建设的一把尺子,不是抽象的,而是具体的。司法公正寓于个案公正之中,并通过无数个案公正体现出来。人民群众往往通过具体个案作出司法是否公正的评判。一个司法案件,可以树立法律权威、增进法律信仰,也可以成为损害司法公信力,甚至导致社会信任坍塌的缺口。"物不得其平而鸣",一旦人民群众不能在司法机关实现权利救济,不能在司法中寻找到公平正义,就可能选择法律之外的其他渠道捍卫自己的权益。这些年来,一些群众之所以"信访不信法",莫不与此有关。究其原因,就是有的个案的裁决没有得到应有的公平正义,一些司法人员办案不规

---

[1] 宁夏中国特色社会主义理论体系研究中心:"人民群众是历史的创造者",载《宁夏日报》2019年3月5日,第9版。

[2] [英]培根:《我的世俗之见:培根随笔选》,孙晴译,江苏文艺出版社2012年版,第304页。

[3] [美]哈罗德·J.伯尔曼:《法律与宗教》,梁治平译,中国政法大学出版社2003年版,第233页。

范，甚至徇私枉法。这些问题既破坏了司法秩序、造成司法不公，也侵害了群众权益，损害了司法在人民群众心中的形象，逾越了社会公平正义的底线，甚至动摇了国家执政的基础。[1]因此，为了国家的长治久安和繁荣昌盛，在司法活动中必须让每一个案子都能体现公平正义，必须让人民群众以"看得见、摸得着"的方式感受到公平正义。"让人民群众在每一个司法案件中感受到公平正义"是司法管理改革追求的最高目标，也是国家善治的重要标志。

二、全面深化司法管理改革的原则

任何一项社会改革工作，都应当遵循一定的准则和标准，司法管理改革工作更是如此。司法管理改革的原则既是改革工作必须坚守的底线，也是改革工作应当遵循的基本标准和方法。明确司法管理改革的原则，对于克服改革的盲目性，规范改革工作，加速改革进程，提高改革实效有着重要的作用。如果不坚持正确的原则，司法管理改革工作就会偏离改革的目标和方向，甚至会影响全面依法治国的工作大局。我国经过多年的改革实践，司法管理改革工作已经逐步形成自身的原则体系，在这个体系中既有政治性的原则，例如党的领导；也有社会性的原则，例如立足我国国情；还有法律性的原则，例如坚持依法有序，尊重司法规律，可以说司法管理改革的原则体系是政治性、社会性和法律性有机统一的整体。[2]

（一）坚持党的领导原则

我国《宪法》第 2 条第 2 款规定，中国共产党领导是中国特色社会主义最本质的特征，把党的领导由宣示性、纲领性的序言式叙述，上升为具有法的规范性和约束力的宪法规范，为坚持和加强党的全面领导提供了宪法依据。中国共产党是我国的执政党，是领导开展中国特色社会主义建设的核心力量，党的领导必须落实到国家工作的全过程和各方面。在司法管理改革中坚持党的领导，就是要尊重党的执政地位，遵循党的统一部署，按照党的政策方针开展司法管理改革各项工作，确保司法管理改革始终沿着正确方向前进。坚持党的领导是实施司法管理改革应当坚持的首要原则，主要表现在以下几个

---

[1] 参见李辉卫："让人民群众在每一个司法案件中都能感受到公平正义"，载《学习时报》2017 年 8 月 9 日，第 A2 版。

[2] 张智辉主编：《司法体制改革研究》，湖南大学出版社 2015 年版，第 82 页。

方面。

第一，党领导司法管理改革的方向。我国实施司法管理改革，是党对国家政治体制改革的一个重大部署。自从党的十五大以来，党中央在每一次的党代会上都对司法改革明确了目标，通过宏观指导掌握了司法管理改革的方向和进程。而中央政法委则代表党中央统筹指挥推进司法管理改革工作的进程，通过制定更加详尽的改革意见，有条不紊地把各项改革措施落到实处。司法管理改革的每个阶段都是按照党的统一规划有序推进的，坚持党的领导就是坚持党对司法管理改革全局性、原则性和方向性工作的领导和指挥。

第二，党调动司法管理改革的力量。司法管理改革是一个系统工程，特别是改革进入"深水区"之后，改革的主体、改革的范围、改革的内容已经远远超出了司法机关本身，涉及全社会各部门、各方面的配合。因此，需要党从实现司法管理改革总体规划和目标的要求出发，统筹兼顾，协调人大、政府、监察、政协、人民团体等各类机关、社会团体的力量，明确各自履行的职责和相互关系，督促各方力量按照既定的方针目标配合实施改革工作，从而使各项改革措施能够落地实施，取得实效。

第三，党解决司法管理改革的重大问题。司法管理改革是对原有的司法体制的一种变革，改革在实施过程中会碰到各种各样的问题，如重大制度的改变、权力的重新配置、国家法律的修改等重大问题；会触及各方的利益，包含各部门、各地区、各行业的既得利益，司法管理改革存在着很多的阻力，存在着很多的困难，这些问题需要由党中央站在全国全局的角度，根据我国的实际情况，统筹协调加以解决。当然，各地党委作为本地区司法管理改革的领导核心，对本地区司法管理改革过程中的重点、难点、热点问题，也要强化组织领导，攻坚克难解决问题，切实担负起地方党委的领导统筹作用。由于司法管理改革的特殊性，每个地区的改革必须与中央的精神保持高度一致，改革的步调也必须按照中央的部署统筹推进。

（二）坚持司法为民原则

司法管理改革坚持司法为民的原则，具体来讲是指改革工作的立足点和出发点是为了保障人民群众的合法权益，改革的每一项措施都应符合人民群众的期望和要求，改革的终极目标必须是在全社会实现公平和正义，真正做到"改革为了人民，改革依靠人民，改革成果由人民共享"。司法为民原则是党"以人民为中心"的执政理念在司法管理改革中的具体表现，也体现了社会主义民主政治的本质核心。具体表现在以下几点。

第一，司法管理改革的出发点是要体现人民群众的共同意志。司法是社会公平正义的最后一道防线，与人民群众的合法权益和切身利益息息相关，司法管理改革的原动力就是人民群众对司法公正的呼唤。我国是社会主义国家，本质特征就是人民当家作主。人民群众可以通过一定的民主方式，表达对司法管理改革的意见和建议。司法管理改革的过程必须全面听取人民群众意见，广泛吸纳人民群众智慧，主动接受人民群众评判，自觉接受人民群众监督，不断提升司法改革的民主性、科学性和正当性。特别是司法管理改革的顶层设计，必须有人民意志的引领，体现人民意志的科学方案。

第二，司法管理改革要能够满足人民群众日益增长的司法需求。当前我国社会主义建设进入了新时代，随着人民群众生活水平的提高，人们对生活的要求和司法的需求也发生了很大变化。除安全、稳定、秩序以外，人民群众对民主、法治、公平、正义和环境等提出了更加具体、更高层次的要求。司法管理改革必须紧紧抓住人民群众日益增长的司法需求与司法工作发展不平衡、保障群众权益不充分之间的矛盾变化，坚持做到群众期望什么、要求什么，改革就抓住什么、推进什么，着力让司法管理改革的红利最大限度惠及人民群众，通过改革不断提升人民群众幸福感、获得感、安全感，同时努力兑现人民群众对美好生活向往的承诺。

第三，司法管理改革要建立和完善保障人民群众基本权利的各项制度。司法作为适用法律的一个国家行为，在保障人民群众基本权利方面起着不可替代的作用。人民群众的基本权利包括人身权、财产权、民主权、言论权、名誉权等，需要有国家的法律和司法的适用加以规范与保护。司法管理改革必须在"司法惩治、司法保护、司法救济、司法便民"等方面下功夫，建立完善的审判制度、检察制度和与之相关的侦查制度、监狱制度、律师制度和公证制度等法律制度体系以及各项"为民、利民、便民"的具体工作制度。司法机关必须转变司法作风，改进工作方式，提升队伍素能，提高工作效率，切实通过公正的司法维护人民群众的合法权益。

(三) 立足中国国情原则

所谓国情,是指一个国家的文化历史传统、自然地理环境、社会经济发展状况以及国际关系等各方面的基本情况和特点,也是指一个国家某个时期的基本情况。[1]一个国家实行什么样的司法制度,归根到底是由这个国家的基本国情所决定的。从世界范围看,没有也不可能有放之四海而皆准的司法制度。我国的司法管理改革必须立足于我国仍然处于并将长期处于社会主义初级阶段的基本国情,必须与我国的政治制度、经济制度、社会现实、文化传统以及司法现状相适应。

第一,司法管理改革要把我国现阶段国情作为根本的出发点。从总体看,我国经济实力和综合国力不断增强,但是生产力水平还不够高,结构性矛盾突出,发展还不平衡,影响发展的体制性机制性障碍依然存在,统筹各方面利益的难度加大,社会的主要矛盾是人民日益增长的美好生活需要和不平衡不充分的发展之间的矛盾,由于矛盾引发的各类纠纷大量涌入司法机关,司法机关的任务空前繁重;从人民群众的法律素养看,人民群众的权利意识明显增强,维护社会公平正义的呼声日益高涨,并且对司法知情权、参与权、表达权和监督权的要求更高,但是人民群众普遍的法律意识还不强,法治仍然没有成为人民心目中的信仰;从中国的地域差异看,我国疆域辽阔,不同地区的经济社会发展水平与法治水平差异很大,给司法管理改革整体推进造成了一定的困难。单从司法机关本身来讲,全国有3000多个法院和3000多个检察院,人员的素质、办案的能力和办案的数量有较大差别;[2]从中国的历史发展看,我国经历了2000多年的封建社会时期,新中国脱胎于半封建半殖民地的旧中国,中国的传统法治文化中的精髓和糟粕泥沙俱下,已经深入中国人的骨髓之中,变成一种理念、一种思维,这种理念思维至今仍然深深地影响着中国的法治建设与进程。上述的国情和基本矛盾在相当长的历史时期内都不会发生根本性的改变,因此推进司法管理改革必须从社会主义初级阶段这个当代中国最大的实际出发,必须准确把握我国司法改革发展的阶段

---

[1] 参见中华人民共和国年鉴社编:《中国国情读本》,新华出版社2011年版,第3页。
[2] 笔者选取了我国南部、东部、中部、西部和北部六个省会城市法院2019年案件受理数作比较。其中,广州为623 642件,杭州为316 310件,武汉为300 086件,西安为270 592件,兰州为96 717件,沈阳为363 598件。数据来源为各城市中级人民法院的年度工作报告。

性特征，坚定不移地走中国特色社会主义司法改革发展道路。[1]

第二，司法管理改革要与我国的经济制度、政治制度等基本制度相适应。经济基础决定上层建筑，上层建筑包括了司法制度在内的多种基本制度。我国实行以公有制为主体、多种所有制经济共同发展的基本经济制度，与之相配套的是实行以按劳分配为主体、多种分配方式并存的分配制度。司法管理改革就要建立和完善与之适应的司法制度，如平等保护国有财产与非国有财产的司法制度、繁简分流的案件管理制度。司法制度是政治制度的重要组成部分，其性质与运行机制决定于政治制度，不存在独立于政治制度的司法制度。司法管理改革必须考虑如何与我国的基本国情、政治制度相适应、相匹配，以更好发挥司法在国家治理体系中的作用，比如司法管理改革中审判权、检察权依法独立与强调党的领导的关系，省以下法院、检察院统一管理与同级人大监督司法机关在机制上的协调，人民陪审员与人民监督员制度等司法民主与人民代表大会制度的衔接，等等。

第三，司法管理改革既要适应新时代的要求与时俱进，又不能超越现阶段的实际提出过高要求，在应然与实然当中寻求相对合理。所谓"相对合理主义"，是指在多方面条件的制约下，我们无论是制度改革还是程序操作，都只能追求一种相对合理，不能企求尽善尽美。[2]法治文明总是与经济发展程度步调一致，司法制度也总是寄托于政治制度的方方面面。我国是世界上最大的发展中国家，法治文明的建设需要一个长期渐进的过程。在司法管理改革中应当对照理想的法治形态，考虑到现实各方面条件的限制，从而制定既符合当前实际国情，又具有一定前瞻性、体现理想前景的司法改革目标与具体措施。司法管理改革是对传统体制、机制的变革，对经济基础具有反作用，改革的成果将直接推动社会经济的发展和社会文明的进步。因此，我们必须积极地、深入地、全面地推进司法管理改革，促使改革措施和成果发挥作用。但同时又要注意不能超越实际制定改革规划和盲目推进改革措施，否则就会导致改革不能取得预期的效果，甚至会适得其反。司法改革的力度与进度的把握，仍然应以我国现阶段的国情为基础。[3]

---

〔1〕 参见公丕祥："当代中国的自主型司法改革道路——基于中国司法国情的初步分析"，载《法律科学》2010年第3期。
〔2〕 龙宗智："'相对合理主义'及其局限性"，载《现代法学》2002年第4期。
〔3〕 参见张智辉主编：《司法体制改革研究》，湖南大学出版社2015年版，第90页。

(四) 遵循司法管理规律原则

司法管理改革是司法改革的下位概念，大多数司法改革的原则同样适用于司法管理改革。当然，由于司法管理制度本身的特殊性，正如本书第一章第二节所讲的，"司法管理是指司法机关在从事司法活动中为了保证司法活动价值实现，与司法活动紧密相关具有管理性特征的事项和活动"，因此，司法管理改革在遵循司法规律的同时，也同样要遵循相应的管理规律。这是由司法管理制度的特殊性所决定和要求的。

第一，司法管理改革要遵循司法规律。司法规律是在司法过程中不以人的意志为转移的内在的本质的必然的规律性，是司法组织设置和司法权运作中起决定性作用的基本法则，是对司法权、司法活动的内在联系的抽象概括。[1]遵循司法规律的基本意义，就在于有效发挥司法的功能，以保障实现社会公正、践行国家法治、化解社会矛盾、维护社会秩序。因而，遵循司法规律是司法改革取得成功的关键。[2]但是，要特别注意的是，我国的司法理论研究还在不断地发展完善，对于什么是司法规律并没有形成完全一致的意见，有些问题本身争议较大。对于司法规律应当有意识地进行鉴别，避免拿来主义和盲目主义，提倡进行有针对性地争辩，使真理越辩越明，司法规律自然就显现出来了。

第二，司法管理改革要遵循管理规律。司法管理是一种特殊的国家管理，管理规律同样存在于司法管理的具体实践中，表现在司法管理的决策、计划、组织、领导、指挥、协调、控制等环节和过程中，而对司法管理进行改革就是要在遵循管理规律的前提下对司法管理的体制、机制和方法、方式进行改变与创新，以期适应新的形势与变化。在司法管理改革的过程中，管理学本身所具有的理论、规律和规则，都应该受到足够的重视与应用。比如，在决策环节，存在着集体决策和个人决策之分，集体决策侧重于解决复杂问题，体现群众思维优势，而个人决策侧重于简单问题，体现个体效率优势，这个在审判委员会（检察委员会）和合议制的改革中可能会运用到；在组织环节，根据管理层次与管理幅度的反比例关系形成的扁平结构与锥形结构，两者各有利弊，这个在司法机关的内设机构改革中会运用到；在领导环节中，管理

---

〔1〕 张笑英、杨雄："司法规律之诠释"，载《法学杂志》2010年第2期。
〔2〕 陈光中、龙宗智："关于深化司法改革若干问题的思考"，载《中国法学》2013年第4期。

学先后形成的领导特质理论、领导方式理论、领导行为理论以及领导权变理论，在对院长、检察长以及庭长、科（处）长、审判长、主任检察官等制度设计与改革中可以充分吸收；在激励环节中，马斯洛的需要层次理论认为，当某一级的需要获得满足以后，这种需要便不再起激励作用，而赫茨伯格的双因素理论认为保健因素起不到激励作用，而满意因素才能对员工进行激励，这些理论对于司法官的管理有一定的参考价值；在控制环节，控制工作的基本过程分为确立标准、衡量绩效和纠正偏差，控制的基本环节分为前馈控制、现场控制和反馈控制，这种管理理念有助于案件管理与审判管理的设计与实施。[1]

（五）坚持依法有序原则

坚持依法有序原则，是指司法管理改革要秉承法治思维和法治方式，推行一项改革措施必须遵循法律原则，遵守法定程序，应用法治手段巩固改革成果。司法管理改革本身就是完善法治的重要措施，要更好地凝聚改革共识，确保改革不断推进，就必须在发挥政策作用的同时，更加注重发挥法治的作用。

第一，改革必须维护法律的尊严，不能破坏法制的统一。依法治国是我国基本的治国方略，维护法律尊严既是依法治国的重要内容，也是司法管理改革的价值追求。凡属重大改革都要于法有据。在整个改革过程中，都要高度重视运用法治思维和法治方式，发挥法治的引领和推动作用，加强对相关立法工作的协调，确保在法治轨道上推进改革。对于改革需要修改法律的，应当通过立法程序由有权机关进行，在法律正式获得修改之前，按照现行法律执行，在完善法律制度后再全面实施改革措施。

第二，改革必须遵守法定程序，避免改革的随意性。司法本身是一种对既有法律的适用，它要求司法的整个过程必须严格遵守法定的程序，这也就决定了对规范司法程序的司法改革更应纳入法定的框架。按照法律规定的程序和步骤实施改革，使既定的司法改革不因领导人的改变而改变，不因领导人的看法和注意力的变化而变化，从而避免包括司法改革主体在内的任何组织在改革上的随意性。在落实各项改革措施的过程中，既要在实践中积极探

---

[1] 参见 [美] 海因茨·韦里克等：《管理学——全球化、创新与创业视角》，马春光译，经济科学出版社 2015 版，第 375 页、第 378 页；吴鸿、唐建荣编著：《管理学原理》，南开大学出版社 2015 年版，第 235 页、第 262 页；张逸昕、赵丽主编：《管理学原理》，清华大学出版社 2014 年版，第 219~226 页。

索，又要按照中央统一部署，稳步实施，重要改革措施需要得到法律授权的，要按照法律程序进行，以确保法制的统一和权威。

第三，要用立法方式巩固改革成果，确保改革的持续性。司法管理改革的成果主要体现在对涉及改革的法律制度进行修改完善，用法治保障改革成果已经成为司法改革的基本形式。由于法律具有强制性、稳定性、程序性等特性，司法改革的措施和成果用法律的形式体现，能够保障司法改革措施全面深入推行，并取得实实在在的效果。当一项被人民群众普遍认可接受、对社会发展进步有推动作用的司法改革措施被制定成法律后，就会成为所有适法主体普遍遵守的行为准则，在全社会形成"懂法、遵法、守法"的良好风尚，进而推动法治文明的进步。这样才会更加坚定地继续通过进一步深化司法改革的信念，推动中国特色社会主义司法制度的自我完善和发展，使人民享有更加丰富的法治文明成果。[1]

(六) 坚持统筹推进原则

统筹推进原则是指在全面深化司法管理改革中，必须更加注重改革的系统性、整体性、协同性，统筹推进重要领域和关键环节的改革，[2]真正做到统一领导、整体规划、科学论证、积极稳妥全面推进改革。

第一，司法管理改革应当由专门的领导机构统一推进。司法管理改革已经进入攻坚克难的"深水区"，改革的内容与对象都是"难啃的硬骨头"，改革的统筹协调显得尤为重要，完善协调机制更加迫切。司法管理改革涉及国家权力的配置以及司法功能的定位，并关系到整个国家结构和体制，需要调动国家和社会的大量政治资源和财政投入，需要全社会的共同配合，这种改革不可能由司法机关本身来单独完成，必须在党的领导下统一规划、统一组织实施，自上而下地推行。2003年中央成立了司法体制改革领导小组，全面领导组织协调司法体制改革工作，对推进不同时期司法体制改革起到了重要的保障和推动作用。2013年中央成立了中央全面深化改革领导小组，站在更高的层面来领导司法改革，是对司法改革一个有力的保障和巨大的促进。在这一过程中，要注重发挥中央政法委作为党中央领导政法机关、指导司法机关开展工作、推

---

[1] 参见张智辉主编：《司法体制改革研究》，湖南大学出版社2015年版，第92~93页。

[2] 中共中央文献研究室编：《习近平关于全面深化改革论述摘编》，中央文献出版社2014年版，第30页。

行司法改革的职能作用,统筹协调司法机关对各项改革措施的细化和落实,统筹协调相关政法单位的配合和联动,形成推动司法管理改革的合力。

第二,司法管理改革应当注重统筹各种关系,包括中央与地方的关系、司法机关之间的关系、司法机关与其他部门之间的关系。要注意处理好中央和地方的关系,准确定位中央的职责范围和地方的职责范围,对于涉及全局性的制度改革必须由中央统一部署,循序推进,对于具体工作机制可以由地方根据实际情况落实推进,形成"自上而下为主,自下而上为辅"的改革模式;要加强各司法机关之间的统筹配合,对于涉及各司法机关共性或相关类型的问题,应研究统一出台措施,统一付诸实施,避免在重大问题上各机关步调不一致,发展不平衡;要加强司法机关与其他改革主体之间的联动配合,全面深化司法管理改革不仅涉及公、检、法等多个领域,而且与人大常委会、政府、编制部门、组织部门、财政部门等多个部门息息相关,这需要各个改革主体凝聚共识,相互配合,形成稳定的改革主体体系。明确各个改革主体在改革中的职权、任务与分工,在发布改革文件、落实改革措施、推进改革进程中形成认识一致、步调一致、目标一致的改革统一体。

第三,统筹推进全面深化司法管理改革阶段的各项改革措施。全面深化司法管理改革,是对上一阶段司法改革的进一步深化和提升,一方面意味着司法改革进入了精细化施工阶段,另一方面也意味着司法改革进入了"攻坚区"和"深水区"。一是要通过制度化夯实固定前一阶段的改革成果,形成稳定长效的体制机制。[1]当前中央确定的大多数基础性改革任务已经基本完成,"四梁八柱"性质的改革框架基本确立。例如,司法责任制改革取得明显成效,员额制、人财物省级统一管理等改革框架基本完成,这就涉及改革措施的制度化或者立法化问题。一些相关的法律都要跟进修改,从而把司法责任制、员额制等改革成果提升到法律层面,从制度上保障改革成果进一步落地落实。二是通过综合性、系统性的制度安排,填补前一轮改革的空白和缝隙,消弭改革措施之间的不协调性,进而形成整体性的改革合力,推进司法管理改革向纵深发展。司法管理改革涉及面广,改革措施之间依存度高、耦合性强,容易形成改革措施的配套衔接不畅,例如,员额司法官常态化遴选及其退出机制、司法人员职业保障机制等,这些需要通过精细化的配套保障,补

---

[1] 卓泽渊:"深化司改 护航公平正义",载《人民日报》2017年11月15日,第17版。

齐影响改革整体效果的短板，从整体上提升改革效能。[1]三是对于上一阶段司法体制中未涉及的领域或者涉及不深的领域，要以更大的勇气、更强的气魄、更实的措施，周密谋划，攻坚克难，切实完成相关的改革任务。2018年中央政法委明确提出本阶段司法体制改革主要包括司法机构改革、司法体制综合配套改革和政法各单位改革三项任务，其中重点应该是推进司法权力的配置和司法组织体系的构建。这是重点，也是难点，更是保证此轮司法改革能否顺利收官的关键点。应该加强研究与此相关的改革政策与理论，适时推出改革措施，加快改革进程，进一步拓宽改革的深度与广度，真正实现司法改革的目标。

三、全面深化司法管理改革的方法

全面深化司法管理改革是全面依法治国的重要组成部分。对于这一项工程浩大、牵涉广泛的改革而言，仅仅明确改革目标，遵循改革基本原则，显然不够。在制定改革规划和实施改革措施中，还需要讲究科学的方法和途径。正确的方法对于理论和实践问题的有效解决具有重要的指引作用。司法改革的方法就是指在一定的司法改革目标的指引下从事司法改革实践活动的所有方法、手段和途径的总称。[2]广义的司法改革方法既包括司法改革的指导思想、基本原则，也包括司法改革的一般方法和具体的操作程序，狭义的司法改革方法指后者，本书要讨论的对象也限于后者。

（一）顶层设计和基层探索相结合的方法

当下我国的司法改革已经进入深水区、攻坚区，改革道路上碰到的困难前所未有，改革过程中遇到的问题层出不穷。全面深化司法管理改革，中央应当加强顶层设计，特别是做好重大改革项目的统筹规划，在改革推进的过程中更要注重改革措施的系统性、整体性和协同性，同时为了发挥地方改革的积极性与参与度，适度尊重地方首创精神，鼓励地方司法机关在中央的统

---

〔1〕参见李晓："司法体制综合配套改革基础问题研究"，载胡仕浩、王勇主编：《深化司法体制综合配套改革热点问题探索——"羊城杯"司法体制综合配套改革征文获奖论文集》，人民法院出版社2018年版，第4页。

〔2〕最高人民法院课题组：《司法改革方法论的理论与实践》，法律出版社2014年版，第27~28页。

一安排部署下先行先试，探索一些新的路子与做法，对一些好的经验要及时进行总结，全面推动制度改革与机制创新。

第一，中央基于我国国情，在司法改革理论的指导下，遵循一定的司法客观规律，并运用建构理性思维[1]从总体上对全面深化司法管理改革进行顶层设计，提出司法管理改革的目标、方向、具体措施、时间节点等内容。顶层设计本是一个系统工程学概念，是指在一项工程中统筹规划各层次、各要素、各方面，从最顶层进行布局，统揽全局，以集中有效资源，高效快捷地实现目标。这一概念后来被广泛应用于经济、社会、军事、管理、艺术等学科领域，被各行各业广泛使用。[2]中央对司法管理改革的顶层设计具有全局性、系统性、协调性的特征，可以克服改革的碎片化、零碎化和非理性化。十八届四中全会通过的《关于全面推进依法治国若干重大问题的决定》就是一个典型的顶层设计，其指导今后一段时间内司法管理改革的总体基调与方向。

第二，地方要充分发挥基层探索的优势，为全国推进司法改革做"试验田和先行区"。全面深化司法管理改革的难点在于，我国幅员辽阔，各地的经济发展不同、法治水平各异，要全面落实司法改革就必须要在中央的统一领导下，充分尊重地区差异和地区实际，不能搞"一刀切"。在改革过程中，把基层司法机关的首创精神发挥出来，增强基层司法机关对改革的参与性，并鼓励不同区域之间根据本地情况实行差别化试点，探索出不同的具体做法与实施方案。比如，2017年上海率先开展的司法体制综合配套改革试点，上海作为司法体制综合配套改革试点城市，把中央的顶层设计精神和要求与上海的地方实际紧密结合起来，顺应司法活动的客观规律，积极推进司法体制综合配套改革，实现政策、制度、路径的创新，为司法体制综合配套改革在全

---

[1] 建构理性和进化理性作为两种考察人类行为的哲学观的严格区分是英国哲学家哈耶克在《法律、立法与自由》中明确提出的。哈耶克认为，存在着两种观察人类行为模式的方式，一种认为人的理性具有无限的力量（绝对理性），另一种则承认人的理性是有限的（有限理性）。哈耶克分别称之为建构理性主义和进化理性主义。建构理性主义的一个重要命题是：蔑视和贬低非理性的或者未被理性充分理解的事物，它假定人生而具有智识和道德禀赋。因而人能够根据理性原则对社会作精心规划，并尽可能地抑制乃至铲除一切非理性现象。建构理性主义拒不承认"抽象"是我们的大脑必不可少的工具，它更倾向于特殊和具体，它认为理性能省掉抽象而完全掌握"具体"和所有的特定细节，并因而实在地掌握"社会过程"。

[2] 参见张卓元:《中国改革顶层设计》，中信出版社2014年版，第25~26页。

国推广积累了一定的经验。

第三，要推动顶层设计与基层探索的良性互动。顶层设计与基层探索两者之间不是截然分离的，而是相互作用和互动的，即在顶层设计中确保基层探索方向的正确性，在基层探索中促进顶层设计不断趋向理论成熟和深化。这就意味着顶层设计不是闭门造车，是根据我国基本国情、顺应司法规律拟定的战略规划，是从各地基层的实践探索中提炼的精华；而对应基层探索就在落实顶层设计后针对不适应政策的部分予以及时反应和修正，使顶层设计不仅仅是一项政策的推行，而且能够根据实践发展变化而完善自身。[1]这样，全面深化司法管理改革在顶层设计和基层不断探索实现良性的互动，从而推动改革取得成功与实效。

(二) 历史传承和域外借鉴相结合的方法

历史传承是指在司法改革过程中，注重对中国传统司法文化、司法制度、司法理念的继承与发扬，既要摒弃传统司法文化中的糟粕，也要发展传统司法文化中的精华。中国传统司法文化是中华传统文化的重要组成部分，一个国家的文化是一个国家、一个民族的灵魂，能否坚定文化自信，是事关国运兴衰、事关文化安全、事关民族精神独立性的大问题。关于对我国传统司法管理制度的继承，在本书第二章中已经作了详细的论述，这里不再赘述。但是仍然要强调的一个观点是，我国的司法管理改革离不开我国传统优秀法治文化的滋养。近代以来，我国在西方坚船利炮的冲击下，传统的社会制度与体制逐步瓦解，传统的司法制度与体制也逐步走向消亡，并开始了长达一个多世纪的艰难转型。经过几个阶段的艰难探索，我国在半封建半殖民地的基础上由中国共产党领导中国人民直接进入社会主义阶段。我国人民群众对司法活动的观念、对公平正义的理念以及在司法过程中体现出来的中国人特有的智慧，一直影响着我国司法改革的进程。放眼全世界，任何一个国家的司法改革都不可能脱离本国的司法传统而存在和发展。比如英国司法改革中的法院体系设置、法国司法改革中的预审官制度、美国司法改革中的辩诉交易制度，都深刻体现出其本国的文化特点。当前，我国将文化自信提升到前所未有的战略高度，伴随着中华民族伟大复兴的进程，弘扬中华优秀传统司法

---

[1] 高敏："司法体制综合配套改革：实践与进路"，延安大学2019年硕士学位论文。

文化再一次被推到历史的台前。我们在接下来的全面深化司法管理改革中，要加强对中华优秀传统司法文化的研究与挖掘，全面准确地认识中华传统司法的历史传统、文化积淀，从而认清中国特色社会主义的历史必然性，坚定走中国特色社会主义道路、实现中华民族伟大复兴的理想与信念。

域外借鉴，是指在全面深化司法管理改革中对域外国家的司法制度、司法体制、司法理念、司法机制中科学、合理的成分加以学习、吸收、利用和改造的过程。本书在第三章中用了较长的篇幅，对域外主要国家的司法管理制度作了详细的介绍，并对如何进行域外借鉴作了详细的论述，本处不再赘述。在域外借鉴的过程中，主要警惕两种错误的倾向：一种是"全盘的西化"。现代司法制度起源于西方国家，西方国家经过两百多年的发展形成了一整套较为完整的现代司法制度体系，我国在摆脱了半封建半殖民地社会之后，急于向现代化转型，因此西方国家的司法制度成为我国实现司法现代化转型学习的主要对象，导致我国司法改革走了不少的弯路。庆幸的是，全盘西化的观点很快被我国理论界和实务界摒弃，并由此转为有选择性的借鉴。另一种倾向是"完全的拒绝"，是把西方国家司法制度中的合理因素打上意识形态的烙印，拒绝对这些制度进行借鉴。作为一种政治制度的建构，我国的决策者以及社会公众应当保有相当程度的警惕和戒备。在全面深化司法管理改革过程中，对于域外国家司法制度的基本态度是承认并坚持法治及司法制度的多样性。以英美为代表的普通法系和以法德为代表的大陆法系在具体司法制度构建上的差异就是最好的证明。在承认法治及司法制度多样性的前提下，以我国国情实际为基础，结合我国社会治理和社会发展的现实需要，对域外国家的司法制度进行深入研究与鉴别，汲取有益成分，进而探讨我国司法制度的具体构建，这才是我们应有的态度与选择。[1]

(三) 整体推进与重点突破相结合的方法

司法管理改革是一项规模宏大且情况复杂的系统工程，因此，必须坚持全盘谋划，统筹兼顾，注重改革的整体性和协同性，着力解决影响司法公正、制约司法能力的深层次问题，破解体制性、机制性、保障性障碍，在协同配合中实施各项改革措施，同时要分清主次、突出重点，以问题为导向，确保

---

[1] 参见顾培东："中国司法改革的宏观思考"，载《法学研究》2000年第3期。

改革整体推进。

整体推进与重点突破相结合有两个方向,一个方向是在整体规划的情况下,对重要的或重大的基础性问题先行推进改革,通过以点带面,从而引起整体的联动,推动整个改革的发展。比如党的十八大之后中央确立的完善司法责任制,推进省以下地方法院、检察院人财物省级统一管理,健全司法人员职业保障制度,完善司法人员分类管理等四项重大司法体制改革试点。这四项内容是司法改革中的关键性、引领性、标志性的改革项目,是司法体制改革的制度性、基础性措施,是司法体制改革中具有"四梁八柱"性质的改革事项,事关司法改革的成败,因此需要重点突破、优先推进。[1]这四项重点改革措施的贯彻落实,将带动司法体制改革的整体推进。这四项重大司法体制改革举措又以完善司法责任制为核心。司法责任制是司法改革"重点中的重点",被称为深化司法体制改革的"牛鼻子"。所谓"牛鼻子",就是行动、事物的关键;牵住"牛鼻子",就是抓住重点问题,抓住关键环节。[2]这意味着建立和完善司法责任制,将对其他各项司法改革起到牵引和统领作用,将有力推动与带动司法体制改革整体的推进。[3]接下来的全面深化司法管理改革、司法权力的配置和司法组织体系的构建将是这个阶段的重点与难点,必须把这两个重点作为"攻坚克难,攻营拔寨"的对象,如此才能在这个阶段取得突破性的改革成效。

另外一个方向是选择一些比较容易解决的问题作为改革突破口,从而在某种程度上促使改革的整体推进。有学者以司法公开这一技术性改革为例,说明了在有限的改革空间内,如何通过司法公开等技术性改变促进正义,逐渐完善司法生态。近年来,我国把司法公开作为一项重大司法改革任务推进,经过多年的努力,司法公开成效较大。最高人民法院和最高人民检察院制定了多部司法解释和规范性文件,在全国范围内建立法律文书、案件流程信息、重要案件信息、庭审直播等公开平台,大大增强了司法透明度,强化了对司法监督的力度。据最高人民法院公布的数据,全国各级法院依托中国庭审公开网累计直播案件庭审超过696万场,网站总访问量超过237亿人次。单日

---

〔1〕周斌、周强:"全面推进四项重大司法体制改革试点",载《法制日报》2016年1月27日,第2版。

〔2〕张文显:"论司法责任制",载《中州学刊》2017年第1期。

〔3〕郭文涛:"十八大以来的司法改革方法论",载《朝阳法律评论》2019年第1期。

最高庭审直播超过1.3万场,单场庭审最高观看量达3363万人次。[1]庭审直播已成为司法公开的重要手段,也成为推进司法实质性公开的一项阻力最小、成效最大、最受人民群众欢迎的举措。庭审直播有利于排除庭外的不法干预因素,将案件问题集中于法庭内解决,体现程序正义,从而成为"让人民群众在每一个司法案件中感受到公平正义"的重要制度保障。[2]因此,该学者认为推进司法改革可以技术性改革为突破口,点滴推动法治。本书赞同该学者的部分观点,认为司法改革中的技术性改革是难度较小、阻力较小的改革,可以作为全面深化司法管理改革这一阶段的一个突破口,主要表现在大数据、人工智能的应用,包括量刑建议智能辅助系统、审判智能辅助系统、案件管理监督系统、政法系统办案协同平台建设等,探索构建人力和科技深度融合的司法运行新机制。司法技术性改革既可以提高司法的效率,也可以加强加大对司法活动的监督,从这个角度来讲也是对全面深化司法管理改革的有力推进。

(四) 官方主导与民间参与相结合的方法

司法改革是一项重要的政治改革,由党委或者政府作为主导来推进这项改革无可置疑。但是一项改革的成功与否,仅有主导者是不够的,还必须有相应的决策辅助者和有足够广泛的参与者。普通大众不是司法改革的主体,但肯定是司法改革的参与者。正如司法改革的目标中提出的"让人民群众在每一个司法案件中感受到公平正义",仅让人民群众在司法体制改革的最后效果中参与评价显然是不够的,不能让人民群众对改革有足够的了解,容易引发对改革的信任危机,进而影响人民群众对法治的信心。因此,全面深化司法管理改革必须在官方主导的前提下,更加注重民间的参与,才能在官方与民间的良性互动中促进改革的顺利开展。民间的参与可以包括以下三方面。

第一,普通民众的参与。人民群众虽然不是司法改革的直接参与者,司法改革的许多措施却与人民群众的合法权益与司法需求紧密联系在一起。人民群众可以根据自己对司法公正最朴素的观念,表达对司法改革中具体措施

---

[1] 参见周强:"最高人民法院报告——2020年5月25日在第十三届全国人民代表大会第三次会议上",载中国人大网,http://www.npc.gov.cn/npc/c30834/202006/81672e572afa4a7392bfcdb7da997f8f.shtml,最后访问日期:2020年6月3日。

[2] 徐昕、黄艳好:"中国司法改革年度报告(2018)",载《上海大学学报(社会科学版)》2019年第2期。

的意见与建议。司法改革中如果能够吸纳更多人民群众的意见，将会更好地取得人民群众的支持，从而更好地推动改革措施的实施。为此，应当实现司法改革公开化，将司法改革的相关文件、统计数据、改革进度、试点实践反馈报告、效果评估等信息通过新闻媒体和网络及时向社会公开，人民群众有权全方位参与批评建议、研究咨询、议题设定、意见征集、过程观察、效果评估等司法改革的全过程，以此提升人民群众参与司法改革的能力和有效性。[1]

第二，司法实务工作者的参与。司法实务工作者主要是指司法机关及与司法有关的机关、组织中的实务工作人员。在以往的司法改革中，主要由中央政法委牵头，两大最高司法机关及相关部门组成专班起草改革文件。在这一过程中，起草专班也有到基层调研的过程，但基层一线的声音并没有得到足够的重视，导致一些改革措施不切实际，落地实施方面有所欠缺。比如"从律师、法学专家等中择优选拔法官、检察官"的改革措施，从目前的情况看，达不到改革的预期与效果。有些改革措施没有征求司法实务工作者的意见，有的甚至是"闭门造车"，不能得到司法实务工作者的理解和支持。司法改革中的一部分措施与司法实务人员的切身利益息息相关，如司法官职业待遇、司法官职权保障等，但是如何改、何时改、怎么改一直是改革的难点。司法实务工作者对司法改革参与不足，导致对改革缺乏基本的共识，加剧了实务工作者对司法改革的疏离感，因此，在下一阶段的全面深化司法管理改革中必须重视吸纳司法实务工作者的意见，特别要广泛听取一线司法实务工作者的意见，在充分取得共识后制定出台改革措施，提高改革措施的执行力与实际效果。

第三，相关领域专家的参与。相关领域专家主要指人大代表、政协委员、知名律师和大学教授及相关研究人员，也包含了人民陪审员、人民监督员。司法改革中，很多改革措施及文件出台的方式是由中央政法委主导，主要听取最高人民法院、最高人民检察院和政法部门的意见，然后听取少数专业的知名法学工作者、人大代表、政协委员的意见。相关领域专家的参与非常重要，而且必须是深度地参与，这样才能在一定程度上确保改革措施的科学合理。一方面，可以在全国人大或中央政法委设立司法改革咨询委员会，作为国家司法改革的决策咨询机构，吸收人大代表、政协委员、知名律师和大学

---

[1] 徐昕、黄艳好："中国司法改革年度报告（2017）"，载《上海大学学报（社会科学版）》2018年第2期。

教授及相关研究人员等相关领域专家参与，提高民间人士等专业群体在司法改革决策咨询当中的话语权。[1]另一方面，充分调动法学研究的积极性。在一项改革措施出台前，可以委托几个或多个研究机构进行深入地研究与讨论，分别拿出可行性方案，在充分地比较之后再提供给相关决策部门作参考。这样可以更好地避免部门利益对制定司法改革措施的不利影响，也可以解决司法改革决策部门因多头作战而疲于应付的局面。

第三节　我国司法管理改革的具体路径

一、司法机关设置及组织体系的完善

(一) 调整司法机关组织设置

我国司法机关的设置基本符合国情，为建设法治国家作出了重要的贡献。但是正如本书第四章所分析的，我国司法机关的设置存在一些问题，有些问题已经影响到司法机关职能的发挥，但在之前多轮的改革中并没有引起足够的关注，有必要在接下来的司法改革中作为"难啃的骨头"重点突破。可以从以下几方面改革我国的司法机关组织体系。

第一，建立和完善法院组织体系。具体包括以下三个方面：一是建立宪法法院组织体系。我国的法院目前只有普通法院和专门法院之分，主要管辖普通民事案件、刑事案件、行政案件以及各类专属管辖的案件。对涉及宪法性纠纷以及关乎公民基本权利的相关纠纷没有专门的法院进行管辖。目前，我国仅在全国人民代表大会设立了宪法和法律委员会，对涉及违反宪法和法律的地方性法规进行审查，维护宪法权威，这仅是宪法性纠纷的一小部分，对于存在于省级以下甚至是基层的违反宪法的行为却无法顾及。因此，可以借鉴大陆法系国家的做法，单独设立宪法法院体系，对涉及宪法性纠纷进行裁判。二是完善行政法院系统。2015年以后，我国把铁路运输法院改造为跨行政区域的法院，主要审理跨行政区域的重大行政案件和原来铁路运输法院管辖的运输案件。目前，该法院系统受理的案件90%以上为行政案件，但由

---

[1] 参见徐昕、黄艳好："中国司法改革年度报告（2017）"，载《上海大学学报（社会科学版）》2018年第2期。

于组织隶属关系还没有完全理顺，目前并没有把铁路运输法院改为行政法院，整个管理体系也还不成熟，需要在下一阶段的司法改革中进一步理顺，把铁路运输法院完全改造为行政法院，专司行政案件的审理。行政法院一个最重要的目的就是制约行政机关的权力，从而保护公民的基本权利，这也是一个法治国家所必须具备的条件之一。三是构建劳动法院系统。劳动法律关系有其特殊性，对一个国家来讲，对劳动关系的保护和对劳动者的保护，体现了一个国家法治进步的程度。目前我国对劳动纠纷采取的是行政仲裁前置加劳动诉讼的方式，劳动争议仲裁已经形成了一整套较为成熟的规则与程序，劳动争议纠纷仲裁的机构也被称为劳动仲裁院或劳动仲裁庭，其工作方式与诉讼程序比较接近，可以将其直接改造为劳动法院，纳入国家法院组织体系，作为一种专门法院。

第二，大力加强基层司法组织的建设。一个国家基层司法组织建设的强弱关系到国家司法能力建设的强弱。从我国古代司法实践来看，古代社会基层的司法组织对社会的管理发挥了重要的作用，比如秦汉时期的啬夫、隋唐时期的乡正、里长，还有明清时期的里老，都发挥着最基层司法官的职能。从英美法系的司法实践来看，分布于城市基层和乡镇的初审法院承担了大量的轻微刑事案件和普通民事纠纷案件，解决了90%以上的案件。目前我国基层司法组织主要是基层的人民法院和基层的人民检察院，以及在乡镇设立的人民法庭和特别地区设立的派驻检察院和派驻检察室。人民法庭作为基层人民法院的派出机构，是基层人民法庭的组成部分，其判决和裁定都是基层人民法院的判决和裁定。要加大对人民法庭建设的力度，在较大的乡镇以及较大独立的城市社区，都可以设立固定的人民法庭，尽量把民间普通的民事纠纷和轻微的刑事案件，都解决于人民法庭，以此减轻基层人民法院以上法院办案的压力。派出人民检察院是检察机关一个特殊层级的检察院，可在特定的区域，如工矿区、农垦区、林区或监管场所相对集中的地区设置，是检察权深入基层一个很好的触角，也是具有中国特色的司法制度之一。目前对于派出人民检察院需要进一步规范设立权限，明确职能与权责，厘清与原派出人民检察院的关系。检察机关的另外一个基层组织是派驻检察室，目前只在监狱、看守所等监管场所设立，部分地区也在乡镇等地方设立，未来可能在公安机关等执法机关中设立。对于派驻检察室的设立，本书持谨慎态度。检察权与审判权不同，其包含了侦查权、监督权等主动性权力，不宜将检察权力分散到各个局限的地区。长期派驻的检察室在一个场所或是一个机关里面容易造成熟人政治,产生"熟能生腐、熟能生懒"的弊端。对于基层司法机关的设立,值得注意的是,法院设置与检察院设置不一定完全对等。在基层设置司法机关主要目的是方便诉讼,快速解决纠纷,减轻民众的诉累。审判权可以深入基层的每一个地方,检察权带有监督的性质,并不需要深入每一个地方,而是根据不同的特点和实际情况来决定是否设立机构。在大陆法系国家中,法国基层司法机关的设置最为明显,其检察机关的设置仅限于大审法院中,基层的检察职能统一归由上一层级的检察机关行使,而不去追求检察权拓展到所有的基层。

第三,调整基层司法机关的设置。我国的基层司法机关主要是指县级的人民法院和人民检察院,目前一般以县域为单位设立县人民法院和县人民检察院,作为县政权机关的重要组成部分。如果说司法机关容易受到地方政府的干预,那么问题最突出的也是出现在这一层级的司法机关。中国共产党领导是中国特色社会主义最本质的特征,人民代表大会制度是我国的根本政治制度,人民法院和人民检察院受本级党委的领导,向人民代表大会报告工作并受其监督,因此按照县域区域来设立基层司法机关并无不妥,而且也方便普通公民的诉讼。然而中国幅员辽阔,各个区域之间的面积、人口和经济发展程度相差甚大。一般说来,经济越发达、人口越多的地区,案件数量也会越多;经济越落后、人口越少的地方,案件数量越少。特别是在中西部地区,这种案件量的差距会更大,单纯按照行政区域设立基层司法机关不利于司法机关的均衡。因此,对基层司法机关的设立建议采取合并的方式,几个县域地区可以设立同一个司法机关来进行管辖,也就是在县城实施司法区制度。划分司法区在经济上要注意贫富搭配,在人口数量上要注意多寡均衡。与此同时,司法区内主要是城市化地区时,管辖面积可适当缩小;司法区内主要是农村地区时,管辖面积可适当扩大。[1]这种做法一来能够在县级基层司法机关中实现案件负担的相对平衡和动态平衡;二来可以减少基层司法机关与基层政权组织相对应,从而防止基层政权组织对基层司法机关的干预。

第四,大力推广巡回审判。巡回审判是法院审判的一种重要方式,也是法院审判职能向基层的延伸。我国历史上有巡回审判的司法传统,在国民政

---

[1] 赵兴洪、邹兵:"关于中国司法区划分改革的思考",载《云南社会科学》2013年第2期。

府时期我国便有了现代意义上的巡回审判。抗日战争时期和解放战争时期，由马锡五所创立的"巡回办案、就地解决、注重调解"马锡五审判方式，为中华人民共和国成立后我国的巡回审判奠定了基础。[1] 2003 年，最高人民法院发布了一系列规定，对巡回审判作出规范和指导，要求推进人民法庭便民建设，通过巡回流动办案等方式审理涉及消费者、旅行者权益等案件。但是，近年来对巡回审判认识有所改变，巡回审判的各种改革措施几乎偃旗息鼓。我国的巡回审判主要是指审判组织或法官个人到其所属法院辖区内的集中地点审理案件的司法活动。巡回审判的地点主要在乡村、社区，大大方便了当事人进行诉讼；巡回审判涉及的案件大多是家庭纠纷、邻里纠纷，案件较小，案情简单；巡回审判的审理方式也更加灵活，案件一般都能当即立案，就地审理，当即判决，不需要当事人长期等待诉讼结果，诉讼效率大大提高；巡回审判的地点一般都在当事人居住地，不仅方便当事人诉讼，也方便当地居民旁听，起到很好的普法宣传效果。结合当前法院案件数量仍然高居不下的情况，并结合我国的司法传统和巡回审判的特点，本书认为，巡回审判应当作为今后加强基层司法审判的一个重要途径，以此来解决基层纠纷与矛盾，更好地维护社会秩序和稳定。

第五，设立全国性的巡回司法机构。我国对巡回机构的设置由来已久，古代的巡回机构有唐代的巡察，宋代的制勘院、推勘院和明代的巡按。巡按代天子巡狩行政、司法、民政、文教等，无所不及，被赋予"大事奏裁，小事立断"之权。[2] 古代这种上级对下级的监督主要是对官员履职情况及勤政廉政的监督，也包括对司法案件处理的监督，充分体现了传统中国中央集权的特点。而英美法系国家的巡回司法制度则是不同的概念，它更像是我国在基层实施的巡回审判制度，即作为一个审级参与案件审理。如美国的巡回上诉法院是在最高法院和地区法院之间设立的上诉法院，有权复审在其巡回区内地区法院所有的最后判决。我国在 2014 年设立了最高人民法院巡回法庭，作为最高人民法院常驻几大区域中心城市的分支机构，代表最高人民法院审理案件。由于此种巡回法庭设置的目的是分担最高人民法院的办案压力，不属于严格意义上的巡回法庭。本书认为，可以借鉴我国古代的巡回司法机构，

---

[1] 卢上需、熊伟主编：《社会转型中的法院改革》，法律出版社 2012 年版，第 362 页。

[2] 董凡、沈玮玮："话说明清巡按"，载《检察日报》2020 年 9 月 12 日，第 4 版。

在中央和省一级设立巡回司法机构，对最高人民法院和各省高级人民法院所辖地区进行巡回审判，不仅受理所辖地区二审案件以及申诉案件，而且对所辖地区的案件进行抽查复审，加强中央及上级法院对下级法院的监督，以此来解决司法的公正问题。此制度设计类似当前实行的巡视或巡察制度，但目前的巡视与巡察主要是针对党政事务方面的检查，与古代的巡察主要针对"审录罪囚"相差甚远。

第六，增加跨区法院、检察院的设立。2014 年，作为此轮司法改革的措施之一，为了避免司法权的地方化，防止地方对司法的干预，我国在部分城市设立了跨地区的法院，分别为北京市第四中级人民法院和上海市第三中级人民法院，并对部分特殊案件如行政诉讼案件实行跨区域管辖。跨行政区域设立法院的初衷在于去地方化，防止地方的不当干预，这一举措对于优化司法审判资源、方便群众参与诉讼、保障法院依法独立行使审判权具有一定的意义和作用。从我国的政治体制来看，国家的权力都来自人民，每一种国家权力都受到人民的监督。人民法院和人民检察院是代表国家行使审判权和检察权，必须受到人民的监督，而人民则委托人民代表大会行使监督的权力。换言之，无论哪一级的人民法院和人民检察院必须受到同级或者上一级人民代表大会的监督。新设立的跨区人民法院是在直辖市设立的，与直辖市法院原来的分院并无异处，是属同一层级的国家机关，事实上仍属于直辖市法院的管辖，同样受直辖市人民代表大会的监督与制约。不过，这一监督关系的改变，对于基层司法机关来讲，确实是一件好事，能够不受地方基层的不当影响，更好地依法独立公正行使审判权。目前，我国仅在两个直辖市设立法院，影响力有限，可等试点成熟后在副省级城市中设立，管辖城市中跨区域的案件，或者在地级市设立，作为省一级中级人民法院的派出单位，管辖跨市域的案件特别是行政案件。同时，要明确此类法院对应实行法律监督的检察院。基于检察机关的设置与法院不一定完全一致的原则，可以对应设立跨区域的检察院，也可以指定相关检察院作为对应关系的检察机关，实现法律监督的全覆盖。

（二）优化司法职权配置

十八届四中全会《关于全面推进依法治国若干重大问题的决定》提出："进一步优化司法职权配置，健全公安机关、检察机关、审判机关、司法行政机关各司其职，侦查权、检察权、审判权、执行权相互配合、相互制约的体制机制。"我国司法权包括侦查权、检察权、审判权、执行权在内的所有权力。目前，侦查权主要由公安机关来行使（检察机关有一部分的侦查权），检察权由检察机关行使，审判权由法院行使，而刑事执行权则由公安机关、法院和司法行政机关在各自的领域内行使，民事执行权由法院单独履行，行政执行权则由法院和行政机关共同履行。可以看出，执行权的实施最为复杂，分属多个不同机关履行，主要还是集中在法院。由于执行权的性质与履行方式和审判权之间存在冲突，执行权由法院履行一直备受批评；检察权由于其性质定位一直不确定，其具体的职权及发展方向也有调整的空间。此轮司法改革对司法权力的配置已经提出了明确的要求，但是由于种种原因，司法权力配置改革举步维艰，进展不大。所幸中央已经意识到这一点，要求接下来的司法改革由法院、检察院的单点突破转变为司法、立法和行政机关的多元参与机制。因此，本轮第二阶段的司法改革，可以重点在执行权与检察权的配置方面作出相应的改革和调整。

第一，刑事执行权的重新配置。刑事执行权是指刑罚执行权，主要指对判处实刑和附加刑的执行。关于我国刑法执行体制的分散化和多头化的问题和弊端，无论是学界还是实务界都曾对此提出过批评，并提出具有建设性的相关改革方案，但是由于受到部门利益的干扰和传统体制的阻力，刑罚执行体制改革的力度并不大，相比其他领域的改革取得的成效很微弱。[1]十八届四中全会《关于全面推进依法治国若干重大问题的决定》特别提出要"完善刑罚执行制度，统一刑罚执行体制"。统一刑罚执行体制，关键就是要解决刑罚执行主体的问题，此问题需要打破相关部门的利益藩篱，重新对行刑权主体的权力格局进行调整。首先，取消公安机关的刑罚执行权。公安机关在历史上曾经担负刑罚执行主体责任，改革开放初期主要是对监狱和劳教所的管理。20世纪80年代后，监狱和劳改场所逐步移交司法行政机关管理，我国公安机关不再具有监狱管理的职能。目前公安机关的刑罚执行功能主要包括看守所中短期自由刑的执行、管制、拘役的执行和驱逐出境的执行。在看守所全部归属司法行政机关管理之后，短期自由刑和拘役的刑罚执行归属于司法行政机关。而驱逐出境的执行可以在法院裁决犯罪人驱逐出境之后，直接由公安机关执行。总体上，公安机关将逐步取消刑罚执行的职能。其次，逐步

---

[1] 陈光中等：《司法改革问题研究》，法律出版社2018年版，第625页。

取消法院的刑罚执行职能。法院作为我国的司法裁判机关，属于相对中立的部门。但由于历史的原因，我国法院仍然具有死刑执行刑、罚金刑和没收财产刑的执行权，这也是备受诟病的地方。刑罚执行权在性质上有过一些争议，但目前理论界比较认可的观点是，刑罚执行权包含了刑罚执行实施权和刑罚执行裁决权，法院作为中立的裁判机关，可以履行刑罚执行的裁决权，但不应该具体实施刑罚执行权，否则便违反了"权力分设"的原则，同时刑罚执行实施权与法院的审判权从权力属性和特征来看也是截然不同的，履行刑罚执行实施权影响了法院的中立地位和被动性特征。至于减刑、假释等自由刑变更裁定权，本身就属于刑罚执行的裁决权，不具有刑罚执行实施权的内容及特征，因此由法院来履行没有问题。再次，赋予司法行政部门大部分的刑罚执行权。目前司法行政机关的刑罚执行权力最为广泛，包括三个月以上的有期徒刑、无期徒刑和死缓，以及在社区矫正的假释、缓刑的执行。基于行刑权的基本理论和原则，并考虑到我国刑罚执行多元化的现状，本书主张由司法行政部门主导刑罚执行权，把所有的刑罚执行权逐步过渡到由司法行政部门负责。刑罚执行权统一由司法行政机关主导的理由有四个方面：一是可以进一步整合优质司法资源，解决执行权行使方式分散带来的执行效能低下的问题。[1]二是可以解决公安机关、人民法院、检察院和司法行政部门之间在刑罚执行方面权限不清、职能错位等问题。[2]三是可以进一步推动刑罚执行的标准化建设，促进刑罚执行的教育培训和专业化分工，从而提高刑罚执行的专业化水平。四是刑罚执行由司法行政机关统一行使符合国际惯例和通用做法。从国际上看，无论是大陆法系还是英美法系国家，都由司法行政机关负责法院判决的执行、管理全国的监狱和其他惩罚惩戒机构。[3]最后，明确检察机关的刑罚执行监督职能。我国检察机关虽然不是刑罚的执行机构，但是作为法律监督机构，也参与了刑罚的执行工作。检察院对刑事诉讼整个过程予以监督，包括对刑罚执行过程的监督，而这个监督的对象包含了刑罚执行过程中涉及的公安机关、法院和司法行政机关的所有执法司法活动。从这个层面来讲，检察机关不具有刑罚执行的权力，只有诉讼监督的权力。

---

〔1〕 邵名正、于同志："论刑事执行权的性质及理性配置"，载《中国监狱学刊》2002 年第 5 期。

〔2〕 王公义："《刑事诉讼法》再修改中关于刑罚执行制度的若干问题"，载《中国司法》2011 年第 3 期。

〔3〕 参见陈光中等：《司法改革问题研究》，法律出版社 2018 年版，第 637 页。

第二，民事行政执行权的重新配置。与刑事裁判不同，我国的民事裁判从新中国成立之初，直到现在都是由法院执行，但具体执行机构却经历了一个从"审执分立"到"审执合一"再到"审执分立"的过程。即便如此，法院的民事执行权仍然受到学界和实务界的猛烈抨击，法院履行民事执行权存在很大的弊端，在本书第四章中已经作了一些论述，对于如何进行改革，则有不同的声音。一种说法是"彻底外分"。这种观点要求将民事执行权全部从法院分离，交由司法行政机关行使，甚至是成立新的独立的执行局；一种观点是"部分外分"，也就是在原来的基础上，把部分执行实施权分给司法行政机关或者是独立的执行局；还有一种观点是"深化内分"，在法院内部将审判和执行作进一步的彻底分离。[1]本书倾向于第一种意见，即将执行权完全从法院分离出来，由司法行政机关履行或者由新成立的独立的执行局履行。将执行机构从法院彻底分离出去，更有利于理顺执行机构的管理及体制，从而消解执行机构上下级之间的领导关系与上下级法院之间的监督与被监督关系两者的不和谐因素。法院把执行权力全部移交给司法行政部门，能更加巩固法院中立的裁判地位，确保裁判的公正性。法院将执行权分离出去之后，执行中的异议裁决权仍将保留在法院，也将进一步强化法院的司法裁判职能。而对于行政执行权，根据行政诉讼法及相关法律的规定，由行政机关和人民法院共同履行职责，法律法规没有赋予行政机关强制执行权的，由法院执行；法律法规规定可以由行政机关依法强制执行，也可以申请法院强制执行的，如果行政机关申请法院强制执行，法院可以依法受理执行。根据以上的思路，对于行政执行权也统一由司法行政机关或者是专门设立的执行机构统一执行。

第三，明确检察机关性质定位与职能拓展。检察机关性质定位和职能的不断变化，事实上给检察机关的工作带来了不利影响。虽然2018年《宪法》修正案仍然把检察机关定位为法律监督机关，但法律监督机关的定位并没有从理论上论述清楚。一方面，如果坚持把检察机关的职能定位为法律监督，但宪法和法律赋予检察机关的权力无法真正履行法律监督之实际职能，而且新赋予的"国家和公共利益代表"职能也已经突破了法律监督机关的概念范围，使得法律监督机关的性质定位变得难以令人完全信服；另一方面，如果

---

[1] 参见陈光中等：《司法改革问题研究》，法律出版社2018年版，第648~649页。

把检察机关的职能定位为诉讼监督,比较符合现阶段检察机关的工作职能与实际工作,但与检察机关未来的发展趋向,特别是对检察机关的定位又显得格格不入。因此必须在性质定位上选择一条既符合实际又能在理论上解释得通的一个定义,正如本书第四章提出的,直接把检察机关定位为"国家的检察机关",行使检察监督权力,也即检察机关是国家利益和社会公共利益的维护者及国家法律实施统一的监督者,在此基础上进一步完善检察机关的现有职能,并拓展相关的职能,建立具有中国特色的检察机关和检察制度。鉴于此,对于检察机关的职能,本书认为可从以下三个方面进行拓展:其一,拓展司法审查,维护公民的基本权利。将我国检察机关定位为司法机关,可以对侦查机关的侦查活动以及侦查措施采取严格的司法审查机制,比如对限制人身自由的司法措施和侦查手段进行司法审查与监督。其二,拓展行政检察,促进依法行政。2015年以来,检察机关开始试点的行政公益诉讼,取得很大成效,并在2018年《行政诉讼法》的修改中将其吸纳入法。行政公益诉讼的目的是监督行政权的正确行使,开启了检察机关监督行政权的先河。检察机关应当充分利用法律赋予的新职能,通过行政公益诉讼对违法的行政行为进行监督,以此来规范行政执法行为和行政处罚行为,促进行政机关的依法行政和合理行政。检察机关的行政检察监督将通过"一手托两家",促进法院的公正司法和行政机关的公正执法,以此来推进国家的法治建设和全面依法治国。其三,进一步拓展公益诉讼的职能。将检察机关定位为"国家和公共利益的代表"并不是我国的特色,在大陆法系国家中,检察机关基于"法律的保护神"和"公共利益的代表"的定位,可以深度地介入相关的民事案件、行政案件等诉讼活动,从而维护社会和国家的公共利益。2015年以来,我国检察机关开始公益诉讼试点工作,取得了举世瞩目的成就,其中具有不少开创性的成果。但作为一种新的重要职能,公益诉讼案件的范围局限在生态环境和资源保护、食品药品安全、国有财产保护、国有土地使用权出让和英雄烈士名誉权保护等在内的"4+5"格局是远远不够的。2020年5月,第十三届全国人民代表大会第三次会议通过的《关于最高人民检察院工作报告的决议》,在工作安排中明确提出"检察机关要积极、稳妥办理安全生产、公共卫生、生物安全、妇女儿童及残疾人权益保护、网络侵害、扶贫、文物和文化遗产保护等领域公益损害案件"。可以看出,公益诉讼案件仍有进一步拓展的空间,开展公益诉讼的方式方法仍有可提升的地方,公益诉讼的社会成效需要进一步加强。

(三) 改变司法机关行政事务管理机制

司法机关行政事务管理机制是历次司法改革的重点，也是历次党的重要会议上经常提出有关司法改革的重要话题之一。十八届三中全会《关于全面深化改革若干重大问题的决定》提出："改革司法管理体制，推动省以下地方法院、检察院人财物统一管理。"在 2014 年启动新一轮的司法改革之后，省以下法院、检察院人财物统一管理成为本轮司法改革的四项基础性措施之一。十八届四中全会进一步提出："改革司法机关人财物管理体制，探索实行法院、检察院司法行政事务管理权和审判权、检察权相分离。"这是把司法机关行政事务管理改革分为两个层面，一个层面是纵向的改革，即省以下法院、检察院人财物统一管理；还有一个层面是横向的改革，即法院、检察院司法行政事务管理权与审判权、检察权相分离。但事实上两种改革并没有同时推进，而是把纵向的省以下统一管理作为推进的重点。

在中央的强力推行下，2015 年开始全国各地法院、检察院逐步推开了省以下人财物统一管理的改革，但改革并没有形成统一的做法，各地根据各自的实际情况形成了不同的试点方案，主要的改革内容包括：（1）经费财务管理。省、市、县法院、检察院统一作为省财政一级预算单位，由省财政厅保障审核预结算并征求省一级法院、检察院的意见。经费保障建立相对统一的符合审判、检察业务特点的支出分类保障体系。各市、县法院、检察院执收的罚没收入、行政事业性收费的非税收入归省级财政，按照规定缴入省级国库或省级非税收入财政账户。（2）编制管理。省级以下法院、检察院的机构编制实行省级统一管理，省机构编制部门会同省法院、检察院管理省以下法院、检察院的机构编制。（3）资产管理。各市、县以下法院、检察院的资产纳入省级管理范围，由省财政厅负责全省法院、检察院国有资产的配置、使用、处置及收益等管理工作。（4）干部人事管理。设立全省的法官、检察官遴选委员会，统一负责全省法官、检察官的遴选工作。对于省以下法院、检察院的领导班子成员，按照党管干部原则与遵循司法规律相结合，落实"统一提名、党委审批、分级任免"的制度，根据党内有关制度和程序，经法院、检察院党组提名，组织部门、纪检部门会同考察把关，根据干部管理权限经党委审批后依法提请同级人民代表大会选举或任命。[1]

在司法机关行政事务管理机制的改革当中，目前过分地注重了纵向人财物统一管理的改革，而忽视了横向的司法机关行政管理事务与审判权、检察权分离的改革，而这项改革的设计就是把司法机关里面的人财物管理权限剥离出来，由当地的司法行政部门进行管理。我国司法行政部门对法院的行政事务管理由来已久。中华人民共和国成立之后，我国法院的行政管理权大部分时间是由司法行政部门管理的，直到1980年，司法部仍然负责法院的机构设置、人员编制、物资装备和司法统计等事务。1982年之后，根据国务院要求，司法部将主管的审批地方各级法院的设置、变更、撤销和拟定法院的办公机构、人员编制，任命助理审判员以及管理人民法院的物资装备和司法业务经费等有关法院的司法行政事项，向最高人民法院移交。从此以后，我国的司法行政机关跟人民法院脱钩，法院的司法行政事务管理与审判权合为一体。检察机关的行政事务管理权力一直由检察机关自己掌握，司法行政部门没有参与管理。[2]为了落实十八届四中全会提出的司法行政事务管理权与审判权和检察权相分离的改革措施，应充分考虑我国的司法实践与传统做法，逐步将法院、检察院的行政事务管理权过渡给司法行政机关管理，主要从以下几个方面进行。

第一，人的管理。目前法院的人民陪审员和检察院的人民监督员，皆为司法行政机关管理，并没有出现任何不合适的或相冲突的地方，今后可以逐步将司法辅助人员的管理和司法行政人员的管理，先过渡给司法行政机关管理，等条件成熟后，再将法官、检察官的选拔、任命、培训和考核等，统一由司法行政机关管理。法院、检察院领导班子包括法院院长、副院长和检察院检察长、副检察长，则按照现在的干部管理权限上提一级，由上一级的党委进行提名，开展组织考察后，由同级的人民代表大会选举或任命。提高司法机关一把手提名权或任命权的层级，有利于保障司法机关的独立性。

第二，财的管理。法院、检察院的财政预算统一由司法行政部门统筹管理。司法行政部门根据同级法院、检察院的要求，独立列出两个部门的经费预算，然后提交同级人民代表大会审议通过，同级政府财政部门必须按照经

---

[1] 参见田幸主编：《当代中国的司法体制改革》，法律出版社2017年版，第71~72页。
[2] 熊先觉：《司法学》，法律出版社2008年版，第430页。

费预算予以保障，提高财政预算的统一性、权威性和保障性。同时，把法院、检察院的领导与人员从繁琐的行政事务中脱离出来，专心办理案件和研究法律事务。目前法院、检察院中存在大量的行政管理人员可以相应转隶到司法行政机关，进一步降低法院、检察院的非法律专业性人才的比例。

第三，物的管理。法院、检察院里面的基建、资产及物资，由同级司法行政部门进行统一管理，列入本级政府的资产进行统一配置、使用、处置及收益。事实上是把法院和检察院的整个后勤保障管理工作全部交予司法行政机关管理。近年来，我国行政机关单位的后勤管理工作也出现了社会化管理的趋势，如车辆管理、膳食管理、会务管理等。为了减轻司法机关的管理压力，也可将这部分由司法行政机关统筹后，具体交由社会或企业进行管理。

第四，机构的管理。其他国家及地区司法机构的设置，一般也是由司法行政机关来管理。基于中国司法实践与传统的做法，目前这一块仍然保留在司法机关内部，由司法机关自行进行管理，在条件合适的情况下，这项工作再逐步过渡到统一由司法行政部门管理。这样司法行政部门才能形成真正意义上的司法部门，而法院、检察院则成为一个比较单纯的司法办案部门。这是当下司法机关管理体制改革的另外一条思路。

二、司法官管理制度的完善

（一）细化司法官及其他司法人员分类

最新一轮司法改革把司法人员的分类管理作为四项基础性改革措施之一，初步建立了司法官、司法官助理和司法行政人员三个类别，对司法官实行了员额制度，对司法官助理和司法行政人员也实行了单独职务系列管理，并取得一定成效。下一步司法改革还可以从以下几方面进行完善。

第一，建立职业司法官与非职业司法官相互补充的司法官制度。从历史的角度来看，我国古代司法与行政高度融合在一起，开始并没有严格意义上的司法官，而后来为了应对日益增长的社会纠纷和矛盾，逐步把司法官从其他官员序列中独立出来，形成了专门从事司法活动、掌握司法权力的官员。其他国家也一直强调司法官的专业化和职业化，自从司法权从行政权分离出来成为一种独立权力后，司法官就成为一种独立职业，这是社会的一种进步表现。随着社会经济的高速发展，社会矛盾凸显，案件大量地涌入了司法机关，司法资源明显不足，司法官工作量剧增。从大陆法系国家的司法实践来看，存在着相当数量的非职业法官与职业法官共同行使司法权的现象。比如法国或德国的劳动法院、商事法院、社会法院和少年法院，非职业法官从相关领域的专业人员中选出，在案件审理中与职业法官行使同样的职权，补充了专业法官在某种领域的知识缺陷，有利于保障审判的正确性，提高当事人对裁判的认可度，也弥补了司法官数量不足和案件数量多之间的矛盾。我国可以在少年审判、劳动审判中引入此项机制，在社会上选取品行好、行业熟悉又有社会公德心的人员作为非职业法官，参与审判活动。事实上，把当前少年审判中经常参加审判活动的人民陪审员直接转换为非职业法官，把劳动仲裁部分地纳入审判体系，并赋予国家强制执行力。前者解决了人民陪审员参与频繁成为"编外法官"的问题，而后者则解决了大量不服劳动仲裁案件进入司法程序的问题，从而减轻法院受理案件的压力。在域外的国家中，基层检察职权部分由基层的行政官员来履行，如美国基层检察机关可能出现兼职的检察官，法国的治安法院和便民法院中的检察职能分别由不同机关或专业人士行使，这是检察体系不健全的表现。对于我国来讲，我国的检察体系相对比较独立和完整，而且检察机关的职能主要集中在刑事方面，不适合非职业检察官履行职责，因此本书不主张检察官由非职业人员来担任。

第二，进一步完善人民陪审员与人民监督员选任机制。人民陪审员和人民监督员作为司法权力运行民主化和制约司法权力的重要机制，越来越受到理论界和实务界的重视。目前，人民陪审员行使的是部分审判权，而人民监督员行使的是对检察权的监督权，两者行使权力的方式并不一致。从长远来讲，为了保证司法权运行的规范化和民主化，应该同等赋予以上两者司法权行使的权力，把人民陪审员和人民监督员同样作为其他行使司法权人员的管理范畴。而在人民陪审员和人民监督员的选任入口上，进一步增加规范性、代表性和多元性。人民陪审员和人民监督员的选任，应当采取从全体符合条件的公民中随机抽取的办法，实行"一案一选"的原则。因为任命制和任期制从本质上说都不符合随机抽取的特征，无法保证人民陪审员和人民监督员来源的多元化，而且导致人民陪审员或人民监督员参与频率过高，不利于保证人民陪审员、人民监督员的纯洁性和参与热情。[1]

第三,建立完善司法辅助人员管理保障制度。在现实的司法实践当中,除司法官、司法官助理和司法行政人员以外,还存在一支重要的力量,那就是司法辅助人员。目前,在司法一线,有三分之一以上的工作量是由司法辅助人员来承担的,但是司法辅助人员并没有纳入此次司法人员分类管理的范畴。而回看我国古代的司法辅助人员管理,包括宋代时期的司法吏人和明清时代的幕宾和胥吏,他们在司法活动中辅助司法官完成传唤、拘提、听讯、撰写文书和代拟判词等司法办案活动,发挥了重要的作用。后来司法辅助人员出现了严重的司法腐败,那是当时政治体制及管理不善的问题,而不是司法辅助制度本身的问题。因此,为了充分发挥司法辅助人员的作用,必须对司法辅助人员予以明确的分类,制定司法辅助人员的职业发展保障机制,完善司法辅助人员晋升、转任、培训等制度,明确其职业前景,解决各类人员的利益平衡问题,为司法辅助人员在本职务序列内长期工作提供制度保障。另外,提高司法辅助人员的待遇。当前职业保障主要向编制内的法官、法官助理、检察官和检察官助理倾斜,而司法辅助人员的职业保障过低,需要进一步研究明确提高司法辅助人员的职级待遇、发展空间等政策,减少司法辅助人员的流动,保证司法办案组织相对的稳定性。[2]

(二) 落实司法官职业保障机制

司法官是一个较为特殊的群体,担负着国家的司法职能,承担着为社会实现公平和正义理想的重任,这个群体的方方面面牵动着整个社会的神经,决定着社会前进的历程和法治发展的路径。司法官的职业保障是司法官管理的核心制度,是司法官能否"依法独立公正行使司法权"的重要保障。针对我国现行司法职业保障存在的问题,借鉴我国古代和其他国家相关做法及建设经验,我国司法官职业保障制度的改革和完善,需要注意以下几个问题。

第一,客观认识职业保障制度在实现"依法独立公正行使司法权"中的作用。司法官职业保障制度只是保障"依法独立公正行使司法权"诸多条件

---

〔1〕 参见李玉华等:《中国特色陪审制度的新发展》,中国政法大学出版社2014年版,第138~142页。

〔2〕 彭冬松、杜莹:"检察官办案组织组建和运行实证研究——以GZ市检察机关新型办案组织为视角",载《法治论坛》2019年第1期。

中的一个，还受到其他条件的制约和限制，单改革和完善该制度并不能保证实现目标，试图通过其来实现"依法独立公正行使司法权"是不可取的。例如有些学者提出所谓的职权保障问题，其实司法官的职权保障并不属于司法官职业保障制度的内容，而是属于基本政治制度的内容，我们不可能通过司法官职业保障制度建设来实现应当由基本政治制度所要解决的问题，司法官职业保障制度的改革和完善，需要与其他条件的改革和完善结合起来。[1]

第二，全社会要对司法官的职能和定位形成共识。自古以来，我国并没有把司法作为一种特殊的职业，也没有把司法官作为一种特殊的人群进行管理，而是等同于一般的官员进行管理，这也就造就了我国对司法官管理的一般概念和思路。然而，司法官是从事司法专业性很强的职业，对司法官的选任和任职有较严格的条件和程序，司法官与一般官员的管理确实存在较大区别。我国《公务员法》对司法官的适用原则从不适用—适用—适用但例外规定的变化过程，反映了国家对司法官管理态度的变化。综观其他国家司法官的管理，其体现出极强的专业性和特殊性，因司法官所从事的职业比一般的官员更加专业、要求更加高、培养时间更长，就决定了司法官的职业保障比一般官员水平及地位更高。但是，我国根深蒂固的"大一统"干部人事管理理念和体制，使得司法官的管理改革特别是职业保障机制改革一波三折，尤其是一旦改革面临利益冲突时，立刻遭遇来自系统内外的双重"阻力"。对于司法官的管理需要全社会形成共识，也就是司法官是一份特殊的职业，需要配备特殊的职业保障，这样才能逐步实现司法官的革命化、专业化、正规化和职业化，并朝精英化的方向发展。在推进全面依法治国的当下，只有使司法官能够专业、专心、专注于司法办案业务，努力办好每一个司法案件，才能最终实现社会的公平与正义。

第三，在落实现有规定的基础上稳步地予以改革和完善。司法官职业保障制度的改革完善，需要稳步和渐进地推行。首先，逐步完善和落实《法官法》和《检察官法》的相关规定，促进现有司法官队伍的职业化建设。例如建立规范的司法官免职、辞退、处分程序，充分保障司法官的身份地位；完全兑现两部法律专门为司法官设计的工资和待遇，落实司法官定期增薪规定；建立完善司法官单独职务序列的配套制度，打通单独职务序列与普通干部职

---

[1] 参见谭世贵等：《中国司法体制改革研究》，中国人民公安大学出版社2013年版，第332页。

级的转换通道。其次,在提高司法官队伍职业素质的基础上,逐步借鉴一些先进制度。例如,在身份保障方面,先完善任期制,逐步建立不可更换制,然后再建立终身制;在今后一段时间内,对职业能力素质高的司法官,延长退休时间,逐步建立适合所有司法官的高龄退休制;在经济保障方面,先推行优薪制,[1]再逐步建立高薪制;在权利保障方面,先建立司法官的民事司法豁免权,再逐步建立完整的司法豁免权制度,保障司法官行使职权不受影响,不因客观原因导致的办案错误而受到责任追究。

(三) 健全司法官业绩考评机制

司法责任制在司法制度体系和司法权运行机制中居于十分重要的地位,是必须抓住的"牛鼻子"。司法责任制的重要目标和原则是要实现权责统一,就是要在明确员额制司法官职权的基础上落实司法责任。而司法责任的落实,必须以完善的业绩考评制度为基础,明确业绩评价和责任认定标准,实现业绩考评的常态化、制度化。[2]

第一,建立健全司法官业绩考评指标体系。司法官业绩考核的目的不应仅仅定位于提升司法办案质效,而应当是增强司法质效、规范司法行为、提升司法能力的统一。因此要调整当前以业务实绩为主的指标体系架构,以业务实绩与司法行为并重的双指标设置思路来重构司法官绩效考核评价指标体系。[3]同时,根据不同地区的差别、不同部门的类型、不同案件的难易和不同事项的权重等因素,设置科学、全面、详尽的业绩考评指标体系。在考评过程中,还要注意本人自评与组织评定相结合,既发挥司法官的主观能动性,又突显组织评定的客观性;注重内部评价与外部评价相结合,引入诉讼活动相对人,如律师、当事人等人员的评价,邀请人大代表、政协委员和人民监督员等进行第三方评价,实现业绩考评的"全面、科学、客观、公正"。切实发挥好业绩评估的"指挥棒"作用,充分调动广大司法官干事创业的积极性,努力营造争先创优良好氛围,推动审判与检察工作的高质量发展。

---

〔1〕 陈海光:"中国法官制度研究",中国政法大学 2002 年博士学位论文。

〔2〕 彭冬松、杜莹:"检察官办案组织组建和运行实证研究——以 GZ 市检察机关新型办案组织为视角",载《法治论坛》2019 年第 1 期。

〔3〕 徐光岩:"论检察官绩效考核评价指标体系的重构",载《辽宁公安司法管理干部学院学报》2018 年第 1 期。

第二，遵循业绩考评适度量化的原则。因为司法工作的特点和规律，司法官业绩考评机制应当遵循适度量化的原则，避免过度量化考核和数据排名对司法工作价值的干扰和司法权运行的削弱。司法的价值包括数量、效率、质量和效果四个方面，如果说数量和效率的价值较容易通过量化考评来反映，那么质量的价值则难以通过量化考评来反映，而效果更需要通过外部或者宏观的体系来反映。而过度追求量化考核和数据排名，往往会影响司法职责价值的实现。对于司法活动来讲，数量是表面价值，效率是成本价值，质量是核心价值，效果是社会价值。在开展业绩考评过程中，必须把握好以上的价值导向，否则就会陷入"唯数据"的形式而上的考评困境。

第三，注重对司法官业绩考评的结果运用。根据司法官业绩考评制度，将司法官业绩考评结果作为对司法官进行奖励、晋升的重要依据，并探索建立具体的绩效考核奖金分配细则，让司法官在业绩考评中得到更多的职业荣誉感和获得感。同时真正赋予员额司法官对司法官助理的工作分配权、奖惩建议权，让司法官助理的绩效奖金、入额机会同业绩挂钩，全面调动办案组织各类人员的工作积极性、创造性，解放司法生产力。[1]

三、司法权力运行与决策机制的变革

(一) 强化司法权力制约机制

司法权力是一种重要的国家权力，古今中外无不对司法权力给予充分的重视，由于司法权力会对普通民众的人身、财产以及其他基本权利产生重大影响，因此应当对司法权力进行有效的制约和监督。相应的，司法改革必须从加强制约入手，并保持一定力度的监督，如此才能保证司法权力运行的正确方向。

第一，继续坚持司法权力的集体决策。司法权力的集体决策机制在我国有悠久的历史传统，这与中国人强烈的集体观念与集体意识有紧密关系。当前司法权力运行的集体决策，主要体现在审判委员会和检察委员会的设立。两个委员会是法院和检察院的最高决策机构，是司法权力集体决策运行的最好形式。事实证明，两个委员会在确保独立行使权力、保证司法统一尺度、

---

[1] 彭冬松、杜莹："检察官办案组织组建和运行实证研究——以GZ市检察机关新型办案组织为视角"，载《法治论坛》2019年第1期。

推进司法民主过程中发挥了重要的作用。因此，在今后的司法实践中，应该进一步强化两个委员会的建设，优化其运行流程，重点突出两个委员会在法律适用以及指导办理重大、疑难、复杂案件中的作用。切不可将委员会作为一种普通的办案组织，甚至让委员会委员像一般办案组织成员一样参加讯问等司法活动。否则将会使委员会的集体决策与司法官的个人判断相混淆，不利于发挥集体决策的制度优势。司法权力运行集体决策的形式还有法官、检察官联席会议，这是该轮司法改革新创设的集体讨论形式，在办理重大、疑难、复杂案件时，为经办司法官提供专业咨询意见，虽然其意见没有决定性效力，但可对司法官正确办理案件提供很大的帮助，这也体现了我国对集体决策的信赖和奉行集思广益的思维模式，这种司法传统在今后的司法实践中必须予以继承与发扬。

第二，区别对待上级司法机关的决策影响。审判权和检察权虽然同为司法权，但其权力的基本属性与运行方式有较大的区别，这在本书第四章第三节已经作了具体的分析。审判权强调的是裁判法官的独立性，院庭长不能直接改变法官的判决，如果需要个案监督的话，也必须提交到审判委员会才能予以改变；而检察权则不同，检察官的权力来自检察长，检察长可以直接改变检察官的决定，这是检察权与审判权的重大区别。因此，法官与检察官对待来自上级决策的影响应当有所区别。这种权力运行属性的不同，还表现在对待来自上级机关的决策影响。为了保证审级独立，法院强调上级法院对下级法院是监督关系，不能直接改变下级法院的判决，而必须通过一定的诉讼程序进行改判。因此，为了保证法院审级的独立，建议取消案件向上请示的制度。而检察机关则不同，由于检察机关实行"上命下从，上下一体"的领导机制，上级检察机关可以直接改变下级检察机关的决定或者直接作出指令。下级检察院在办案过程中，遇到重大疑难问题或本身无法解决的问题，可以直接向上级检察机关请示，当下级检察机关与上级检察机关意见不统一时，必须按照上级检察机关的意见执行，但如果出现错案需要承担责任时，则由上级检察机关承担。审判权与检察权这种区别，在司法改革的制度设计中必须予以重视并认真研究。

第三，加强对司法权力的制约力度。我国目前司法权力运行存在的最大问题，可能是司法权力过大而司法官素质还没完全跟上的问题。而我们解决的思路是在司法权力作出决定之后进行监督，甚至是发现司法权力运行出现问题后进行纠正与惩戒。对于防止司法权力脱离正确的轨道，应该是在司法权决定作出决定之前的制约。纵观我国古代的司法实践，重大案件的处理并不能由同一个人或者是同一个单位轻易作出，而是通过层层的权力制约，才能作出最终的司法决定。比如唐朝的同职连署制度，是在不同层级之间的分权与制约；宋朝的鞫谳分司制度，是在同一层级之间的分权与制约；清朝的逐级审转复核制，则是在上下级司法机关之间进行分权与制约。英美法系国家也强调在权力作出决定前进行制约，如大陪审团是对检察官起诉权力的制约，小陪审团则是对法官审判权力的制约。近代日本兴起的检察审查会制度，则是日本参照大陪审团对检察官起诉自由裁量权的制约。从古今中外各个国家对司法权力运行的制约来看，对司法权力必须采取一定的方式进行制约，才能保证司法权力不被滥用，防止司法权力的恣意与妄为，损害国家和社会的根本利益。[1]因此，必须加大对法官审判权力的制约，比如在刑事和民事诉讼中加强人民陪审员参与审判的力度和强度，在刑事诉讼中引入检察官的量刑建议权。而对于检察官检察权力的制约，可以引入人民监督员的监督，包括采用公开听证会的形式，听取社会公众的意见，加强对起诉自由裁量权的监督，这些权力制约的方式应当成为本阶段司法改革重点关注和强化的内容。

(二) 改善办案组织权力运行方式

司法权力的运行主体最终落在办案组织上，法院的办案组织包括审判委员会、合议庭和独任庭，而检察院的办案组织则包括检察委员会、检察官办案组和独任检察官。办案组织权力运行流程的优化，可以更好地提升司法的效率，保证司法的公正。

第一，改善审判委员会和检察委员会的运行方式。审判委员会和检察委员会分别是法院和检察院的最高决策机构，在今后的司法实践中只能加强，不能削弱，关键是要加强与改进两个委员会的运行机制与方式。一是改进审理或讨论案件的方式。一般情况下，审判委员会（检察委员会）采取的是集体听取意见和集体讨论的方式，为了使委员更加全面地了解案件的情况，可以将庭审（或提审）的录像以及案件的卷宗提前给委员观看或查看，并采用电子阅卷方式，保证其充分了解案件情况。二是讨论程序应当更加精细化。

---

[1] 秦前红等：《人民监督员制度的立法研究》，武汉大学出版社2010年版，第12页。

对于提请委员会讨论的案件，应当有严格的时间要求，保障委员能有充足的时间去研究案情和思考法律规范的适用。三是严格控制提交委员会讨论案件的范围，明确"重大、疑难、复杂案件"的标准，对提交委员会讨论案件予以严格限制，并且逐步把委员会讨论的焦点定位于法律的适用，而不对案件的事实作出评判，案件事实部分由案件经办人或经办合议庭进行把握并负责，委员会仅对法律适用问题作出评判，相当于大陆法系国家第三审程序中的法律审。四是委员会组成人员结构应当进一步优化。由于委员会委员及其专职委员有一定的级别，在司法实践中往往成为某些人员解决级别的一个途径，不能真正体现委员会的专业化水平。因此，必须把委员会委员选任的条件定位远高于其他司法官选任的条件，并且要求具有丰富的法律实践经验，同时给予委员及专职委员以足够的职级待遇，使其能够专心对案件进行研究和讨论，以期对案件作出公正决定。

第二，改善司法办案组织的内部运行方式。法院最主要的办案组织是合议庭，合议庭目前面临的最大问题是合议实质化的问题。因此，要提升合议庭合议能力，关键是要在具体承办法官承办案件的前提下，合议庭成员能够实质性进行合议，才能真正发挥合议庭的集体决策与权力制约作用。除此之外，在合议庭评议主体上，应当明确有权参与裁判评议活动的主体是直接参加案件审理的合议庭审理成员；在评议的原则上，应当强调评议遵循平等、自由、连续的原则；在合议的步骤上，则以有助于展示合议庭成员在内的真实意见为目标，限定合议庭成员在发言时的先后顺序。[1]对于检察官办案组的运行，则要明确主任检察官与检察官之间的关系与权责边界，规定主任检察官对于办案组共同承办的案件享有决定权，同时承担相关的司法责任。同时，主任检察官、检察官可以作为独任检察官承办案件，主任检察官对组内其他检察官作为独任检察官承办的案件，不行使办案事项决定权和审核权。

第三，扩大独任司法官审判或办理的案件范围。独任司法官在我国司法实践中有着重要的地位，承担了大量的司法办案任务。特别是当前司法机关"案多人少"的矛盾十分突出，法院合议庭多年来实行"承办法官负责具体案件"的合议模式，在司法实践中基本上流于形式。为了适应当前案件急剧增加的趋势，必须充分发挥独任司法官的作用，通过独任司法官办理大量案件，

---

[1] 参见张永泉："合议庭功能及其在审判实务中的运作"，载《法律适用》2003年第12期。

来消化基层司法组织积压的案件，解决基层社会纠纷与矛盾。独任司法官处理的案件主要集中在基层，处理简单的、轻微的、事实清楚、争议不大的案件，而重大、疑难、复杂案件，则由合议庭或者是检察官办案组来办理，相当于是对案件进行了繁简分流，大量的简单的案件由独任司法官独立办理，重大复杂的案件由合议庭或检察官办案组办理，而这本身也并不违反集体决策的原则，因为集体决策主要是针对重大复杂案件而言。因此，在提高司法官专业素养和个人职业操守的同时，逐步扩大独任司法官审理案件的范围[1]，提升独任办理案件的比例，以更好地利用好司法资源，充分发挥司法资源配置的最优化。[2]

（三）增强司法权力运行的民主基础

我国司法权力的民主性主要体现在两个方面，一方面是司法权力产生的民主性，也就是司法机关是人民代表大会通过法律或经过人民代表大会批准设立，司法官由人民代表大会任命、选举产生，这直接体现了民意的基础；另一方面是司法权力运行过程中民众的参与，民众的参与使得司法权的运行加入了民意，夯实了司法权的民主基础，更有利于民众对司法的信任。

人民陪审员制度是一项重要的司法制度，经过几十年的发展在审判权制约与司法民主方面发挥了很大作用，在接下来的司法改革中无疑被赋予了更多的期望。对于人民陪审员制度可以从以下几个方面进行完善。

第一，激活合议庭功能，保障人民陪审员实质审判。首先，要重视合议庭不可替代的价值，改变以承办法官制规避合议制，以集体讨论决定绕开陪审制等做法，激活合议庭聚集不同意见、沟通对话、求同存异的功能，用真正的"重叠共识"作为裁判理由。其次，鼓励人民陪审员全面发表意见。作为司法沟通的平台，陪审制的价值在于通过陪审员，源源不断地将普通人的日常生活经验和社会朴素正义感带入法庭，在常识与价值判断两个层面保持

---

[1] 2021年《民事诉讼法》第41条第2款规定，适用简易程序审理的民事案件，由审判员一人独任审理。基层人民法院审理的基本事实清楚、权利义务关系明确的第一审民事案件，可以由审判员一人适用普通程序独任审理。同时在第42条规定了不适合独任审理的情形：涉及国家利益、社会公共利益的案件；涉及群体性纠纷，可能影响社会稳定的案件；人民群众广泛关注或者其他社会影响较大的案件；属于新类型或者疑难复杂的案件；法律规定应当组成合议庭审理的案件；其他不宜由审判员一人独任审理的案件。这事实上扩大了独任法官审理案件的范围。

[2] 参见陈瑞华：《司法体制改革导论》，法律出版社2018年版，第276~278页。

司法与社会的沟通,保证司法的公共理性。尽管个案中的人民陪审员人数是有限的,未必在每个案件中人民陪审员的意见都能代表社会各方面的意见,但在无数个案件中人民陪审员的意见对法官的影响,能够从整体上保证司法不偏离公共理性。法律和司法对蕴含自然正义的社会观念始终保持必要的谦逊和足够的沟通理性。因此,在法律问题上,没有必要因为人民陪审员没有经专业训练而禁止其发表意见。当然,由于人民陪审员是以自己的经验判断案件事实,往往缺乏对审判规律与规则的了解,需要法官加强对人民陪审员的指导与指引,让人民陪审员初步了解证据和裁判规则,明确裁判责任,保守审判秘密,保持公正心态,更好地履行陪审职责。[1]

第二,在合议庭构成上适当加大陪审员的权重。目前,在有人民陪审员参与的合议庭中,法官和人民陪审员的搭配比例有"3+4"7人模式和"1+2"3人模式。为了提高人民陪审员在合议中的话语权,特别是在定罪量刑中发挥实质性作用,可以构建人民陪审员的人数比职业法官多一倍的搭配模式。在"法定陪审"的案件中可以考虑增加人民陪审员的人数,采用"3+6"模式,即3名职业法官加6名人民陪审员。在"酌定陪审"的案件中可以采用与现行法律规定比较接近的"1+2"模式,即1名职业法官加2名人民陪审员。这样增加人民陪审员在合议庭中的比例,增强人民陪审员在审判中的话语权,从而进一步提高审判权力运行的民主基础。

第三,改革有人民陪审员参与的合议庭的表决机制。目前,我国对有人民陪审员参与合议庭的判决表决机关采取的是简单多数原则,即只要是能够达到多数,即以多数人的意见作出判决。但是考虑到我国人民陪审员的总体素质以及法院、法官普遍对人民陪审员不信赖,事实上人民陪审员在合议中发言权重并不大,即使有些人民陪审员基于自己的朴素正义感作出自认为客观公正的判断,但由于这种表决机制很容易被法官出于种种目的而忽略,最后很难影响对案件的判决。这种问题在刑事诉讼中当出现剥夺被告人自由、财产甚至生命的判决时表现得尤为明显。对此,可以借鉴大陆法系国家法国或德国有关陪审制度的做法,当出现认定被告人有罪、有加重情形或适用无期、死刑等对被告人重大不利的情况时,即必须有合议庭三分之二的多数通过方可作出判决。这种改革既扩大了人民陪审员在审判中的实质作用,同时

---

[1] 参见田幸主编:《当代中国的司法体制改革》,法律出版社2017年版,第158~159页。

也加强了对当事人权利的保护,体现出国家法治的进步。

人民监督员制度作为新生的司法民主监督制度,它的价值应予肯定,不能放弃这一司法改革的成果,要不断改革与完善这一制度,使其发挥社会监督作用,促进司法公正,夯实检察权行使的民主基础。但是,在当下人民监督员制度的构建中,存在定位不准确、目标不明确、监督范围泛化的问题,在实践操作中出现一定的偏差。在今后的司法改革中,要注意予以纠正并加以改革与完善。

第一,明确人民监督员监督案件的范围和情形。根据2019年印发的《人民检察院办案活动接受人民监督员监督的规定》,人民监督员监督的对象泛化为检察机关的执法活动,但没有明确到具体是哪一些案件,此为人民监督员制度的过渡之举,不应该成为人民监督员制度的常态,否则将会大大降低该制度所具有的民主价值。未来应当基于人民监督员制度的定位与初衷,明确人民监督员监督的对象为检察权的运行,特别是检察机关行使权力最大的一部分,包括司法人员渎职犯罪不立案或撤案、当事人对检察机关决定不服申诉公开审查案件、羁押必要性审查公开审查案件、重大的普通刑事犯罪不起诉案件等。对一般普通的检察机关执法工作,如法律文书送达、案件质量评查、司法规范化检察、检察工作通报等,不宜作为人民监督员监督的对象。人民监督员制度的目的在于强化对检察权运行的监督,提升检察权运行的民主化水平,与人大代表或政协委员的监督应当有所区别。

第二,加强人民监督员决定的法律约束力。根据最新的人民监督员工作规定,人民监督员的表决意见是否采纳主要看经办检察官的意见,最终由检察长决定,仅起到建议性的作用,不具有决定性的意义。人民检察院经研究未采纳监督意见的,应当向人民监督员作出解释说明。人民监督员对于解释说明仍有异议的,相关部门或者检察官办案组、独任检察官应当报请检察长决定。据相关统计,人民监督员意见被检察机关采纳的比例不到60%,实践中所起的监督作用并不明显。2016年印发的《关于人民监督员监督工作的规定》[1]规定了人民监督员的复议程序,即多数人民监督员对检察机关的决定有异议时,可以提出复议,由检察机关另行组成人员提出审查意见并报检察

---

[1] 2019年印发《人民检察院办案活动接受人民监督员监督的规定》,因此2016年的《关于人民监督员监督工作的规定》被废止。

长或检察委员会作出决定。此举一定程度上增强了人民监督员意见的刚性，而在新修订的工作规定中却被删除了，使得人民监督员的制约监督进一步弱化。人民监督员所作的决定，既然是直接民主的一种方式，就应当赋予其相应的法律效力。在以后的立法中，在特定程序限制下，要赋予人民监督员意见以强制效力，并规定相应的诉讼程序，这是应该考虑的重要问题。[1]

第三，通过立法将人民监督员制度确认为刑事司法制度的正式组成部分。目前人民监督员制度仍然只是检察机关自创而得到中央认可的准司法制度，这一制度既没有进入《人民检察院组织法》，也没有规定在《刑事诉讼法》之中，与刑事司法中的其他制度或程序相比，缺乏法律规范的支撑，也没有得到更多司法部门的共识。人民监督员制度既是对检察权的监督，也能增加检察权的民主基础，能更好地体现我国人民民主的政权特征。在人民监督员制度经过实践不断完善之后，这一制度应当通过国家立法得以正式确立，与人民陪审员制度一样成为中国特色社会主义司法制度的重要组成部分。

四、司法案件管理与质量控制流程的改进

(一) 整合法院审判管理职能

法院的审判管理仍是法院司法案件管理的表现形式，在经过近十年的改革与发展后，虽然取得了一定的成效，但有些理论问题依然没有取得共识，由此工作仍然停留在原来的水平，必须借助新一阶段司法改革的东风，进一步解放思维，大胆创新实践，把审判管理工作推上一个新台阶。

第一，统一审判管理组织。当前法院的审判管理存在管理职能分散化的问题，已经影响到审判管理的效率，也对审判权运行的管理造成不良影响。正如本书第四章第四节所分析的，大部分法院已经设立了审判管理办公室，承担大部分的审判管理职能，但审判管理职能中的案件分流、案件分配及审判管理事务并没有纳入其管理范围，而是分散在各业务庭室，不利于审判管理权的统一行使。考虑审判活动的特殊性和法院机构设置的传统，案件分流和案件分配职能可以继续由立案庭行使，而审判事务管理必须回归到审判管理办公室管理，这样审判管理办公室的定位将进一步明确为管理、监督、参

---

[1] 高一飞：《司法改革的中国模式》，法律出版社2011年版，第195页。

谋和服务一体的管理机构。

第二，再造审判管理流程。优化审判管理的一种积极思路就是再造审判管理流程，建立问题导向型的审判管理流程。首先，由各业务庭室根据实际情况提出需要解决的问题，然后汇总到审判管理办公室，再送到相关责任部门对问题进行分析和回应，在廓清问题症结后，由审判管理办公室综合协调，组织各主体协商可行的解决办法，最后由各业务庭室负责落实相关解决措施，而审判管理办公室则进行动态跟踪，并及时向有关业务庭室反馈整改情况。建立这种问题导向型的审判管理流程，有利于增强审判管理措施的客观性、准确性和针对性，进一步提升审判管理的绩效。[1]

第三，关注审判管理功能的过度扩张，防止审判管理对法官独立行使职权造成影响。法官独立办案是现代司法的基本原则，其强调法官的独立主体地位，要求法官在行使审判权时必须依据对法律的理解和对事实的判断作出裁判，不受其他人员的不当影响和干预。但是从审判管理的模式来看，无论是案前流程监控还是案后的案件质量评查，如果不对审判管理权进行规制，就会对法官的独立办案造成多方面的影响。[2]为解决好这个问题，首先要把握好管理的"度"，进行适度管理。既要最大限度地发挥审判管理的作用和效能，又要规制管理行为实施的过程和方式，防止审判管理被不正当地拓展，尤其要防止割裂审判权或者影响审判权的依法、独立、公正行使，进一步处理好管理与服务的关系。同时强化服务意识，由约束性管理模式逐步向服务型管理模式转变，寓服务于管理之中，将更多的审判管理精力由监管、制约向服务、保障方面转移。

（二）加强检察机关案件管理部门作用

新一轮司法改革对检察机关案件管理工作来说是一种发展机遇。经过多年的探索，检察机关逐步建立了案件流程处理机制、案件动态监督机制、决策分析机制、业务评价机制等工作机制，有效实现了案件管理的初步目标。为了进一步深入开展案件管理工作，结合新一轮司法改革的要求，本书提出

---

[1] 参见易承志、闵振华："法院审判管理的优化思考"，载崔永东主编：《审判管理研究》，人民出版社2017年出版，第66~69页。

[2] 参见彭冬松："司法改革视野下的检察机关案件管理工作改革与发展"，载《法治社会》2017年第4期。

以下几点案件管理机制改革措施和发展方向。

第一，明确案件管理部门的职能定位及业务属性。在本轮司法改革初期，对于案件管理部门的业务属性定位一直存在争议。有一种观点认为案件管理部门属于综合管理部门，是对办案活动实行统一受理、全程管理、动态监督、案后评查和统合考评的专门活动，其实质是依照法律规定及流程，对案件进行规范、保障、监督和控制的管理活动，本身并没有涉及检察权的行使，因此属于综合管理部门。这种观点在案件管理部门成立初期比较流行，随着案件管理工作的深入开展和司法改革的推进，对案件管理部门的定位也在逐渐发生转变。本书认为，从案件管理部门的职能定位来看，既有归属于行政管理的流程监控、统计分析、质量评查、业务考评等权能，也有归属于检察权行使的案件受理、涉案财物统一管理、接待辩护人和诉讼代理人以及案件信息公开等工作，特别是案件受理及案件分流，是典型的检察业务职能。同时，从案件管理工作开展的对象、方式、方法来看，其具有一定的特殊性，既区别于一般的检察行政管理，也不同于其他业务部门，形成自身的案件管理业务特性，因此把案件管理部门定位为综合业务部门较为妥当，这也是今后案件管理部门发展的方向与重点。

第二，正确处理好案件处理与案件监督职能的关系。案件管理部门在案件办理过程中对程序性问题进行处理或协助处理的权力，为了与其他业务部门区别，可以称之为案件处理权。具体体现为案件的受理权和分配权、涉案财物的统一管理权、辩护人和诉讼代理人接待权以及案件信息公开权等，以上几种案件处理权除案件受理权和分配权是独立的权力外，其余均为依附于各个业务部门的协助处理权。独立的案件处理权可以由案件管理部门在程序上作出处理，如发出不予受理决定或受理条件不符合而要求更正或补送材料的通知。协助流程处理权由业务部门作出实体或程序上的决定，案件管理部门只是做事务性的工作，不作出实质意义的决定。而案件监督权是通过统一业务系统对办案整个过程实时进行监控，从程序上监督案件办理及相关办案活动是否符合法律法规的规定及程序的要求。对违反法律规定或不符合办案程序要求的，可以向办案部门发送流程监控通知书，要求其限期改正或说明情况。监督权是案件管理部门的选择性权力，不是每一个案件都需要动用此权力，只有当某个案件办理过程中出现违反法律、法规或程序要求的情形，触发了监督权力使用的条件，案件管理部门方可使用此权力对业务部门进行监督。办案期限监督、执法风险监督、办案效率监督以及在流程处理中针对业务部门不规范办理案件时而行使的流程监控就是监督权。在实践中需要对案件处理与案件监督这两种职能作区分,两种职能行使的方式、形式和要求不尽一致,有的可以作统一的规定,有的需要分别作出规定,这样才能更有效地履行职能。

第三,加强案件管理部门在案件程序分流中的作用。20 世纪 70 年代后西方国家为根治民事司法案件"堵塞"和"拖延"的症结而推行了案件管理司法改革,主要是解决司法程序中的效率问题。[1]我国检察机关案件管理部门作为案件受理的部门,承担了案件分配的职权,只是从形式上保证了案件分配的公正性,但并没有从流程处理的角度主导案件的走向,从而达到加快案件流转和司法效率的目的。因此,可以借鉴其他国家的做法,在案件受理时确定案件的处理程序、管辖单位和具体经办人,从而达到案件管理的目标。可主要从以下三方面进行改革:一是管辖识别分流。案件管辖原则是案件审查是否受理的基本条件,也是案件分流的基本原则。无论是地域、级别管辖,还是指定、交办管辖,均由案件管理部门办理。根据案件管辖的规则,对需要改变管辖如上调、下放的案件直接作出管辖的决定,并将案件直接送达有管辖权的办案单位。对需要上级检察机关决定的案件管辖,经请示后将案件直接送达有管辖权的办案单位。[2]二是繁简程序分流。对通过管辖审查后符合受理条件的案件,应立即进行个案难易程度的初步判断,选择是否适用集中办理或者优先处置,预计适用速裁程序、简易程序或者普通程序,从而明确是否适用快速办理方式,并确定相应的流程配置,提高办案程序适用的针对性。三是案件经办分流。在统一业务系统上根据案件性质、难易程度、专业分工按一定的规则将案件分配到具体的经办人,以电脑自动分配为主、人工分配为辅的形式进行,确保案件办理的专业性,防止关系案和人情案。[3]

---

[1] 陈桂明、吴如巧:"美国民事诉讼中的案件管理制度对中国的启示——兼论大陆法系国家的民事诉讼案件管理经验",载《政治与法律》2009 年第 7 期。

[2] 马明林、董兴建:"案件管理的内容配置",载王晋主编:《检察机关案件管理工作理论与实务》,法律出版社 2013 年版,第 125 页。

[3] 彭冬松:"司法改革视野下的检察机关案件管理工作改革与发展",载《法治社会》2017 年第 4 期。

(三) 提升司法管理智能化水平

十八届五中全会提出了实施信息强国的战略部署，将信息化与社会治理紧密结合起来。根据中央要求，最高人民法院和最高人民检察院也分别提出了"智慧法院"与"智慧检察"的战略目标。毋庸置疑，"智慧司法"的建设是国家信息强国战略的一个重要组成部分，也是电子政务在司法领域中的具体体现，对推动司法机关的现代化管理有着不可替代的作用。司法案件管理是智能司法的重要组成部分，特别是在司法案件大量增加和大数据时代的背景下，司法案件管理的智能化水平显得更加重要。司法案件管理智能化可以从以下几个方面进行改进。

第一，提高司法案件数据的收集能力。收集司法案件数据是司法案件管理的基础，司法案件数据是否全面、准确、及时，关系到司法案件管理的有效性与权威性。智能化司法绝不仅仅是司法机关中的司法管理人员甚至是技术人员的事情，而是与每个司法官和每一个司法活动息息相关，因此要大力强化司法官办理案件时对办案系统的填录工作，要求司法官及其辅助人员全面、规范、及时填录案件信息及节点信息，同时大力开展司法数据采集与分析能力的培训，使每个司法官娴熟掌握智能化司法的理念与知识体系，消除司法官对智能化司法的疑虑与对抗。另外，在做好内部司法数据收集的同时，建立外部司法数据收集系统与平台。目前，我国政法部门公、检、法、司各自建立了办案系统或平台，系统内部纵向之间的数据尚没有全部联通，各部门横向之间的数据更没有联通，形成数据孤岛，造成大量的司法数据资源浪费和信息化项目重复建设。下一阶段的司法改革，应从顶层设计出发，统筹规划，尽快建立国家层面的司法大数据应用平台，将公安、检察、法院、司法等各单位的办案系统连接，进行司法数据的无缝对接，形成全国司法大数据"一盘棋"，实现跨部门、跨层级和跨业务的综合司法管理服务模式平台。

第二，逐步实现司法案件管理手段与方式的智能化。智能化司法就其本质来讲，是利用信息科技辅助或代替司法官的司法活动，从而大大解放司法的生产力，使司法的公正性和效率性得以在智能化司法的助推下明显提升。在司法案件管理过程中，可以充分利用信息化、智能化手段，对办案数据进行自动筛选与处理，加强对司法办案全流程的管理与监督，如办案期限超期自动预警、法律文书自动检查和办案数据自动统计等系统或功能；通过大数据等科技手段,提供大量的类案或类判信息,为司法官办案提供决策参谋与服务,如量刑智能辅助系统和审判智能辅助系统;在司法案件质量评查方面,也可以通过信息化、智能化手段,自动实现对已办结案件的程序性评查,将处理批量的程序性纠错人力解放出来,把更多的精力投入对案件实体的精准评判。

第三,通过智能化管理大力推进司法公开,实现司法公正。我国司法公开作为一项技术性改革,在近年来的改革进程中成效明显,成为推动司法改革的一个缩影。司法案件管理中也有部分职能涉及司法公开的内容,特别是在案件信息、法律文书公开与庭审公开方面,本身就是司法案件管理的一部分工作。对于法院来讲,应当结合智慧法院的建设,进一步加强法院诉讼服务中心建设,使当事人在立案、开庭通知、证据交换、执行申请等方面的案件事务性管理实现信息化、网络化和智能化;进一步优化案件流程信息及生效裁判文书的上网公开,全面实现法庭审理实时网上公开,通过司法公开来规范司法办案,倒逼司法公正,提升司法公信力。对于检察机关来讲,应当在推行司法公开的基础上,进一步深化检务公开,及时准确发布案件程序性信息、重要案件信息,扩大终结性法律文书公开的范围,确保当事人及时、准确、快捷地了解办案进程;充分利用"两微一端"平台,发布检察案件信息与检察新闻,扩大检察宣传和检察职能的民众知晓度;利用智能化、信息化手段,加强律师接待智能化水平,规范律师接待流程,为律师参与诉讼提供便利,提高法治化执业和营商环境。[1]

---

[1] 参见广州市人民检察院课题组:"构建新型检律关系研究——以广州市实践为例",载《法治论坛》2017年第2期。

参考文献

一、中文著作类

1. 熊先觉：《司法学》，法律出版社 2008 年版。
2. 崔永东：《司法学原理》，人民出版社 2011 年版。
3. 崔永东：《司法学论纲》，人民出版社 2014 年版。
4. 陈业宏、唐鸣：《中外司法制度》，商务印书馆 2015 年版。
5. 陈国庆、王佳编著：《司法制度》，江苏人民出版社 2015 年版。
6. 王圣诵、王成儒：《中国司法制度研究》，人民出版社 2006 年版。
7. 刘长江等：《中国封建司法行政体制运作研究》，中国社会科学出版社 2014 年版。
8. 张晋藩主编：《中国司法制度史》，人民法院出版社 2004 年版。
9. 金开诚主编：《中国古代司法制度》，吉林文史出版社、吉林出版集团有限责任公司 2011 年版。
10. 邵建东主编：《德国司法制度》，厦门大学出版社 2010 年版。
11. 齐树洁主编：《美国司法制度》，厦门大学出版社 2010 年版。
12. 黄竹胜：《司法权新探》，广西师范大学出版社 2003 年版。
13. 胡夏冰：《司法权：性质与构成的分析》，人民法院出版社 2003 年版。
14. 程春明：《司法权及其配置：理论语境、中英法式样及国际趋势》，中国法制出版社 2009 年版。
15. 陈光中等：《司法改革问题研究》，法律出版社 2018 年版。
16. 张智辉：《司法体制改革研究》，湖南大学出版社 2015 年版。
17. 谭世贵等：《中国司法体制改革研究》，中国人民公安大学出版社 2013 年版。
18. 陈瑞华：《司法体制改革导论》，法律出版社 2018 年版。
19. 田幸主编：《当代中国的司法体制改革》，法律出版社 2017 年版。
20. 蒋惠岭：《司法改革的知与行》，法律出版社 2018 年版。
21. 陈光中：《中国古代司法制度》，北京大学出版社 2017 年版。
22. 张晋藩：《中国法制史十五讲》，人民出版社 2017 年版。

23. 卢上需、熊伟主编：《社会转型中的法院改革》，法律出版社2012年版。
24. 谭世贵等：《中国法官制度研究》，法律出版社2009年版。
25. 朱孝清：《论司法体制改革》，中国检察出版社2019年版。
26. 宋英辉、孙长永、朴宗根等：《外国刑事诉讼法》，北京大学出版社2011年版。
27. 孙海龙等：《审判权运行机制改革》，法律出版社2015年版。
28. 齐树洁主编：《英国司法制度》，厦门大学出版社2007年版。
29. 洪浩：《检察权论》，武汉大学出版社2001年版。
30. 崔永东主编：《审判管理研究》，人民出版社2015年版。
31. 陈光中、沈国峰：《中国古代司法制度》，群众出版社1984年版。
32. 陈卫东：《转型与变革：中国检察的理论与实践》，中国人民大学出版社2015年版。
33. 冯中华：《检察管理论》，中国检察出版社2010年版。
34. 孙谦：《人民检察制度的历史变迁》，中国检察出版社2014年版。
35. 王晋主编：《检察机关案件管理工作理论与实务》，法律出版社2013年版。
36. 刘昌强：《检察委员会制度研究》，中国检察出版社2013年版。
37. 江国华、吴展编著：《司法法学》，武汉大学出版社2015年版。
38. 林钰雄：《检察官论》，法律出版社2008年版。
39. 陈光中：《刑事诉讼法》，北京大学出版社2009年版。
40. 陈奎、梁平：《司法运行的一般机理》，中国政法大学出版社2015年版。
41. 吴琼、戴武堂：《管理学》，武汉大学出版社2015年版。
42. 郭朝阳：《管理学》，北京大学出版社2006年版。
43. 吴照云等编著：《管理学原理》，中国社会科学出版社2008年版。
44. 臧有良、暴丽艳主编：《管理学原理》，清华大学出版社2007年版。
45. 杨万明主编：《〈中华人民共和国人民法院组织法〉条文理解与适用》，人民法院出版社2019年版。
46. 陈陟云、孙文波：《法官员额问题研究》，中国民主法制出版社2016年版。
47. 王爱立主编：《中华人民共和国法官法解读》，中国法制出版社2019年版。
48. 卓泽渊：《法理学》，法律出版社2002年版。
49. 谭世贵主编：《中国司法改革研究》，法律出版社2000年版。
50. 彭冬松：《检论拾篇》，中国检察出版社2019年版。
51. 邓思清：《中国检察制度概览》，中国检察出版社2016年版。
52. 黄仁宇：《中国大历史》，生活·读书·新知三联书店2015年版。
53. 王文惠：《当代中国政治法律制度》，中国社会科学出版社2018年版。
54. 章武生、左卫民主编：《中国司法制度导论》，法律出版社1994年版。
55. 熊先觉：《中国司法制度》，中国政法大学出版社1986年版。

56. 陈守一、陈宏生：《法学基础理论》，北京大学出版社 1981 年版。
57. 沈宗灵：《法理学》，高等教育出版社 1994 年版。
58. 卢云：《法学基础理论》，中国政法大学出版社 1994 年版。
59. 何华辉：《比较宪法学》，武汉大学出版社 1988 年版。
60. 全国人大常委会办公厅研究室政治组编：《中国宪法精释》，中国民主法制出版社 1996 年版。
61. 张文显主编：《法理学》，法律出版社 1997 年版。
62. 胡夏冰、冯仁强编著：《司法公正与司法改革研究综述》，清华大学出版社 2001 年版。
63. 王庆海：《管理学概论》，清华大学出版社 2008 年版。
64. 吴鸿、唐建荣编著：《管理学原理》，南开大学出版社 2015 年版。
65. 胡宁、韦丽丽主编：《管理学教程》，中国社会科学出版社 2015 年版。
66. 杨建和：《公安管理学》，警官教育出版社 1999 年版。
67. 王公义：《论司法行政》，法律出版社 2013 年版。
68. 王鼎元、戴鸿儒主编：《司法行政管理学》，复旦大学出版社 1992 年版。
69. 崔永东主编：《中国法律思想史教程》，对外经济贸易大学出版社 2010 年版。
70. 邓思清：《侦查程序诉讼化研究》，中国人民公安大学出版社 2010 年版。
71. 尹少华主编：《管理学原理》，中国农业大学出版社 2010 年版。
72. 杨跃之主编：《管理学原理》，人民邮电出版社 2012 年版。
73. 汪洁：《管理学基础》，清华大学出版社 2009 年版。
74. 刘武强、潘邦贵主编：《微观经济学》，南京大学出版社 2015 年版。
75. 樊纲：《市场机制与经济效率》，上海三联书店、上海人民出版社 1995 年版。
76. 卫兴华、张宇主编：《公平与效率的新选择》，经济科学出版社 2008 年版。
77. 谭俊峰：《司法公信力研究》，武汉理工大学出版社 2017 年版。
78. 公丕祥主编：《审判管理理论与实务》，法律出版社 2010 年版。
79. 那思陆：《中国审判制度史》，上海三联书店 2009 年版。
80. 陈晓枫、柳正权：《中国法制史》，武汉大学出版社 2012 年版。
81. 张兆凯主编：《中国古代司法制度史》，岳麓书社 2005 年版。
82. 梁启超：《先秦政治思想史》，商务印书馆 2014 年版。
83. 戴炎辉：《中国法制史》，三民书局 1966 年版。
84. 张晋藩：《中国民事诉讼制度史》，巴蜀书社 1999 年版。
85. 杨雪峰：《明代的审判制度》，黎明文化事业公司 1978 年版。
86. 宋远升：《法官论》，法律出版社 2012 年版。
87. 朱景之：《比较法导论》，中国检察出版社 1992 年版。
88. 沈宗灵：《比较法研究》，北京大学出版社 1998 年版。

89. 李昌道：《美国宪法史稿》，法律出版社 1986 年版。
90. 何家弘：《中外司法体制研究》，中国检察出版社 2004 年版。
91. 范愉主编：《司法制度概论》，中国人民大学出版社 2003 年版。
92. 杨诚、单民：《中外刑事公诉制度》，法律出版社 2000 年版。
93. 王立宪、严军兴：《英国普通法制度之旅》，群众出版社 2002 年版。
94. 沈志先：《法院管理》，法律出版社 2013 年版。
95. 徐昕：《英国民事诉讼与民事司法改革》，中国政法大学出版社 2002 年版。
96. 沈达明、冀宗儒编：《1999 年〈英国民事诉讼规则〉诠释》，中国法制出版社 2005 年版。
97. 何勤华主编：《英国法律发达史》，法律出版社 1999 年版。
98. 张越：《英国行政法》，中国政法大学出版社 2000 年版。
99. 毛玲：《英国民事诉讼的演进与发展》，中国政法大学出版社 2005 年版。
100. 王爱立主编：《中华人民共和国检察官法解读》，中国法制出版社 2019 年版。
101. 吴国庆：《当代各国政治体制——法国》，社会科学文献出版社 1993 年版。
102. 龚祥瑞：《西方国家司法制度》，北京大学出版社 1993 年版。
103. 何勤华主编：《德国法律发达史》，法律出版社 2000 年版。
104. 徐汉明主编：《问题与进路：全面深化司法体制改革》，法律出版社 2015 年版。
105. 毛泽东：《毛泽东选集》（第五卷），人民出版社 1977 年版。
106. 章晨：《中国司法制度》，中国民主法制出版社 2017 年版。
107. 李玉杰：《审判管理学》，法律出版社 2003 年版。
108. 李振宇：《法律管理学》，中国检察出版社 2010 年版。
109. 杜豫苏：《上下级法院审判业务关系研究》，北京大学出版社 2015 年版。
110. 徐鹤喃：《检察改革与刑事诉讼法修改问题研究》，中国检察出版社 2015 年版。
111. 张培田、张华：《近现代中国审判检察制度的演变》，中国政法大学出版社 2004 年版。
112. 何勤华主编：《检察制度史》，中国检察出版社 2009 年版。
113. 林海：《中央苏区检察史》，中国检察出版社 2001 年版。
114. 毕连芳：《中国近代法官制度研究》，中国政法大学出版社 2016 年版。
115. 胡勇：《复合型态的检察权能：中国检察改革再思考》，法律出版社 2014 年版。
116. 孙谦：《检察理论研究综述（1979—1989）》，中国检察出版社 2000 年版。
117. 孙谦：《论检察》，中国检察出版社 2012 年版。
118. 朱孝清、张智辉主编：《检察学》，中国检察出版社 2010 年版。
119. 高一飞：《司法改革的中国模式》，法律出版社 2011 年版。
120. 樊崇义主编：《检察制度原理》，中国人民公安大学出版社 2020 年版。
121. 苏力：《法治及其本土资源》，北京大学出版社 2015 年版。

122. 苏志强：《检察委员会制度研究》，法律出版社 2019 年版。
123. 毕连芳：《北京民国政府司法官制度研究》，中国社会科学出版社 2009 年版。
124. 林竹静：《检察机关司法责任制改革研究》，中国政法大学出版社 2018 年版。
125. 赵小锁：《中国法官制度构架：法官职业化建设若干问题》，人民法院出版社 2003 年版。
126. 宋远升：《检察官论》，法律出版社 2014 年版。
127. 关玫：《司法公信力研究》，人民法院出版社 2008 年版。
128. 曾庆敏：《法学大辞典》，上海辞书出版社 1998 年版。
129. 李军等：《中国司法制度》，法律出版社 2017 年版。
130. 郝红鹰：《当代中国法院管理研究》，天津人民出版社 2016 年版。
131. 杨知文：《中国审判制度的内部组织构造》，法律出版社 2014 年版。
132. 吴磊主编：《中国司法制度》，中国人民大学出版社 1988 年版。
133. 杨雷：《群体决策理论与应用——群体决策中的个体偏好集结方法研究》，经济科学出版社 2004 年版。
134. 袁坚：《刑事审判合议制度研究》，法律出版社 2014 年版。
135. 汪习根主编：《司法权论——当代中国司法权运行的目标模式、方法与技巧》，武汉大学出版社 2006 年版。
136. 张永进：《中外检察官办案责任制比较研究》，中国人民公安大学出版社 2019 年版。
137. 罗堂庆：《检察工作规律与检察管理研究》，中国检察出版社 2013 年版。
138. 黄斌：《司法效率改革的有效途径探索》，中国政法大学出版社 2015 年版。
139. 孙谦、韩大元：《司法机构与司法制度》，中国检察出版社 2013 年版。
140. 秦前红等：《人民监督员制度的立法研究》，武汉大学出版社 2010 年版。
141. 庄锦英：《决策心理学》，上海教育出版社 2006 年版。
142. 陈长文、罗智强：《法律人，你为什么不争气？》，法律出版社 2007 年版。
143. 张智辉主编：《检察权优化配置研究》，中国检察出版社 2014 年版。
144. 吴照云等：《管理学通论》，中国社会科学出版社 2007 年版。
145. 王钊主编：《管理学原理》，中国农业出版社 2003 年版。
146. 熊先觉：《司法制度与司法改革》，中国法制出版社 2003 年版。
147. 中国社会科学院语言研究所词典编辑室：《现代汉语词典》，商务印书馆 2012 年版。
148. 荣孟源：《中国近代史料选辑》，生活·读书·新知三联书店 1954 年版。
149. 徐静村：《徐静村法学文集》，中国检察出版社 2010 年版。
150. 胡仕浩、王勇主编：《深化司法体制综合配套改革热点问题探索 "羊城杯"司法体制综合配套改革征文获奖论文集》，人民法院出版社 2018 年版。
151. 胡云腾：《司法改革》，社会科学文献出版社 2016 年版。

152. 陈光中：《陈光中法学文选》（第一卷），中国政法大学出版社 2010 年版。
153. 中华人民共和国年鉴社编：《中国国情读本》，新华出版社 2011 年版。
154. 张文显：《法理学》，高等教育出版社、北京大学出版社 2011 年版。
155. 中共中央文献研究室编：《习近平关于全面深化改革论述摘编》，中央文献出版社 2014 年版。
156. 最高人民法院课题组：《司法改革方法论的理论与实践》，法律出版社 2014 年版。
157. 张卓元：《中国改革顶层设计》，中信出版社 2014 年版。
158. 宋彬：《程序、正义与现代化》，中国政法大学出版社 1998 年版。
159. 李玉华等：《中国特色陪审制度的新发展》，中国政法大学出版社 2014 年版。
160. 谢鹏程：《论检察》，中国检察出版社 2014 年版。
161. 孙谦、刘立宪主编：《检察论丛·第一卷》，法律出版社 2000 年版。
162. 湖北省人民检察院检察发展研究中心编：《检察管理的理论与实践——第四届检察发展论坛会议文集》，湖北人民出版社 2012 年版。

二、古籍类

1. 《汉书》。
2. 《晋书》。
3. 《宋书》。
4. 《隋书》。
5. 《宋会要辑稿》。
6. 《宋大诏令集》。
7. 《庆元条法事类》。
8. 《宋刑统》。
9. 《唐大诏令集》。
10. 《唐律疏议》。
11. 《唐六典》。
12. 《旧唐书》。
13. 《唐会要》。
14. 《明史》。
15. 《清史稿》。
16. 《宋史》。
17. 《元史》。
18. 《大清会典》。
19. 《明会典》。

20. 《史记》。
21. 《资治通鉴》。
22. 《庆元条法事类》。
23. 《古今图书集成》。
24. 《韩非子》。
25. 《左传》。
26. 《尚书》。
27. 《周礼》。
28. 《礼记》。
29. 《孟子》。
30. 《荀子》。
31. 《商君书》。
32. （明）黄淮、杨士奇：《历代名臣奏议》，上海古籍出版社 2012 年版。
33. （明）张萱：《西园闻见录（卷 84）》，上海古籍出版社 1995 年版。
34. （宋）李焘：《续资治通鉴长编》，上海古籍出版社 1986 年版。
35. （明）陈子龙等选辑：《明经世文编（1—6 册）》，中华书局 1962 年版。
36. （唐）白居易：《白氏长庆集》，上海古籍出版社 1999 年版。
37. （宋）马端临：《文献通考》，上海古籍出版社 1986 年版。
38. 睡虎地秦墓竹简整理小组编：《睡虎地秦墓竹简》，文物出版社 1978 年版。
39. 张家山二四七号汉墓竹简整理小组编著：《张家山汉墓竹简[二四七号墓]》，文物出版社 2006 年版。

三、译著类

1. [德] 黑格尔：《法哲学原理》，范扬、张企泰译，商务印书馆 2013 年版。
2. [法] 皮埃尔·特鲁仕主编：《法国司法制度》，丁伟译，北京大学出版社 2012 年版。
3. [荷] Philip M. Langbroek、[意] Marco Fabri 编：《法院案件管辖与案件分配：奥英意荷挪葡加七国的比较》，范明志、传毅、曲国建译，法律出版社 2007 年版。
4. [美] 米尔伊安·R. 达玛什卡：《司法和国家权力的多种面孔》，郑戈译，中国政法大学出版社 2015 年版。
5. [以] 巴拉克：《民主国家的法官》，毕洪海译，法律出版社 2011 年版。
6. [美] 亨利·J. 亚伯拉罕（Henry.J. Abraham）：《司法的过程——美国、英国和法国法院评介》，泮伟江、宦盛奎、韩阳译，北京大学出版社 2009 年版。
7. [美] 艾瑞克·卢拉、[英] 玛丽安·L. 韦德：《跨国视角下的检察官》，杨先德译，法律出版社 2016 年版。

8. [美] 罗纳德·德沃金:《身披法袍的正义》,周林刚、翟志勇译,北京大学出版社 2014 年版。

9. [美] 安吉娜·J. 戴维斯:《专横的正义:美国检察官的权力》,李昌林、陈川陵译,中国法制出版社 2012 年版。

10. [美] 彼得·德恩里科:《法的门前》,邓子滨译,北京大学出版社 2013 年版。

11. [美] 布莱恩·拉姆、苏珊·斯温、马克·法卡斯:《谁来守护公正——美国最高法院大法官访谈录》,何帆译,北京大学出版社 2013 年版。

12. [澳] 欧文·E. 休斯:《公共管理导论》,中国人民大学出版社 2007 年版。

13. [美] 海因茨·韦里克、马克·V. 坎尼斯、哈罗德·孔茨:《管理学——全球化、创新与创业视角》,马春光译,经济科学出版社 2015 年版。

14. [美] 哈罗德·J. 伯尔曼:《法律与宗教》,梁治平译,中国政法大学出版社 2003 年版。

15. [古希腊] 亚里士多德:《政治学》,吴寿彭译,商务印书馆 1965 年版。

16. [英] W. Ivor·詹宁斯:《法与宪法》,龚祥瑞、侯健译,生活·读书·新知三联书店 1997 年版。

17. [美] 汉密尔顿:《联邦党人文集》,程逢如译,商务印书馆 1980 年版。

18. [英] 洛克:《政府论》(下篇),瞿菊农、叶启芳译,商务印书馆 1982 年版。

19. [美] 费正清、[英] 崔瑞德:《剑桥中国史》,中国社会科学出版社 1987 年版。

20. [英] 麦高伟等主编:《英国刑事司法程序》,姚永吉等译,法律出版社 2003 年版。

21. [德] 克劳思·罗科信:《刑事诉讼法》,吴丽琪译,法律出版社 2003 年版。

22. [德] 汉斯·J. 沃尔夫、奥托·巴霍夫、罗尔夫·施托贝尔:《行政法》,高家伟译,商务印书馆 2002 年版。

23. [德] 弗里德赫尔穆·胡芬:《行政诉讼法》,莫光华译,法律出版社 2003 年版。

24. [日] 棚濑孝雄:《纠纷的解决与审判制度》,王亚新译,中国政法大学出版社 1994 年版。

25. [英] 洛克:《政府论》(上篇),瞿菊农、叶启芳译,商务印书馆 2020 年版。

26. [法] 孟德斯鸠:《论法的精神》(上册),张雁深译,商务印书馆 1961 年版。

27. [英] 戴维·M. 沃克:《牛津法律大辞典》,邓正来译,光明日报出版社 1989 年版。

28. [法] 勒内·达维德:《当代主要法律体系》,漆竹生译,上海译文出版社 1983 年版。

29. [美] 约翰·罗尔斯:《正义论》,何怀宏译,中国社会科学出版社 1988 年版。

30. [美] 杰罗姆巴伦、托马斯·迪恩斯:《美国宪法概论》,刘瑞祥等译,中国社会科学出版社 1995 年版。

31. [美] 马丁·P. 戈尔丁:《法律哲学》,齐海滨译,生活·读书·新知三联书店 1987 年版。

32. [美] E. 博登海默：《法理学 法律哲学与法律方法》，邓正来译，中国政法大学出版社 2004 年版。

33. [英] 约翰·伊特韦尔等：《新帕尔格雷夫经济学大辞典（1—4 卷）》，经济科学出版社 1996 年版。

34. [美] D. 布迪、C. 莫里斯：《中华帝国的法律》，朱勇译，江苏人民出版社 1995 年版。

35. [美] 大卫·P. 柯里：《美国联邦法院管辖权》，法律出版社 2004 年版。

36. [英] 培根：《我的世俗之见：培根随笔选》，孙晴译，江苏文艺出版社 2012 年版。

37. [美] 迈克尔·D. 贝勒斯：《法律的原则》，张文显等译，中国大百科全书出版社 1996 年版。

38. 美国联邦司法中心编：《美国联邦地区法院民事诉讼流程》，汤维建等译，法律出版社 2001 年版。

39. [美] 斯蒂文·N. 苏本等：《民事诉讼法——原理、实务与运作环境》，傅郁林等译，中国政法大学出版社 2004 年版。

40. 最高人民法院司法改革小组编、韩苏琳编译：《美英德法四国司法制度概况》，人民法院出版社 2002 年版。

41. [美] 约翰·亨利·梅利曼：《大陆法系》，顾培东、禄正平译，法律出版社 2004 年版。

42. [美] 格伦顿等：《比较法律传统》，米健等译，中国政法大学出版社 1993 年版。

43. 《列宁全集》，人民出版社 1985 年版。

44. 《马克思恩格斯全集》，人民出版社 1995 年版。

四、期刊论文类

1. 王宏治："唐代死刑复核制度探究"，载《政法论坛》2008 年第 4 期。
2. 崔永东："司法管理的理论与实践"，载《中国司法》2013 年第 8 期。
3. 李志明："司法行政事务管理权配置：历史沿革、现实困境与发展趋势"，载《甘肃行政学院学报》2017 年第 1 期。
4. 董治良："法院管理浅论"，载《国家检察官学院学报》2005 年第 5 期。
5. 王舒娜："从公共管理的视角看公安管理的基本内涵"，载《中国人民公安大学学报（社会科学版）》2004 年第 1 期。
6. 刘家楠："司法管理学理论基础初探"，载《大庆师范学院学报》2013 年第 2 期。
7. 张文静、刘家楠："司法学论坛暨首届司法管理学会议综述"，载《中国司法》2013 年第 2 期。
8. 翁子明："官僚制视角下的中国司法管理"，载《暨南学报（哲学社会科学版）》2008 年第 1 期。

9. 王越飞:"内生与外控结合型司法管理模式探析",载《河北法学》2014年第10期。
10. 韦群林:"论中国司法管理研究学科化的社会基础与内在逻辑",载《集团经济研究》2007年第5期。
11. 郭松:"绩效考评与司法管理",载《江苏行政学院学报》2013年第4期。
12. 韦群林、谭世贵:"司法不作为现象及司法管理对策初探",载《甘肃政法学院学报》2005年第11期。
13. 崔永东:"司法改革与司法管理机制的'去行政化'",载《政法论丛》2014年第12期。
14. 韦群林:"司法管理内涵的多维考察",载《南通职业大学学报》2007年第2期。
15. 施鹏鹏:"司法管理与审判权的公正运行",载《法律适用》2016年第6期。
16. 陈欣芳:"司法管理中的内生因素探析",载《社会与法》2012年第1期。
17. 汤维建:"论司法管理监督体制的改革与完善",载《人民论坛》2014年第29期。
18. 丰旭泽、朱立恒:"科学建构自治型的司法管理体制",载《中国司法》2014年第3期。
19. 韦群林:"管理创新论对中国司法管理学的理论意义",载《南通纺织职业技术学院学报》2007年第2期。
20. 任宏:"管理性司法刍议",载《法商论丛》2007年第1期。
21. 孙业群:"法院司法行政事务管理权研究",载《中国司法》2004年第7期。
22. 徐汉明:"论司法权和司法行政事务管理权的分离",载《中国法学(文摘)》2015年第4期。
23. 叶圣彬:"司法改革背景下法官助理定位及相关问题研究",载《法治社会》2016年第3期。
24. 谢鹏程:"司法行政事务管理模式比较研究——司法委员会制度的宪法文本分析",载《人民检察》2016年第12期。
25. 叶向明:"宋代中央政府对地方司法活动的管理和监督",载《中央政法管理干部学院学报》1998年第A1期。
26. 张永红:"英国的基层法院、法官及司法管理——利物浦郡法院见闻",载《法律适用》2009年第1期。
27. 奚玮、宋士月:"'管理型司法':审判管理办公室的发展趋势",载《安徽师范大学学报(人文社会科学版)》2012年第3期。
28. 罗安荣:"创新审判管理机制 提高司法管理水平",载《人民司法》2006年第1期。
29. 赵力銎:"地方司法管理体制改革探析",载《观察与思考》2014年第4期。
30. 马楠:"地方人民检察院的设置与司法管辖制度改革",载《中国检察官》2015年第1期。

31. 李富金："基层法院的司法管理体制改革"，载《华东政法学院学报》2005 年第 1 期。
32. 刘美伶："检察院如何应对司法人员分类管理制度——以员额制改革为视角"，载《法制博览》2016 年第 17 期。
33. 陈瑞华："法院改革中的九大争议问题"，载《中国法律评论》2016 年第 3 期。
34. 赵元松："司法管理省级统管背景下法院管理模式选择与运作路径"，载《法制与经济》2015 年第 9 期。
35. 董学华、倪慧芳、侯彦伟："论案件管理对检察机关适度司法化改革的路径意义"，载《中国检察官》2014 年第 8 期。
36. 马嫱云："论中国封建社会刑事司法管理的儒家化进程"，载《理论界》2010 年第 11 期。
37. 苏晓宏："试论检察机关的司法管理"，载《犯罪研究》2002 年第 6 期。
38. 罗琴、刘海蓉："司法行政化研究——以审判管理与人事管理为视角"，载《乐山师范学院学报》2016 年第 1 期。
39. 施鹏鹏："司法行政事务管理与司法权的独立运行——法国模式及其批判性思考"，载《江苏社会科学》2016 年第 5 期。
40. 刘青峰、李长军："现代司法理念与我国司法管理体制的重构"，载《河北法学》2004 年第 12 期。
41. 樊玉琴、高丽："以案件管理为视角谈规范司法行为的路径"，载《法制与社会》2016 年第 13 期。
42. 张永红："英国法院的司法管理——对英国法院事务管理服务局一年度工作报告的解读"，载《法律适用》2010 年 8 期。
43. 韦群林："中国司法管理学学科发展的战略思考"，载《华东经济管理》2007 年第 12 期。
44. 卢长普："关于司法审判管理的若干问题"，载《山东社会科学》2003 年第 2 期。
45. 于栋修："审判流程管理：司法改革的有益探索"，载《人民司法》2000 年第 4 期。
46. 李桂红、叶锋："司法改革语境下司法辅助事务管理模式的构建"，载《上海政法学院学（法治论丛）》2015 年第 4 期。
47. 陈光中、崔洁："司法、司法机关的中国式解读"，载《中国法学》2008 年第 2 期。
48. 孙笑侠："司法权的本质是判断权——司法权与行政权的十大区别"，载《法学》1998 年第 8 期。
49. 陈瑞华："司法权的性质——以刑事司法为范例的分析"，载《法学研究》2000 年第 5 期。
50. 贺日开："司法改革：从权力走向权威——兼谈对司法本质的认识"，载《法律科学》1999 年第 4 期。

51. 谭世贵:"中国司法权的界定、调整与优化",载《学习与探索》2012 年第 4 期。
52. 郝银钟:"检察权质疑",载《中国人民大学学报》1999 年第 3 期。
53. 龙宗智:"论检察权的性质与检察机关的改革",载《法学杂志》1999 年第 10 期。
54. 刘瑞华:"司法权的基本特征",载《现代法学》2003 年第 3 期。
55. 韩大元、刘松山:"论中国检察机关的宪法地位",载《中国人民大学学报》2002 年第 5 期。
56. 洪浩:"从'侦查权'到'预审权'",载《法律科学》2018 年第 1 期。
57. 万应君:"司法权:法治视野下检察权的必然归属",载《广播电视大学学报(哲学社会科学版)》2011 年第 3 期。
58. 顾功耘:"略论司法组织的现代化管理",载《上海大学学报(社会科学版)》1985 年第 1 期。
59. 车圣保:"效率理论述评",载《商业研究》2011 年第 5 期。
60. 毕泗锋:"经济效率理论研究述评",载《经济评论》2008 年第 6 期。
61. 刘志铭:"西方效率理论的发展与政府的微观经济角色",载《广东行政学院学报》2003 年第 4 期。
62. 江国华:"法治的场境、处境和意境",载《法学研究》2012 年第 6 期。
63. 张晋藩:"中华法系研究新论",载《南京大学学报(哲学·人文科学·社会科学版)》2007 年第 1 期。
64. 杨将:"浅谈刑起于兵——试析中华法系之起源",载《法制与社会》2017 年第 20 期。
65. 钱剑夫:"秦汉啬夫考",载《中国史研究》1980 年第 1 期。
66. 霍丹丹:"中华法系的历史沿革与复兴——以立法思想为例",载《牡丹江大学学报》2014 年第 1 期。
67. 张晋藩:"再论中华法系的若干问题",载《中国政法大学学报》1984 年第 2 期。
68. 巩富文:"中国古代法官出入人罪的责任制度",载《政法论坛》1990 年第 1 期。
69. 陈宝良:"明代幕官制度初探",载《中州学刊》2002 年第 1 期。
70. 郑秦:"清代地方司法管辖制度考析",载《法律科学》1987 年第 1 期。
71. 陈桂明、吴如巧:"美国民事诉讼中的案件管理制度对中国的启示——兼论大陆法系国家的民事诉讼案件管理经验",载《政治与法律》2009 年第 7 期。
72. 于明:"英国的法官制度",载《人民司法》1998 年第 11 期。
73. 李育红:"论英美法系陪审制度的运作特点和司法功能",载《合肥联合大学学报》2000 年第 4 期。
74. 梁三利:"德国行政型法院管理模式解析及其启示",载《江苏科技大学学报(社会科学版)》2009 年第 1 期。
75. 卢静娟、周江:"英国案件管理制度改革评析",载《广西政法管理干部学院学报》

2018 年第 6 期。

76. 胡云腾："为什么要设立巡回法庭"，载《求是》2015 年第 12 期。
77. 刘贵祥："巡回法庭改革的理念与实践"，载《法律适用》2015 年第 7 期。
78. 张建田："关于军事法院体制改革问题的思考"，载《法学杂志》2016 年第 2 期。
79. 彭世忠："铁路运输司法机构存废论"，载《现代法学》2007 年第 3 期。
80. 朱玉玲、陈琨："中国互联网法院研究"，载《延边党校学报》2019 年第 6 期。
81. 石少侠："论中国检察权的性质——定位于法律监督权的检察权"，载《法制与社会发展》2005 年第 3 期。
82. 蔡定剑："司法改革中检察职能的转变"，载《政治与法律》1999 年第 1 期。
83. 万春："《人民检察院组织法》修改重点问题"，载《国家检察官学院学报》2017 年第 1 期。
84. 广东省广州市人民检察院课题组："检察机关派出机构体制研究"，载《人民检察》2010 年第 9 期。
85. 丁高保："铁路运输检察体制的发展"，载《国家检察官学院学报》2014 年第 5 期。
86. 严敏才："铁路运输检察制度改革创新若干问题研究"，载《人民检察》2011 年第 22 期。
87. 徐向春："铁路运输检察体制改革"，载《国家检察官学院学报》2015 年第 2 期。
88. 杨兴培："刑事执行制度一体化的构想"，载《华东政法学院学报》2003 年第 4 期。
89. 汤维建："关于破解'执行难'的理性反思——以执行体制的独立化构建为中心"，载《学习与探索》2007 年第 5 期。
90. 高执办："论执行局设置的理论基础"，载《人民司法》2001 年第 2 期。
91. 陈卫东："中国公诉权的反思与重构——以公诉权为核心的分析"，载《法学研究》2002 年第 2 期。
92. 江必新："论合议庭职能的强化"，载《法律适用》2000 年第 1 期。
93. 王桂五："关于检察制度改革的初步研究"，载《中国法学》1989 年第 1 期。
94. 谢佑平、潘祖全："主任检察官制度的探索与展望——以上海闵行区人民检察院试点探索为例"，载《法学评论》2014 年第 2 期。
95. 童建明、万春、高景峰："司法体制改革中强化检察机关法律监督职能的构想"，载《人民检察》2005 年第 4 期。
96. 郑全全、朱华燕："自由讨论条件下群体决策质量的影响因素"，载《心理学报》2001 年第 3 期。
97. 陈光中："中国古代司法制度之特点及其社会背景"，载《中国政法大学学报》2018 年第 1 期。
98. 董志良："论审判管理体系的构建和完善"，载《法律适用》2010 年第 11 期。

99. 江必新："审判管理与审判规律抉微"，载《法学杂志》2011年第5期。
100. 王胜俊："创新和加强审判管理　确保司法公正高效——在全国大法官专题研讨班上的讲话"，载《人民司法》2010年第17期。
101. 兰世民、兰馨、缪新森："法院分案若干问题研究"，载《法律适用》2012年第6期。
102. 湖北省人民检察院检察发展研究中心："实行'两个适当分离'优化检察职能配置——湖北省检察机关在法律制度框架内的实践探索"，载《人民检察》2010年第24期。
103. 彭冬松："司法改革视野下的检察机关案件管理工作改革与发展"，载《法治社会》2017年第4期。
104. 边疆、马杰："浅谈检察机关案件管理部门分案到人机制"，载《法制与社会》2016年第11期。
105. 申云天："检察机关案件管理工作中的十个关系"，载《人民检察》2012年第10期。
106. 陈瑞华："司法改革的理论反思"，载《苏州大学学报（哲学社会科学版）》2016年第1期。
107. 徐汉明等："深化司法体制理念、制度与方法"，载《法学评论》2014年第4期。
108. 齐树洁："中国司法体制改革的回顾与展望"，载《毛泽东邓小平理论研究》2009年第4期。
109. 万毅："转折与展望：评中央成立司法改革领导小组"，载《法学》2003年第8期。
110. 黄新根："新中国成立以来司法体制改革的演变、方向与路径"，载《大连干部学刊》2019年第9期。
111. 高一飞、陈恋："中国司法改革四十年变迁及其时代特征"，载《东南法学》2019年第1期。
112. 季焕爽、王琳："回顾与展望：关于我国第三轮司法改革的思考"，载《领导科学论坛（理论）》2014年第7期。
113. 田国强："十八大与中国改革的未来之路"，载《经济研究》2013年第3期。
114. 徐昕："中国司法改革的现实与未来——兼谈2009、2010、2011民间司法改革年度报告"，载《哈尔滨工业大学学报（社会科学版）》2012年第3期。
115. 徐昕、黄艳好、汪小棠："中国司法改革年度报告（2014）"，载《政法论坛》2015年第3期。
116. 孟建柱："坚定不移推动司法责任制改革全面开展"，载《中国应用法学》2017年第1期。
117. 殷兴东："司法体制改革'三大'误区及综合配套改革八个方向——司法体制综合配套改革研究之一"，载《甘肃政法学院学报》2018年第4期。
118. 徐昕、黄艳、卢荣荣："中国司法改革年度报告（2012）"，载《政法论坛》2013年第2期。

119. 龙宗智：" 论依法独立行使检察权"，载《中国刑事法杂志》2002 年第 1 期。
120. 徐昕、黄艳好、汪小棠：" 中国司法改革年度报告（2013）"，载《政法论坛》2014 年第 2 期。
121. 张鸣起等：" 学习十九大报告重要法治论述笔谈"，载《中国法学》2017 年第 6 期。
122. 胡云腾、袁春湘：" 转型中的司法改革与改革中的司法转型"，载《法律科学》2009 年第 3 期。
123. 公丕祥：" 当代中国的自主型司法改革道路——基于中国司法国情的初步分析"，载《法律科学》2010 年第 3 期。
124. 王香平：" 中国共产党的领导是中国的最大国情、最本质特征"，载《红旗文稿》2016 年第 23 期。
125. 龙宗智：" '相对合理主义'及其局限性"，载《现代法学》2002 年第 4 期。
126. 张笑英、杨雄：" 司法规律之诠释"，载《法学杂志》2010 年第 2 期。
127. 陈光中、龙宗智：" 关于深化司法改革若干问题的思考"，载《中国法学》2013 年第 4 期。
128. 习近平：" 坚定文化自信，建设社会主义文化强国"，载《求是》2019 年第 12 期。
129. 顾培东：" 中国司法改革的宏观思考"，载《法学研究》2000 年第 3 期。
130. 张文显：" 论司法责任制"，载《中州学刊》2017 年第 1 期。
131. 郭文涛：" 十八大以来的司法改革方法论"，载《朝阳法律评论》2019 年第 1 期。
132. 徐昕、黄艳好：" 中国司法改革年度报告（2018）"，载《上海大学学报（社会科学版）》2019 年第 2 期。
133. 徐昕、黄艳好：" 中国司法改革年度报告（2017）"，载《上海大学学报（社会科学版）》2018 年第 2 期。
134. 赵兴洪、邹兵：" 关于中国司法区划分改革的思考"，载《云南社会科学》2013 年第 2 期。
135. 邵名正、于同志：" 论刑事执行权的性质及理性配置"，载《中国监狱学刊》2002 年第 5 期。
136. 王公义：" 《刑事诉讼法》再修改中关于刑罚执行制度的若干问题"，载《中国司法》2011 年第 3 期。
137. 彭冬松、杜莹：" 检察官办案组织组建和运行实证研究——以 GZ 市检察机关新型办案组织为视角"，载《法治论坛》2019 年第 1 期。
138. 徐光岩：" 论检察官绩效考核评价指标体系的重构"，载《辽宁公安司法管理干部学院学报》2018 年第 1 期。
139. 张永泉：" 合议庭功能及其在审判实务中的运作"，载《法律适用》2003 年第 12 期。
140. 范愉：" 人民陪审员制度与民众的司法参与"，载《哈尔滨工业大学学报（社会科学版）》2014 年第 1 期。

141. 廖永安：" 社会转型背景人民陪审员制度改革路径探析 "，载《中国法学》2012 年第 3 期。
142. 广州市人民检察院课题组：" 构建新型检律有关系研究 "，载《法治论坛》2017 年第 2 期。
143. 王建国：" 列宁的司法权思想述论 "，载《法制现代化研究》2007 年第 0 期。
144. 周道鸾等：" 美国的法院体系 "，载《法学杂志》1989 年第 3 期。
145. 李哲：" 中国检察机关组织机构设置研究——以各国检察机关组织机构设置模式为基础 "，载《中国刑事法杂志》2010 年第 9 期。
146. 何家弘：" 执法长官与公诉律师——美国检察官职能评析 "，载《人民检察》1999 年第 5 期。
147. 甄贞、宋沙：" 法国检察机关的职能与最新发展 "，载《人民检察》2012 年第 1 期。
148. 邓思清：" 论审判监督的理论基础 "，载《法律科学》2003 年第 3 期。
149. 毕连芳、任吉东：" 中国近代法官的职业使命探析 "，载《福建论坛（人文社会科学版）》2015 年第 8 期。
150. 王占魁：" 中国古代的官员问责 "，载《行政管理改革》2012 年第 6 期。
151. 翁秀明、邵金芳：" 审判管理权与审判权的冲突与协调——兼论审判管理体系的建构 "，载《山东审判》2012 年第 4 期。

五、学位论文类

1. 韦群林：" 中国司法管理学学科构建及发展研究 "，南京理工大学 2008 年博士学位论文。
2. 马晨光：" 唐代司法研究——以唐代司法管理及教化为视察点 "，南京理工大学 2011 年博士学位论文。
3. 陈海光：" 中国法官制度研究 "，中国政法大学 2002 年博士学位论文。
4. 周伟：" 中国司法能动问题研究 "，武汉大学 2011 年博士学位论文。
5. 胡常龙：" 死刑案件程序问题研究 "，中国政法大学 2003 年博士学位论文
6. 李强：" 侦查管理若干问题研究 "，甘肃政法学院 2012 年硕士学位论文。
7. 洪婷婷：" 唐代刑事诉讼制度研究 "，南京师范大学 2008 年硕士学位论文。
8. 赵方园：" 主任检察官制度研究 "，河南大学 2018 年硕士学位论文。
9. 高敏：" 司法体制综合配套改革：实践与进路 "，延安大学 2019 年硕士学位论文。
10. 李彬：" 魏晋南北朝司法制度述论 "，福建师范大学 2006 年硕士学位论文。
11. 张杙：" 论清末司法改革的法律文化冲突 "，辽宁师范大学 2012 年硕士学位论文。
12. 陈晓维：" 法院绩效考核指标量化问题研究 "，华东政法大学 2014 年硕士学位论文。

13. 廖辉："我国法院司法行政事务管理权与审判权分离机制研究——以保障审判权独立、公正、高效行使为视角"，南昌大学2016年硕士学位论文。

六、外文类

1. Henry R. Glick, *Courts, Politics, Justice*. McGraw-Hill Book Company. 1983.
2. Delmar Karlen, *Judicial Administration*. The American Experience, Oceana Publications (Publishers) LTD, 1970.
3. Armen A. Alchian, "Uncertainty, Evolution, and Economic Theory", in Magne Mogstad eds, *Journal of Political Economy*, Vol 58, No. 3., 1995, pp. 68.
4. Thomas A. Henderson, er al, *The Structure and Characteristics of the State Judicial System*, the Alessandria Economic Policy Institute in Virginia, 1981.
5. William Burnham, *introduction to the law legal System of the United States*, West Group, 1999.
6. American Bar Association, *Charting A Future for the Civil Jury system*, 1992.
7. Denis J. KEEnan, *Smith&Keenan's English Law*, Addison-Wesley Longman Ltd, 2004.
8. Terence Ingman, *The English Legal Process*, Oxford University Press, 2004.
9. Slapper & kelly, *the English legal system*, Cavendish Published limited. 2004.
10. *Judicial statistics* 1998, Cm. 4371, 1999.
11. Theodore Plucknett, *A Concise History of the Common law*, CITIC Publishing house, 2003.
12. A. Hoyano. er al. *A Study of the Impact of the Recised Code for Crown Prosecutors in Criminal law Review*. 1997.
13. R. v. Att. -Gen, ex p. Taylor. *The Independent*. 1995.

后 记

2015年，我在担任广州市人民检察院案件管理中心副主任期间，主持了《检察机关案件管理机制改革研究》的课题，并将研究成果应用于律师接待模式改革和分案机制改革，取得一定的成效。之后，我进入武汉大学法学院攻读博士学位，在此期间通过大量的阅读、学习与思考，逐步以课题为基础扩大研究范围，把检察机关案件管理拓展到法院和检察司法管理改革的研究，并以此作为博士论文研究的对象。这是我个人学习进步的需要，更是工作实践与理论研究的迫切要求。正如时任最高人民检察院张军检察长所说，越是实践中亟须解决的问题，越要在理论上作出回答。实践中的彷徨、困惑，无不与理论建设跟不上有关。

我的博士论文开题时间是在2017年5月28日，开题之后半年一直没有动笔，面对着这么一个难度较大、范围较广的"司法管理改革研究"题目，即所谓的"大题大作"，我一时不知如何下手，厘清司法权、司法机关、司法管理和司法改革之间的关系是论文破题的关键。经过半年时间的酝酿，从2017年12月开始，我利用工作业余时间和节假日时间，逐步完成了文献阅读、资料收集、论文撰写与答辩等工作。完成论文的难度之大超出我的能力与想象，我在此过程中逐一尝到选题的彷徨、写作的煎熬、答辩的焦虑和通过的喜悦。2020年9月23日，当我刚过完44周岁生日时，全部完成了论文的初稿，字数超过30万字，这对于一名在职博士来说，其中的付出与辛苦不言而喻。10月10日，论文预答辩有惊无险，老师们提出了不少意见，我逐一作了修改。11月18日，正式答辩如期而至，我一口气回答了老师们提出的9个问题，顺利通过了答辩。

从2017年12月动笔到2020年11月答辩差不多三年，这三年时间里我几乎把所有的节假日时间都投入论文的准备与写作当中。虽然很想把论文写得更好，但确实由于时间战线拉得过长，导致写作的思路断断续续，有些观点可能前后矛盾，加上自身研究能力有限，论文中存在着不少谬误，还有部分内容没有或没能写出来，参阅的大量文献未能周详标记，这些问题经过一年多两轮的修改，日趋完善但仍有不少遗憾之处。在写作过程中，我结合自己在司法一线工作的体会，对当前我国司法管理存在的问题进行深刻的反思，有些问题与自身认知和接触层次有关，可能存在不当之处，但这只局限于学术上的探讨，而并不代表我在工作中的立场。

在论文写作的过程中，我的导师洪浩教授一直全程进行悉心指导，并三次亲自到广州，了解督促我写作论文的进度。在写作过程中导师也提出了很多具体的指导意见，特别是在论文开题、预答辩和正式答辩的关键时刻，一直鼓励我克服选题上、写作中和答辩中的种种困难，使我如期顺利完成论文的写作与答辩。导师博学宏才，循循善诱，传道解惑，如兄长般的关爱与教诲，我铭记于心。

在论文写作的过程中我体会到了学术研究的乐趣和价值。我曾经跟导师洪浩教授讲过，在没有看完100本书之前，不会动笔开始论文的写作。而事实上，最后完成论文时参阅的文献超过了200本。而在读书的过程中，我仿佛与古代贤达进行一次跨越时空的对话，体会到我国古代司法文明的博大精深；我仿佛漂洋过海到域外国家与司法同仁深入切磋，既看到自身差距，也不妄自菲薄；我仿佛站在国家的制高点审视着当代我国司法活动及每一轮司法改革，居庙堂之上而运筹帷幄。大量的阅读使我的写作思路更加开阔，使我的学术理想更加丰满，使我的法治理念更加坚定。在攻读博士期间，我申请了多个高检院、省检院和市检院的理论课题，并以课题研究为契机推动我负责或分管的案件管理及未成年犯矫治工作。在实践中，我也真正体会到理论水平的提高，对工作能力提升的促进作用。在此期间，我带领团队在全国首创律师接待新模式，创建"全国青少年维权岗"，获得"全国特赦检察工作表现突出个人"称号。攻读博士学位的意义对我来讲，并非拿到博士学位的那一刻，更是享受一种学习与提升的过程，而这个过程是一个艰辛、充实、快乐并有收获感的过程。

我特别感恩组织和领导对我攻读博士学位的关心和支持。在工作特别繁忙的情况下，单位仍然允许我每年抽出一定时间脱产到学校学习，处理课程、

后 记

开题、答辩等相关事宜，使我能够有一定时间集中精力投身于学习与研究当中。欣逢盛世当不负盛世，我将以我的所学、所思、所悟，转化为对我国司法实践的理性思考，转化为推进我国法治建设的动力，不断提升自己的政治站位，不断提升自己的理论水平，不断提升自己的工作能力，以更好的状态、更高的水平、更多的业绩，为推进全面依法治国作出自己应有的贡献。

在此我要感谢武汉大学法学院的赵钢教授、蔡杰教授、陈岚教授、占善刚教授、刘学在教授、林莉红教授、李傲教授和中南财经政法大学的蔡虹教授。无论是在开题、预答辩、正式答辩还是平时的交流当中，他们都以孜孜不倦的态度，严谨务实地对我的论文写作进行悉心指导，提出了很多中肯的意见与建议。特别是在论文正式答辩中，中国人民大学陈卫东教授亲临现场担任答辩委员会主席，使我倍感荣幸，也倍增压力。在这么多高水平老师的指导下，我的论文经过多次精心修改也有了一定的提升。我要感谢在武汉大学法学院学习期间，结识的同门学子寿媛君博士、崔凯博士、方姚博士、朱良博士、林海伟博士、程光博士、赵祖斌博士、迟大奎博士、钟宇晴博士、赵晏民博士等，他们不仅在学习上给予我很多的资源和信息，而且在学校为我提供了很多方便和帮助，更好地保障我顺利完成学业。我还要感谢我的家人，没有家人的理解和支持我是不可能全身心投入学习与论文写作，我能在工作和学术上取得的一点点成绩，都有他们的一半功劳。

古人有云，人生有三不朽：立德、立功、立言。我们只是芸芸众生中的一介凡人，"三不朽"对于我们是一种奢望。立德，但凭外人去评说；立功，时势造英雄也；立言，却可以通过自己努力而实现。攻读博士学位、撰写博士论文，包括此次修改后出版成书，仅作为追求"立言"的一种实际行动。希望在中国的法治建设过程中以及人生的旅途中，能够留下自己的只言片语，为我们的国家、我们的社会奉献自己的绵薄之力。

本书是在我的博士论文基础上修改而成的。在我的博士论文通过答辩后能够出版成书，得益于我的导师武汉大学洪浩教授的悉心指导与大力推荐，也得益于中国政法大学吴宏耀教授的慧眼识珠和孙道萃教授的鼎力相助，中国政法大学出版社牛洁颖、崔开丽等老师的精心策划和细心校正，为本书的顺利出版奠定了基础，在此表示衷心的感谢与祝愿，正是有以上各位老师等众多法律人在不同领域中辛勤耕耘与努力奋斗，我国全面依法治国的战略布局正在逐步实现。

彭冬松

2020 年 11 月写于武汉大学湖滨一舍

2021 年 8 月改于广州五羊新城静悟斋

2022 年 2 月再改于广州从化流溪河畔